Heidi Fischer | Michael Renner | Sascha Schmid

Heilpädagogik

Heilpädagogische Handlungskonzepte in der Praxis

LAMBERTUS

LAMBERTUS+ App inside

Laden Sie dieses Buch kostenlos auf Ihr Smartphone, Tablet und/oder Ihren PC und profitieren Sie von zahlreichen Vorteilen:

- **kostenlos:** Der Online-Zugriff ist bereits im Preis dieses Buchs enthalten
- **verlinkt:** Die Inhaltsverzeichnisse sind direkt verlinkt, und Sie können selbst Lesezeichen hinzufügen
- **durchsuchbar:** Recherchemöglichkeiten wie in einer Datenbank
- **annotierbar:** Fügen Sie an beliebigen Textstellen eigene Annotationen hinzu
- **sozial:** Teilen Sie markierte Texte oder Annotationen bequem per E-Mail oder Facebook

Aktivierungscode: frsh-2024

Passwort: 5571-7887

Download App Store/Google play:

- **App Store/Google play** öffnen
- Im Feld **Suchen Lambertus+** eingeben
- **Laden** und **starten** Sie die **Lambertus+ App**
- Oben links den Aktivierungsbereich anklicken um das E-Book freizuschalten
- Bei **Produkte aktivieren** den **Aktivierungscode** und das **Passwort** eingeben und mit **Aktivieren** bestätigen
- Mit dem Button **Bibliothek** oben links gelangen Sie zu den Büchern

PC-Version:

- Gehen Sie auf **www.lambertus.de/appinside**
- **Aktivierungscodes** oben anklicken, um das E-Book freizuschalten
- **Aktivierungscode** und **Passwort** eingeben und mit **Aktivieren** bestätigen
- Wenn Sie Zusatzfunktionen wie persönliche Notizen und Lesezeichen nutzen möchten, können Sie sich oben rechts mit einer persönlichen E-Mail-Adresse dafür registrieren
- Mit dem Button **Bibliothek** oben links gelangen Sie zu den Büchern

Jetzt unter www.lambertus.de/appinside

Laden im App Store

JETZT BEI Google play

Bei Fragen wenden Sie sich gerne an uns:
Lambertus-Verlag GmbH – Tel. 0761/36825-24 oder
E-Mail an info@lambertus.de

LAMBERTUS

SOZIAL | RECHT | CARITAS

Heidi Fischer | Michael Renner
Sascha Schmid

Heilpädagogik

Heilpädagogische Handlungskonzepte in der Praxis

LAMBERTUS

Bibliografische Information der Deutschen Nationalbibliothek

Die Deutsche Nationalbibliothek verzeichnet diese Publikation in der Deutschen Nationalbibliografie; detaillierte bibliografische Daten sind im Internet über http://dnb.d-nb.de abrufbar.

3. Auflage 2024

Karlstraße 40, 79104 Freiburg im Breisgau
www.lambertus.de, info@lambertus.de
Umschlaggestaltung: Nathalie Kupfermann, Bollschweil
Druck: Elanders Waiblingen GmbH
ISBN 978-3-7841-3285-3
ISBN eBook 978-3-7841-3286-0

Inhalt

Vorwort zur dritten Auflage

Es ist sehr wichtig und erfreulich, dass ein renommiertes Werk zu heilpädagogischen Handlungskonzepten für die dritte Auflage nun ein noch deutlicheres Bekenntnis für eine moderne menschenrechts- und sozialraumbezogene Teilhabepädagogik in die Welt bringt.

Die UN-Behindertenrechtskonvention (UN-BRK) definiert seit 2009 weltweit, dass Behinderung nicht als persönliche Eigenschaft betrachtet werden kann, sondern vielmehr als Ergebnis der Interaktion zwischen einer langfristigen Beeinträchtigung und den Barrieren im gesellschaftlichen Umfeld entsteht.

Trotz der klaren Forderungen der UN-Behindertenrechtskonvention (UN-BRK) ist die konsequente Teilhabe von Menschen mit *Be*-hinderungen an der Gesellschaft bisher noch weitgehend ein konzeptioneller Wunsch, dessen Realisierung für viele Menschen noch aussteht. Aus menschenrechtlicher Perspektive liegt das Problem von *Be*-hinderung vermutlich eher in den Barrieren und Diskriminierungen, denen Menschen mit Behinderung in ihrem sozialen Umfeld und durch die Reaktionen ihrer Mitmenschen ausgesetzt sind, als an den konkreten Beeinträchtigungen. Die aktuelle Praxis orientiert sich aber weiterhin stark an der Idee, dass Menschen mit Behinderungserfahrungen therapiert und gefördert werden müssten. Dabei ist schon seit den 1990er-Jahren das Förderparadigma abgelöst worden durch die Begleitung und Assistenz für Menschen mit *Be*-hinderungserfahrungen. Und spätestens seit der Ratifizierung der UN-BRK gibt es den Auftrag, eine inklusive Gesellschaft zu gestalten, in der das Wohlergehen aller gewährleistet ist und niemand ausgeschlossen wird. Daher ist es wünschenswert, dass jede Person in ihrem eigenen Bereich dazu beiträgt, eine solche Gesellschaft zu verwirklichen. Inklusion darf nicht zu einem „Modebegriff" verkommen, sondern braucht den wissenschaftlichen Kontext, der schließlich die heilpädagogische Haltung und ihre Werte begründet und für die Praxis verstehbar macht. Heilpädagogik ist keine „Sonder"-Pädagogik, die auf spezifische

Methoden und Maßnahmen zurückgreift. Stattdessen erkennt und nutzt sie integrative, entwicklungsfördernde Phänomene im sozialen Umfeld und der Lebenswelt der Menschen.

Der vorliegende Band veranschaulicht Heilpädagogik als Handlungswissenschaft, basierend auf dem humanistischen Menschenbild sowie den Menschenrechten und den Menschenpflichten und sieht sich einer Weltsicht verpflichtet, die auf Mitgefühl, sozialer Gerechtigkeit und Frieden basiert. Heilpädagogik als Disziplin ist für den gegenwärtigen Zustand der Gesellschaft unerlässlich, um Teilhabe und Zugehörigkeit für Menschen mit *Be*-hinderungserfahrungen nachhaltig zu sichern, auch wenn die Disziplin und Profession oftmals noch damit zu kämpfen hat, dass heilpädagogisches Wissen und Können allgemein zu wenig anerkannt wird und sich der gesellschaftliche Fokus meist ausschließlich auf wirtschaftliche Belange richtet.

Heilpädagogik öffnet sich anderen Disziplinen und strebt eine wechselseitige Bereicherung sowie Ergänzung an, insbesondere im Bereich der Diagnostik, um Veränderung für alle Beteiligten zu ermöglichen. Heilpädagogik hat damit die anspruchsvolle Aufgabe, die über Jahre und Jahrzehnte gewachsenen Rahmenbedingungen und Einstellungen aktiv zu transformieren und auf die Anforderungen einer modernen Gesellschaft zu reagieren).

Ich wünsche diesem Werk eine breite Rezeption und Strahlkraft, da es sowohl die Theorie als auch die Praxis der Heilpädagogik auf verständliche, gründliche und fundierte Weise vermittelt. Es bleibt dabei dem Grundsatz treu, dass Inklusion eine zentrale gesellschaftliche Aufgabe darstellt, der Heilpädagoginnen und Heilpädagogen verpflichtet sind, damit alle Menschen, unabhängig von Behinderung oder Unterstützungsbedarf, selbstbestimmt und gleichberechtigt miteinander leben können.

Frankfurt/Main im März 2024
Prof. Dr. Simone Danz

Vorwort zur ersten Auflage

Es gibt in der Heilpädagogik viele (vielleicht inzwischen schon zu viele) Werke, welche sich mit theoretischen und metatheoretischen Begründungen dieser Handlungswissenschaft auseinandersetzen. In Abständen von nur wenigen Jahren versuchen sich zudem immer wieder neue und „aktuelle“ Leitideen zu positionieren, welche die Heilpädagogik dann von Grund auf zu erneuern scheinen, oder dieses zumindest versuchen. Auf der anderen Seite der professionellen Debatte schießen Praxiskonzepte aus dem Boden, gerieren sich als therapeutische Offenbarungen und verkaufen doch allzu häufig den schon bekannten alten Wein in neuen, aber porösen Schläuchen. Um nicht missverstanden zu werden: Ich habe nichts gegen eine permanente Reflexion und Erneuerung der Fach- und Handlungswissenschaft der Heilpädagogik, auch ist der Diskurs um die Entwicklung der Professionalität (auf dem Hintergrund von Leitideen, Theorien und Konzepten) mehr als notwendig. Nur: Diese müssen auch mit Inhalten und Relevanzen gefüllt sein, damit sie zu einer Innovation und Weiterentwicklung der Heilpädagogik beitragen. Und genau an diesem Punkt setzt der vorliegende Band von Heidi Fischer und Michael Renner an, beziehungsweise eine kreative Sichtweise einer Konzeptionalisierung heilpädagogischen Handelns um:

Vor dem Hintergrund der Darstellung der aktuellen Positionen der Heilpädagogik, hierbei allfällige Widersprüche in diesen Standpunkten darstellend und diese aushaltend, entwickeln sie die Perspektive einer Lebensweltorientierung, welche die Basis bildet für die weiteren konzeptionellen Gedanken und Bausteine. Auch wenn die Debatte der unterschiedlichen Orientierungen zum Begriff und zum Faktum der „Lebenswelt“ hierbei nicht aufgelöst wird, ja, auch nicht aufgelöst werden kann, so stellt diese Verortung eine überaus gelungene Grundlage für die sich hieran anschließende Vernetzung von Theorie und Praxis dar. Auf dieser Basis erscheint es dann nur sinnvoll, diese Verbindung zu differenzieren und sie im Hinblick auf ihre Begründungen und Annahmen zu entfalten. Auch hierin kommt erneut das spannungsgeladene und manchmal kontingente Handeln in der Heilpädagogik zur Sprache:

Es entspannt sich immer zwischen ethisch grundgelegter Haltung und sich im Hier und Heute ereignender Handlung. Auch diesmal lösen die Autoren diese Spannung nicht auf – und das macht ihre Aussagen nicht nur anthropologisch sympathisch, sondern sie erscheinen hierdurch als authentische Hinweise einer immer wieder an Grenzen operierenden heilpädagogischen Praxis. Diese wird in den darauf folgenden Konzeptbausteinen konkretisiert, sodass bis zu diesem Punkt der Erörterungen der Leser und die Leserin ein gelungenes Fundament für die Arbeit mit den danach ausgeführten Medien bereitet finden.

Heilpädagogische Handlungskonzepte müssen sich m. E. immer an einer theoretischen Position orientieren, diese reflektieren, um für die unterschiedlichen Nöte und Notwendigkeiten der Praxis gerüstet zu sein. Der konzeptionelle Entwicklungsweg von der Theorie zu den Konzepten, von diesen wiederum zu den Methoden und konkreten Handlungen wird somit in diesem Buch exemplarisch und für die darauffolgenden Medien durchgearbeitet. An den a priori grundlegenden Erfahrungs- und Gestaltungsräumen des „Spiels“, der „Bewegung“ und des „Werkens“ werden dann die Grundannahmen konkretisiert. Dieses geschieht immer wieder in der konkreten Begegnung mit Menschen, mit ihren Geschichten und An-Fragen an die heilpädagogisch Tätigen. Zum Abschluss bilden die Ausführungen zur Elternarbeit sozusagen eine Klammer um diese konzeptionellen Gedanken – sie führen sie aber auch weiter, indem sie diese in einen gesellschaftlichen und historischen Kontext stellen.

Dieses Buch zu Handlungskonzepten der Heilpädagogik kann somit im besten Sinne des Wortes als „umfassend“ dargestellt werden: Es geht sowohl von theoretischen Begründungen als auch von der Person der betroffenen Handlungspartner aus – diese beiden Pole umfassen folglich die Ausdifferenzierungen zu den Konzeptbausteinen und den Medien Spiel, Bewegung und Werken. Diese Konzeptbausteine und Medien sind nun wiederum nur im Rahmen des heilpädagogischen Handelns als solche zu kennzeichnen, wenn sie in diese theoretischen Rahmungen eingebunden beziehungsweise von diesen abgeleitet sind. Dieses Buch fordert den Leser also zu einem mehrfachen Perspektivenwechsel zwischen Theorie und Praxis, zwischen Person und Umwelt, zwischen Haltung und Handlung sowie zwischen Tun und Reflexion auf. Und genau das macht es für die Positionierung der Heilpädagogik als Wissenschaft und Praxis eminent wichtig.

Stadtlohn/Münster, im Februar 2011
Prof. Dr. Heinrich Greving

Einleitung

„Mama, dürfen auf diesen Spielplatz auch Kinder mit Förderbedarf, denn ich bin ein Kind mit Förderbedarf." So fragte kürzlich ein fünfjähriges Mädchen seine Mutter. Sie stellt damit eine Frage, die den Kern der heilpädagogischen Praxis berührt.

Trotz fortschrittlicher Bildungskonzepte und Inklusionsbemühungen gibt es eine gesellschaftliche Realität, in der Menschen allzu oft Stigmatisierung und Ausgrenzung erfahren. In dieser dritten Auflage stellen wir die Potenziale der Heilpädagogik in Theorie und Praxis vor, wobei die Stärkung eines positiven Selbstbildes, Empowerment und die Auseinandersetzung mit gesellschaftlichen Strukturen und Prozessen im Vordergrund stehen.

Es geht darum, Menschen nicht nur in ihrem Ist-Zustand zu akzeptieren, sondern sie zu befähigen, ihre Potenziale zu erkennen und zu entfalten. Dazu bedarf es erweiternder und korrigierender Erfahrungen, die das oft von negativen Zuschreibungen geprägte Selbstbild von Kindern mit Förderbedarf positiv verändern.

Dieses Buch gibt Einblick in einen Ausschnitt heilpädagogischer Praxis und vermittelt zugleich ein ebenso ausschnitthaftes Bild der Ausbildung an der Fachschule für Heilpädagogik in Ravensburg. Dort ist die praktische Ausbildung mit einer heilpädagogischen Ambulanz verbunden, die von den Autor:innen und Studierenden für Eltern und Kinder angeboten wird. Die theoretischen Grundlagen dieser Praxis und die Praxis selbst sollen an einzelnen Beispielen beschrieben werden, um einen Einblick in heilpädagogisches Denken und Handeln zu geben. Wir arbeiten mit Jugendlichen unterschiedlichen Alters. Die hier vorgestellten Beispiele beziehen sich jedoch überwiegend auf Kinder im Vor- und Grundschulalter. Im Text wird daher i. d. R. die Bezeichnung „Kind" gewählt. Es wird aber auch die heilpädagogische Arbeit mit Jugendlichen beschrieben.

Ein kritisches und differenziertes Verständnis gesellschaftlicher Strukturen und Prozesse ist unabdingbar, um die Komplexität heilpädagogischer Herausforderungen zu erfassen. Ziel des Buches ist es, die Leser:innen für gesellschaftliche Konstruktionen und kollektive Zuschreibungen zu sensibilisieren. Heilpädagoginnen und Heilpädagogen spielen bei der Dekonstruktion dieser Zuschreibungen eine wesentliche Rolle. Deshalb wurden in der Neuauflage u. a. Theoriebildungen aus dem Kontext der Psychologie und Soziologie noch stärker berücksichtigt. Auch die Ausführungen zur heilpädagogischen Diagnostik wurden um eine Auseinandersetzung und kritische Würdigung testpsychologischer Verfahren als Bestandteil einer ganzheitlichen heilpädagogischen Diagnostik ergänzt.

Heilpädagogisches Handeln wird von Wissen geleitet, das die biologische, psychologische und soziale Dimension des Menschen umfasst. Die Inhalte dieses Buches bieten praktische Einsichten und Strategien, die auf wissenschaftlichen Erkenntnissen und guter Praxis basieren, um Fachkräfte in der Heilpädagogik und anderen pädagogischen Bereichen in ihrer Arbeit zu unterstützen.

Unser besonderes Anliegen ist es, heilpädagogisches Handeln nicht über die Anwendung therapeutischer oder rein funktional orientierter Konzepte zu legitimieren, sondern die pädagogischen Grundlagen der Heilpädagogik in den Vordergrund zu stellen. Deshalb haben wir die Bedeutung und Wirkungsmöglichkeiten der Medien Spiel, Gestalten und Bewegung inhaltlich hervorgehoben, um ihre Vielfalt und Variabilität innerhalb heilpädagogischer Handlungskonzepte zu verdeutlichen. Der Einsatz dieser Medien im therapeutischen Bereich (Spieltherapie, Kunsttherapie, Mototherapie etc.) ist hinreichend belegt. Ihr Einsatz im Bereich der außerschulischen und nicht-therapeutischen Heilpädagogik ist jedoch kaum beschrieben. Dies soll hier geschehen. Als Grundlage dafür sollen die theoretischen Grundlagen dieser Handlungsansätze skizziert, und leicht verständlich dargestellt werden. Neu aufgenommen haben wir praktische Impulse aus dem Bereich der Gesundheitswissenschaften zur Förderung der körperlichen Aktivität.

Heilpädagogische Arbeit erfordert personenzentrierte Konzepte, die hier exemplarisch beschrieben und begründet werden. Sie mögen zur Diskussion über die pädagogischen Wurzeln heilpädagogischen Handelns anregen. Die Auswahl der theoretischen Grundlagen in diesem Buch ist eklektisch und orientiert sich an der Zielsetzung, die Vielfalt heilpädagogischer Handlungsmöglichkeiten zu beschreiben und diese zu begründen. Die Faszination der

Begegnung mit Menschen in diesem Handlungsfeld darzustellen und die fachlichen Anforderungen an Menschen in diesem Beruf deutlich zu machen war uns wichtig.

Anforderungen an Menschen in diesem Beruf deutlich zu machen, war uns wichtig. Dies soll Fachkräfte, die ihre Kompetenzen und Einsatzmöglichkeiten erweitern wollen, ermutigen, diese Ausbildung zu wagen.

Aus Datenschutzgründen haben wir alle Angaben anonymisiert. Die dargestellten Beispiele aus der Praxis der Heilpädagogischen Ambulanz sind so verändert, dass die Leser:innen dennoch die Arbeit mit den Kindern entsprechend unserer Erfahrungen nachvollziehen können.

Um eine bessere Lesbarkeit zu gewährleisten, verwenden wir für die Beschreibung der heilpädagogischen Akteur:innen (Studierende/Lehrende) abwechselnd die Bezeichnung Heilpädagogin oder Heilpädagoge.

KAPITEL 1
Konzeptionelle Grundausrichtung heilpädagogischen Handelns

1.1 Zum Begriff Heilpädagogik

Der Begriff „Heilpädagogik" wurde erstmals 1861 durch den Arzt, Anthropologen und Pädagogen Jan Felix Georgens und den Pädagogen Heinrich Marianus Deinhardt eingeführt. In ihrem Buch mit dem Titel „Die Heilpädagogik unter besonderer Berücksichtigung der Idiotie und der Idiotenanstalt" beziehen sie den Begriff „Heilpädagogik" auf die Erziehung Geistigbehinderter.

Ihr Anliegen war, die vereinzelten Anstrengungen um „idiotische" und „blödsinnige" Personen konzeptionell in einer „heilpädagogischen Gesamtwissenschaft" zu bündeln. Heilpädagogik entstand als übergreifender Grundbegriff für ein neues Fachgebiet. Georgens und Deinhardt sprachen von einem „Zwischengebiet zwischen Medizin und Pädagogik" (vgl. Haeberlin 1988; S. 54).

Ausgangspunkt ihrer praktischen Überlegungen waren die Individualität des Kindes, seine Anlagen und Dispositionen, welche bei der Erziehung behinderter Kinder in hohem Maße berücksichtigt werden müssten: „Hier auf praktischem Gebiete der Heilpädagogik ist ein Individualisieren, ein Eingehen auf die Individualität, wie es die Gesundenerziehung nicht erlaubt, geboten" (Georgens/Deinhardt 1861, in: Gröschke 1997, S. 89).

Georgens und Deinhardt zeigten ein ausgeprägtes gesellschaftskritisches Problembewusstsein. So forderten sie auf politischer Ebene staatliche „Zentral- und Mustereinrichtungen" für die Gruppe bisher vernachlässigter

Behinderter einzurichten. An jenen könnte sich die freie Wohlfahrtspflege dann orientieren. Zur Begründung einer heilpädagogischen Gesamtwissenschaft schrieben sie:

„Die humane und wissenschaftliche Tendenz, welche die heilpädagogischen Bestrebungen hervorgetrieben hat, ist ein und dieselbe: Die Tendenz, die Ausgeschiedenen, Ausgestoßenen und Verlorenen in den Umkreis der menschlichen Gesellschaft aufzunehmen, ihre Isolierung aufzuheben, die Schuld der Vernachlässigung, welche der Gesellschaft den heilbedürftigen gegenüber zugeschrieben werden muss – eine Schuld, die nicht nur die einer langen Vernachlässigung ist, sondern in den Ausartungen der Zivilisation liegt, welche die Quelle besonderer Deformitäten sind – soweit als möglich, die Kraft der Wiederherstellung, der Restauration und Regeneration bewährend, zu tilgen" (Georgens/Deinhardt 1861, S. 335, in: Gröschke 1997, S. 87).

Dieter Gröschke bezeichnet diesen ethischen Akt der Aufnahme vormals missachteter und vernachlässigter Gruppen von Personen in das politische und gesellschaftliche Denken und Handeln als „eine symbolische Geste von konstitutiver Bedeutung für die Heilpädagogik" (Gröschke 1993).

Auch wenn sich Georgens und Deinhardt um die Grundlegung einer wissenschaftlichen Heilpädagogik als Zweig der allgemeinen Pädagogik bemühten, erfuhr der Begriff Heilpädagogik im Anschluss an sie eine ausgesprochen medizinische Auslegung. Theunissen führt diese Entwicklung auf den „philosophisch-anthropologischen Überbau" ihres Konzepts zurück, welcher für „die Praxis ein notwendiges Maß an Transparenz und Schärfe vermissen ließ" (Theunissen 2002, S. 68). Die damals sich gerade entwickelnde Psychiatrie versprach der Heilpädagogik mehr Wissenschaftlichkeit, indem sie die Behindertenarbeit und Fürsorgeerziehung unter ihren medizinisch-psychiatrischen Blickwinkeln zu systematisieren versuchte. Anstelle der Allgemeinen Pädagogik wurden Medizin und Psychiatrie zu Leitwissenschaften der Heilpädagogik. Humanistisch-erziehungs-philosophische Ansätze und christlich-caritative Motive, welche die Anfänge der Heilpädagogik bestimmt hatten, wurden zurückgedrängt (vgl. Theunissen 2002, S. 68).

Diese medizinisch dominierte Heilpädagogik war in der ersten Hälfte des 20. Jahrhunderts weit verbreitet. Daneben gab es allerdings auch Ansätze von theologischen Vertretern, „Heil" im religiösen Sinne zu deuten und Heilpädagogik als Erziehung zum Heil zu interpretieren. Bekanntester Vertreter einer Heilpädagogik als „Heilspädagogik" war der katholische Theologe Linus Bopp (1887–1972). Vergleichbar deutet der protestantische Pfarrer D. Ludwig Schlaich (1899–1977) den Begriff „Heilpädagogik", indem er formuliert, dass Heilerziehung zum „Heil der Seele" führe.

In der ersten Hälfte des 20. Jahrhunderts war also nicht klar, ob Heilpädagogik primär im Bereich Medizin, Theologie oder Pädagogik zu verorten sei. Die Vertreter der Schweizer Heilpädagogik, Heinrich Hanselmann (1885–1960) und Paul Moor (1899–1977) forderten jedoch immer nachdrücklicher, auf eine Überinterpretation des Begriffs „Heil" zu verzichten. Heilpädagogik sei in erster Linie Pädagogik (vgl. Haeberlin 2005, S. 21 ff.). In seinem Werk „Heilpädagogik" von 1965 schreibt Moor, dass sich die Heilpädagogik mit der Erziehung der Kinder befasst, „deren Entwicklung durch individuale oder soziale Faktoren dauernd gehemmt ist" (Moor 1965, S.11).

In der zweiten Hälfte des 20. Jahrhunderts hat sich die wissenschaftliche Heilpädagogik dann mehr und mehr im Hinblick auf eine pädagogische Orientierung entwickelt und als eigene Handlungswissenschaft etabliert. Heute besteht zumindest ein weiter Konsens darüber, was Heilpädagogik nicht ist:

- Heilpädagogik ist nicht religiös motivierte Heilserziehung,
- Heilpädagogik ist nicht ärztlich-pädagogische Heilkunde,
- Heilpädagogik ist nicht die Anwendung spezifischer pädagogisch-therapeutischer Methoden zur Förderung behinderter und verhaltensgestörter Kinder und Jugendlicher (vgl. Gröschke 1997, S. 40 ff.).

Während sich der Name „Heilpädagogik" vor allem im Bereich der Praxis durchgesetzt hat, koexistieren im Bereich der Wissenschaft und Theorie die Begriffe „Heilpädagogik", „Sonderpädagogik" und „Behindertenpädagogik", seit der deutschen Wiedervereinigung auch „Rehabilitationspädagogik".

Der Begriff Heilpädagogik selbst wurde immer wieder zur Disposition gestellt und als überholt betrachtet. Dennoch plädieren bedeutende Vertreterinnen und Vertreter in der Gegenwart für „Heilpädagogik" als Leitbegriff für eine vertiefte, intensivere oder verfeinerte Allgemeine Pädagogik. Sie beziehen sich u. a. auch auf die etymologische Bedeutung des Wortes „heil" (griech. holos) im Sinne von „ganz". Otto Speck z. B. versteht Heilpädagogik „als eine spezialisierte Pädagogik, die von einer Bedrohung durch personale und soziale Desintegration ausgeht, und der es im Besonderen um die Herstellung oder Wiederherstellung der Bedingungen für eigene Selbstverwirklichung und Zugehörigkeit, für den Erwerb von Kompetenz und Lebenssinn, also um ein Ganz-Werden geht, soweit es dazu spezieller Hilfe bedarf" (Speck 1998, S. 61).

Emil E. Kobi hält den Begriff „Heilpädagogik" dann für vertretbar, wenn die Bezeichnung „heilen" im umfassenden Sinne der Verganzheitlichung und Sinnerfüllung des Lebens verstanden wird. „Heilpädagogik ist nicht in erster

Linie im reparativ-normalisierenden, sondern im kultivatorisch-integrativen Sinne ‚heilend' (sinnstiftend, aussöhnend, verganzheitlichend)" (Kobi 2010, S. 45).

Für Haeberlin ist der Begriff „Heilpädagogik" eng verbunden mit einer menschlichen Haltung, die sich in der Solidarität mit den Ausgegrenzten und Schwachen ausdrückt.

„‚Heilpädagogik' soll in erster Linie Bezeichnung für wertgeleitetes Denken und Empfinden sein. Es soll auch eine Bezeichnung für die Achtung vor der Schöpfung sein, die Annahme jedes Menschen als Person und Partner bedeutet" (Haeberlin 2005, S. 34).

Der Berufs- und Fachverband Heilpädagogik (BHP) positioniert sich in seinem Berufsbild (2023) folgendermaßen zum Begriff Heil: „Der Begriff „Heil" in Heilpädagogik bezeichnet die volle und wirksame gesellschaftliche Teilhabe und Partizipation (Inklusion) und steht für die Idee eines gelingenden, guten Lebens. Heilpädagogik bringt die Personenperspektive, Kultur und Politik in Einklang. Sie unterstützt bei Entdeckung und Entwicklung individueller Ressourcen und Begabungen (begleitende Unterstützung) und beinhaltet ein Offensein für individuell erlebte Sinnhaftigkeit und ihrer Verwirklichungsformen (Sinnerfüllung). Im Dreiklang von Teilhabe, Fähigkeiten und Sinn will Heilpädagogik Entwicklungsprozesse initiieren" (BHP 2023, S. 8).

1.2 Aktuelle Positionierung der Heilpädagogik

In den letzten 45 Jahren haben sich im Bereich der heilpädagogischen Wissenschaft geisteswissenschaftliche, empirische und kritisch-materialistische Grundpositionen aneinander angenähert. Jenseits dieser schulspezifischen Grundorientierungen benennen Greving und Ondracek heilpädagogische Tendenzen:

- Heilpädagogik versteht sich als integrative und wertgeleitete Wissenschaft und dies in doppelter Hinsicht: Sie bezieht sich einerseits auf alle Fragestellungen, die generell menschliches Dasein bedingen, andererseits auf gesellschaftliche Strukturen und Systeme und die hiermit vernetzten Umwelten.
- Heilpädagogik muss sich zu grundlegenden ethischen Werten bekennen und sich von ihnen leiten lassen. Ihr Grundanliegen ist Partei für Menschen zu ergreifen, die von der Gesellschaft ausgeschlossen werden.
- Heilpädagogik ist als kritische Pädagogik zu verstehen. Sie nimmt die Grenzen der Lebenswelten von Menschen mit Behinderung in den Blick, um Fremdbestimmung, die sich

auf der Ebene der gemeinsamen Lebensgestaltung ergibt, abzubauen und die Zwänge, die sich aufgrund institutioneller oder gesellschaftlicher Bedingungen ergeben, aufzulösen.

- Heilpädagogik versteht sich als eine „Heilpädagogik mit dem Gesicht zur Gesellschaft" (Gröschke 2002, in: Greving/Ondracek 2009, S. 50). In ihrem Denken und Handeln muss sie Verbindungslinien zwischen den Anforderungen der Gesellschaft und den individuell subjektiven Ansprüchen ihrer Klientel herstellen. Themen der Macht und Abhängigkeit von Organisationsstrukturen und gesellschaftlichen Strukturen müssen ebenso benannt werden wie die Fragen der Assistenz und der pädagogischen Begleitung von Menschen in beeinträchtigten Lebenslagen (vgl. ebd., S. 48 ff.).

Zusammenfassend beschreiben Greving/Ondracek drei Grundmerkmale, auf die sich die Berufsphilosophie der Heilpädagog:innen stützt, und die für das praktische Handeln relevantsind:

- „Die prinzipielle Ausrichtung auf philosophisch-kulturelle Werte, die vor allem in der Ethik und Anthropologie Ausdruck finden (Quelle des Engagements),
- die Erforderlichkeit des Verstehens für die Erfassung der individuellen Lebenslage von Menschen, die Heilpädagogik unterstützt (Quelle der Orientierung),
- die konsequente Professionalisierung des eigenen Handelns (Quelle der Wirksamkeit)" (ebd.., S. 52).

1.3 Heilpädagogik und Inklusion

Die UN-Konvention über die Rechte von Menschen mit Behinderungen wurde im Dezember 2008 vom Deutschen Bundestag ratifiziert und ist seit dem 26. März 2009 geltendes Recht in der Bundesrepublik Deutschland.

Im Gesetzentwurf zur UN-Konvention heißt es:
„Das Übereinkommen basiert auf den zentralen Menschenrechtsabkommen der Vereinten Nationen und konkretisiert die dort verankerten Menschenrechte für die Lebenssituation von Menschen mit Behinderung. Das Übereinkommen verbietet die Diskriminierung von Menschen mit Behinderung in allen Lebensbereichen und garantiert ihnen die bürgerlichen, wirtschaftlichen, sozialen und kulturellen Menschenrechte" (Deutscher Bundestag, Drucksache 16/10808, S. 1).

Die Menschenrechte bilden die Grundlage aller demokratischen Verfassungen. In Deutschland ist das Recht auf unantastbare Würde sowie unverletzliche und unveräußerliche Menschenrechte in Artikel 1 des Grundgesetzes und in den Verfassungen aller 16 Bundesländer verankert.

Artikel 3, Abs. 3 GG betont die Gleichheit aller Bürger:innen:
„Niemand darf wegen seines Geschlechtes, seiner Abstammung, seiner Rasse, seiner Sprache, seiner Heimat und Herkunft, seines Glaubens, seiner religiösen oder politischen Anschauungen benachteiligt oder bevorzugt werden. Niemand darf wegen seiner Behinderung benachteiligt werden."

Darauf aufbauend entwickelten sich die Sozialgesetzbücher mit den genaueren Ausführungen über Zuständigkeiten, rechtliche Rahmenbedingungen und Umsetzungen.

Die Vertragsstaaten sind durch das Inkrafttreten der UN-Konvention über die Rechte von Menschen mit Behinderungen nochmals herausgefordert, das Anliegen behinderter Menschen zum grundlegenden Bestandteil politischer und gesellschaftlicher Prozesse zu machen. Dies erfordert einen Perspektivenwechsel, der behinderte Menschen in alle Entscheidungsprozesse einbezieht. Die UN-Behindertenrechtskonvention ist so ein Meilenstein auf dem Weg von einer Politik der Wohltätigkeit und Fürsorge zu einer Politik der Menschen- und Bürgerrechte. Die UN-Konvention stärkt Menschen mit Behinderung gegen strukturelles Unrecht. Sie betont das Recht, eigene Entscheidungen zu treffen und das Leben nach eigenen Vorstellungen zu gestalten. Wichtige Artikel der UN-Konvention sind:

- Artikel 7: Kinder mit Behinderungen
  „... dass Kinder mit Behinderungen gleichberechtigt mit anderen Kindern alle Menschenrechte und Grundfreiheiten genießen können".
- Artikel 12: Gleiche Anerkennung vor dem Recht
  „... das Recht haben überall als Rechtssubjekt anerkannt zu werden".
- Artikel 19: Unabhängige Lebensführung und Einbeziehung in die Gemeinschaft
  „... mit gleichen Wahlmöglichkeiten überall in der Gemeinschaft zu leben (...) und nicht verpflichtet sind in besonderen Wohnformen zu leben".
- Artikel 22: Achtung der Privatsphäre
- Artikel 23: Achtung der Wohnung und Familie
  „... auf der Grundlage des freien und vollen Einverständnisses der künftigen Ehegatten eine Ehe zu schließen und eine Familie zu gründen".
- Artikel 24: „Das Recht von Menschen mit Behinderungen auf Bildung".

Zweifellos stellt die verstärkte Berücksichtigung von Menschen- und Bürgerrechten für Menschen mit Behinderungen einen zivilisatorischen Fortschritt dar. Die Zunahme von Rechten (Freiheitsrechte, Partizipationsrechte, Rechte auf soziale Sicherheit), die immer mehr Bürgerinnen und Bürger (z. B. Frauenrechte) im Laufe der Jahrhunderte in Anspruch nehmen konnten, verweist auf den prozesshaften Charakter der Inklusion, der mit der Entwicklung von Bürgerrechten verbunden ist (Marshall 1965). Ein aktuelles Beispiel für diesen Inklusionsprozess ist das ab 2019 geltende Wahlrecht für Menschen mit Behinderungen.

Die Hemmschwelle, einen positiv besetzten Begriff wie „Inklusion" zu kritisieren, ist in der deutschen Diskussion vermutlich hoch. Inklusion steht für Menschenrechte und eine bessere Version unserer Gesellschaft, in der alle Menschen, unabhängig von Behinderung oder Unterstützungsbedarf, selbstbestimmt und gleichberechtigt miteinander leben.

Ein komplexer Sachverhalt wie Inklusion bedarf zwangsläufig einer differenzierten und kritischen Einordnung. „Inklusion" darf nicht zu einem Aushängeschild und kann auch nicht durch moralische Überhöhung gerechtfertigt werden. Eine solche Kritik formuliert beispielsweise der Soziologe Jörg Michael Kastl (2017) in seinem Fachbeitrag. Er beschreibt die rechtlichen Grenzen der Menschenrechte im Kontext der UN-BRK. Der Autor kommt zu folgendem Ergebnis:

> „Menschenrechte und UN-BRK tragen für die Frage, ob und welche Geldbeträge der Staat für Schulbegleitung, Realisierung von Wohnwünschen oder für kulturelle Teilhabe von Menschen mit Behinderung im Einzelfall bereitstellen muss und nach welchen Kriterien er dies tun soll, wenig oder nichts bei. Es hilft nichts – hier wird man pragmatischer, gleichsam nach einer ‚gewerkschaftlichen' Logik denken und handeln müssen, als es bislang der Fall ist. Betroffene müssen ihre konkreten Forderungen stellen. Gesellschaft und Politik müssen Farbe bekennen, welche Ressourcen sie bereit sind, auch in der Abwägung mit anderen, ebenso berechtigten sozialen Anliegen zur Verfügung zu stellen und welche nicht" (Kastl 2017, S. 7).

Mit anderen Worten: Es muss positive Rechtsnormen geben, die z. B. eine Finanzierungspflicht für die genannten Teilhabebereiche vorschreiben. Auch in dieser Hinsicht ist das reformierte SGB IX hinter den Erwartungen zurückgeblieben.

Eine wissenschaftliche Herangehensweise erfordert auch einen ideologiefreien Blick. Will man etwas genauer untersuchen, bewerten oder praktisch beeinflussen, ist eine begriffliche Klarheit über den Gegenstand hilfreich. Es liegt nahe, die soziologische Kategorie Inklusion aus dieser Perspektive zu definieren.

1.3.1 Die Begriffe Inklusion, Integration und Teilhabe

Soziologische Fachbegriffe wie Inklusion, Integration und Teilhabe werden in der öffentlichen Diskussion gerne vermischt und je nach ideologischer Ausrichtung auf- oder abgewertet. Dies stiftet Verwirrung, verhindert eine sachliche Beschreibung und erschwert damit den Praxistransfer. Als Arbeitsdefinitionen können die systemtheoretischen Überlegungen von Kastl (2017, S. 236) dienen:

- Inklusion: Strukturelle Einbeziehung von Personen in Systeme durch Rollen, Rechte und Ressourcen.
- Integration: Art und Ausmaß der Einbindung von Personen in soziale Beziehungen.
- Teilhabe: Zugang zu bzw. Beteiligung an gesellschaftlichen Gütern.

Die strukturelle Einbeziehung erfolgt über die „drei R", die sich nach Kastl (2015, S. 31) wie folgt zusammenfassen lassen:

- Rechte: In modernen Gesellschaften sind es vor allem die Menschen-, Grund- und Bürgerrechte und die damit verbundenen konkreten Rechtsnormen (z. B. im Sozialrecht, Schulrecht, Zivilrecht, Prozessrecht, Wahlrecht etc.), die den Zugang zu sozialen Systemen sichern.
- Rollen: Es müssen soziale Handlungsformate zur Verfügung stehen, die allgemein zugänglich sind und (mit oder ohne Hilfe) von Individuen auch wahrgenommen und ausgefüllt werden können, z. B. die Rolle als Schüler, als Wähler, Berufstätiger, (Social-)Media-Nutzer:in, Zuschauer:in im Stadion, Wohnungsbesitzer:in, Mitglied einer Krankenversicherung u. a.
- personenbezogene Ressourcen: Es müssen die zur faktischen Wahrnehmung von Rechten und Rollen nötigen persönlichen Ressourcen (wie z. B. körperliche, kognitive, soziale oder emotionale Fähigkeiten) auch zur Verfügung stehen.
- umweltbezogene Ressourcen (Infrastruktur): Hierunter sind Ressourcen zu verstehen, die sich auf die physische oder soziale Umwelt beziehen und die sicherstellen, dass Rechte und Rollen wahrgenommen werden können. Hier geht es insbesondere um Barrierearmut und Assistenz, die Zugänglichkeit und Teilhabe an Kommunikation in (sozial-)räumlichen Kontexten ermöglichen (z. B. durch Rampen, Aufzüge, Wege, Orientierungssysteme, Mobilität, Unterstützte Kommunikation und Persönliche Assistenz).

Integration ist in der Soziologie kein veralteter oder gar politisch inkorrekter Begriff. Man kann ihn nicht einfach durch Inklusion ersetzen, weil er auf einen anderen Aspekt der sozialen Wirklichkeit zielt. Es geht vielmehr um die Qualität von Begegnungen und Beziehungen.

Teilhabe ist dementsprechend auch von den beiden anderen Begriffen abzugrenzen und kann nicht einfach mit Inklusion im Sinne einer vollständigen Teilhabe gleichgesetzt werden. Auch in scheinbar unbedeutenden Alltagssituationen wie dem Besuch eines Cafés können Menschen, die von Exklusion und Stigmatisierung betroffen sind, bedeutsame Teilhabeerfahrungen machen. So fasst Tamm (2015, S. 28) ihre Interviewergebnisse mit Psychiatrieerfahrenen zusammen: „Kaffeetrinken bewahrt vor der Isolation in den eigenen vier Wänden und schützt die AdressatInnen davor, sich sozial abzukapseln. Diese Unternehmung schafft das Gefühl von Normalität und gesellschaftlicher Teilhabe. Kaffeetrinken stellt eine Zeitspanne dar, die KlientInnen nicht als Betreuungsarbeit erleben. Sie erleben das Kaffeetrinken als eine gute, erfreuliche Zeit, die eine Abwechslung zum Alltag bedeutet. Somit löst das Kaffeetrinken vorab bereits Vorfreude, also ein positives Gefühl, bei den AdressatInnen aus." Das Erlebnis eines Kaffeehausbesuches stellt in diesem Sinne ein soziales Gut dar.

Es zeigt sich, dass die soziologischen Definitionen von Inklusion, Integration und Teilhabe eine analytische und begriffliche Klarheit für die Analyse sozialer Praxis aufweisen. Sie sind zudem für die heilpädagogische Betrachtungsweise anschlussfähig, da es auch hier um die Förderung von Ressourcen, um gelingende Beziehungen und positive Teilhabeerfahrungen geht.

Wenn ein Heilpädagoge mit einem Klienten, der eine auffällige Behinderung hat, einkaufen geht, können die Konzepte von Inklusion, Integration und Teilhabe wie folgt veranschaulicht werden:

Strukturelle Einbeziehung (Inklusion): Der Klient hat das Recht und die finanziellen und kognitiven Ressourcen selbstbestimmt einkaufen zu gehen. Er ist nicht der „Behinderte" hinter dem Betreuer, sondern ist in der Rolle des Kunden. Der Supermarkt hat breite Gänge, sodass Personen mit Behinderungen leicht einkaufen können. Es gibt auch Behindertenparkplätze in der Nähe des Eingangs. Wenn der Klient spezielle Unterstützungsgeräte wie einen speziellen Einkaufswagen benötigt, steht dieser zur Verfügung.

Einbindung in soziale Beziehungen (Integration): Während des Einkaufens grüßen andere Kund:innen den Klienten und seinen Betreuer freundlich. Sie behandeln den Klienten nicht anders als andere Kunden. Die Mitarbeiter an der Kasse sprechen den Klienten während des Bezahlvorgangs direkt an, anstatt nur mit dem Betreuer zu kommunizieren. Dies zeigt, dass der Klient in den sozialen Kontext des Einkaufs eingebunden ist und negative soziale Reaktionen (Anstarren, diskriminierende Äußerungen, übertriebenes Hilfeverhalten usw.) ausbleiben.

Zugang zu gesellschaftlichen Gütern (Teilhabe): Wichtig ist, dass der Klient die Freiheit und die Möglichkeit hat, Entscheidungen über den Einkauf zu treffen und sich aktiv am Einkaufsprozess zu beteiligen.

Dieses Beispiel zeigt auch, dass die Begriffe Inklusion, Integration und Teilhabe in einem Spannungsverhältnis (inkludiert, aber schlecht integriert und mit mehr oder weniger Teilhabe) stehen können (Kastl 2017, S. 237). So ist zwar der Klient durch die „drei R“ inkludiert, aber dies garantiert nicht automatisch freundliche und respektvolle Begegnungen. Inwiefern und in welchem Ausmaß aktiv am Einkaufsprozess teilgenommen wurde, bleibt ebenfalls offen. Dieses Spannungsverhältnis so weit wie möglich zu harmonisieren, z. B. verschiedene Rollen anzuerkennen bzw. zu ermöglichen, Ressourcen zu fördern bzw. bereitzustellen, für respektvolle Begegnungen einzustehen, sich gegen diskriminierende Äußerungen zu positionieren, Mitwirkung an Entscheidungsprozessen zu ermöglichen, ist eine gesellschaftliche Aufgabe für Heilpädagog:innen.

1.3.2 Ein entwicklungsgerechter Blick auf Inklusion

Der entwicklungspsychologische Ansatz und die Diagnostik der emotionalen Entwicklung mit dem Instruments SEED (Sappok/Zepperitz 2019) ermöglichen einen konkreteren Blick auf die Bedürfnisse von Menschen mit Behinderungen, um angemessene Betreuungskonzepte und zielgerichtete heilpädagogische Interventionen zu realisieren. Die Realisierung von Inklusion im oben genannten Sinne erfolgt hier durch eine stärkere Berücksichtigung emotionaler Bedürfnisse als personenbezogene Ressource und ein darauf aufbauendes heilpädagogisches Handlungskonzept als umweltbezogene Ressource. An dieser Stelle können weder die entwicklungspsychologischen Grundlagen noch das Diagnostikinstrument SEED erklärt werden. Hier sei auf die einschlägige Literatur verwiesen (Zepperitz 2022; Sappok/Zepperitz 2019; Dosen 2018). Die vorrangigen Bedürfnisse pro Entwicklungsphase nach Sappok und Zepperitz (2019, S. 43) sollen nachfolgend kurz aufgelistet werden. Es handelt sich hierbei um ein Phasenmodell mit den Meilensteinen der Entwicklung (z. B. Theory of Mind) und das korrespondierende Entwicklungsalter. In jeder Phase dominiert ein bestimmtes Grundbedürfnis. Das Diagnostikinstrument SEED versucht, dieses Grundbedürfnis in einer differenzierten Profilbildung zu erfassen. An dieser Stelle nur ein Überblick über die zentralen Phasen:

Phase 1: 0.–6. Lebensmonat: Körperliches und psychisches Wohlbefinden
Phase 2: 7. –18. Lebensmonat: Bindung und Sicherheit
Phase 3: 19. –36. Lebensmonat: Autonomie und Bindung
Phase 4: 4. –7. Lebensjahr: Zugehörigkeit und Identitätsbildung
Phase 5: 8. –12. Lebensjahr: Anerkennung und Status
Phase 6: 13. –18. Lebensjahr: Abgrenzung und Individualität

Eine 50-jährige Klientin ist ein Mensch mit einer 50-jährigen individuellen und einzigartigen Biographie. Ihr Erwachsensein ist unbestritten. Eine Diagnostik, die ihren emotionalen Entwicklungsstand feststellt, wird daran nichts ändern. Aber ihre emotionale Entwicklung kann beeinträchtigt oder unvollständig gewesen sein. Dann kann von ihr nicht erwartet werden, dass sie z. B. in emotionalen Belastungssituationen altersadäquate Bewältigungsstrategien anwenden kann, auch wenn sie vielleicht über die kognitiven und körperlichen Ressourcen verfügen würde. Es kann sein, dass sie in dieser Situation die starke emotionale Zuwendung eines bestimmten Mitarbeiters und ihr Kuscheltier braucht, um sich zu beruhigen.

Die Berücksichtigung des emotionalen Entwicklungsstandes in der heilpädagogischen Praxis erfordert eine konsequentere Beachtung der emotionalen Bedürfnisse und Kompetenzen der einzelnen Klient:innen, wenn es um die Gestaltung inklusiver Settings geht. „Insbesondere die Erhebung des Hilfebedarfs, der überwiegend auf die Formulierung von kognitiv-handlungsbezogenen Förderzielen ausgerichtet ist, ist in Zeiten der Inklusion für die Gewährung von Hilfen u. U. nicht mehr zeitgemäß“ (Sappok/Zepperitz 2019. S. 125). Und weiter:

> „Inklusion bedeutet eben auch anzuerkennen, dass Menschen ihre Bedürfnisse in unterschiedlicher Art und Weise ausleben und befriedigen dürfen, um zufrieden und im Einklang mit sich und der Welt zu sein. Dies als Selbstbestimmung anzuerkennen und nicht defizitär (oder als Infantilisierung, Anmerkung des Autors) zu betrachten, trägt dazu bei, Stigmatisierung abzubauen, psychiatrische Behandlungen zu hinterfragen und die Lebensqualität unserer Mitmenschen in den Vordergrund unserer Bemühungen zu stellen“ (Sappok/Zepperitz 2019, S. 185).

Gestaltung von Inklusionsprozessen aus der Perspektive der Heilpädagogik

Behindernde Barrieren abbauen, eine Gesellschaft ohne Diskriminierung zu gestalten und Teilhabe aller Menschen zu ermöglichen ist eine gesamtgesellschaftliche Aufgabe, zu der Heilpädagog:innen einen wesentlichen Beitrag leisten. Heilpädagog:innen tragen zur Gestaltung einer inklusiven Gesellschaft bei, indem sie

- dafür eintreten, dass in unserer Gesellschaft und ihren Institutionen niemand aufgrund von Fremdheit und Anderssein diskriminiert wird und jeder Mensch ein Leben in Sicherheit führen kann;
- Kommunikationsformen entwickeln bzw. aufgreifen, die allen Beteiligten ermöglichen, im Dialog zu bleiben und so vor Einsamkeit und Isolation schützen. Die Fähigkeit, sich selbst auszudrücken, egal mit welchen Mitteln, ist Voraussetzung dafür, dass Menschen Einfluss auf das Geschehen nehmen können;

- eine Diagnostik anstreben, die auf vorschnelle Etikettierungen und Klassifizierungen verzichtet und die Perspektive der behinderten Person, ihre Lebensgeschichte, ihre aktuellen Lebensbedingungen und Zukunftsvisionen in den Blick nimmt;
- frühe Separation von Kindern überwinden und angebotene Hilfen an der Person orientieren;
- Menschen so begleiten, dass Selbstbestimmung in sozialer Verbundenheit ermöglicht wird. Es ist Aufgabe von Heilpädagog:innen, beim Erwerb entsprechender Kompetenzen zu unterstützen, damit Menschen Wahlmöglichkeiten erkennen, Entscheidungen treffen und das eigene Handeln entsprechend selbst gewählter Lebensentwürfe, Motive und Ziele gestalten können;
- Zwänge und Benachteiligungen, die sich aufgrund institutioneller oder gesellschaftlicher Rahmenbedingungen am Arbeitsplatz, in Kontext von Bildung, Wohnen und Freizeit sowie der persönlichen Lebensgestaltung ergeben, in den Blick nehmen;
- Menschen ermutigen, mit Fremdheit umzugehen, Berührungsängste und Vorurteile durch positive Kontakterfahrungen abzubauen und so einen zwischenmenschlichen Dialog ermöglichen. Die Umsetzung förderlicher Kontaktbedingungen durch Heilpädagog:innen am Beispiel des PIKSL-Labors kann exemplarisch bei Fischer und Schmid (2023) nachgelesen werden.

Heilpädagogische Professionalität umfasst dabei insbesondere folgende Bereiche:

- Partizipation und Teilhabe
  Heilpädagog:innen verstehen Hilfe in erster Linie als Assistenz zur Selbsthilfe und Selbstbestimmung. Dies erfordert entsprechende Grundhaltungen und die Bereitschaft, hinter dem Handeln behinderter Menschen die damit verbundenen Ressourcen und den dahinter liegenden Sinn erkennen zu wollen.
- Anwaltschaft und Solidarität
  Heilpädagog:innen verstehen die multifaktoriellen Wirkungszusammenhänge, die beeinträchtigende Lebensumstände und Behinderungen hervorbringen bzw. aufrechterhalten können. Sie analysieren und beurteilen die gesellschaftlichen und institutionellen Rahmenbedingungen und beziehen kritisch zu ethisch relevanten Fragen ihres Berufsfeldes und der Gesellschaft Stellung.
- Inklusive Erziehung und Bildung
  Konzeptionen inklusiver Erziehung und Bildung verfolgen das Prinzip der Entwicklungsorientierung, der Interaktionsorientierung, der Situations- und Ressourcenorientierung mit dem Ziel, eine neue Form des Miteinanders zu gestalten, in denen Prozesse des Voneinander-Lernens möglich werden. Spielen und Lernen am gemeinsamen Gegenstand sind Kern einer inklusiven Erziehung und Bildung. Heilpädagoginnen und Heilpädagogen sind Spezialist:innen im Hinblick auf die Analyse des gemeinsamen Gegenstands und der individuellen Voraussetzungen jeden Kindes.

Im Kontext von Bildungsprozessen ermöglichen sie Heranwachsenden Erfahrungen, die geeignet sind, behindernde biografische Bedingungen zu überwinden. Sie unterstützen Menschen, eigene Stärken zu entdecken, Schwächen zu akzeptieren und beides in ihr Selbstbild zu integrieren.

- Sozialraum und Case-Management
  Heilpädagog:innen kennen die Bedeutung des Sozialraums und der politisch-gesellschaftlichen Gegebenheiten bei der Initiierung und Begleitung von Entwicklungsprozessen, die dem Anspruch der Partizipation, Inklusion und sinnerfüllten Daseinsgestaltung gerecht werden sollen. Im Rahmen des Case-Managements koordinieren sie gegebenenfalls die Vernetzung unterschiedlicher Institutionen und Unterstützungssysteme (vgl. STK Heilpädagogik 2012, S. 12 ff.).

1.4 Wissenschaftliche Konzeptionen als Orientierung für das heilpädagogische Handeln

Im Folgenden sollen wissenschaftliche Konzeptionen vorgestellt werden, die aktuell die theoretische Basis heilpädagogischer Handlungskonzepte bilden. Der Personalismus begründet die heilpädagogische Grundhaltung in der Begegnung mit Mitmenschen.

Die Auseinandersetzung mit systemtheoretischen Grundlagen soll den Leser:innen ermöglichen, die Skepsis gegenüber systemischem Denken, aber auch die positiven Anknüpfungspunkte, die sich für heilpädagogisches Handeln ergeben, zu rekonstruieren.

Die Ausführungen zu den Grundgedanken des Konstruktivismus sensibilisieren für die Mechanismen, nach denen Einzelne oder Gruppen – so auch Heilpädagog:innen und die Menschen mit denen sie arbeiten – ihre Wirklichkeit wahrnehmen, sie deuten und entsprechend dieser Deutung handeln.

1.4.1 Personalistischer Ansatz

Heilpädagog:innen arbeiten mit Menschen, die vielfältigen Risiken ausgesetzt sind und deren Leben mehr als das der anderen von persönlichem Leiden gekennzeichnet und vom Scheitern bedroht scheint. Die Fragen: „Was ist der Mensch?“ bzw. „Was kann er werden?“ stellen sich drängender und existenzieller angesichts der Erfahrung scheinbar begrenzter Lebens- und Sinnperspektiven.

Eine zentrale heilpädagogische Frage ist deshalb die nach dem Sein des Menschen. Die Antwort auf diese Frage muss auch den Menschen einschließen, der sich als behindert erlebt oder als behindert gilt, weil er z. B. angesichts seines offenkundigen Leidens, seiner geringen Leistungsfähigkeit oder seiner eingeschränkten kommunikativen Möglichkeiten im sozialen Kontext als belastend und hinderlich empfunden wird.

Kobi (1985) versucht einen Zugang zu diesem Sein über den Begriff der Person zu finden. Die Einzigartigkeit der Person und ihre unteilbare Würde sind Dreh- und Angelpunkt heilpädagogischen Denkens und Handelns. Unter dem Begriff „Personalismus" fasst Kobi dementsprechend Haltungen und Denkweisen zusammen, die alle Menschen – auch bei extremster Verschiedenartigkeit – als Personen im Sinne von gleichwertigen Partner:innen betrachten. Der Personalismus wird somit zu einer „heilpädagogischen Grundhaltung". Personalistische Positionen haben ihre Wurzeln neben der christlich-theologischen Tradition u. a. auch in der deutschen Romantik (Jean Paul, Schleiermacher, Fröbel) und den verschiedenen Existenzphilosophien des 20. Jahrhunderts (Kierkegaard, Marcel, Heidegger, Sartre).

Haeberlin und Kobi beziehen sich u. a. auf den Philosophen Hans Eduard Hengstenberg, welcher die Begriffe „Person" und „Persönlichkeit" unterscheidet. Der Mensch ist von Beginn seiner Existenz an Person, ausgestattet mit unveräußerlicher Würde und dem Anspruch auf Achtung und Ehrfurcht. Zur Persönlichkeit hingegen entfaltet sich der Mensch infolge von Entwicklung, Erziehung und Bildung. Während der Begriff der Person frei ist von Klassifikation und Bewertungen wird unter „Persönlichkeit" i. d. R. eine Ausformung und Differenzierung des Menschen verstanden, welche vor dem jeweiligen gesellschaftlichen und kulturellen Hintergrund bewertet wird. Je nachdem mit welchem Attribut der Begriff der Persönlichkeit versehen wird, drücken sich gesellschaftliche Wertschätzung, aber auch Geringschätzung aus. So sprechen wir z. B. von einer „großen Persönlichkeit", einer „herausragenden Persönlichkeit", aber auch vom Menschen, der „keine Persönlichkeit hat" oder, auch im Sinne der modernen Persönlichkeitspsychologie, von „gesunder Persönlichkeit" oder „kranker Persönlichkeit".

Unabhängig davon, wie der Mensch seine Persönlichkeit entwickelt bzw. entwickeln kann, ist und bleibt er – zu jedem Zeitpunkt seiner Existenz und in jeder psychophysischen Verfassung – in seinem Wesen Person und nichts kann Anspruch auf Achtung und Ehrfurcht vor dieser Person schmälern.

Neben der individuellen Eigenständigkeit liegt im Phänomen der Person auch der Bezug zur Gemeinschaft. Aufgrund seines Personseins ist es dem Menschen möglich, aber auch aufgegeben, sich der Welt, den Objekten und Personen zuzuwenden. „Der Mensch ist das ansprechbare Wesen. Er vernimmt den Anspruch der Dinge. Er antwortet“ (Hengstenberg 1966, in: Gröschke 1997, S. 55). Wenn der Mensch dem Mitmenschen begegnet, liegt in der Antwort auf sein Angesprochensein seine Verantwortung. Eine uneigennützige Haltung in der Begegnung mit Menschen und Dingen, die deren Eigenwert gerecht wird, nennt Hengstenberg „Sachlichkeit“. Sie ist laut Gröschke eine Grundhaltung, auf deren Basis heilpädagogisches Arbeiten erst möglich wird (vgl. Gröschke 1997, S. 51).

Personalismus als „heilpädagogische Haltung“ lässt sich auch im Dialogischen Prinzip von Martin Buber erkennen, welches sich auszeichnet durch seine wichtigsten Merkmale „Annahme des Partners“, „Vertrauen in das Potential des Partners“ und „Echtheit im Gespräch“ (vgl. Haeberlin 2005, S. 37).

Der französische Philosoph Emmanuel Lévinas (1906–1995) sieht in der Beziehung zum anderen die Wurzel menschlicher Existenz. Die Gestalt des anderen und die Begegnung mit dem anderen ist für ihn der Schlüssel zur ethischen Verpflichtung. Das gemeinsame In-der- Welt-Sein geht einher mit der Verantwortung für den anderen.

Das „Antlitz“ ist in Lévinas Philosophie eine Kategorie, die nur dem Menschen als Mitmenschen und Nächsten vorbehalten ist. Dabei bezieht er „Antlitz“ nicht auf das Gesicht und die Physiognomie des anderen. Das Antlitz des anderen ist ein grundsätzlich anderes. Es ist deswegen prinzipiell fremd und bleibt fremd. Das Antlitz des anderen hat appellativen Charakter, denn wenn jemand den anderen wahrnimmt, ihm ins Antlitz schaut und dadurch seiner Schwäche und seiner wehrlosen Sterblichkeit gewahr wird, löst dies die Verantwortung für eine zwischenmenschliche Beziehung aus, der man sich nicht entziehen kann, auch wenn man sich dagegen wehren sollte.

„Wenn ich im Anderen durch alle äußerlichen Formen von Schädigung und Entstellung die unzerstörbare Person, das Antlitz des Anderen entdecke, dann nimmt mich diese Erfahrung bedingungslos in die Pflicht, sie macht mich dem Anderen in unvergleichlicher und einziger Weise solidarisch“ (Lévinas 1983, S. 224, in: Gröschke 1997, S. 58).

Gröschke sieht in dieser Begründung ein Argument dafür, dass praktisches heilpädagogisches Engagement gesollt und dem anderen geschuldet ist – nicht um der eigenen Bedürfnisbefriedigung oder der eigenen Heilserwartung willen, sondern wegen des Eigenseins des anderen (vgl. Gröschke 1997, S. 55 ff.).

Nach Kobi hat der Personalismus in der Heilpädagogik in erster Linie eine sinngebende Funktion. Er scheint die einzige Denkweise und Haltung zu sein, in welcher das Lebensrecht und die Würde jedes Menschen dauerhaft verankert sind – auch wenn dieser Mensch nicht perfekt ist.

Dennoch weist Haeberlin auf die Grenzen des Personalismus hin. Diese sieht er darin, dass niemand zu personalistischem Denken, Empfinden und Handeln gezwungen werden kann. Deshalb existieren in einer Gesellschaft zugleich personalistische und gegenpersonalistische Denkweisen, mit der Gefahr der Abwertung von Menschen, die der allgemeinen Norm nicht entsprechen. Den größten Mangel vieler personalistischer Positionen sieht Haeberlin in der fehlenden Einbettung in eine Gesellschaftstheorie. Mögliche Folge davon kann der private, idealistische Glaube an das Gute im Menschen sein, welcher verkennt, dass unter dem Einfluss gesellschaftlicher Verhältnisse Menschen ganz andere Denk- und Handlungsweisen entwickeln können als personalistische. Überlegungen zum Menschenbild müssen deswegen durch Überlegungen zur Gesellschaft, in denen sich Heilpädagogik ereignet, ergänzt werden (vgl. Haeberlin 2005, S. 45 f.).

1.4.2 Systemisches Denken

Im Mittelpunkt systemischen Denkens stehen nicht primär der Mensch, sondern die Beziehungen des Einzelnen zu seiner Lebenswelt. Der Mensch ist Teil von Beziehungssystemen, mit denen er im Austausch steht und deren Entwicklungsprozesse sich wechselseitig bedingen. Die systemische Sicht des Menschen geht von der Annahme aus, dass sich die Person in der Interaktion mit ihrer Mitwelt konkretisiert. Bevor die Systemtheorie Luhmanns dargestellt wird, welche Theorie und Praxis heilpädagogischer Arbeit zunächst irritiert und dann auch beeinflusst hat, soll kurz ein Überblick über die Entwicklung systemischen Denkens gegeben werden.

Systemisches Denken im Bereich der Wissenschaften beginnt Anfang des 20. Jahrhunderts im Bereich der Physik. Es befasst sich zunächst mit vorgegebenen oder nach Plan herstellbaren Objekten und deren Verhalten. Praktisch bezieht sich das systemische Denken zunächst auf die Konstruktion von Maschinen oder von technischen Rückkoppelungssystemen wie z. B. die

Funktionsweise eines Thermostats: Heizung und Temperatursensor sind in diesem System in einer zirkulären Weise so miteinander gekoppelt, dass sie sich gegenseitig beeinflussen. Diese Frühphase der Systemtheorie (1950 bis 1980) wird als Phase der Kybernetik erster Ordnung bezeichnet.

Im Laufe der Zeit haben unterschiedliche Disziplinen die Systemtheorie unter ihrem Fokus betrachtet, jeweils neue Forschungsfragen gestellt und Antworten gesucht. Fritz Simon versteht die Systemtheorie deshalb als „Work-in-Progress" und unterscheidet drei Generationen von Systemtheorien

- Theorie Technischer Systeme, wie z. B. eine Maschine,
- komplexe Systeme, wie z. B. das Wetter,
- autopoietische Systeme, lebende Systeme wie Tier, Mensch, aber auch soziale Systeme wie z. B. Familie oder Gesellschaft (vgl. Krizanits 2012, S. 8 ff.).

In der Folge bildeten sich auch in den Sozialwissenschaften unterschiedlichste Entwicklungslinien heraus. Der Trend zum Systemdenken erfasste schließlich auch die Geisteswissenschaften. „Systemtheorie" bezieht sich nun auf Ansätze unterschiedlichster Herkunft.

Das Konzept der Autopoiesis

Großen Einfluss auf die Entwicklung systemischen Denkens und Handelns hatte die Arbeit der beiden chilenischen Biologen Humberto Maturana (*14. September 1928) und Francisco Varela (1946–2001). Sie erforschten die Entstehung und Organisation lebender Systeme und entwickelten das Konzept der „Autopoiesis" (altgriech. αὐτός autos „selbst" und ποιεῖν poiein „schaffen, bauen").

Maturana und Varela verstehen jedes Lebewesen als System. Allen Lebewesen scheint gemeinsam zu sein, „dass sie sich – buchstäblich – andauernd selbst erzeugen". Lebende (autopoietische) Systeme unterscheiden sich von nicht-lebenden Systemen dadurch, dass es keine Trennung zwischen Erzeuger und Erzeugnis gibt. Das Sein und das Tun eines autopoietischen Systems sind untrennbar. Eine Blume z. B. als lebendes autopoietisches System, erzeugt sich selbst. Eine Kaffeemaschine hingegen als nicht-lebendes System erzeugt etwas anderes als sich selbst, nämlich Kaffee.

„Autopoietische Systeme verhalten sich immer und ausschließlich (Hervorh. im Orig.) aufgrund ihrer aktuellen internen Strukturen und Prozesse. Sie sind selbstbezogen und innengesteuert. Darin besteht ihre Autonomie" (Simon 2007, S. 53).

Dennoch sind autopoietische Systeme nicht unabhängig von dem, was in ihrer Umwelt geschieht. Sie reagieren aber höchst individuell auf diese Geschehnisse. Für außenstehende Beobachter:innen ist folglich nicht vorhersehbar, zu welchen systeminternen Veränderungen äußere Ereignisse führen werden.

Autopoietische Systeme sind zudem strukturdeterminiert, d. h., durch ihre spezifische Struktur ist festgelegt, welche Veränderungen überhaupt stattfinden können. Autopoietische Systeme sind deswegen prinzipiell nicht von außen steuerbar. Dennoch können sie sich in der Interaktion mit ihren sie irritierenden Umwelten verändern.

Die äußeren Auslöser für strukturdeterminierte Veränderungen werden als „Perturbationen" oder, speziell im soziologischen Kontext, auch als „Irritationen" bezeichnet (vgl. Simon 2007, S. 52).

„Strukturdeterminiert" im Hinblick auf uns Menschen heißt beispielsweise, dass unsere Entwicklungsmöglichkeiten und unsere Fähigkeiten nicht unbegrenzt sind. Wir können noch so viel trainieren, werden es aber nicht schaffen, die Geschwindigkeit eines Gepards zu erreichen. Auch wird der Mensch nicht drei Meter groß, auch wenn er noch so viel isst. Unsere Strukturdeterminierung bringt es mit sich, dass wir eher „in die Breite gehen" als derartig in die Länge zu wachsen. Strukturdeterminiert heißt aber auch, dass Menschen in der aktuellen Situation entsprechend ihrer eigenen Bedingungen, d. h. ihrer Wahrnehmungs-, Denk- und emotionalen Muster handeln. Diese wurden, neben genetischen Voraussetzungen, im biografischen Kontext erworben. Da der Mensch sich in der Interaktion mit der Umwelt stets entwickelt, sind diese Muster zwar grundsätzlich veränderbar, der Prozess der Veränderung ist jedoch nicht beliebig steuerbar. „Ich kann halt auch nicht aus meiner Haut!" ist ein gängiger Ausspruch, wenn wir gerne anders empfinden und handeln würden, es aber aufgrund unserer Dispositionen im Moment nicht können.

Von hoher Praxisrelevanz ist der Umgang mit der Strukturdeterminiertheit von Menschen, wenn es darum geht, heilpädagogische Förderoder Handlungskonzepte zu entwickeln, die dem anderen ermöglichen sollen, sein Entwicklungspotenzial zu entfalten. Gerade Kinder mit Lern- und Leistungsstörungen machen häufig die Erfahrung, dass sie viel Zeit mit dem verbringen müssen, was sie eher nicht können. Je nachdem, ob die Bemühungen von Erfolg gekrönt sind oder nicht, kann sich eine problematische Situation einstellen, wenn das Kind nicht die Erfahrung macht, dass Anstrengung und Üben zum Erfolg führen, was mit einem tiefen Gefühl der Befriedigung einhergeht. Ressourcenorientierung heißt in diesem Zusammenhang, Begabungsstrukturen zu entdecken und diese zur Entwicklung zu bringen und nicht (ausschließlich) Defizite und Schwächebereiche zu trainieren. Die beiden Neuropsychologen Brian Kolb und Ian Q. Wishaw bringen diese Überlegung in folgender Fabel auf den Punkt.

Vor langer Zeit beschlossen die Tiere, dass etwas Heroisches geschehen müsse, um die Anforderungen einer neuen Welt meistern zu können. Sie gründeten daher eine Schule und erstellten einen Lehrplan, der vor allem motorische Fähigkeiten vermitteln sollte.

Als Fächer wurden ausgewählt: Rennen, Klettern, Schwimmen und Fliegen. Der Einfachheit wegen sollte der Lehrplan für alle Tiere verbindlich sein. Die Ente erbrachte von Anfang an ganz exzellente Leistungen im Schwimmen, bessere sogar als der Schwimmlehrer. Im Fach Fliegen schaffte sie allerdings nur eben ausreichende Leistungen, beim Rennen genügten die Leistungen jedoch nicht mehr. Deswegen musste sie ihre Aktivitäten im Schwimmen reduzieren und Nachsitzen, um sich im Rennen zu verbessern. Dadurch lädierte sie ihre Schwimmflossen so sehr, dass sie nur noch mittelmäßige Schwimmleistungen zustande brachte. Mittelmäßige Leistungen galten aber durchaus als erfreuliche Schulerfolge, weswegen sich niemand, außer der Ente selbst, darüber groß Gedanken machte.

Das Kaninchen bot weitaus die besten Leistungen im Fach Rennen, erlitt jedoch einen Nervenzusammenbruch, weil es beim Schwimmen immer Nachhilfeunterricht benötigte. Das Eichhörnchen war Klassenbeste im Klettern, zeigte sich aber zutiefst frustriert im Fach Fliegen, weil der Lehrer von ihm forderte, vom Boden auf die Spitze eines Baumes zu fliegen, anstatt von der Spitze zum Boden. Weil das Eichhörnchen zu intensiv trainierte, bekam es einen fürchterlichen Muskelkater, mit dem wiederum nur schlechte Noten im Klettern und Schwimmen zu gewinnen waren.

Der Adler stellte sich sehr bald als absolutes Problemkind heraus, das sehr streng zur Disziplin angehalten werden musste. Beim Klettern war er allen anderen Tieren überlegen, wenn es galt die Spitze eines Baumes zu erreichen. Jedoch war er durch nichts davon abzubringen, nur auf seine eigene Weise – nämlich fliegend –, und nicht wie im Lehrplan vorgeschrieben kletternd, die Baumspitze zu erreichen.

Am Ende des Schuljahres hatte ein leicht verhaltensgestörter Aal das beste Zeugnis vorzuweisen. Er konnte besonders gut schwimmen, jedoch waren seine Leistungen in den Fächern Rennen, Fliegen, Klettern nur mittelmäßig. Als Klassenbester durfte er jedoch bei der Schulabschlussfeier die Klassenrede halten.

Die Präriehunde blieben dagegen der Schule fern. Sie weigerten sich auch Steuern zu zahlen, weil die Regierung nicht bereit gewesen war, auch das ‚Höhlengraben' in den Lehrplan aufzunehmen. Sie gaben daher ihr Kind bei einem Dachs in die Lehre. Später bildeten sie dann mit den Erdhörnchen und den Murmeltieren eine Selbsthilfegruppe, mit dem Ziel, eine freie Schule zu gründen" (nach: Kolb/Wishaw, in: Willimsky et al., o. J.).

Grundlagen der Systemtheorie Niklas Luhmanns

Der Soziologe Niklas Luhmann (1927–1998) entwickelt in seiner Systemtheorie eine Idee der modernen Gesellschaft. Er beschreibt die Gesellschaft als soziales System, das alle anderen Systeme in sich einschließt. Luhmanns universalistischer Ansatz ermöglicht aber auch, seine Aussagen über Systeme auf technische Systeme, organische Systeme wie auch auf psychische Systeme (den Menschen) und soziale Systeme (Gruppen) zu übertragen.

Systeme entstehen, nach Luhmann, durch ihr inneres Ordnungsgefüge und die Relationen ihrer verschiedenen Elemente. Noch wichtiger ist aber die Stabilisierung einer Differenz von „Innen“ und „Außen“.

Für das „Außen“ verwendet Luhmann den Begriff der „Umwelt“ – allerdings nicht in seiner herkömmlichen Bedeutung als ökologische oder soziale Umwelt. Alles, was nicht zum System selbst gehört, ist „Umwelt“. Luhmann versteht Umwelt als Nichtsystem. Geht man von einem psychischen System „Herr Müller“ aus, ist alles andere, (also der „Rest der Welt“) „Umwelt“. Gehen wir vom sozialen System „Familie Müller“ aus, gehören alle Familienmitglieder zum System „Familie Müller“, alles andere ist Umwelt. Arbeitet eine Heilpädagogin mit Familie Müller, wird sie zwar nicht Mitglied des Systems „Familie Müller“, aber sie wird dennoch Teil eines Systems, indem ein neues entsteht: „Familie Müller und Heilpädagogin“.

Systeme können also eindeutig von der Umwelt abgegrenzt werden. Wie bereits deutlich wurde, wird „Familie Müller“ dadurch zum System, dass klar ist, wer und was nicht zu „Familie Müller“ gehört; eine Institution wird zum System, weil es Menschen gibt, die nicht dazugehören, eine Regierung wird zum System, weil nicht alle Menschen in der Regierungsverantwortung stehen u. ä.

„Von sozialen Systemen kann man (also) immer dann sprechen, wenn Handlungen mehrerer Personen sinnhaft aufeinander bezogen werden und dadurch in ihrem Zusammenhang abgrenzbar sind von einer nicht dazugehörigen Umwelt“ (Luhmann 1971, in Treibel 2006, S. 36).

Ordnung als fundamentale Operation lebender Systeme

Psychische und soziale Systeme unterscheiden sich von Maschinen dadurch, dass sie Sinn gebrauchen. Sinn ist eine „Form der Erlebnisverarbeitung“ (Luhmann 1971, in Treibel 2006, S. 35) und eine notwendige Voraussetzung für Kommunikation. Das heißt, Menschen ordnen ihre Wirklichkeitserfahrungen, indem sie ihnen bestimmte Bedeutungen zuschreiben. In sozialen Systemen tendieren Menschen dazu, ihre Erfahrungen auf gemeinsam geteilte Annahmen zu beziehen und so die gemeinsame Wirklichkeit zu ordnen. Diese Ordnung geht damit einher, dass Vorstellungen davon entstehen, was man selbst von anderen erwarten kann (Erwartung) und was andere von einem erwarten (Erwartungs-Erwartung). Heilpädagogen haben es häufig mit Situationen zu tun, in denen diese gegenseitigen Erwartungen nicht mehr angemessen rückgekoppelt werden. Folglich erstarren die Erwartungen einer Person darüber, wie die andere „ist": Im schulischen Kontext beispielsweise sind sich alle Lehrer darüber einig: „Der Junge ist immer so!" Auf der Wohngruppe berichten die Mitarbeiter: „Die Bewohnerin verhält sich grundsätzlich so!" Hier wird deutlich, dass sich die Beteiligten auf ein starres Muster festgelegt haben, wie sie Wirklichkeit wahrnehmen, diese mit Bedeutung versehen und so eine Ordnung der Wirklichkeit herstellen. Veränderte Wahrnehmungsmuster wären jetzt Voraussetzung dafür, dass sich in der Folge auch die Prozesse der Sinn- und Bedeutungsgebung sowie die Kommunikation des sozialen Systems verändern und erweitern können. Auch wenn die bestehende Ordnung als leidvoll und quälend erlebt wird, wird sie häufig aufrechterhalten, weil sie vertraut und bekannt ist und somit ein hohes Maß an Sicherheit vermittelt.

„Das Erzeugen von Ordnung als ‚fundamentale Operation alles Lebendigen' scheint ein bedeutenderes Motiv für Menschen zu sein, als das Streben nach Glück" (vgl. Schlippe/Schweitzer 2014, S. 4).

Ohne Erwartung kann kein Teilnehmer sicher sein, wie sich der jeweils andere verhalten wird. Ohne Erwartungs-Erwartung kann er nicht wissen, wie er sich selbst verhalten soll. Durch Erwartung und Erwartungs-Erwartungen kann die Handlung des einen an die Handlung des anderen anschließen, das System ist stabil.

Eng mit den Erwartungs-Erwartungen verknüpft ist das Problem der „doppelten Kontingenz". Mit „Kontingenz" bezeichnet Luhmann die Möglichkeit, dass etwas sein könnte oder auch nicht sein könnte. Menschen können sich überraschend und unvorhersehbar verhalten. Erwartungen können auch enttäuscht werden, denn Menschen sind in ihrem Handlungsspielraum nicht festgelegt. Da dies für zwei Interaktionspartner:innen gleichermaßen zutrifft, bedeutet dies eine „doppelte Kontingenz". Für sich selbst wird dies als Verhaltensspielraum erlebt, in Bezug auf den anderen als Erwartungsunsicherheit. Begriffe wie „Vertrauen" und „Misstrauen" haben nach Luhmann nur im Bereich der doppelten Kontingenz ihren Sinn (vgl. ebd., S. 7 ff.).

Im heilpädagogischen Kontext erleben wir immer wieder Situationen, in denen zunächst „nichts mehr geht". Kommunikations- und Interaktionsmuster sind wie erstarrt. „Natürlich könnte ich anders handeln", so z.B. ein Vater, „aber woher soll ich wissen, dass mein Sohn wirklich mehr Selbstverantwortung übernimmt, wenn ich ihm mehr Freiräume gewähre und auf Kontrolle verzichte?"

„Wenn ich wüsste, dass mein Vater dann damit aufhört, ständig Druck zu machen und immer mehr zu wollen, würde ich mich auch mehr um die Schule kümmern", so der Sohn.

Für heilpädagogische Professionalität ist der Umgang mit kontingenten Situationen ein zentrales Merkmal, da das Gegenüber auf unser Handeln auch ganz anderes reagieren könnte, als wir erwartet haben. Die Lenkung der eigenen Aufmerksamkeit auf Handlungen und Anschlusshandlungen und die Reflexion der eigenen Muster im Hinblick auf Wahrnehmung, kognitive Bewertung und emotionale Stellungnahme ist zentraler Aspekt heilpädagogischer Handlungskompetenz.

Um 1980 integriert Luhmann den Begriff der „Autopoiesis" in seine Systemtheorie und verwendet diesen synonym zu den Begriffen „Selbstorganisation" oder „Selbstreferenz". Systeme beziehen sich auf sich selbst, organisieren sich aus sich selbst heraus.

Für den Fortbestand eines Systems wird die Grenze zwischen System und Umwelt immer wichtiger. Systeme werden deshalb tendenziell immer geschlossener. Luhmann spricht von operativer Geschlossenheit. Wird diese zerstört, hört das System auf zu existieren. Zugleich sind Systeme aber auf den Kontakt mit der Umwelt und den Austausch mit ihr angewiesen. Systeme sind also „energetisch offen", aber „operational geschlossen", d. h. der Umweltkontakt wird vom System selbst gesteuert. Es handelt nach eigener Maßgabe.

Der Begriff der Person oder des Individuums kommt in Luhmanns Systemtheorie nicht vor. Luhmann geht von psychischen Systemen aus. Dieses kann nicht selbst kommunizieren, ist aber Voraussetzung für Kommunikation. Psychische Systeme bestehen aus Gedanken, die sie immer wieder selbst erzeugen, indem ein Gedanke den nächsten provoziert.

Die einzelnen Elemente eines sozialen Systems sind Kommunikationen, die beständig aneinander anschließen und den Fortbestand des Systems sichern. Findet in einem sozialen System keine Kommunikation mehr statt, kann das System seine Autopoiesis nicht fortführen und hört auf zu existieren. „Das

Sozialsystem Familie besteht danach aus Kommunikationen und nur aus Kommunikationen, nicht aus Menschen und auch nicht aus Beziehungen“ (Luhmann 1990, S. 40).

Mit seiner Theorie sozialer Systeme setzt sich Luhmann von der bisherigen philosophischen und soziologischen Tradition ab, die die Menschen als kleinste Einheiten des Sozialen betrachtet hatten. Zudem versteht sich Luhmann als reiner Beobachter der Gesellschaft. Sein Anspruch war, die Gesellschaft als System zu beschreiben, nicht aber zu bewerten. Im Philosophen und Soziologen Jürgen Habermas (*1929) fand er deshalb seinen größten Kritiker. Dieser warf Luhmann vor, dass die systemtheoretische Deutung von Gesellschaft einer kritiklosen Beugung unter gesellschaftliche Zwänge Vorschub leiste. Soziologie habe aber die moralische Verpflichtung, Kritik an der Gesellschaft zu üben, Zustände aufzudecken und Wege zur Verbesserung aufzuzeigen (vgl. Schuldt 2012, S. 52 ff.).

1.4.3 Der systemisch-ökologische Orientierungsansatz

Mit ihrer Kernaussage, lebende Systeme seien auf nichts anderes bezogen als auf sich selbst, waren die neueren Systemtheorien zunächst eine Irritation für Pädagogik und Heilpädagogik.

Gilt doch die Bezogenheit des Menschen zum Mitmenschen, zur Welt und Gesellschaft als zentrale Voraussetzung für Erziehung und Bildung. Auch der Verzicht auf die Vorstellung vom Menschen als Person und Subjekt in den Systemtheorien stellt die wissenschaftliche Heilpädagogik zunächst vor große Herausforderungen. Eine Gefahr des systemischen Denkens, Erlebens und Handelns wird u. a. in der Vernachlässigung des Individuums gesehen.

„Zur Debatte steht damit das für Pädagogik konstitutive Thema subjektiver Personhaftigkeit. Kind und Erzieher interessieren (aber) nicht als neutrale Systeme, sondern als Personen im Kontext ihrer Lebensverhältnisse“ (Kobi 2009, S. 18).

Otto Speck (1926–2023) überträgt 1988 die Grundannahmen der Systemtheorie auf die Heilpädagogik. Er versucht, durch einen systemtheoretischen Ansatz den Zugang zu unserer hochkomplexen Wirklichkeit zu finden, in der sich auch die Heilpädagogik neu positionieren muss. Gleichzeitig will er die traditionellen heilpädagogischen Werte bewahren. Specks Anliegen ist die lebenswerte und sinnvolle Gestaltung der Lebenswelt bzw. der sozialen Systeme für Menschen mit Behinderungen, welche über den Wirkungsbereich der professionellen Helfer:innen hinausgeht. Speck bezieht sich zunächst auf den Systembegriff des Soziologen Niklas Luhmann und auf den der Biologen Maturana und Varela.

Allerdings misst Speck Luhmanns Theorie selbst für die Gesamtaufgabe der Pädagogik nur eine begrenzte Bedeutung zu, da sie keine Orientierungsinhalte (Werte) aufzeige und deshalb auch keine Zukunftsperspektiven erschließe. Er ergänzt diesen Ansatz deswegen durch die „ökologische" Sichtweise des amerikanischen Psychologen Uri Bronfenbrenner (1981) und entwickelt seinen systemisch-ökologischen Orientierungsansatz, in dem auch die ethische Dimension des pädagogischen Handelns berücksichtigt werden kann.

Speck geht von der etymologischen Wurzel des Wortes Ökologie (oikos, gr. = Haus, Heim) aus und leitet daraus die implizite Aufgabe des Menschen ab, „sich *einzuhausen*, d.h. das eigene Dasein auf der Basis der gegebenen individuellen Bedingungen mit anderen sinnvoll zu gestalten" (Speck 2003, S. 163f.). Im heilpädagogischen Kontext ist die pädagogische Intention darauf gerichtet, dass ein Kind auch angesichts von Lebenserschwernissen trotzdem in seiner Lebenswelt heimisch werden und Lebenssinn finden kann.

In Bezug auf Bronfenbrenner verweist Speck auch auf die Bedeutung und Wechselwirkung unterschiedlicher Lebensräume und -systeme für die Entwicklung eines Kindes – eines Menschen generell. Er betont,

„dass die Entwicklung eines Kindes nicht einfach von den gegebenen internen (ererbten, organischen) und externen Faktoren bewirkt wird, sondern aus einer ganz individuellen Auseinandersetzung mit der Umwelt hervorgeht. Das Kind eignet sich nicht einfach die Welt als ‚objektive' Realität an, sondern es schafft sich (...) seine eigene Welt" (Speck 2003, S. 271).

Durch diesen systemisch-ökologischen Zugang veränderte bzw. erweiterte sich im Bereich der Heilpädagogik die Vorstellung davon, was für einen Menschen, eine Person, mit Beeinträchtigungen notwendig ist. Begriffe wie „Sinn", „Autonomie", „Ressource", „Lebensqualität" und „Selbstgestaltung" stellen linear-kausale Interventions- und Fördermodelle mit genormten Entwicklungszielen in Frage.

Speck zeigt sich vor diesem Hintergrund kritisch gegenüber dem gängigen Begriff der „Förderung": Förderung setze von außen an („das Kind wird gefördert") und betrachte den zu Fördernden als eine abhängige Größe. Das Kind wird zum passiven Objekt. Die Förderinstanz bestimmt das Ziel und plant die nächsten Lernschritte (vgl. Speck 2003, S. 337f.).

> „Bei einer Überbetonung des Begriffes der Förderung kann eine Verengung und Einlinearität des pädagogischen Aktes eintreten (...) und das ganze gerät mehr unter den Aspekt des technologischen Machens" (ebd., S. 338).

Neben der Würdigung seines Werkes als „wohl die wichtigste Neuerscheinung zur allgemeinen Heil- und Sonderpädagogik in den letzten Jahren" (Joswig 2007, S. 193), erfährt Specks Ansatz auch Kritik. Diese bezieht sich vor allem auf die „terminologischen Verwirrungen" (ebd., S. 167), die dadurch entstehen, dass Speck die Begriffe Lebenswelt, Umwelt, System und Ökologie nicht eindeutig voneinander abgrenzt.

Systemische Denkmodelle wurden, wie beschrieben, wegen ihrer naturwissenschaftlichen Prägung nicht vorbehaltlos in pädagogisches Denken integriert. Neben personalistischen Ansätzen werden heute die Impulse, die sich aus der systemisch-ökologischen Sichtweise ergeben, selbstverständlich in heilpädagogisches Denken und Handeln integriert. Systemische Bedingungen werden betrachtet, wenn es darum geht, das kindliche Handeln nicht als „Verhaltensstörung", sondern als sinnvollen Anpassungsprozess an seine lebensweltlichen Bedingungen zu betrachten. Im Mittelpunkt der Arbeit steht dann nicht ein Kind als Symptombündel mit einer Krankengeschichte, sondern ein Mensch, eine Person mit einer einzigartigen Lebensgeschichte, welche ihr Dasein sinnvoll bewältigen will. Nicht allein das Kind steht in der Verantwortung, seine Störung zu überwinden, sondern alle Systemmitglieder sind gefordert, Bedingungen zu schaffen, in denen das Kind sein Entwicklungspotenzial voll entfalten kann.

Kobi konstatiert: Offen-systemische Modelle entsprechen am ehesten der Erziehungspraxis, denn Menschen sind keine trivialen Input-Output-Maschinen. Gleichzeitig stellt er fest:

> „derartigen systemischen Modellen über das Erziehungsgeschäft stehen zeitgeistige Komplexitätsreduktionsbedürfnisse, in denen das Machen und Bewirken sowie die konfektionierte Anlieferung von Sozialisationsprodukten zentrale Anliegen sind, allerdings entgegen" (Kobi 2009, S. 18).

Für Heilpädagog:innen heißt dies, bewusst die Spannung auszuhalten, dass heilpädagogische Konzepte oder „Förderpläne" für komplexe psychische oder soziale Systeme entwickelt werden müssen, die von außen eigentlich nicht steuerbar sind, sondern sich über ihre internen Prozesse selbst steuern.

Heilpädagog:innen, die ihr Handeln an systemisch-ökologischen Denken orientieren,

- sind deshalb dafür sensibilisiert, dass die Wirksamkeit der Förderung davon abhängt, ob und wie das Kind und seine Familie das heilpädagogische Angebot in das eigene Wahrnehmungs- und Handlungssystem integrieren können,
- ersetzen den Glauben an eine von außen gesteuerte Entwicklung durch das Vertrauen in die Entwicklungskompetenz des Kindes,
- gehen von der kindlichen Eigenaktivität aus, berücksichtigen und respektieren die familiäre Lebenswelt des Kindes,
- verzichten auf das Trainieren einzelner Funktionsbereiche zugunsten eines sinnvollen Handelns in bedeutsamen Lebenswelten
- thematisieren die Wechselwirkungen zwischen einem Menschen mit Beeinträchtigungen und seiner Umwelt,
- gehen davon aus, dass jedes Kind mit seinem Handeln ein für sich selbst positives Ziel erreichen will, auch wenn Erwachsene dies nicht immer erkennen,
- verstehen gesellschaftlich nicht akzeptiertes und als störend erlebtes Verhalten von Menschen als Lösung für ein bestehendes Problem und als Zeichen für deren Sinnsuche,
- beziehen sich auf die Person des Kindes, seine Stärken und Schwächen wie auch auf den sozialen Zusammenhang, in dem das Kind existiert,
- und gehen davon aus, dass menschliches Handeln einen „Eigen-Sinn" hat, der erkannt werden muss, bevor versucht wird, dieses zu beeinflussen.

So stehen Heilpädagoginnen und Heilpädagogen heute vor der Situation, dass sie auf Begründungszusammenhänge aus dem Bereich des systemischen Denkens zurückgreifen, wenn es darum geht, das Recht eines Kindes auf die Einzigartigkeit seiner Person und die individuelle Entfaltung seiner Persönlichkeit gegenüber gesellschaftlichen und wirtschaftlichen Interessen zu verteidigen.

1.4.4 Konstruktivistische Perspektive

„Alles was gesagt wird, wird von einem Beobachter gesagt" (Maturana, in: Pörksen 2002, S. 12). Ein Meilenstein systemischen Denkens war die Auseinandersetzung Maturanas mit der Rolle des Beobachters: Dieser selbst wird nämlich ebenfalls als autopoietisches System verstanden und kann deshalb prinzipiell nur das beobachten, wozu er aufgrund seiner internen Strukturen und Prozesse in der Lage ist. Jede Beschreibung eines beobachteten Systems ist deshalb zugleich eine Aussage über den Beobachter des Systems. Diese Feststellung bricht mit dem bislang in unserer westlichen Welt vorherrschenden Denken, welches selbstverständlich davon ausgegangen ist, dass eine objektive Erkenntnis der Welt möglich sei. Philosophie und Psychologie beschäftigen sich fortan mit der Frage, wie Menschen zu Erkenntnissen kommen und ihr Weltbild aufbauen.

Existiert die Realität auch unabhängig von unserer Wahrnehmung? In welchem Zusammenhang steht unser Wissen zur Realität? Kann es eine „wahre" Erkenntnis der Realität überhaupt geben? Wie erlangen Menschen Kenntnisse oder Wissen? – Grundfragen der Philosophie, die sich unter zwei Gesichtspunkten behandeln lassen:

- der Ontologie, d. h. der Frage danach, was ist, nach dem Sinn und der Existenz,
- der Epistemologie, (bzw. Erkenntnistheorie), d. h. der Frage danach, wie Menschen Kenntnisse bzw. Wissen erlangen (vgl. Lindemann 2006, S. 18).

Durch die Einbeziehung des Beobachters ist der sog. „Konstruktivismus" seitdem eng mit systemtheoretischen Konzepten verbunden. Das untersuchte System *und* der Beobachter bilden ein System und werden zum Forschungsgegenstand. Heinz von Foerster (1974) nennt dies „Kybernetik 2. Ordnung" (vgl. ebd., S. 37 ff.)

Der Konstruktivismus stellt also eine erkenntnistheoretische Perspektive innerhalb der Systemtheorien dar. Zentraler Ausgangspunkt ist die Frage danach, *wie* Wissen im Subjekt entsteht. Dabei gehen die konstruktivistischen Theorien von einer (ontisch) gegebenen, aber (epistemologisch) weitgehend unerkennbaren Realität aus. Der Begriff „Realität" beschreibt die wahrnehmungsunabhängige (ontische) Welt, über die nach den bisherigen Überlegungen keine Aussage getroffen werden kann. Der Begriff „Wirklichkeit" hingegen bezieht sich auf die subjektive Welt, die jeweils vom Beobachter konstruiert wird.

Der Konstruktivismus vollzieht unter dieser Prämisse eine Wendung: Nicht das beobachtete Objekt, sondern das beobachtende Subjekt – der Beobachter – ist Ausgangspunkt konstruktivistischer Überlegungen. Dieser selbst wird als ein autopoietisches System verstanden, er ist auf sich selbst bezogen und „strukturdeterminiert". Das heißt konkret, dass der Beobachter nur das beobachten kann, was er prinzipiell auch wahrnehmen kann. Die momentane Struktur und Organisation seines Wahrnehmungssystems bestimmen auch seine Möglichkeiten der Wahrnehmung und sind ein wesentlicher Faktor dafür, wie er Wirklichkeiten konstruiert.

Wirklichkeit ist also nicht die Voraussetzung, sondern das Ergebnis des Erkennens. Der Konstruktivismus verabschiedet sich deshalb von einem Wahrheitsbegriff, der unterstellt, dass eine „Sache" objektiv erkennbar sei. Unsere Wirklichkeitskonstruktionen können demzufolge nie „wahr", sondern allenfalls brauchbar, nützlich, gangbar, „viabel" sein.

Ernst von Glasersfeld, ein Vertreter des sog. „radikalen Konstruktivismus", schlägt vor, den Begriff der „Wahrheit" durch den der „Viabilität" zu ersetzen und erklärt: „Brauchbar oder viabel nenne ich Handlungs- und Denkweisen, die an allen Hindernissen vorbei zum gewünschten Ziel führen" (Glasersfeld 1997, in: Siebert 2008, S. 38). Viabilität in diesem Sinne ermöglicht einem Organismus eine lebensdienliche Orientierung und erfolgreiches Handeln und sichert so das Überleben.

Als viabel erweist sich auf Dauer jedoch nur ein Denken und Handeln, das auch mit den Interessen anderer kompatibel ist. Die Brauchbarkeit einer Wirklichkeitskonstruktion ist somit abhängig von Werten, die gesellschaftlich verankert sind und durch den Konstruktivismus begründet werden können.

Wirklichkeitskonstrukte erfüllen unterschiedliche psychohygienische Funktionen:

- „Kognitiv: Konstrukte reduzieren Komplexität und erleichtern eine Orientierung in unübersichtlichen und ungewissen Lebenswelten;
- emotional: Sie können zum emotionalen Wohlbefinden, zu einem positiven Weltgefühl beitragen;
- legitimatorisch: Konstrukte begründen und rechtfertigen Handlungen;
- biografisch: Sie erleichtern eine Stabilität und Kontinuität der Identität;
- pragmatisch: Konstrukte ermöglichen die Lösung schwieriger Aufgaben. Wirklichkeitskonstruktionen stiften Gemeinschaften und fördern ein Zugehörigkeitsgefühl" (Siebert 2008, S. 34).

Erfüllt ein Konstrukt oder Deutungsmuster einen oder mehrere dieser Faktoren, wird es vom Individuum als viabel empfunden. Ist das nicht der Fall, steigt die Bereitschaft, die eigenen Konstrukte zu revidieren, die subjektive Wirklichkeit zu rekonstruieren oder auch zu dekonstruieren. Dekonstruktion bedeutet in diesem Zusammenhang beispielsweise einen Wandel der Einstellung, wie z. B. der politischen oder religiösen Überzeugung.

Obwohl von Glasersfeld durch die „Viabilität zweiter Ordnung", die darauf verweist, dass Konstrukte und Deutungsmuster mit anderen konsensfähig sein müssen, dem Vorwurf eines ungebremsten egoistischen Utilitarismus begegnen will, ist der Begriff der „Viabilität" ein zentraler Kritikpunkt konstruktivistischer Theorien. Auch wenn Weltsichten und Handlungen den Konsens breiter Massen finden, müssen diese nicht zwangsläufig ethisch zu rechtfertigen sein – was nicht zuletzt unsere deutsche Geschichte bewiesen hat.

Autopoietische Systeme sind, wie beschrieben, autonome Systeme, die sich gegenseitig perturbieren bzw. irritieren können. Das Ergebnis dieser wechselseitigen „Störungen" nennen Maturana und Varela „strukturelle Koppelungen". Sie setzen eine Übereinstimmung der Strukturen, z. B. die Sprache voraus. Als Folge von strukturellen Koppelungen durch wechselseitige Anregungen und Perturbationen können sich autopoietische Systeme gemeinsam entwickeln. Unsere Sinne sind die wesentlichen Instrumente in diesem Prozess. Über strukturelle Kopplung verbinden sie unser psychisches System mit unserer Umwelt. Es entstehen sog. Ko-Evolutionen oder Ko-Konstruktionen, die über das, was gemeinhin unter Interaktion verstanden wird, hinausgehen und Veränderung sowie Passung von Wirklichkeitskonstruktionen einschließen. Das Verhältnis zwischen Individuum und Gesellschaft, zwischen Ich und Du, zwischen Mensch und Welt ist möglich aufgrund von strukturellen bzw. sozialen Koppelungen. Voraussetzung dafür ist die Anschlussfähigkeit der Wahrnehmungen und Kognitionen. Ohne sie können Kommunikation und Kooperation nicht gelingen.

Anschlussfähigkeit ist jedoch nicht identisch mit gegenseitigem Verstehen. Autopoietisch geschlossene Systeme bleiben letztlich füreinander undurchschaubar. Über Kommunikation, Perspektivenverschränkung, Klärung von Missverständnissen und Diskurs gelingt dennoch unser Zusammenleben – der Normalfall der Kommunikation ist, nach Luhmann, jedoch das Missverstehen (vgl. Siebert 2008, S. 36 ff.).

Der Konstruktivismus kann nicht als eine einheitliche Schule oder Denkrichtung verstanden werden. In den vergangenen zwei Jahrzehnten hat sich die Konstruktivismusdiskussion zunehmend differenziert, nach Horst Siebert aber auch „entgrenzt". „Konstrukt" und „Konstruktion" seien zu Modebegriffen geworden, häufig auch zu Worthülsen. Die Übertreibungen und Zuspitzungen des „radikalen Konstruktivismus" (z. B. H. v. Foerster 1998 „Wahrheit ist die Erfindung eines Lügners") sind seltener geworden. Die „alt-konstruktivistische Subjektfixierung" (Schmidt, in: Arnold/Siebert 2006, S. 54) wird durch eine sozialkonstruktivistische Perspektive ergänzt: Auf der Grundlage unserer unverwechselbaren Biografie fühlen und denken wir zwar als Individuen, handeln aber stets mit anderen und im Blick auf andere. „Individuelle Einmaligkeit und Selbstreferenzialität einerseits und soziale Zugehörigkeit und Abhängigkeit andererseits sind also untrennbar verknüpft“ (ebd., S. 34). Der individuelle und der soziale Konstruktivismus zeichnen also keine Gegensätze, sondern bilden eine Einheit.

1.4.4.1 Konstruktivismus aus neurobiologischer Sicht

„Bilder entstehen im Kopf“ (Roth 2002, in: Pörksen 2002, S. 140). Der Konstruktivismus aus neurobiologischer Sicht ist eine Individualisierungstheorie. Aufgrund der Selbstreferenz und der operationalen Geschlossenheit des Gehirns konstruiert jeder seine eigene, unverwechselbare Wirklichkeit: „Wir sind alle in unsere eigene kognitive Welt eingesperrt“ (ebd., S. 155). Deshalb sind auch Bedeutungen individuell und nicht interpersonal übertragbar.

Unser zentrales Nervensystem wird aufgrund neurophysiologischer und biochemischer Untersuchungen als autopoietischer, operational geschlossener und selbstreferenzieller Organismus beschrieben. Das Gehirn selbst besitzt keinen direkten Umweltkontakt. „Alles, was wir sehen, hören, riechen, schmecken, denken und fühlen ist eine gigantische Konstruktionsleistung des Gehirns“ (Roth, in: Pörksen 2002, S. 149), welches aus elektrischen und chemischen Impulsen Bilder und Wirklichkeit im Kopf entstehen lässt, um ein erfolgreiches Handeln in der Welt zu erleichtern. Dabei sind unsere Sinnesorgane und unser Gehirn prinzipiell nicht in der Lage, die Welt in ihrer ureigentlichen, ihrer realen Gestalt zu erkennen. Unser Gehirn interpretiert und bewertet vielmehr die neuronalen Signale nach eigenen Kriterien, „von deren wahrer Herkunft und Bedeutung es nichts absolut Verlässliches weiß“ (Roth 1987, in: Arnold/Tutor 2007, S. 96).

In diesem Wahrnehmungsprozess wird unser Gedächtnis zum wichtigsten Sinnesorgan. Was wir als Erwachsene hören, sehen, fühlen und konstruieren, entnimmt unser Gehirn nur noch zum geringen Teil der aktuellen Wahrnehmung von äußeren Sinnesreizen. Größtenteils stützt es sich auf sein Gedächtnis. So beschäftigt sich die Großhirnrinde, die unser Bewusstsein produziert, im Wesentlichen mit sich selbst: Ein einziger, von außen kommender neuronaler Reiz wird im Innern des Gehirns von 100.000 Instanzen verarbeitet.

Gerhard Roth geht von einer realen, bewusstseinsunabhängigen Außenwelt aus, zu der auch das Gehirn gehört. Dieses reale Gehirn konstruiert also die relative Erlebniswelt, die dann als Wirklichkeit wahrgenommen wird. Zu dieser Wirklichkeit gehören auch die Konstruktion einer „Ich-Instanz“ oder eines „Selbst“, welche nach Roth aber lediglich einen „Gehirnzustand“ darstellen. Das, was gemeinhin als ein eigenes „Selbst“ oder „Ich“ verstanden wird, sei eine Fiktion: „Es gibt kein Ich, das die Welt konstruiert und im Gehirn Bilder betrachtet, sondern es existieren nur Konstrukte von Gehirnen. Wir selbst sind Konstrukte“ (Roth 2002, in: Pörksen 2002, S. 146).

Dies bedeute jedoch keine vollständige Negierung dessen, was wir als „Ich“ erleben und ausdrücken. Wirksam in diesem Zusammenhang seien aber mehrere „Ich-Zustände“, die aus bestimmten neuronalen Prozessen hervorgehen oder diese begleiten.

Auch gibt es nach Roth beim Menschen keine genetisch garantierte Bedeutung von Wörtern und Sätzen. Jedes Gehirn muss vielmehr die Bedeutung von sprachlichen oder nichtsprachlichen Kommunikationssignalen individuell konstruieren. „So viele Gehirne, so viele Bedeutungswelten“ (Roth 2001, in: Siebert 2008, S. 16).

Dennoch entwickelt sich das Gehirn nur in sozialen Umwelten und in der Kommunikation mit Bezugspersonen. Kommunikation als Koordinierung von Handlungen ist für Menschen lebenswichtig, jedoch gilt auch aus neurobiologischer Sicht: „Missverstehen ist das Normale, Verstehen die Ausnahme“ (ebd.).

1.4.4.2 Der soziale Konstruktivismus

„Wir beginnen nie am Anfang“ (Schmidt 2002, in: Pörksen 2002, S. 166). Der soziale Konstruktivismus betont im Unterschied zum Individualkonstruktivismus, dass unsere Wirklichkeiten immer auch mit anderen gemeinsam geteilte Wirklichkeiten sind.

Das Individuum und seine Welt sind strukturell miteinander gekoppelt, beide existieren nicht unabhängig voneinander. Nicht nur das Individuum, sondern auch die Gesellschaften selbst erzeugen Wirklichkeiten. Die Frage nach den Einflüssen, welche Wirklichkeitskonstruktionen bedingen, lässt sich nicht einfach naturwissenschaftlich beantworten; auch wird eine nur individualistische Sichtweise als zu einseitig kritisiert. Siegfried J. Schmidt wendet sich davon ab, das Individuum als mehr oder weniger autonomen Konstrukteur seiner eigenen Wirklichkeit zu verabsolutieren und plädiert für einen „integrativen Konstruktivismus“, der die drei Komponenten Gehirn und Körper (Mikroebene), Geschichte und Diskurs (Mesoebene), Wirklichkeitsmodell und Kultur (Makroebene) miteinander verbindet (Schmidt 2002, in: Pörksen 2002, S. 172). Damit Wirklichkeit entsteht, sind alle drei Wirkungszusammenhänge notwendig.

Schmidt unterlässt die „naturalistische" Begründung des sozialen Konstruktivismus und schlägt vor, auf den Konstruktionsbegriff ganz zu verzichten, da dieser den Prozess der Konstruktion als einen willkürlichen, intentionalen Akt erscheinen lässt. Wirklichkeitskonstruktionen sind jedoch zahlreichen biologischen, kognitiven, kulturellen und sozialen Bedingungen unterworfen. Wirklichkeit „emergiert", d.h., sie bildet sich allmählich und auf der Basis von Geschichten und Traditionen heraus (vgl. Pörksen 2002, S. 180f.).

Diese Variante des Konstruktivismus unterscheidet sich von der neurobiologischen Variante u. a. durch die Verwendung der Kategorie „Sinn". Geschichten und Diskurse sind lebensweltlich erfahrbare Sinnzusammenhänge. Beobachter:innen konstruieren Wirklichkeiten aufgrund kultureller und biografischer „Sinnorientierungsoptionen" (Schmidt 2003, in: Siebert 2008, S. 56). Da Wirklichkeiten beobachterabhängig sind, „verändern sich unsere Wirklichkeiten, indem wir uns verändern – und wir verändern uns, indem wir unsere Wirklichkeitskonstrukte verändern" (Siebert 2008, S. 56). Schmidt spricht in diesem Zusammenhang von „prozessbedingten Wirklichkeiten" (Schmidt 2003, in: Siebert 2008, S. 56).

Sinn – Schmidt definiert ihn als die Erschließung von Zusammenhängen – ist eine lebenswichtige Lernleistung. Sinn ist eine subjektive Beziehung zur Welt und somit eine Wirklichkeitskonstruktion. Sie erfordert Wissen, Reflexion, auch Diskussion. Siebert schlägt vor, den Kompetenzbegriff, der vorwiegend in beruflichen Kontexten verwendet wird, durch die Frage nach Lebenssinn zu ergänzen (vgl. Siebert 2006, in: Arnold/Siebert 2006a, S. 33).

Ähnlich wie Schmidt sieht auch der amerikanische Sozialpsychologe Kenneth Gergen die Sprache als Medium unserer gesellschaftlichen Wirklichkeitskonstruktion. Weniger die Prozesse menschlicher Kognition sind verantwortlich für die Konstruktion der Wirklichkeit als vielmehr das soziale Geschehen, im Rahmen dessen Sprache eine zentrale Rolle spielt. Wir stellen uns selbst und unsere Welt her, indem wir Geschichten erzählen, wiedererzählen und umerzählen. Sprache bildet keine objektive Wirklichkeit ab, sondern konstruiert eine Welt. Sie ist der biografisch geprägte Ausdruck unseres Selbst- und Weltbildes. Dabei gibt es nicht nur eine Wirklichkeit oder Wahrheit, sondern verschiedene „Wahrheiten», je nachdem, an welchem „Sprachspiel» (Wittgenstein 1953) sich Menschen beteiligen, je nach Kultur, Zeit und Umständen. Adjektive wie „falsch", „wahr", „exakt" beschreiben nur, wie „falsch", „wahr", „exakt" eine Äußerung im Kontext eines ganz bestimmten Sprachspiels ist.

Sprache als Medium der Wirklichkeitskonstruktion ist ein wesentlicher Aspekt von Machtbeziehungen, vor allem dann, wenn Menschen durch sie z. B. als „gesund" oder „krank", „normal" oder „anormal" klassifiziert werden (vgl. Gergen 2002, S. 50 f.).

Vor diesem Hintergrund muss sich die Heilpädagogik kritisch mit den Konstrukten auseinandersetzen, durch welche sie sich selbst legitimiert. Georg Feuser beklagt einerseits die gesellschaftliche Realität von Zuschreibung und Ausgrenzung, andererseits die Tatsache, dass die Heil- und Sonderpädagogik durch ihre Klassifizierungen diese Zuschreibung und Ausgrenzung noch fördert.

„Geistigbehinderte gibt es nicht." Mit diesem Titel überschrieb Feuser (1996) einen viel beachteten Vortrag. Die Wirklichkeit der Geistigbehinderten sei eine Konstruktion, die letztlich auf einer Verwechslung beruhe, weil wir unsere Wahrnehmung für das Beobachtete selbst halten. Sich selbst organisierende Systeme sind individuell, einzigartig, unverwechselbar, einmalig. Deswegen sei an einem anderen Menschen etwas in identischer Weise zu erwarten, wie man es an sich kennt, bereits ein unmenschlicher Akt. Es gibt, so Feuser, also keine Geistigbehinderten! Vielmehr gebe es nur Menschen, die wir aufgrund unserer eigenen Wahrnehmung ihrer menschlichen Tätigkeit, im Spiegel der Normen, in dem wir selbst sie sehen, einem Personenkreis zuordnen, den wir aus der eigenen Sicht heraus als „geistigbehindert" bezeichnen (vgl. Feuser 1996, S. 5).

Ausgangspunkt für die Nutzung konstruktivistischen Denkens in der Heilpädagogik ist der Gedanke, dass Erkenntnisse nicht die Wirklichkeit abbilden, sondern interessengeleitete Beschreibungen von Wirklichkeit sind. Dies zwingt Heilpädagog:innen, ihre Beschreibungen von Wirklichkeit kritisch zu überprüfen und sich mit den Wirklichkeitskonstruktionen von Einzelnen oder Gruppen auseinanderzusetzen. Gerade vom sozialen Konstruktivismus gehen diesbezüglich wichtige Impulse aus. Ungeachtet dessen gibt es jedoch Realitäten, die nicht allein „im Auge des Betrachters" liegen. Und so müssen Aspekte des Individualkonstruktivismus aus heilpädagogischer Sicht kritisch betrachtet werden, da der gesellschaftliche Kontext, in dem soziale Ungleichheit, Machtgefälle, in dem Abwertung und Ausgrenzung als „real" zur Kenntnis genommen werden müssten, ausgeklammert wird. Wenn jeder subjektiv seine Wirklichkeit konstruiert, bleibt dem Einzelnen in Krisensituationen lediglich die Option, seine Einstellung auf die Umweltgegebenheiten zu verändern. Der Konstruktivismus unterstützt somit erkenntnistheoretisch die Individualisierung als Vergesellschaftungsprozess, indem er auf die Selbstverantwortung des Einzelnen hinweist und das System entlastet (vgl. Arnold/Siebert 1997, S. 23). Dies kann zu einem Ende der Solidarität führen. Menschen mit Behinderung, Menschen, die sozialen Randgruppen zugeordnet werden, würden damit zu Verlierer:innen des Systems.

1.4.4.3 Die Frage nach dem „richtigen" Handeln

Der Konstruktivismus ist eine Erkenntnistheorie und in diesem Sinne nicht werte- und normorientiert. Er beschreibt, dass die Konstruktion unserer Wirklichkeit nicht nach dem Maßstab einer ontologischen Wahrheit, sondern nach dem Prinzip der Viabilität erfolgt. In diesem Sinne sind prinzipiell alle Konstruktionen möglich, die sich aus der Sicht des Subjektes als gangbar erweisen. Durch diese Grundannahme stößt der Konstruktivismus auf große Skepsis und sieht sich aus der Perspektive einer normativen Pädagogik dem Vorwurf ausgesetzt, er propagiere einen wertneutralen Pluralismus. Zu Unrecht meint Ernst von Glasersfeld, denn

> „dieses Postulat eines ‚anything goes if it works' (Hervorh. im Orig.) ist eine Beschreibung über die Konstruktion von Wirklichkeit, doch keinesfalls eine Forderung, die aus einer konstruktivistischen Sichtweise erfolgt" (Glasersfeld 1987, in: Lindemann 2006, S. 190).

Als Erkenntnistheorie klärt der Konstruktivismus also nicht, wie diese Beschreibung genutzt werden soll.

Auch Peter Hejl, ein Vertreter des sozialen Konstruktivismus, weist darauf hin:

> „Ein bewusster Konstruktivismus schließt also einen erkenntnistheoretischen Egalitarismus ein, nicht aber die Akzeptanz aller Wirklichkeitskonstrukte und schon gar nicht die ihrer Handlungsfolgen" (Hejl 1995, in: Lindemann 2006, S. 190).

Da sich der Konstruktivismus nicht auf „objektive Wahrheit", Grundannahmen und Werte berufen kann, bleibt die Frage nach dem „richtigen" Handeln letztlich eine ethische Entscheidung, die nicht theoretisch vorweggenommen werden kann. V. Glasersfeld betont:

> „Die Wahl der Werte, die Ethik, lässt sich nicht durch den Konstruktivismus begründen. Es handelt sich um Setzungen" (Glasersfeld 2002, in: Pörksen 2002, S. 53).

An die Stelle einer allgemeingültigen Ethik tritt im Konstruktivismus eine Individual- und Diskursethik subjektiver Entscheidung und sozialer Einigung, die die Verantwortung des Subjekts für seine Wirklichkeitssicht und sein Handeln bzw. die Folgen seines Handelns betont. Denn: „Die Erkenntnis der Erkenntnis verpflichtet. Sie verpflichtet uns zu einer Haltung ständiger Wachsamkeit gegenüber der Versuchung der Gewissheit“ (Maturana/ Varela 1987, S. 263).

In diesem Zusammenhang wurde immer wieder versucht, handlungsleitende Ideen zu entwickeln, die dem Individuum ermöglichen, das eigene Handeln hinsichtlich ethischer Aspekte zu reflektieren. Charakteristisch dafür sind v. Foersters ethischer Imperativ, „Handle stets so, dass die Anzahl der Möglichkeiten wächst!“ (Foerster 1993, in: Lindemann 2006, S.194) und Peter Hejls ethische Postulate, wie das Toleranzgebot gegenüber den Handlungen anderer, die Verantwortungsakzeptanz, die sich auf die Folgen des eigenen Handelns bezieht und die Begründungspflicht, welche fordert, dass möglichst viele Interessenten die Entscheidungsgründe für das eigene Handeln rekonstruieren können (vgl. Lindemann 2006, S. 192 f.).

Die Frage nach der Konstruktion von Wirklichkeit ist im Rahmen der Heilpädagogik eine relevante Frage, wenn es um das Verständnis der Prinzipien geht, nach welchen Menschen ihr „In-der-Welt-Sein“ erleben und wie dies in ihren Handlungen, sich selbst oder anderen gegenüber zum Ausdruck kommt. Die Frage nach der Akzeptanz von individuellen oder kollektiven Wirklichkeitskonstruktionen muss jedoch auf der Ebene der Ethik oder der Berufsethik entschieden werden.

1.5 Lebensweltorientierung in der heilpädagogischen Arbeit

Lebensweltorientierte heilpädagogische Praxis orientiert sich an unterschiedlichen, sich ergänzenden theoretischen Ansätzen, wie z. B. denen von Husserl, Schütz und Habermas. Diese metatheoretische Basis bietet jedoch keinen klar abgrenzbaren Lebensweltbegriff. Heilpädagogisches Handeln geschieht im Spannungsverhältnis dieser unterschiedlichen Theorien.

Im Folgenden soll die geschichtliche Entwicklung des Lebensweltbegriffs aufgezeigt werden, um seine Bedeutung für das heilpädagogische Denken und Handeln deutlich zu machen. Mit dem Begriff Lebenswelt kennzeichnen wir im vorwissenschaftlichen Sinne die Welt, in der wir leben. Es ist eine subjektive Weltsicht, der die erlebten und erlittenen biografischen Erfahrungen zugrunde liegen. Aus diesen Erfahrungen entsteht eine individuelle Weltsicht, von der Menschen in einer Weise erzählen, die sie aushalten können.

Die subjektive Lebenswelt ist geprägt von gelebtem Leben, aber auch von aktuellen existenziellen Erfahrungen. Die so entstandene Lebenswelt ist eine, die man selbst hat und teilweise auch mit anderen teilt.

Vor diesem Hintergrund wird deutlich, dass heilpädagogische Arbeit davon abhängt, ob die beteiligten Menschen die jeweils anderen an ihren Lebenswelten teilhaben lassen, um sich gegenseitig verstehend anzunähern.

So ist die Lebenswelt der Menschen, die zur Heilpädagogischen Ambulanz kommen, geprägt von ihren lebensweltlichen Erfahrungen. Jedes Kind mit unterschiedlichen Entwicklungsrisiken hat jeweils eine andere Betrachtungsweise seiner Lebenswelt. In der Arbeit mit Sintikindern und Kindern mit Migrationshintergrund wurde dies besonders deutlich. Sich um Annäherung im Verstehen der unterschiedlichen Lebenswelten zu bemühen – deren subjektive Unterschiede und Gemeinsamkeiten – ist Voraussetzung für die heilpädagogische Arbeit.

Doch Vorsicht, diese Betrachtungsweise ist eine idealtypische! Einen Zustand zu erreichen, in dem man die jeweilige Lebenswelt des anderen vollständig versteht, ist nicht möglich. Eine Chance für erfolgreiche gemeinsame Arbeit besteht aber dort, wo die Bemühungen um das Verstehen der gemeinsamen und individuellen Lebenswelt den Beginn und den Verlauf der heilpädagogischen Begleitung kennzeichnen. Dieses Verstehen ist also Ausgangspunkt jedes heilpädagogischen Handlungskonzepts.

Dem Bemühen um das Verstehen der Lebenswelt des jeweils anderen soll deshalb eine Auseinandersetzung mit dem Begriff Lebenswelt vorausgehen.

Heilpädagogik darf sich im Hinblick auf diagnostische Fragestellungen nicht alleine von den Kategorien der Medizin und Psychiatrie gehört zu ihren zentralen Aufgaben. Hier eröffnet der Lebensweltbegriff die Möglichkeit, den Menschen in seinem Dasein erst einmal zu verstehen. Verstehen ist ein rein theoretischer Vorgang, in dem seelisch-geistige Zusammenhänge denkend erschlossen werden; im Gegensatz zum Einfühlen, bei dem es sich um einen Vorgang gefühlsmäßiger Identifikation mit anderen Menschen handelt.

Im wissenschaftlichen Bereich wird die Frage nach der Lebenswelt und Lebensweltorientierung zwar theoretisch bearbeitet (Edmund Husserl, Alfred Schütz, Jürgen Habermas, Otto Speck, Emil E. Kobi, Hans Thiersch u. a.), eine Beschreibung lebensweltorientierter heilpädagogischer Praxis ist bislang jedoch kaum zu finden. Die Umsetzung erweist sich angesichts des universalen

Begriffes, der nur schwer eindeutig einzugrenzen ist, als schwierig. Hier soll der Begriff Lebenswelt in seiner theoretischen Auslegung im Überblick dargestellt werden. Zugleich wird an praktischen Beispielen beschrieben, welche Impulse die unterschiedlichen Theoriebeiträge zur Frage der Lebenswelt auf heilpädagogische Handlungskonzepte haben.

Versucht man den vorwissenschaftlichen Begriff Lebenswelt zu differenzieren bemerkt man, wie schwierig dieser abzugrenzen ist.

Lebenswelt kann verstanden werden im Sinne von	
Örtlichkeiten, an denen Leben gelebt wird	im Kontrast zu leblosen Bereichen der Objektwelt
unmittelbar gelebtem, naiv unreflektiertem Alltag	im Kontrast zu abstrakten Gesetzen, Systemen
Subjekthaftigkeit	im Kontrast zur Objektivierung und Versachlichung
gefühlsmäßig durchdrungenem Leben	im Kontrast zu distanzierter Rationalität und Gesetzlichkeit
artgemäßem Lebensraum, Territorium	im Kontrast zu fremdem, unwirtlichem Artifiziellen
nachbarschaftlicher Nähe und Vertrautheit (Heimat)	im Kontrast zu schwer verstehbarer Ferne
verständlicher narrativer Kommunikation und Gefühl der Zugehörigkeit	im Kontrast zu formalisierten, unpersönlichen Zeichensystemen
sinnlicher Leibhaftigkeit und Körpernähe	im Kontrast zu körperfremder, vergeistigter Abstraktheit

Tabelle 1: (Vgl. Kobi, in: Greving (Hg.), 2007, S. 96)

Hier wird deutlich, wie vielfältig der Begriff Anwendung findet. Seine Vieldeutigkeit birgt jedoch das Risiko, dass er zur Worthülse wird. Die von D. Oelschlägel (1990, S. 237) in Orientierung an die von Habermas vorgenommene Definition ermöglicht eine erste Orientierung.

„Lebenswelt ist der Ort, wo das Individuum oder die Gruppe handelt, aber auch der Ort, wo es die gesellschaftlichen Verhältnisse erfährt. Damit ist sie Schnittpunkt zwischen Individuum und Gesellschaft [und zeigt, Anm. d. Verf.] bereits einen bestimmten (begriffs-)historischen Ort vor, nach und neben welchem vielgestaltig andere, mehr oder weniger vage semantische Fassungen existieren. Gegenwärtig kursieren wenigstens ein halbes Dutzend ineinanderfließende, aber doch unterschiedlich akzentuierte Bedeutungen der Bezeichnung Lebenswelt" (Kobi, in: Greving 2007, S. 96).

Nun aber zur historischen Entwicklung eines wissenschaftlichen Lebensweltbegriffes, beginnend bei Edmund Husserl.

1.5.1 Die Lebenswelt, eine phänomenologische Annäherung bei Edmund Husserl

Die phänomenologische Auseinandersetzung Husserls (1859–1938) mit der Lebenswelt geschieht vor dem Hintergrund seiner kritischen Betrachtung der Wissenschaftsentwicklung in den 1930er-Jahren. Die empirisch-analytischen Wissenschaften hatten einen methodologischen Objektivierungsanspruch und wollten nur noch als wirklich und wahr anerkennen, was sich mit ihren Methoden beobachten bzw. beschreiben und so objektivieren ließ. Weil die Welt mehr ist als das, was wir wissen und als Tatsachen beschreiben (objektivieren) können, versucht Husserl das Wesentliche bzw. das Wesensmäßige der Dinge zu erfassen. Er will durch eine phänomenologische Grundlegung die reine Objektivierung von Tatsachen ergänzen, indem er das Wesen der Dinge erfasst und zwischen dem äußerlich Zufälligen und dem Wesentlichen unterscheidet. Husserl kritisiert das Wahrheitskriterium der empirisch-analytischen Wissenschaften auch deshalb, weil er den Einfluss des Beobachters auf das Beobachtete nicht angemessen berücksichtigt sieht. Er weist darauf hin, dass jede Wahrnehmung eine subjektive Perspektive hat. Alles, was in der Lebenswelt wahrgenommen wird, unterliegt dem Einfluss bisher gemachter Erkenntnisse. Diese sind intersubjektiv, weil die Erfahrungen nicht von Gemeinschaftserfahrungen zu trennen sind. Wir versuchen, uns als Alltagsmenschen ein Bild von der Welt bzw. vom In-der-Welt-Sein zu machen, um die Welt (auf dem Wege einer naiven Hermeneutik) zu verstehen. Gelingt dies, können wir zweckmäßig handelnd auf die Lebenswelt einwirken.

Husserl bezeichnet Vertrautes und Unvertrautes als „Grunddimensionen von Lebenswelt“ (vgl. Husserl 1986, S. 54 ff.).

Mit der wissenschaftlichen Methode der phänomenologischen Reduktion will Husserl die Anteile einer Wahrnehmung erkennen, die durch individuelle Erfahrungen geprägt sind, um den intersubjektiven Wesensgehalt von Lebenswelt zu erfassen.

In der Begegnung von Studierenden der Fachschule für Heilpädagogik mit Sintikindern steht die Frage, weshalb die Kinder nicht regelmäßig zur Schule geschickt werden, immer wieder im Vordergrund. Eine Befragung der Erwachsenen ergibt folgendes Bild: Fast alle Erwachsenen einer von 98 % von Sintis bewohnten Siedlung beschreiben ihre Erfahrung mit Schule bzw. Bildung als eine Erfahrung von Ausgrenzung, Nichtbeachtung, Demütigung, Beschämung, Züchtigung, Zwang und Hilflosigkeit. Würden diese Erfahrungen phänomenologisch überprüft, ergäbe sich mit hoher Wahrscheinlichkeit der intersubjektive Wesensgehalt von Schule für diese Menschen. Man kann jedenfalls besser verstehen, weshalb die Eltern die Kinder nicht mit Überzeugung zum Schulbesuch anhalten. Husserl definiert Lebenswelt als

„die raumzeitliche Welt der Dinge, so wie wir sie in unserem vor- und außerwissenschaftlichen Leben erfahren und über die erfahrenen hinaus als erfahrbar wissen" (Husserl 1962, S. 141).

Lebenswelt ist immer eine mit anderen geteilte Wirklichkeit. Einerseits entsteht sie durch Kommunikation, andererseits durch leibliche Präsenz des jeweils anderen. Intersubjektive Lebenswelt vermittelt sich jedoch nicht nur durch sprachliche Kommunikation oder sprachlich vermittelte Interaktion, sie existiert auch vorsprachlich. Lebensweltliche Begegnung wird über die Leiblichkeit wahrgenommen und teilt sich durch Körpersprache, im „Augen-Blick", in der Berührung und im Berührt-sein mit. Würde die kommunikative Verständigung nur über Sprache ablaufen, wären diejenigen ausgeschlossen, die nicht über Sprache verfügen. Unterschiedliche sprachliche Kompetenz beeinträchtigt auch die Verständigung über gemeinsame und subjektive Lebenswelt.

Das Wesenhafte der Lebenswelt wird durch zwei Metaphern deutlich, „Boden" und „Horizont".

„Boden" kennzeichnet die fraglose Wirklichkeit des Menschen, das Vertraute, scheinbar immer schon Dagewesene, das Selbstverständliche, Gewohnte als wesentlichen Erfahrungssektor von Lebenswelt. Unsere Alltagssprache verfügt über Redewendungen, wie z. B. „festen Boden unter den Füßen", „bodenständig", „klarer Standpunkt" usw. Paul Moor spricht in diesem Zusammenhang von „guten Gewohnheiten", in deren Folge sich Können, Fähigkeiten und Fertigkeiten („Lebenstechnik" und „Lebensrhythmus") entwickeln. Die fraglos gewordene Lebenstechnik und der Lebensrhythmus, also Routine, Gewohnheiten und wiederkehrende emotionale Gehalte, schaffen Entlastungsfunktionen, bieten Sicherheit und „festen Boden". Der Erwerb von Lebenstechnik und Lebensrhythmus ist eine wesentliche Voraussetzung für den Erwerb des „inneren Halts" im Sinne Paul Moors (Moor 1960, S. 235) oder „Boden" im Sinne Husserls. Der „Boden" ist jedoch keineswegs sicher. Er unterliegt latenter Gefährdung durch Krisen, neue Erkenntnisse, Verluste, Bedrohungen usw. Sie können den scheinbar „festen Boden" ins Wanken bringen oder gar ins „Bodenlose" fallen lassen. Wankt der „Boden", stehen unsere Sinngrundlage und unsere subjektive Deutung der Welt infrage.

Für Alex, dessen Mutter an einer Depression erkrankt, wird das bisher Fraglose fragwürdig oder im Wortsinne „verrückt". Der bisher feste „Boden" wird durch die Krankheit der Mutter ins Wanken gebracht. Sie steht nicht mehr aus dem Bett auf, ist für das Kind nicht ansprechbar, versucht Alex in Gespräche zu verwickeln, die er nicht versteht, droht sich umzubringen. Sie ist traurig, arbeitet nicht mehr, liegt im abgedunkelten Zimmer. Was für das Kind bis vor Kurzem als fraglos galt, wie z. B. von der Mutter geweckt, mit Frühstück versorgt, zum Kindergarten gebracht zu werden, entfällt. Alex' Kontakt mit Kindern aus anderen Lebenswelten verschärft die Fragwürdigkeit seines eigenen Bodens.

„Boden" ist also nicht endgültig zu erwerben, sondern unterliegt dem Wandel. Es wird deutlich, dass die uns zugängliche und mit anderen geteilte Wirklichkeit nicht fixierbare Grenzen aufweist. Die Grenzen des „gut gemachten Bodens", ja des festen Standpunkts sind verschiebbar, offen und immer Teil menschlicher Erfahrungen. Was vertraut ist, erscheint uns typisch. Das Typische erleichtert das Wiedererkennen. Vertrautes zu verlassen ist unbequem, verunsichert, macht Angst und bedroht Identität. Die uns vertrauten Menschen, das sind wir; die uns Unvertrauten, das sind die anderen. Sie sind Ursache von Unsicherheit. Das Unvertraute lässt Grenzen deutlich werden. Unsere soziale Lebenswelt gliedert sich demnach in das Ich bzw. das Wir und die Anderen. Diese Gruppen entwickeln jeweils Normen, die vorschreiben, wie man in der Gruppe denken, fühlen, handeln sollte. An der Erfüllung der Normen wird der Grad der Zugehörigkeit und Fremdheit gemessen. So wird entschieden, was vertraut und fraglos und was fremd und fragwürdig ist. Die Sicherheit des Vertrauten wird gegen das Unvertraute abgegrenzt. Das Unvertraute löst Sicherheitsbedürfnisse aus (ich/wir und der andere/die anderen). Mit seinen Vorurteilen versucht der Mensch, wieder „Boden gutzumachen". Das Fragwürdige, die Grenzzone, das nicht Vertraute, Unbekannte, Fremde, Ungewohnte, der Bereich, in dem man nicht mehr heimisch ist, wo das Verstehen nicht gleich gelingt, ist ebenso Teil der Lebenswelt. Das Unvertraute ist die Grenzzone der Lebenswelt. Husserl bezeichnet diesen Teil mit der Metapher „Horizont".

Alltagssprachlich haben wir auch für dieses Phänomen Redewendungen z. B. „den Horizont erweitern" oder er/sie hat „einen kleinen bzw. großen Horizont" usw.

Der Horizont ist verschiebbar, aber nicht zu beseitigen – er ist endlos offen. Er kennzeichnet die Grenze des Weltverständnisses durch einen Bereich zunehmenden Nichtverstehens. Wir können den Horizont, den wir wahrnehmen, jedoch befragen. Durch neue Erfahrungen und durch gewonnene Erkenntnisse kann der Mensch die Grenzen des Horizonts verschieben.

Frau K., eine Mutter mit Migrationshintergrund, hat nicht lesen und schreiben gelernt. Sie will den Führerschein machen, ohne dass ihr Analphabetismus bemerkt wird. Sie fragt im Elterngespräch, ob es für sie eine Möglichkeit gäbe, dass sie noch lesen und schreiben lernen kann. Wir bieten ihr Einzelunterricht an. Außerdem werden regelmäßige Hausaufgaben vereinbart, die sie gemeinsam in einer Gruppe von Kindern – u. a. auch mit ihren eigenen – macht. Sie besteht die Prüfung beim ersten Versuch.

Mit diesem Ergebnis steigt auch die Lernmotivation der Kinder in der Hausaufgabenbetreuung. Horizonterweiterung findet also nicht nur bei der Person statt, die ihren Horizont erweitert hat, sondern auch bei denen, die die Horizonterweiterung beobachten und diese auch für sich selbst als realistisch erreichbar und nützlich einschätzen. Nach einiger Zeit stellt Frau K. fest, dass sie jetzt auch Zeitungsanzeigen lesen kann und dennoch vieles nicht versteht, weil die darin verwendeten Begriffe (z. B. Softshelljacke, Fleecepulli) nicht zu ihrer Sprache gehören. Sie liest den Begriff, kann das Bild der Anzeige aber nicht dem Text zuordnen. Doch lernt sie dies schnell. Am Ende stellt sie fest, wie viele junge Mädchen aus Migrantenfamilien in ihrer Entwicklung stecken bleiben, weil sie entsprechende Bildungsmöglichkeiten nicht wahrnehmen. Sie beschließt, stärker darauf zu achten, dass ihre Töchter gut in der Schule sind und eine Ausbildung machen, damit sie eine bessere Zukunft haben als sie.

Die Beispiele zeigen, wie „Boden" und „Horizont" sich destabilisieren, erweitern und stabilisieren können. Die Lebenswelt bedarf außerdem der Auslegung, damit man sich in ihr zurechtfindet.

Die ausschnitthafte Wahrnehmung der Lebenswelt anderer und der eigenen wirft für die Praxis oft mehr Fragen auf, als Antworten bereitstehen. Was den Menschen „Boden" bedeutet, wie viel und welchen „Boden" die Menschen, mit denen wir arbeiten, unter den Füßen haben, wo z. B. der „Boden" für Eltern und Kinder sicher ist, wo er schwankt, nachgibt oder so klein ist, dass jeder Bewegung sofort Grenzen gesetzt werden, bedarf der Verständigung. Oft werden Konzepte entwickelt, die sich auf den Horizont zu bewegen, ohne dass der Boden ausreichend erschlossen wird und Sicherheit bietet. Heilpädagogische Arbeit muss also dort beginnen, wo der „Boden" der Menschen verstanden wird und als stabiler Ausgangspunkt genutzt werden kann. Das bedarf eingehender Reflexion der Lebenswelt – auch der Lebenswelt der Heilpädagog:innen selbst.

1.5.2 Der Lebensweltbegriff bei Alfred Schütz – eine sozialphänomenologische Sicht

Schütz (1899–1958) gilt als Begründer der soziologischen Phänomenologie und knüpft am Husserlschen Begriff der Lebenswelt an.

Im Jahre 1952 begann er in New York mit seinem Werk „Strukturen der Lebenswelt“, in dem er den sinnhaften Aufbau der sozialen Welt neu entwickeln will. Schützes ehemaliger Schüler Luckmann bearbeitete die teilweise nur fragmentarischen Skizzen und führte Schützes Absicht so zu Ende. Posthum veröffentlichte er das Werk „Strukturen der Lebenswelt“, in welchem die Begriffe „Lebenswelt“ und „Alltag“ zusammengeführt werden. Schütz spricht von der „alltäglichen Lebenswelt“, die nicht nur „die von mir erfahrene Natur, sondern auch die Kulturwelt, in der ich mich befinde“ einschließt (Schütz [4]1991, S. 27). Alltag ist gekennzeichnet durch gelebte Ordnung mit komplexer Symbol- und Sinnstruktur.

Alltag ist die Sphäre des Handelns und Erlebens, die allen anderen Sphären zugrunde liegt, im Unterschied zu Sonder- und Zweckwelten, in denen spezielle Handlungslogiken gelten.

Alltag ist die Welt des „Jedermann“. In ihr besitzen alle Gesellschaftsmitglieder Handlungskompetenz im Unterschied zu Bereichen mit exklusiver monopolistischer Handlungskompetenz (vgl. Gröschke [2]1997, S. 49).

Der Alltag ist die Routinestruktur der Lebenswelt. Er ist gekennzeichnet durch eine komplexe Sinnstruktur mit entsprechenden Sinnzeichen (Symbolen), die eine hohe Verbindlichkeit haben.

„Die alltägliche Lebenswelt ist (...) grundsätzlich intersubjektiv, ist Sozialwelt. Handlungen überhaupt verweisen auf Sinn, der von mir auslegbar ist und von mir ausgelegt werden muss, wenn ich mich in meiner Lebenswelt zurechtfinden will. Sinndeutung, ‚Verstehen', ist ein Grundprinzip der ‚natürlichen Einstellung' mit Bezug auf Mitmenschen“ (Schütz/Luckmann 41991, S. 39).

Die „natürliche Einstellung“ (Husserl), lässt dem Menschen seine alltägliche Welt, die Erfahrungen, die er in ihr macht, und die Bedeutungen, welche die Dinge in ihr haben, natürlich und unhinterfragbar erscheinen. In seiner Lebenswelt orientiert sich der Mensch pragmatisch und etabliert Handlungsroutinen. Er handelt aus der Erwartung, dass sich Erlebnisse und Situationen gleichförmig gestalten und er selbst auf seinen in der Vergangenheit bewährten Erfahrungen aufbauen und auch zukünftig bestimmte Fähigkeiten einsetzen kann. So erhält die Lebenswelt für ihn Stabilität und Vertrautheit. In der Sozialwelt erkennt der Mensch eine Sinnwelt, in der nicht nur Erfahrungen, sondern auch deren Bedeutungen erfasst werden.

Schütz entwickelt drei Verfahren zur Auslegung von Lebenswelt (Lebensweltanalyse). Bei dieser Auslegung wird auf unterschiedliche Wissensvorräte zurückgegriffen, die nicht alle reflektiert, sondern auch unreflektiert in die alltäglichen Handlungsroutinen einfließen.

Wissensvorräte

Sie sind bewusst oder unbewusst, unterliegen der Routine, fließen quasi automatisch in unsere alltäglichen Aktivitäten ein und werden meist nicht mehr reflektiert (Gewohnheitswissen).

Schütz unterscheidet drei Routinen im Wissensvorrat:

- Fertigkeiten: stark automatisiertes Wissen wie z.B. Bewegungsroutinen (Radfahren, Springen usw.);
- Gebrauchswissen: Tätigkeiten, die uns selbstverständlich erscheinen, z.B. schreiben, lesen;
- Rezeptwissen: automatisiert und gerade noch vorhanden, ohne dass es thematisiert wird, z.B. Fenster schließen bei aufziehenden Regenwolken (vgl. Luckmann/Schütz 1991, S. 139–145).

Erfahrungen

Wir haben Vertrauen in die Konsistenz von Erfahrungen. Wir denken, dass die Weltstruktur eine Konstante ist, auf die wir uns verlassen können, da viele Vorgänge immer wieder gleich oder ähnlich ablaufen. Wir glauben, auf Abläufe, die sich regelmäßig wiederholen, gleichförmig antworten zu können. Dieses Vertrauen in die Konsistenz von Erfahrungen wird brüchig, wenn neue Situationen eintreten, die mit bisherigen Erfahrungen nicht gelöst werden können. Das ehemalige Leben der Sintis auf einem Platz, auf dem ihre Wagen standen, hatte bestimmte Konstanten, wie z.B. Gespräche am Feuer in der Mitte der Wagenburg, bestimmte Sauberkeits- und Hygienehandlungen, damit Kinder und Erwachsene nicht durch Krankheit gefährdet wurden, bestimmte Koch- und Essgewohnheiten (es gab z.B. keine selbstgebackenen Kuchen). Als alle Familien in neu gebaute Wohnungen umzogen, waren viele ihrer selbstverständlich gewordenen Erfahrungen nicht übertragbar, weil das Leben in der Wohnung mit den Erfahrungen im Wagen in vieler Hinsicht nicht kompatibel war.

Typisierungen

Menschen typisieren ihre Lebenswelt, um sich die Orientierung zu erleichtern. Die Typisierung betrifft die Natur und die Sozialwelt.

Wir entwickeln vor dem Hintergrund unserer Erfahrungen typische Vorstellungen, z. B. von einem bestimmten Ausschnitt der Natur. Diese (fraglos gewordenen) Vorstellungen werden durch neue Informationen und praktische Erfahrungen infrage gestellt. Diese Erfahrungen irritieren das Fraglose (die natürliche Einstellung).

Betrete ich zu einer bestimmten Zeit die Heilpädagogische Ambulanz, weiß ich oft schon, was mich erwartet. Eltern sitzen im Gesprächsraum. Begrüßungsrituale und Rituale, die den Gesprächsbeginn regeln, laufen ab und es beginnt ein Gespräch über die Frage eines Gruppenmitglieds. Die sozialen Beziehungen, die ich mit diesen Menschen habe, können jedoch recht vielfältig sein.

Schütz unterscheidet die Beziehungen als Du-Einstellung, Wir-Beziehung, Ihr-Einstellung.

Die Du-Einstellung ist eine Einstellung ohne Wechselseitigkeit, z. B. wenn ich jemanden erkenne, ohne mit ihm in direkten Kontakt zu treten.

Begegne ich einer Mutter aus der Elterngesprächsgruppe in der Stadt und sie kommt auf mich zu, um mich zu begrüßen und wir beginnen miteinander zu sprechen, handelt es sich um eine Wir-Einstellung. Wir-Einstellungen können sich je nach ihrer Unmittelbarkeit, Dauer und Intensität qualitativ unterscheiden. Immer handelt es sich jedoch um eine Face-to-Face-Beziehung. Erst durch die Wir-Beziehung entsteht die Intersubjektivität der Lebenswelt.

„Die Lebenswelt ist weder meine private Welt, noch deine private Welt, auch nicht die meine und die deine addiert, sondern die Welt unserer gemeinsamen Erfahrung" (Schütz/Luckmann 1991, S. 98).

Diejenigen, zu denen ich keine Wir-Beziehung habe (oder nicht mehr habe), sind einfach nur Zeitgenoss:innen.

„Die Ihr-Einstellung besteht grundsätzlich darin, dass man sich bestimmte typische Eigenschaften vorstellt" (ebd., S. 110). Die Ihr-Einstellung trifft dort zu, wo kein direkter Kontakt besteht und die Typisierung die anderen kennzeichnet. Die Anzahl der Ihr-Einstellungen wächst mit der Differenzierung und Komplexität einer Gesellschaft. Beziehungen werden in solchen Gesellschaften anonymer, Kontakte indirekter und unverbindlicher.

> „Die Sicherheit, die ich im Prozess andauernder Sozialisationen im Umgang mit verschiedenen Auslegungsverfahren zur Strukturierung der Lebenswelt erworben habe und erwerbe, hilft mir, die Fülle an Fremdheitserfahrungen und Unsicherheiten zu überstehen – systemtheoretisch ausgedrückt, ‚Komplexität zu reduzieren'" (Treibel 2006, S.97).

Kinder von Eltern, die einen Asylantrag gestellt haben, erfahren die Ihr-Einstellung z. B., wenn sie sich innerhalb ihrer Unterkunft bewegen. Oft haben sie keinen direkten Kontakt mit Menschen außerhalb. Um jedoch ein Minimum an Sicherheit zu entwickeln, um diesen anderen zu begegnen, typisiert man diese anderen. Je komplexer die Welt außerhalb der Heime, desto mehr „andere" gibt es und umso mehr Fremdheitserfahrung ist möglich. Die anderen, das sind für die Asylbewerber:innen die übrige Bevölkerung. Für die übrige Bevölkerung sind die Asylbewerber:innen die anderen. Vor diesem Hintergrund wird deutlich, welche Anforderungen an Familien mit Migrationshintergrund im Blick auf die Forderung, sich besser zu integrieren, gestellt werden. Integration ist nicht nur ein Willensakt, sondern geht einher mit dem Loslassen von fraglos Vertrautem und dem Aufbau von Vertrauen und neuer Sicherheit.

Kinder und Jugendliche im Asyl darin zu unterstützen, Sicherheit in der Auslegung und Strukturierung ihrer Lebenswelt zu erlangen, um so ihre Fremdheitserfahrungen und Unsicherheiten zu bewältigen, ist Auftrag für Heilpädagog:innen. Zu diesem Auftrag gehört, falls erwünscht, auch die Unterstützung der Erwachsenen bei der Reflexion ihrer Lebenswelt. Vor diesem Hintergrund ist auch die Lebenswelt der handelnden Heilpädagog:innen in den Blick zu nehmen.

1.5.3 Jürgen Habermas: Lebenswelt und kommunikatives Handeln

Während Husserl die Lebenswelt als das erfahrbare gewöhnliche, vorwissenschaftliche Leben kennzeichnet, erweitert Schütz den Lebensweltbegriff durch den Alltagsbegriff. Er spricht von alltäglicher Lebenswelt bzw. alltäglicher Wirklichkeit. Habermas erkennt in der Lebenswelt das, was immer vorhanden ist und den meist unbewussten Hintergrund für menschliches Handeln darstellt (Alltagsleben, Privatsphäre, kulturelle Öffentlichkeit). Lebenswelt ergibt sich nach seiner Auffassung aus einer Ansammlung von realen Sozialisationserfahrungen bzw. Gruppenzugehörigkeiten.

Durch diese erfahrenen Realitäten und Wirklichkeiten gehören die jeweiligen Mitglieder gesellschaftlicher Gruppierungen derselben Lebenswelt an. Darin entwickeln sie einen Wissensvorrat, den sie als Ressourcen für ihr Handeln einsetzen. Lebenswelt ermöglicht soziale Integration, weil in ihr die Orientierung und Handlungsweisen koordiniert werden. Sie wird demnach nicht ständig infrage gestellt.

Dies kann dann problematisch werden, wenn beispielsweise eine Familie, die in einer erkennbaren Lebenswelt mit anderen gelebt hat, vom Suchtproblem des Vaters betroffen ist. Die Familienmitglieder leben in Unsicherheit, ob sie das Problem verbergen können oder ob die Umgebung, mit der man die Lebenswelt bisher geteilt hat, schon davon weiß. Dazu kommen wirtschaftliche Probleme, Schulprobleme der Kinder usw. Es entstehen Unsicherheiten in den Beziehungen, häufig mit dem Risiko sozialer Desintegration. Die bisher gemeinsame Lebenswelt fällt auseinander, weil die anderen die Verhaltensweisen der betroffenen Familie (Rückzug, Vermeidung von Gesprächen und Kontakt usw.) nicht mehr nachvollziehen können.

Diejenigen, welche in der Lage sind, die Veränderungen im Umgang miteinander für sich auszulegen und mit dieser Lebenssituation umzugehen, haben einen Wissensvorrat entwickelt, der Ressourcen für den Umgang mit der betroffenen Familie beinhaltet. So besteht eine Chance, soziale Desintegration abzuwenden. Nach einiger Zeit wird der erweiterte Horizont der anderen nicht mehr infrage gestellt. Man überwindet gegenseitige Typisierungen, lässt sich gegenseitig an der subjektiven Lebenswelt teilhaben und ermöglicht so soziale Integration. Freundschaften und gegenseitige Besuche werden nicht mehr verhindert, sondern zugelassen. Der erworbene Wissensvorrat ermöglicht einen sachlichen, informativen Umgang mit den Kindern. Ausgrenzung wird durch den Versuch verstehender Annäherung entgegengewirkt.

Die Reflexion lebensweltlicher Wahrnehmungen ist schwierig und nach Habermas nur über kommunikative Prozesse im Rahmen eines herrschaftsfreien Dialogs möglich. Dieser Dialog soll das Heraustreten aus der Fraglosigkeit der Lebenswelt bewirken und versuchen, diese im Diskurs zu reflektieren oder neue, fragwürdige oder einigungsbedürftige Situationen in die Lebenswelt einzuordnen.

Die Menschen existieren immer innerhalb ihres lebensweltlichen Horizonts (vgl. Habermas 1981b, S. 198f.). Menschen beim Zugang zur fremden Kultur zu unterstützen, wird nur gelingen, wenn das Fraglose und das Infrage-zu-stellende der jeweiligen Lebenswelt im Rahmen eines herrschaftsfreien Dialogs erkennbar werden. Was hierbei als gemeinsame Lebenswelt erkannt wird, ist die Basis für Verständigungsmöglichkeiten und für Kommunikation. Sie ermöglicht u. a. auch die Entwicklung eines Gruppenbewusstseins (wir und ihr). Kommunikation ist demnach Ausgangspunkt der Verständigung über Anschauungen und Handlungsmöglichkeiten.

Typisierungen in den lebensweltlichen Vorstellungen von Sintikindern begegneten uns in der Arbeit besonders häufig im Blick auf die Geschlechterrollen. Am Ende eines Nachmittags mit verschiedenen Aktivitäten mit den Kindern nimmt ein Heilpädagoge Putzeimer und Putzzeug zur Hand, um den Boden aufzuwischen. Zwei Mädchen im Alter von ungefähr 13 Jahren wollen ihm darauf den Schrubber entreißen mit dem Kommentar: „Des isch Weibersach!" Der Heilpädagoge reagierte seinerseits mit den Worten: „Jetzt lasst mich machen, bei uns ist das auch Männersach', nächstes Mal könnt ihr wieder." Die Mädchen benötigen einige Zeit, bis es ihnen gelingt, von ihrer Absicht abzulassen. Anschließend möchten sie wissen, weshalb das „bei euch" anders ist. Der Heilpädagoge liefert verschiedene Argumente mit der zusätzlichen Bemerkung, ihm mache das halt nichts aus, weil er es so gelernt habe.

Der Dialog ist nicht machtorientiert, sondern eher durch Neugier motiviert und kann deshalb herrschafts- bzw. vorurteilsfrei geführt werden. Der noch beschränkte kulturelle Wissensvorrat erleichtert den Beteiligten einen herrschaftsfreieren Dialog. Die Erweiterung des daraus resultierenden Wissensvorrats vergrößert ihr Rollenrepertoire und ihre Integration in Gruppierungen der sogenannten anderen.

Habermas verweist auf den Zusammenhang von Handlungs- und Gesellschaftstheorie und entwickelt ein zweidimensionales Gesellschaftskonzept, welches die historische „Entweder-oder-Situation" von Lebenswelt- und Systemtheorie entschärft.

Den Begriff Lebenswelt kennzeichnet Habermas als „Komplementärbegriff" zum Begriff des „kommunikativen Handelns" (Habermas 1995, Bd. II, S. 182). Lebenswelt

„steht für die lebensweltlichen Ressourcen ihrer Mitglieder, für menschliches Wissen, Normen und Überzeugungen und ist der Bereich der gesellschaftlichen sozialen Reproduktion (...). Die Lebenswelt einer modernen Bürgergesellschaft wehrt sich gegen expandierende Systemimperative (Geld und Macht bzw. Wirtschaft und Staat) und verteidigt die individuelle Privatsphäre und öffentliche Meinungsbildung ihrer Akteure" (ebd., Bd. II, S. 420).

„System – komplementär zum Begriff des instrumentellen, strategischen Handelns – bezeichnet Handlungsbereiche, in denen zweck- und zielrationale Perspektiven institutionalisiert sind. Gesellschaftliche Systeme sind beispielsweise Wirtschaft, Politik und Wissenschaft. Ihre Expansion beschert der Gesellschaft Modernisierungsschübe, aber auch eine Verformung der Lebenswelt" (Joswig 2007, S. 154).

Gesellschaftliche Systeme sind demnach durch zweckrationales Handeln bestimmt. Habermas geht davon aus, dass gesellschaftliche Systeme immer mehr in die Lebenswelten eingreifen und die Handlung der Menschen beeinflussen. Die Gefahr, dass diese Rationalisierung der Lebenswelten eine unaufhaltsame Eigendynamik entwickelt und zur Selbstzerstörung führt, hält er für nicht ausgeschlossen. Es ist denkbar, dass es zu einer vollständigen Dominanz des Systems über die Lebenswelt kommt. Diesen Vorgang bezeichnet Habermas als Kolonialisierung der Lebenswelt. Daraus entstünden Risiken wie z. B. Verlust kommunikativer Kompetenz, kulturelle Verarmung, Sinnverlust, Anomie, Persönlichkeitsstörungen, Atomisierung traditioneller Wissensvorräte und ein System, welches sich selbst als Lebenswelt inszeniert. Eine nicht abwendbare Pathologisierung durch die Rationalisierung von Lebenswelten erkennt Habermas jedoch nicht (vgl. Habermas 1984, S. 565). Im Bereich der Sozialwissenschaft wird diese Diskussion als SystemLebenswelt-Kontroverse bezeichnet. Habermas illustriert den Kolonialisierungsprozess am Beispiel staatlicher Sozialpolitik und deren Verrechtlichung und Bürokratisierung. Diese führt zu Eingriffen des Systems in die Lebenswelten der Sozialhilfeberechtigten, in dem diese wiederum ihre Lebenssituation den Anspruchskriterien der staatlichen sozialen Sicherungssysteme anpassen müssen. Als Ausgleich für diese „Unangemessenheit systemkonformer Entschädigungen“ gibt es wiederum soziale Dienste, die entsprechend Hilfestellung geben (vgl. Habermas 1981, S. 534, Bd. 2). Dadurch entstehen teilweise paradoxe Situationen. „Reparaturbetriebe“ generieren weitere „Reparaturbetriebe“, die ein Netz von Klientenverhältnissen über die privaten Lebensbereiche ausbreiten und so zur Kolonialisierung von Lebenswelt beitragen.

Die Dominanz des Systems über die Lebenswelt und in der Folge die Kolonialisierung von individuellen Lebenswelten durch Institutionen der Erziehung, durch Expertenherrschaft, durch rechtliche, politische Systeme ist im heilpädagogischen Alltagshandeln häufig ein Problem. Wenn nur noch zweck- und nutzenrationale Orientierung in der heilpädagogischen Arbeit Gültigkeit hat, besteht das Risiko, dass der Mensch, der heilpädagogische Unterstützung möchte, vom System Heilpädagogik für dessen Zwecke benutzt wird. Dagegen bestehen erhebliche ethische Bedenken. Der gelegentliche Versuch, Lebensweltorientierung als heilpädagogische Kategorie nur noch zu Handlungskonzepten zu berücksichtigen, ist nicht von der Hand zu weisen. Einrichtungen, die „Heilpädagogik“ und „Lebensweltorientierung“ nur als Werbe-Label verwenden, aber weder heilpädagogisch noch lebensweltorientiert arbeiten und schon gar keine Heilpädagog:innen beschäftigen, bieten immer wieder Belege für diesen Vorgang.

Auch in der heilpädagogischen Arbeit mit Kindern und Erwachsenen ergibt sich immer wieder das Risiko einer Kolonialisierung ihrer Lebenswelten. Einerseits durch die zweckrationalen Orientierungen der öffentlichen Hilfesysteme, andererseits durch die in diesen Gesamtrahmen involvierten Heilpädagoginnen. Diese Strukturen erschweren oder verhindern gar Inklusionsprozesse.

Die Erfahrungen von Denunziation, Verfolgung und Ermordung von Angehörigen lösen z. B. bei Asylbewerber:innen, bei Sintis und Roma – auch ohne reale Bedrohung – nach wie vor Bedenken oder sogar Angst aus vor allem, was Staat symbolisiert und repräsentiert. Ihre Befürchtung, infolge des gesellschaftlichen Integrationsdrucks auch noch die wenigen authentischen Reste ihrer Kultur (Sprache, Bräuche, Religion usw.) zu verlieren, erfordert von Heilpädagog:innen höchste Sensibilität beim Umgang mit diesem Thema und die Vermeidung besserwisserischer Attitüden. Ziel ist gegenseitiges Verstehen durch kommunikative Erschließung der unterschiedlichen Lebenswelten, wechselseitiger Respekt vor den unterschiedlichen kulturellen Herkünften und Lebensformen, Unterstützung individueller und gruppenbezogener Ressourcen und, falls gewünscht, Unterstützung bei der Orientierung und Integration in die Lebenswelten der anderen. Inklusion erscheint vor dem Hintergrund aktueller gesellschaftlicher Entwicklungen mit ausgesprochen exklusiven Tendenzen als Ideal, welches vor dem Hintergrund aktueller gesellschaftlicher Bedingungen vom Scheitern bedroht ist. Die Forderung nach totaler Inklusion darf keine Flucht vor dem Machbaren werden.

Manche Menschen entscheiden sich dazu, in Parallelwelten zu leben, weil diese weniger Unsicherheiten zumuten. Andere suchen neue Umgebungen, wollen bessere Bildung erwerben, erkennen in ihren traditionellen Arbeitstätigkeiten keine Zukunft und wollen deshalb aus ihren gewohnten Gruppen und ihrer Umgebung heraustreten. Dazu gehört auch die Modifikation ihrer Sinnentscheidungen, um in veränderten Lebenswelten handlungsfähiger zu werden.

1.5.4. Lebenswelt und System bei Otto Speck

Otto Speck entwickelt eine theoretische Basis für eine systemisch-ökologische Grundlegung der Heilpädagogik (vgl. Speck 1994). Es ist ihm ein Anliegen, den einzelnen Menschen im Kontext heilpädagogischer Arbeit mit seinen individuellen Bedürfnissen in seinen lebensweltlichen Bezügen bzw. sozialen Systemen wahrzunehmen, um heilpädagogisches Handeln daran zu orientieren.

Im Kapitel 1.3.2 wurden Specks Ansatz und seine Folgen für heilpädagogisches Denken und Handeln bereits vorgestellt.

1.5.5 Lebenswelt bei Emil E. Kobi

Emil E. Kobi weist darauf hin, dass es sich nicht um *eine* Lebenswelt handelt, sondern um Lebenswelten von Menschen. Diese Lebenswelten lassen sich kaum gegeneinander abgrenzen. Die Erfahrung zeigt, dass wir einerseits Lebenswelt gemeinsam mit anderen haben und andererseits eine jeweils individuelle Lebenswelt, die den anderen nicht a priori zugänglich ist und so in ihren Bedeutungen nicht erfasst werden kann. Diese Lebenswelten grenzen sich voneinander ab und durchdringen sich zugleich.

In der Beratung von Eltern und der heilpädagogischen Arbeit mit Kindern sind die Lebenswelten der Rat Suchenden und der Beratenden schwer voneinander zu trennen und teilweise noch schwerer zu verstehen. Dies kann an einem Beispiel aus einer Elterngesprächsgruppe zu Erziehungsfragen deutlich werden.

In der Gruppe gibt es Eltern unterschiedlichen Bildungsstands, aus unterschiedlichen wirtschaftlichen Verhältnissen mit Armuts-, Wohlstands- und Ausgrenzungserfahrungen, akademischen Berufen, Dienstleistungs- und Handwerksberufen. In allen Erzählungen wird deutlich, dass Mütter und Väter ihre Geschichte entsprechend ihrer sozialen Herkunft erzählen und von den anderen nicht immer verstanden werden. Die erzählte Lebenswelt einer Mutter mit Migrationshintergrund beispielsweise ist für die anderen manchmal schwer zu verstehen. Die Einstellung dieser Frau zu Familie, Geld und Besitz können sie i. d. R. nur verstehen, indem sich ihnen deren Lebenswelt durch entsprechende Erzählungen erschließt. Dennoch gelingt das Einfühlen in die jeweiligen Erzählungen nur schwer und der verstehende Zugang zur jeweiligen Lebenswelt vollzieht sich nur sehr langsam. Eine gemeinsame Lebenswelt aller Eltern wird jedoch erkennbar, wenn es im Gespräch z. B. um Unterrichtszeiten oder Schulweg der Kinder geht.

Um zu zeigen, wie sie lebt, lädt eine alleinerziehende Mutter und Bezieherin staatlicher Transferleistungen die anderen Gruppenmitglieder zum Kaffeekränzchen (Alltagsroutinen) ein. Manche der Teilnehmenden erleben deren Lebenswelt wie eine Bedrohung für die eigene Existenz. Andere sind im Zusammenhang mit ihrem eigenen Luxus beschämt. So wird schnell deutlich, dass man sich mit der Information über die jeweils eigene Lebenswelt auch gegenseitig überfordern kann. Es gibt zunächst keine weiteren Einladungen.

Es zeigt sich, wie schwierig es ist, sich an der Lebenswelt von Kindern, Eltern usw. zu orientieren und sich wenigstens partiell eine Vorstellung von deren Lebenswelt zu machen. Eine vollständige Analyse der eigenen Lebenswelt und der Lebenswelt der anderen scheint jedoch unmöglich und ist wohl auch nicht wünschenswert.

Heilpädagogisches Handeln verlangt zunächst eine Auseinandersetzung damit, wie die Lebenswelt der Kinder, Eltern und der anderen Beteiligten verstehbar wird. Der Verstehensprozess darf die heilpädagogisch begleiteten Menschen nicht ihrer Verantwortung entheben, sondern sollte dabei unterstützen, selbstbestimmt und selbstverantwortlich zu handeln. Selbstbestimmung und Selbstverantwortung sind Voraussetzungen für Veränderung. Das bedeutet Hilfe (nicht Bevormundung) in der Sinnorientierung, der Entwicklung von Zielen, Wegen, Mitteln und Werkzeugen, sofern es gewünscht wird. Hierbei werden der kulturelle Wissensvorrat und die weiteren Ressourcen der Beholfenen und der Heilpädagog:innen genutzt. Die reflexive und soziale Kompetenz der heilpädagogischen Begleiter:innen soll Ausgangspunkt von Annahme und Bejahung und die Regulierung von Nähe und Distanz sein.

Heilpädagogische Handlungskonzepte müssen eine Kolonialisierung der Lebenswelten von Menschen in ihrem Aktionsrahmen vermeiden. Dazu müssen die formalen und inhaltlichen Strukturen sorgfältig bedacht werden. So können zeitliche und räumliche Absprachen ein mit Mühe stabil gehaltenes Zeitmanagement von Familien verändern und eine Tendenz entwickeln, deren Lebenswelt zu kolonialisieren. Diese Zusammenhänge gilt es zu reflektieren und gegebenenfalls im Diskurs zu berücksichtigen.

KAPITEL 2
Heilpädagogische Handlungskonzepte – Verbindung von Theorie und heilpädagogischer Praxis

2.1 Heilpädagogisches Handeln im Spannungsfeld von Haltung und Handlung

Heilpädagog:innen sind in der Praxis gefordert, ihr professionelles Handeln systematisch und geordnet darzustellen und die Sinnhaftigkeit ihres Tuns auf der Basis allgemein akzeptierter wissenschaftlicher oder alltagspragmatischer Grundlagen darzustellen und Handlungskonzepte adressatenbezogen zu begründen.

Gröschke versteht Konzepte als „Brücken zwischen (wertabstinenter) allgemeiner Theorie und wertgeleiteter konkreter Berufspraxis“ (ebd., S. 115). Sie bilden eine Einheit von Fachwissen, wertenden Stellungnahmen, Zielen und Interaktionsbeziehungen zwischen mindestens zwei Personen. Die handelnden Personen sind nicht beliebig austauschbar; das Handlungsergebnis ist wesentlich von der stimmigen Passung von Person und Konzept abhängig. Der erste Schritt heilpädagogischen Handelns besteht demnach in der Klärung personbezogener Ziele und Inhalte unter den konkreten Bedingungen der Alltagspraxis. Erst dann geht es um die Planung und Anwendung des methodisch-didaktischen Handelns in der konkreten Handlungssituation.

Da menschliches Leben grundsätzlich immer Veränderungen unterliegt, ist eine optimale Passung zwischen momentanem Entwicklungs- oder Befindlichkeitszustand, Umweltgegebenheiten und heilpädagogischen Angeboten eine wesentliche fachliche und ethische Maxime.

„In der Heilpädagogik stellt sich die pädagogische Frage verschärft und radikal“ (Bundschuh 2002, in: Greving/Ondracek 2005, S. 240) und so definieren sich Heilpädagog:innen häufig über die Haltung, die ihr Tun und Denken tragen soll, auch – und gerade dann, wenn sich nicht sofort Lösungen finden lassen und der Erfolg der Arbeit fragwürdig scheint. Gleichzeitig stehen sie aber vor der Aufgabe, auf der Basis des normativen Anspruchs höchst individuelle Entwicklungsprozesse zu gestalten, und zwar so, dass diese gleichzeitig (intersubjektiv) vergleichbar, planbar und überprüfbar, also wissenschaftlich begründbar sind.

Geht es aber nun um die Begründung des konkreten Handelns, wird in der Praxis nicht selten auf therapeutische Modelle Bezug genommen. Gibt die wissenschaftliche Heilpädagogik zu wenig Orientierung für das praktische Handeln? Ist die Anwendung therapeutischer Handlungskonzepte, auch zur Klärung pädagogischer Fragestellungen, effektiver und effizienter? Ist heilpädagogisches Handeln in seinen Wirkungen so unsicher, dass es nicht geplant und überprüft werden kann?

Die Wissenschaft habe sich als in Begriffe und Theorien gefasste Wirklichkeit zu verstehen und der Praxis dienlich zu sein, äußert sich Speck. Dies führe jedoch immer wieder zu Problemen, da die Realität

„nur so weit fassbar ist, als die Erfahrung und die vermittelnde Sprache reicht […]. Dies hebt aber die Notwendigkeit einer theoretisierenden Annäherung an die Praxis nicht auf. Die Folge ist freilich ein permanentes Ungenügen an der Theorie und auf der anderen Seite eine theoretisch ungenügend geleitete Praxis“ (Speck 2003, in: Greving/Ondracek 2005, S. 100).

Die heilpädagogische Wirklichkeit ist vielfältig und unübersichtlich. Die Orientierung an therapeutischen Konzepten hilft möglicherweise, diese Komplexität zu reduzieren. Therapeutische Interventionsformen sind nämlich sowohl von den anzuwendenden therapeutischen Methoden als auch aus wissenschaftstheoretischer Sicht einfacher, denn

„ … ein Defizit ist zu beobachten. Der Funktionsausfall kann beschrieben werden. Mittels anerkannter Methoden, die mit Defizit und Ausfall in Verbindung stehen, können Einschränkungen kompensiert oder Defizite repariert werden“ (Pretis 2001, S. 18).

Heilpädagogische Arbeit erschöpft sich aber gerade *nicht* in der Beschreibung von Defiziten und deren „Reparatur". Deswegen ist heilpädagogisches Handeln prinzipiell wirkungsunsicher. Diese Spannung muss in der Praxis ausgehalten werden, was angesichts der gesellschaftlichen Rahmenbedingungen und Einstellungen eine große Herausforderung darstellt: Der Glaube an die Machbarkeit ist so tief im gesellschaftlichen Denken verwurzelt, dass selbst Psychologie und Pädagogik nicht davon verschont geblieben sind. Gleichzeitig gelten Rechtsgrundlagen (z. B. § 35a SGB VIII Eingliederungshilfe für Kinder und Jugendliche mit seelischer Behinderung oder drohender seelischer Behinderung), aufgrund derer Kinder erst dann Anspruch auf heilpädagogische Förderung mit dem Ziel der Integration haben, wenn sie mit dem Etikett „seelisch behindert" versehen sind. Trotz politischer Bekenntnisse zur Inklusion nehmen Ökonomisierungs- und Selektionstendenzen in der Gesellschaft zu. Die Bildungspolitik konzentriert sich, wie die Pisa-Studie immer wieder zeigt, mehr und mehr auf die scheinbar Höherqualifizierbaren in der Gesellschaft. Gesellschaftliche Ideale von Stärke, Gesundheit, Intelligenz und Leistungsfähigkeit dominieren die Erwartungen an kindliche Entwicklung von Anfang an. Nicht nur Kostenträger, sondern auch Eltern, Erzieher:innen oder Lehrkräfte erwarten nicht selten von Heilpädagog:innen den schnellen Erfolg bei der Lösung ihrer Probleme. Diesem Erwartungsdruck gilt es in der Praxis immer wieder standzuhalten. Denn erst die Verabschiedung von schlichten Ursache-Wirkungs-Annahmen und der Verzicht auf Zusicherung von Erfolgsgarantien eröffnen einen wirklichen Zugang zu professionellen Handlungsmustern und -konzepten im Umgang mit heilpädagogischen Fragestellungen.

Dennoch lassen sich durch die Auseinandersetzung mit den existenziellen Fragen des Menschseins sowie den bildenden und heilenden Wirkungen, die in den Phänomenen der Lebenswelt und in der Form der zwischenmenschlichen Begegnung liegen, Überlegungen für ein heilpädagogisches Handlungskonzept ableiten. Der Zusammenhang von heilpädagogischer Diagnostik, Einsatz von Medien und Handlungsvariablen und die Evaluation heilpädagogischer Arbeit können auf der Basis wissenschaftlicher Erkenntnisse geplant, durchgeführt und überprüft werden. Dadurch erschließen sich Handlungsoptionen – keine wirkungssicheren Patentrezepte und Anleitungen. In ihrer Fülle sind sie im heilpädagogischen Alltag jedoch gleichwohl reichhaltiger als jeder Therapismus, jede mystische und esoterische Heilslehre oder jede Förderungsideologie.

2.1.1 Menschenbild und Handlungskonzept

Gesellschaften und gesellschaftliche Subsysteme entwickeln ihre Menschenbilder im Sinne kultureller Konstruktionen. Diese bringen einerseits zum Ausdruck „so ist der Mensch“, andererseits transportieren sie gleichzeitig den Appell „so soll er werden“ (Gröschke 2009, S. 24).

In seinem Aufsatz „Homo oeconomicus und Co“ verweist Gröschke auf „die Ökonomisierung des Menschenbildes in der Spätmoderne“ (Gröschke 2009, S.12). Während es in den 1970er- und 1980er-Jahren der Psychologie vorenthalten war, die Frage nach dem „Selbst“ und der „Identität“ des Menschen zu definieren, habe diese ihre Vorherrschaft in den 1990er-Jahren an die Ökonomie verloren. Gefordert werden z. B. der „flexible Mensch“ (Sennett 1998), der ein hohes Maß an Kreativität, Mobilität und Eigeninitiative entwickeln muss, um sich nicht zukünftig im gesellschaftlichen Abseits vorzufinden oder das „unternehmerische Selbst“ (Bröckling 2007), welches, allzeit ruf- und einsatzbereit, zum „Unternehmer des eigenen Lebens werden soll“. Selbstverwirklichung des Menschen, ehemals zentraler Leitgedanke der humanistischen Psychologie, werde zur permanenten „Selbstvermarktung“ (vgl. Gröschke 2009, S. 25 ff.).

Heilpädagog:innen sind Teil der Gegenwart mit all ihren Merkmalen, auch dem Glauben an die Machbarkeit. Führt das heilpädagogische Tun nicht schnell genug zum Erfolg, dann hatte man halt nicht die richtige Methode! Gefährlich ist dieser Glaube an die Machbarkeit u. a. auch deshalb, weil die Grenzen des heilpädagogischen Tuns nicht mehr gemeinsam ausgehalten werden. Viele Kinder werden von der einen Fachkraft zur noch kompetenteren Fachkraft weitergereicht und machen die Erfahrung, dass niemand sie aushält oder aushalten will. Es gibt sie, die realen Grenzen des heilpädagogischen Handelns! Was gibt dann Halt im heilpädagogischen Bemühen, wenn alle Ressourcen scheinbar ausgeschöpft sind und gewünschte Veränderungen nicht stattfinden? Was trägt Heilpädagog:innen und die Menschen, mit denen sie arbeiten, „wenn alles versucht wurde und nichts geholfen hat?“ Worin liegt die Antwort auf die Frage nach dem „Warum“, wenn Grenzen nicht mehr überwunden, sondern ausgehalten werden müssen?

2.1.2 Ein Menschenbild für die Heilpädagogik

Die Vorstellungen vom Menschsein sind vielfältig. Bereits Paul Moor bemerkte, dass es deshalb notwendig sei, dass jeder Erzieher zu seinem eigenen Menschenbild gelange (vgl. Moor 1965, in: Siegenthaler 1993, S. 33). Im heilpädagogischen Zusammenhang müssen Menschenbilder jedoch stets im Hinblick auf ihre Gültigkeit angesichts der Lebensrealität schwerstbehinderter Menschen hinterfragt werden.

Die heilpädagogische Tätigkeit zwingt uns zu einer radikalen Umwertung unseres Denkens. „Denn solange wir, vom gesunden, intakten, nicht-behinderten Menschen ausgehend, über den Behinderten nachdenken, werden wir immer konfrontiert mit jenen Aspekten, in denen wir uns voneinander unterscheiden. Wagen wir es hingegen, vom Schwerst-Geistigbehinderten auszugehen, werden wir eben jene unveränderlichen Strukturen entdecken, welche zur Grundlage unseres Menschenbildes werden müssen“ (Siegenthaler 1993, S. 74).

Der Mensch muss immer in seiner Vorläufigkeit und Ergänzungsbedürftigkeit verstanden werden. Der Mensch ist – so sagt es die christliche Theologie – auf Erlösung angewiesen und auf sie hin angelegt. Menschsein ist verwiesen auf Sinn. In diesen Sinn wird der Einzelne hineingeboren. Ein derartiges Menschenbild ist in der Lage, auch die Frage nach dem Sinn des Leidens auszuhalten. Letztendlich geht es darum, die Frage auszuhalten, nicht endgültige Antworten zu bekommen.

2.1.3 Der Zusammenhang von Menschenbild und Zielvorstellungen

Die Komplexität des heilpädagogischen Handelns in komplexen Systemen macht die Orientierung an unterschiedlichen theoretischen Modellen notwendig, auch wenn sich von keinem klare Handlungsanweisungen („Patentrezepte“) ableiten lassen. Für die Planung und Strukturierung heilpädagogischer Prozesse sind Grundentscheidungen im Sinne von Menschenbildern unerlässlich. Erst die Orientierung an theoretischen Modellen ermöglicht, Zielvorstellungen zu kommunizieren und macht heilpädagogisches Tun wahrnehmbar, beschreibbar und erklärbar. Weiß beschreibt dies als den Schritt vom „Haltungsmodell“ zum „Handlungsmodell“ (vgl. Pretis 2001, S. 23). Welche Ziele bzw. Kompetenzen durch Erziehung und Bildung erreicht werden sollen, hängt mit dem gesellschaftlichen und kulturellen Kontext zusammen. So beschreibt Kobi drei zu entwickelnde Fähigkeiten, die im gegenwärtigen (konsum-)gesellschaftlichen Kontext von existenzieller, d. h. für das Individuum lebenssichernder, Bedeutung sind. Diese Fähigkeiten sind nicht inhaltlicher oder moralischer, sondern struktureller Art. Zu ihnen gehören:

- Orientierungsfähigkeit, d. h., Zusammenhänge und „Spuren“ finden können in einem schnell wechselnden und unübersichtlichen Kontext;

- Wahlfähigkeit, d. h., sich den Dingen oder Personen zuzuwenden, die an das eigene Lebenskonzept anschlussfähig sind, persönlich passend erscheinen und dadurch die eigene Identität fördern und stabilisieren;
- Entscheidungsfähigkeit, d. h., sich für Lebensinhalte zu entscheiden, die gegenwärtig zwischen der eigenen Vergangenheit und Zukunftsperspektiven vermitteln können, sodass der Eindruck einer kohärenten Biografie entstehen kann (vgl. Kobi 2009, S. 21).

Je mehr reflektierte Theoriemodelle zur Verfügung stehen, desto differenzierter kann ein Kind wahrgenommen werden und umso größer ist die Chance zu erkennen, welche Erfahrungen es braucht und mit welchen Mitteln und Methoden ihm diese bereitgestellt werden.

Allein im 20. Jahrhundert sind einige Strömungen erkennbar, die letztendlich alle, sicher mit unterschiedlicher Gewichtung, in heilpädagogische Handlungskonzepte einfließen.

Das Bild des Kindes	**Theoriegebäude und Ziele**	**Hauptvertreter:innen (Auswahl)**	**Methoden**
Das bedürftige Kind „Der Mensch als Mängelwesen"	Psychoanalyse, Bindungstheorie: heilpädagogische Förderung als Kompensation	S. Freud, A. Freud, Maslow, Spitz, Bowlby, Ainsworth, Prekop	Strukturen der Bedürfnisbefriedigung schaffen, (Sicherheit, soziale Bindung, Selbstwert…), Rituale, Freiräume schaffen
Das lernfähige Kind „Der Mensch als Reagierender"	Lerntheorie, Verhaltensmodifikation: heilpädagogische Förderung als Schaffung von Lernbedingungen	Skinner, Kanfer, Petermann	Lernbedingungen analysieren, Anwendung von Lernprinzipien (Modelllernen, Signallernen, Verstärkerlernen, Lernen durch Einsicht)
Das Kind im System „Der Mensch als Teil des Ganzen"	Systemtheorie: ökologisch-systemische Förderung als Neuausrichtung des Systems (Systemverstörung)	Bronfenbrenner, Satir, Speck	Beschreibung von Systemregeln, Entlastung des „Symptomträgers", Eröffnen von Prozessen der Selbstorganisation
Das sich selbst stärkende, eigenaktive Kind.	Selbstorganisation, Empowerment: Förderung als Impuls zur Autonomie und Gestaltungsfähigkeit	Montessori, Wild, Rappaport	Gestaltung der Umweltbedingungen, damit sich das Kind als eigenaktiv erleben kann

Das Bild des Kindes	Theoriegebäude und Ziele	Hauptvertreter:innen (Auswahl)	Methoden
Das widerstandsfähige Kind	Resilienzforschung, Konzept der Salutogenese: heilpädgogische Begleitung als Aktivierung von Schutzfaktoren	E. Werner, Antonovsky	Aktivierung der Schutzfaktoren, Balance zwischen Anforderungen und Ressourcen, Unterstüztung beim Erwerb von Stressbewältigungsstrategien
Das Halt suchende Kind	Halttheorie: heilpädagogische Begleitung als Unterstützungbei der Entwicklung von Sinnperspektiven und bei der Realisierung von Lebensaufgaben und Lebenszielen	Paul Moor	Angebot von „äußerem Halt», Unterstützung veim Erwerb guter Gewohnheiten, Ermögichung von Lebensrhythmus, Balance zwischen pädagogischen Interventionen und „pädagogischer Zurückhaltung"

Tabelle 2: Das Bild des Kindes in unterschiedlichen wissenschaftlichen Ansätzen (vgl. Petis 2001, S. 20, 26; veränderte und ergänzte Version)

2.1.3.1 Resilienz

In den letzten Jahren haben Veröffentlichungen aus dem Bereich der Resilienzforschung, vor allem die Veröffentlichung der berühmten Kauai-Studie von Emmy E. Werner (Werner 1993; Scheithauer et al. 2022), deutlich gemacht, dass sich menschliches Leben stets im Spannungsverhältnis von Risiko und Resilienz abspielt. Wesentlich ist die Balance zwischen Anforderungen und Ressourcen sowie den Möglichkeiten von Einzelnen, ihr Leben mitgestalten zu können (vgl. Göppel 1997, S. 240 ff.). Das „widerstandsfähige Kind“ bzw. das „starke Kind“ wurde so wohl zum bekanntesten und populärsten Bild vom Kind in unserer gegenwärtigen Gesellschaft.

An diesem Bild orientieren sich nicht selten entsprechende pädagogische bzw. heilpädagogische Konzepte. Beeinflusst durch populärwissenschaftliche Literatur entsteht der Eindruck, Resilienz sei eine Widerstandskraft, die man sich antrainieren könne. Mitunter entsteht dadurch ein eindimensionales globales Bild, das den Blick verstellt auf das, was der Mensch braucht.

Die aktuelle Forschung fasst den Resilienzbegriff weiter und versucht, die Komplexität dieses Begriffes zu systematisieren, um eine Orientierung für das praktische Handeln zu bieten. Was ist eigentlich Resilienz? Ist Resilienz ein stabiles Persönlichkeitsmerkmal, ist es die Folge eines Prozesses? An welchem

Resultat (psychische Gesundheit) kann man Resilienz festmachen? Inwiefern wird Resilienz beeinflusst von unterschiedlichen Faktoren und deren Wechselwirkungen in unterschiedlichen Lebensbereichen?

Zunächst soll geklärt werden, wie der Begriff Resilienz in der aktuellen Forschung verstanden wird.

Resilienz wird allgemein als „psychische Widerstandskraft“ gegenüber verschiedenen Widrigkeiten des Lebens und mit Schutzfaktoren in Verbindung gebracht (z. B. bei Lübeck 2022, S. 109). Häufig werden auch eine Vielzahl von Resilienzfaktoren wie Selbstwirksamkeit, positives Selbstwertgefühl, Optimismus, Akzeptanz, konstruktive Bewältigungskompetenzen, soziale Unterstützung etc. genannt oder vor allem Entwicklungsmodelle der Resilienz in der Kindheit beschrieben (für einen Überblick Scheithauer et al. 2022; Spröber-Kolb 2022). Hier ergeben sich zwangsläufig Überschneidungen mit dem nachfolgend beschriebenen Modell der Salutogenese von Antonowsky sowie mit Modellen der Stressbewältigung. Faltermaier (2023) weist darauf hin, dass das Resilienzkonzept derzeit vor allem im populärwissenschaftlichen Bereich Anwendung findet, jedoch keine umfassende theoretische Einbettung wie bei der Salutogenese oder den Stressmodellen vorliegt.

Dazu bedarf es zunächst eines konzeptionellen Rahmens, der verwandte Konzepte integriert und einen Überblick über die komplexen Zusammenhänge bietet, sowie einer wissenschaftlichen Arbeitsdefinition von Resilienz. Die Autorengruppe um Troy et al. (2023) versucht dies in ihrem integrativen Ansatz. Ausgehend von der zentralen Frage, welche Prozesse Resilienz erklären, beleuchten sie die verschiedenen Perspektiven von Resilienzkonzepten (Resilienz als Trait, Prozess und Outcome) anhand forschungsfokussierender Leitfragen, die den konzeptionellen Rahmen aufspannen.

Anschließend stellen sie die bisher vorherrschenden Erklärungsansätze zur Stressbewältigung und Affektregulierung vor und führen diese zu einem „Integrative Affect-Regulation Framework for Resilience“ (Troy et al. 2023) zusammen.

Die Autoren definieren Resilienz wie folgt: die Verbesserung der psychologischen Funktionsfähigkeit nach der Erfahrung von Widrigkeiten in einem gegebenen kulturellen Kontext. Widrigkeiten sind Umstände oder Ereignisse, die in einem gegebenen kulturellen Kontext die Ressourcen einer Person übersteigen (übersetzt nach Troy et al. 2023, S. 548). Das bedeutet, dass eine resiliente Person nach schwierigen oder belastenden Ereignissen besser in der Lage ist, mit zukünftigen Herausforderungen umzugehen und psychisch gesund zu bleiben, als man es üblicherweise in ihrem kulturellen Umfeld erwarten würde.

Abbildung 1 veranschaulicht das integrative Modell und zeigt auf, welche Faktoren in der Forschung Berücksichtigung finden.

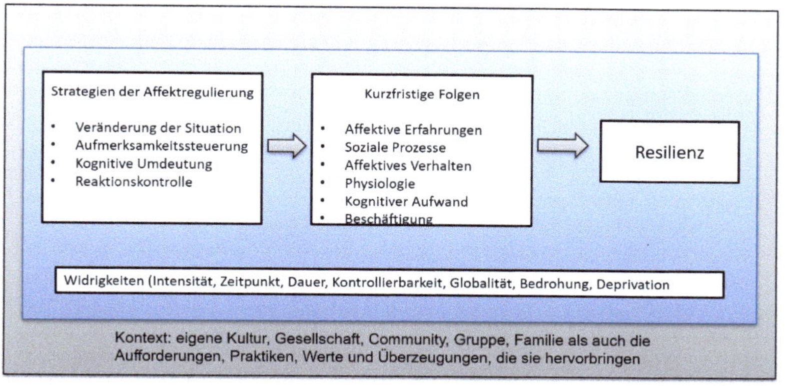

Abbildung 1: Rahmenkonzept der Affektregulierung für Resilienz (übersetzt nach Troy et al. 2023, S. 560)

Eine wichtige Erkenntnis aus dem integrativen Rahmen der Affektregulierung ist, dass die Auswirkungen von Affektregulierungsstrategien auf die Resilienz nicht allein durch ihre kurzfristigen Folgen in einem einzelnen Bereich verstanden werden können und dass sie nicht per se gut oder schlecht für die Resilienz sind. Ob eine Strategie resilienzfördernd oder resilienzmindernd wirkt, wird vielmehr durch das Profil ihrer kurzfristigen Folgen in Verbindung mit den Merkmalen der Widrigkeit (z. B. Intensität, Kontrollierbarkeit eines unerwünschten Ereignisses) und dem weiteren Kontext (z. B. Kultur, soziale Gruppe, Familie) bestimmt. (übersetzt nach Troy et al. 2023, S. 568). Wenn z. B. die Strategie der Situationsveränderung das Erleben von negativem Affekt reduziert, aber gleichzeitig soziale Prozesse (z. B. eine Beziehung) beeinträchtigt, kann diese Strategie die Resilienz insgesamt reduzieren. Ein entscheidender Punkt des integrativen Rahmens ist daher, dass mehrere kurzfristige Konsequenzen und nicht nur eine die Resilienz bestimmen, wobei die verschiedenen Bereiche der kurzfristigen Konsequenzen miteinander interagieren oder einander entgegenwirken (übersetzt nach Troy et al. 2023, S. 560).

An folgendem Fallbeispiel soll das Modell veranschaulicht werden:

Frau Berger ist eine erfahrene Heilpädagogin, die in einer Einrichtung für Kinder mit besonderen Bedürfnissen arbeitet. Sie ist für die Förderung von Kindern mit unterschiedlichen Entwicklungsstörungen verantwortlich. Eines Tages wird sie mit einer schwierigen Situation konfrontiert: Ein neues Kind, Max, kommt in ihre Gruppe. Max benötigt aufgrund seiner Verhaltensauffälligkeiten und Aggressionen besondere Aufmerksamkeit. Die anderen Kinder reagieren mit herausfordernden Verhaltensweisen auf die veränderte Gruppendynamik. Frau Berger kommt mit Ihren Ressourcen an eine Belastungsgrenze. Basierend auf dem Modell lassen sich bei Frau Berger folgende Affektregulationsstrategien beschreiben.

Situationsänderung: Frau Berger versucht, die Situation aktiv zu gestalten, indem sie individuelle Zeitfenster für Max einrichtet, um ihm die Eingewöhnung zu erleichtern. Sie passt auch die Gruppenaktivitäten an, um sicherzustellen, dass alle Kinder beteiligt sind und sich niemand ausgeschlossen fühlt.

Aufmerksamkeitssteuerung: Sie fokussiert ihre Aufmerksamkeit auf die Stärken von Max und auf die Momente, in denen er positive soziale Interaktionen zeigt. Dies ermöglicht ihr, gelingende Situationen wahrzunehmen.

Kognitive Umdeutung: Frau Berger sieht die Herausforderung, die Max darstellt, als eine Gelegenheit, ihre eigenen Fähigkeiten weiterzuentwickeln und das Team zu lehren, wie man effektiv mit herausfordernden Verhaltensweisen umgeht.

Reaktionskontrolle: Trotz des erhöhten Stresslevels bleibt sie geduldig und vermeidet es, in Reaktion auf herausforderndes Verhalten von Max frustriert oder ärgerlich zu reagieren. Sie setzt auf klare, ruhige Kommunikation und Konsistenz in der Anwendung von Regeln und Grenzen.

Diese Anpassungen und Strategien führen jedoch kurzfristig zu einer Erhöhung des kognitiven und emotionalen Aufwands für Frau Berger, was ihre eigene Stressbelastung erhöht. Auch das Team fühlt sich unter Druck, da mehr Ressourcen für die Bewältigung einer einzelnen Herausforderung aufgewendet werden müssen, was zu Spannungen führen kann.

Die Heilpädagogin erkennt, dass sie zusätzliche Unterstützung benötigt und nimmt Supervision in Anspruch, um ihre eigene Resilienz zu stärken und gleichzeitig ein gesundes Arbeitsumfeld zu erhalten. Sie arbeitet eng mit Kolleg:innen und der Familie von Max zusammen, um eine konsistente Strategie sowohl in der Einrichtung als auch zu Hause zu entwickeln.

Dieses Beispiel illustriert, wie eine Heilpädagogin durch die Anwendung verschiedener Affektregulationsstrategien kurzfristige Herausforderungen bewältigen und langfristige Resilienz entwickeln kann. Dabei ist es entscheidend, dass die Heilpädagogin sich der intensiven Anforderungen bewusst ist und Maßnahmen ergreift, um Burnout zu vermeiden, indem sie für sich selbst sorgt und Unterstützung aus ihrem professionellen Netzwerk sucht.

Für Heilpädagog:innen, die die Resilienz ihrer Klient:innen fördern möchten, stellen sich in Bezug auf das integrative Modell die folgenden Fragen:

- Welche Strategien der Affektregulierung sind für den Klienten oder die Klientin angemessen und wie kann ich unterstützend einwirken?
- Welche Wechselwirkungen gibt es zwischen den verschiedenen kurzfristigen Folgen?
- Welche Aspekte der Widrigkeiten sind beim Klienten oder bei der Klientin zu unterscheiden?
- Welche biografischen Einflüsse und sozialen Kontexte wirken auf den Klienten oder die Klientin ein und welche korrigierenden Erfahrungen können hier ermöglicht werden?

Im obigen Modell wird Resilienz als Outcome (z. B. psychisches Wohlbefinden, Symptomfreiheit, verbessertes Gesundheitsempfinden) verstanden. Resilienz kann aber auch als Prozess gesehen werden. Für die Arbeit mit Klient:innen bedeutet dies, „dass es weniger ratsam ist, ihnen allgemeine Tipps zu geben, die als Schutzfaktoren gelten (z. B. soziale Anerkennung fördern oder subjektiv sinnstiftende Tagesbeschäftigungen erkunden), sondern auf einer individuumsbezogenen und biografisch reflexiven Ebene gemeinsam zu erarbeiten, wie aus subjektiver Sicht des Individuums ein guter Umgang mit der Krise oder dem psychischen Problem angegangen werden kann (Prozess). Und woran sich eine gute oder erstmal bessere Anpassung erreichen ließe“ (Lübeck 2022, S.110).

Eine aktuelle Darstellung des genauen Zusammenhangs zwischen Gesundheit, Stressoren, Widerstandsressourcen und dem Kohärenzgefühl findet sich bei Faltermaier (2023).

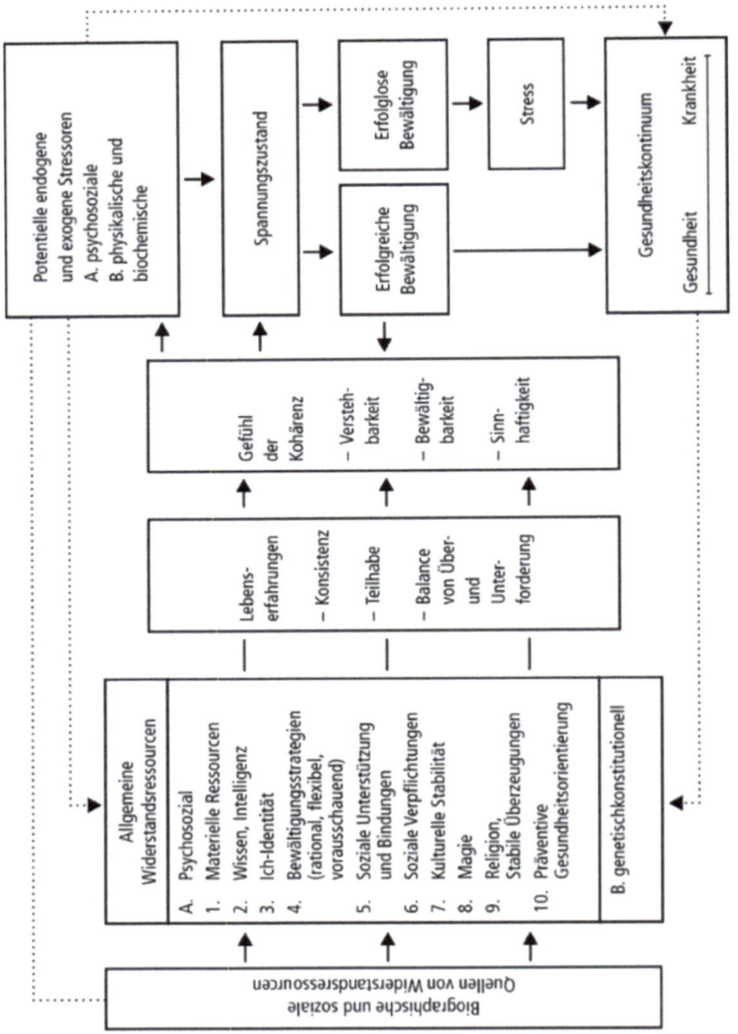

Abbildung 2: Zusammenhangs zwischen Gesundheit, Stressoren, Widerstandsressourcen und dem Kohärenzgefühl nach Faltermaier (2023).

Die positive Art und Weise, in der sie ihrem eigenen Lebensschicksal und ihrer Lebensgeschichte gegenüberstehen, scheint ein zentrales Merkmal der Menschen zu sein, die sich trotz widriger Lebensumstände zu sozial kompetenten, verlässlichen und psychisch stabilen Erwachsenen entwickeln konnten. Ihre Einstellung zum eigenen Leben ist geprägt von Zuversicht, Optimismus und Hoffnung.

Emmy Werner sieht folglich in der Wiederentdeckung des „Prinzips Hoffnung" eine entwicklungspsychologisch bedeutsame Größe (vgl. ebd., S. 247). Die Ergebnisse der Resilienzforschung bestätigen im Grunde die Vorstellung Moors vom Aufbau des inneren Halts. Sie machen deutlich, dass sich heilpädagogisches Handeln nicht nur auf die Entwicklung von funktionalen Fähigkeiten und Fertigkeiten fokussieren darf, sondern sich ganz bewusst auch auf die Unterstützung von emotionalen Kompetenzen, von Sinnkompetenzen und Bewältigungskompetenzen konzentrieren muss.

In diesem Zusammenhang geriet auch das Modell der Salutogenese des Sozialmediziners Aaron Antonovsky (1923–1994) verstärkt ins pädagogische Bewusstsein. Antonovskys zentrale Frage lautet: Warum und wie bleibt jemand trotz verschiedener krankheitsverursachender Einflüsse gesund? Er untersuchte zunächst ehemalige KZ-Insass:innen, welche ihre Inhaftierung psychisch und physisch relativ unbeschadet überstanden hatten, später die breite Bevölkerung.

Dabei arbeitete er drei Faktoren heraus, die dafür verantwortlich sind, dass Menschen eher gesund bleiben als andere:

- Das Gefühl der Verstehbarkeit (comprehensibility) des eigenen Lebens, im Sinne von Vertrauen darauf, dass die inneren und äußeren Ereignisse des Lebens strukturiert, vorhersehbar und erklärbar sind;
- das Gefühl der Handhabbarkeit (manageability) des eigenen Lebens, im Sinne von Vertrauen darauf, dass Ressourcen zur Verfügung stehen, um den Anforderungen, die das Leben stellt, begegnen zu können und
- das Gefühl der Sinnhaftigkeit bzw. Bedeutsamkeit (meaningfulness) des eigenen Lebens, im Sinne von Vertrauen darauf, dass Anforderungen, Anstrengung und Engagement sich lohnen und das eigene Leben für sinnvoll gehalten wird.

Diese drei Faktoren ergeben zusammen das Kohärenzgefühl *(sense of coherence)*, das bereits in den Kindheitsjahren angelegt wird. Es beschreibt ein Grundgefühl von Menschen und zugleich ihre Wahrnehmung von der Welt, welche geprägt ist vom Vertrauen darauf, dass sie das, was um sie herum geschieht, verstehen und ausreichend beeinflussen können (vgl. Göppel 1997, S. 176).

Das salutogenetische Modell verweist auf ein Grundgefühl gegenüber der Welt und dem eigenen Leben, das allen Menschen, unabhängig von Beeinträchtigung, gemeinsam ist.

Verhaltensweisen des Kindes stellen unter diesem Blickwinkel den Ausdruck von Bedürfnissen nach „Verstehbarkeit", „Handhabbarkeit" und „Bedeutsamkeit" in Bezug auf das eigene Leben dar. Da diese Bedürfnisse aber häufig nicht über verbale Kommunikation vermittelt werden können, sind Heilpädagog:innen auf Interpretationen und Annahmen angewiesen. Das aktuelle kindliche Handeln muss aus seinen bio-physischen Voraussetzungen, seinen lebensweltlichen Bedingungen und seiner Geschichte heraus verstanden werden. Erst dann können Lernziele für das Kind und sein soziales Umfeld abgeleitet werden.

Die Kompetenz- und Erfahrungsbereiche, die dem Kind eröffnet werden sollen, orientieren sich an der Frage: Unter welchen individuellen und systemischen Voraussetzungen kann es gelingen, dass das Kind

- seinen Alltag und Lebensereignisse besser vorhersehen und verstehen kann,
- sein Leben mitgestalten und Anforderungen besser bewältigen kann,
- im eigenen Leben Zugehörigkeit erfahren, Sinnmöglichkeiten entdecken und sich dafür engagieren kann.

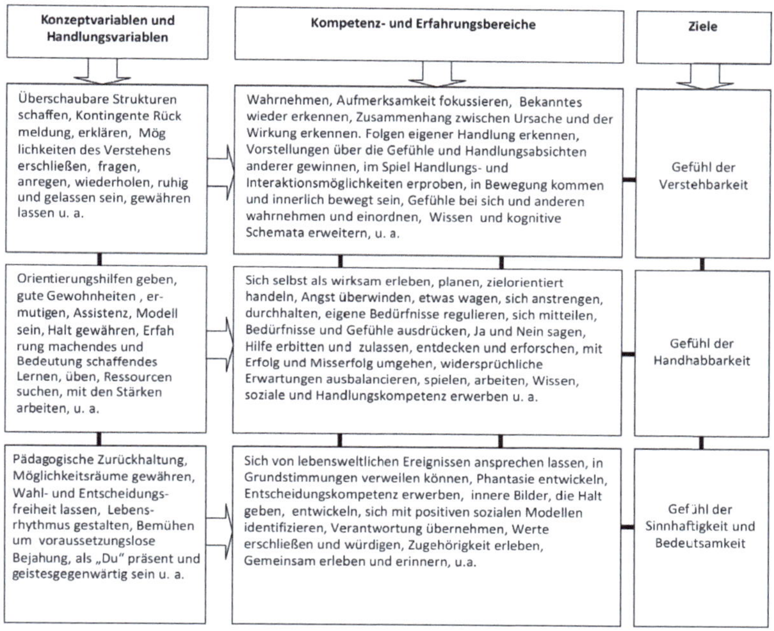

Abbildung 3: Zusammenhang von Handlungsvariablen, Kompetenz- und Erfahrungsbereichen und Zielvorstellungen

Natürlich können auch andere theoretische Modelle Grundlage sein, um das heilpädagogische Handeln so zu gestalten, dass es begründet, überprüft und von Außenstehenden nachvollzogen werden kann. Wichtig ist, den Zusammenhang zwischen theoretischem Modell, diagnostischem Erfassen, der Zielperspektive, dem Einsatz der Medien und Methoden sowie dem kindlichen Handeln aufzuzeigen.

Dabei kann und muss praxisbezogenes heilpädagogisches Denken die Enge des Spielzimmers verlassen, zugunsten eines Prinzips der „offenen Lernorte“. Es sollte Teil eines diagnostischen Prozesses werden, herauszufinden, von welchen Phänomenen seiner Lebenswelt ein Kind angesprochen wird. Das Angesprochensein ist im Sinne Paul Moors eine Voraussetzung dafür, dass das Kind für sich selbst Ziele und Aufgaben entdecken kann, die ganz individuelle Bedeutung haben. Das Kind lernt wahrzunehmen, zu wählen, sich zu entschließen, zu wagen, sich anzustrengen, Probleme zu lösen ... um eines selbst gewählten Zieles willen. Und es kann die Erfahrung machen, dass Mühe und Anstrengung die Freude über das Ergebnis intensiviert.

Heilpädagogische Begleitung im Sinne von Assistenz sichert die Bewältigung der Aufgabe dort ab, wo die Möglichkeiten des Kindes, zu verstehen oder zu handeln (noch) nicht ausreichen.

Wenn es gelingt, die bildenden und heilenden Wirkungen, welche in den Phänomenen der Lebenswelt und den eingesetzten Medien liegen, bewusst zu reflektieren, dann gelingt es auch gelassener, die Auswahl der Themen und Inhalte heilpädagogischer Förderung in die Mitverantwortung des Kindes zu legen.

2.2 Praxisbeispiel: Heilpädagogische Arbeit mit Felix, wirksam und zugleich moralisch gut?

Heilpädagog:innen stehen in der Verantwortung, sich Klarheit darüber zu verschaffen, welche Vorstellung vom Menschen ihre Arbeit leitet. Diese Vorstellung bildet die Basis für die Entwicklung von Zielen und für die Gestaltung des pädagogischen Handelns. Ein Ziel der Förderung von Menschen mit komplexen Beeinträchtigungen ist z. B. der Aufbau personaler Handlungsfähigkeit, durch die die Person zu dem ihr möglichen Maß an Selbstbestimmung und Selbstgestaltung gelangen kann. Dieses Maß ist im Spannungsfeld von höchstmöglicher Autonomie und höchstmöglichem Wohlbefinden anzusiedeln. Förderung, die sich nur an funktionalistisch-instrumentellen Einzelfertigkeiten orientiert, wird dem heilpädagogischen Anspruch nicht gerecht; Konzepte, die unverbindlich und global „gelingendes Leben" oder „optimale Persönlichkeitsentwicklung" beschwören, geben keine Orientierung für das konkrete Handeln. Paul Moor weist darauf hin, dass Erziehung gleichzeitig die Entwicklung des Gemüts und eines starken Willens als mögliche Entwicklungsziele anstreben muss. Dieter Gröschke betont, dass sich konkrete Handlungsansätze immer an der pädagogischen Aufgabe und am Ziel orientieren müssen. In der Praxis angemessen methodisch zu handeln bedeutet, „zugleich wirksam wie auch moralisch gut zu handeln" (Gröschke 1997, S. 261).
Am Beispiel von Felix, einem jungen Mann, soll die Auseinandersetzung mit der Frage „Wie kann zugleich wirksam und moralisch gut gehandelt werden?" dargestellt werden.

Lebensgeschichte von Felix

Felix (18 Jahre) hat infolge von Komplikationen in Zusammenhang mit einer Herzoperation im Alter von vier Jahren eine umfassende kognitive Beeinträchtigung. An Armen und Beinen hat er eine spastische Lähmung; er ist aber in der Lage, selbstständig zu gehen. Obwohl er medizinisch gut betreut wird, hat Felix regelmäßig epileptische Anfälle. Zur Zeit unseres Kennenlernens hat er mehrmals am Tag Absencen. Felix ist ein großer, schlanker, junger Mann. Die einzigen Worte, die er spricht, sind„Pfui" und „Aua". Dieses relativ melodiöse „Aua" in Verbindung mit seiner körperlichen Erscheinung, die von der Spastik gezeichnet ist, erweckt bei der ersten Begegnung den Eindruck eines gequälten, leidenden jungen Menschen.

Nicht weniger leidend wirkt Frau Neumann. Sie wusste seinerzeit um die Risiken der Herzoperation und wollte dieser nicht zustimmen. Ohne Operation wurde dem Jungen jedoch eine weitere Lebenserwartung von ein bis zwei Jahren in Aussicht gestellt. – Die Mutter hatte somit keine Wahl.

Am Tag der Operation will Frau Neumann in der Klinik bleiben, damit sie gleich bei Felix ist, wenn dieser aus der Narkose aufwacht. Die Ärzte überzeugen sie jedoch, mit ihrem Mann nach Hause zu gehen. Als das Kind nach der Operation aus der Narkose erwacht, kommt es zum Herzstillstand, Felix muss minutenlang reanimiert werden – die Mutter ist nicht da! – Aus ihrer Sicht ein Fehler, den sie sich nicht verzeiht. Sie hatte, abgesehen vom Herzfehler, ein „gesundes" Kind in die Klinik gebracht und soll nun ein behindertes mit nach Hause nehmen. Dort kommt sie gar nicht an, sondern taucht mit Felix vier Wochen unter.

Obwohl sie in den folgenden Jahren noch weitere Kinder bekommen wird, ist die Sorge um Felix ihre zentrale Lebensaufgabe. Kein Förderangebot ist gut genug, keine pädagogische Fachkraft kann ihr Vertrauen gewinnen. Sie selbst ist die Einzige, die weiß, was für ihr Kind gut und richtig ist. Sie wird misstrauisch und zu einer Mutter, die den Mitarbeitenden in den entsprechenden Einrichtungen nur mit Kritik und Argwohn begegnet und die Behinderung nicht annehmen kann. Ist sie mit Felix in der Öffentlichkeit, unternimmt bzw. unterbindet sie alles, damit man nicht bemerkt, dass er behindert ist. Winkt das Kind aus dem Auto, fordert sie ihn auf, dies zu unterlassen; fängt er an, in der Öffentlichkeit zu lautieren, wird dies verboten. Gemeinsame Busfahrten, die sie vor der Operation gerne gemacht haben, finden nicht mehr statt – es sieht dann ja jeder, dass er behindert ist.

In einem der ersten Elterngespräche wird sie erzählen, dass sie am liebsten gemeinsam mit Felix an einen Baum fahren würde.

Felix ist bereits 18 Jahre alt, als dem Kinder- und Jugendpsychiater im Rahmen einer medizinischen Untersuchung auffällt, dass der junge Mann massiv gegen seine Mutter schlägt. Er stellt den Kontakt zur Heilpädagogischen Ambulanz her. Bei der ersten Begegnung begrüßt Felix die Heilpädagogin mit „Pfui", ansonsten zeigt er scheinbar wenig Interesse an einer Kommunikation. Er kann sich auf keinem Stuhl niederlassen, sondern läuft, wie innerlich getrieben, im Zimmer

umher. Seine Mutter geht neben ihm, hält ihn am Arm und äußert die Sorge, er könne hinfallen. Sie schafft es nicht, sich auf einen Stuhl zu setzen, sodass kein informatives Gespräch zustande kommt. Sie äußert aber ihr Anliegen, zusammen mit Felix an der sog. „Eltern-Kind-Gruppe" teilnehmen zu können.
Auf die Rahmenbedingungen, dass eine Studierende mit Felix arbeitet, will sie sich einlassen. Sie akzeptiert auch, dass sie während der Stunde die Rolle der Beobachterin einnimmt und nicht in das pädagogische Handeln eingreift – sie will es, so sichert sie zu, zumindest versuchen. Wichtig ist ihr, dass es Felix gut geht und dass er sich wohlfühlt.
Auf den ersten Blick scheint es offensichtlich, dass Felix kaum Raum hat, sich selbst zu erleben und zu spüren, gleichzeitig liegt die Angst der Mutter vor weiteren Lebenskatastrophen buchstäblich in der Luft. Die Frage „Was tun?" stellt sich drängender als sonst, weil das Zeitfenster, in welchem die Mutter bereit ist, Vertrauen zu wagen, so eng scheint.
Die gesamte Erziehungssituation wirkt einerseits deprimierend, andererseits so komplex, dass lediglich sehr globale Zielvorstellungen besprochen werden. Diese sind:

- Felix bekommt Raum, in dem er selbsttätig handeln kann,
- er erkennt Zusammenhänge zwischen seinem Handeln und dessen Folgen (Erfahrung von Selbstwirksamkeit),
- die Heilpädagogin achtet darauf, wovon er angesprochen ist, teilt sein Interesse und benennt sein Handeln (Ermöglichung von Resonanzerfahrungen),
- Frau Neumann beobachtet während der Stunde und greift selbst nicht in das Geschehen ein.

Inhaltliche Schwerpunkte in der Gruppe sind die Arbeit auf dem Trampolin – allerdings muss erst noch überprüft werden, wie sich dies auf die Anfallsbereitschaft auswirkt. Die Schwerpunkte der Entwicklungsförderung in der Einzelsituation werden festgelegt, sobald es Hinweise gibt, wovon Felix angesprochen ist.
Um an dieser Stelle schon darauf hinzuweisen: Wir haben lange mit Felix und Frau Neumann gearbeitet. Jahre, in denen wir uns kontinuierlich mit der Frage auseinandergesetzt haben: Wie können wir zugleich wirksam wie auch moralisch gut handeln?
Sehr schwierig war auszuhalten, dass Felix' Weg zu mehr Selbstbestimmung zunächst über ein relativ hohes Maß an verhaltenssteuerndem Handeln unsererseits führt. Wo ist die Grenze zwischen Halt gebender Struktur und Fremdbestimmung? Was hat Priorität? Die spontane Bedürfnisbefriedigung und das aktuelle Wohlbefinden oder das angestrebte Ziel, Felix' Bewegungs-Entscheidungs- und Handlungsrepertoire zu erweitern? – Allerdings mit ungewissem Ausgang. Worin liegt die optimale Passung zwischen momentanem Entwicklungs- oder Befindlichkeitszustand, Umweltgegebenheiten und unserem Angebot?

Orientierung für das methodische Handeln bietet die Struktur der HPÜ nach Klenner, auf die Lotz in seinem Werk „Heilpädagogische Übungsbehandlung als Suche nach Sinn" (Lotz 1993) zurückgreift.

Dieses Modell beschreibt drei Phasen: die Phase der Kognition, die Phase der Aktion und die Phase der Interaktion. Diese entsprechen der Entfaltung psychischer Funktionen.

Dennoch ist die HPÜ nach Klenner weder rein funktional noch rein leistungsbezogen aufzufassen: Anlass für die HPÜ ist nämlich nicht ein Symptom oder ein „Fehler" eines Menschen, sondern eine nicht bewältigte Lebenssituation. Entsprechend ist das eigentliche Ziel der HPÜ nicht irgendeine Leistung, sondern ein besseres, reicheres, sinnvolleres Leben. In diesem Sinne bietet die HPÜ Unterstützung für die Verwirklichung dieses Zieles.

In der Arbeit mit Felix werden folgende Schwerpunkte gesetzt:

1. Schritt: Felix nimmt Handlungszusammenhänge und Aufgaben bewusst wahr.
2. Schritt: Felix entwickelt eine kognitive Vorstellung von Handlungsalternativen.
3. Schritt: Felix erkennt, dass er durch sein eigenes Handeln ein für sich selbst positives Ziel erreichen und dass er Kommunikation und Interaktion mitgestalten kann.
4. Schritt: Felix erkennt zunächst zwei, später drei ihm angebotene Handlungsalternativen.
5. Schritt: Felix erkennt, dass es von seinen Signalen abhängt, welche dieser Handlungsalternativen umgesetzt wird. Er nutzt in der konkreten Situation seine Entscheidungsspielräume und übernimmt Verantwortung für seine Entscheidungen.
6. Schritt: Felix macht über verbale oder nonverbale Kommunikation auf seine Ziele und Bedürfnisse aufmerksam.
7. Schritt: Felix handelt in seinem Alltag und im Rahmen seiner Möglichkeiten selbstbestimmt.

Ein wichtiges methodisches Prinzip der Arbeit ist, dass wir Felix einerseits sein Handeln verbal spiegeln, andererseits unser eigenes Handeln und die Absicht, die sich mit ihm verbindet, konsequent benennen. Durch Mimik, Gestik, Stimmlage und Sprachmelodie soll sich Felix angesprochen fühlen und sein Handeln generell positiv bestätigt werden. Interaktion, Berührung und Körperführung sind so gestaltet, dass Felix die Aktivitäten durch das bewusste Wahrnehmen des Bewegtwerdens nachvollziehen kann.

Felix lässt sich auf die Körperführung ein. Er besteigt mit entsprechender Assistenz das Trampolin und nimmt die Bewegung des Tuches, welche er durch sein Stampfen auslöst, hoch konzentriert wahr. Als er realisiert, dass er der Verursacher der Tuchbewegung ist, reagiert er offensichtlich emotional erregt und wiederholt sein Tun.

Obwohl ihn die unterschiedlichsten Bewegungserfahrungen sehr anzusprechen scheinen, ist Felix über Monate hinweg nicht in der Lage, auf die ritualisierte Aufforderung: „Felix, Du bist an der Reihe – Komm!" und auf entsprechende

Körpersprache mit einem Signal der Zustimmung zu reagieren. – Versteht er nicht? Will er nicht? Fehlen ihm entsprechende kommunikative Kompetenzen? Welch hohes Maß an Fremdbestimmung ist vertretbar, um Felix eine Erfahrung zu ermöglichen, durch die er sich wohlzufühlen scheint?

Frau Neumann fällt es schwer, unsere Arbeit mit Felix nur zu beobachten „Er versteht sie doch nicht!" – „Meinen Sie, dass er sie versteht?" sind regelmäßige Kommentare. Im Gespräch mit ihr wird deutlich, dass sie grundsätzlich davon ausgeht, dass Felix nicht versteht, wenn man mit ihm spricht. Folglich eröffnet sie ihm auch keine Möglichkeiten zur Kommunikation, da sie nicht erwartet, dass er kommunizieren kann. Felix wird nicht angesprochen, zieht sich auf sich selbst zurück, was seine Behinderung verstärkt.

Er kommuniziert, das wird zunehmend klar, gerne, hat aber vermutlich wenig Erfahrung damit, dass er durch Kommunikation Einfluss auf das Geschehen nehmen kann. Uns wiederum gelingt es zunächst nur ansatzweise, seine Signale „richtig" zu interpretieren. Seine Silben und Worte, i. d. R. „aua", „pfui", „oje" irritieren und verunsichern in der Begegnung mit ihm. Missverstehen ist, ganz im Sinne Luhmanns, lange Zeit das Normale; Verstehen die Ausnahme. Erst mit der Zeit wird klar, dass Felix' sprachliche Äußerungen nicht Ausdruck seines Befindens sind, sondern Versuche, über seine Sprache mit seinem Gegenüber im Dialog zu bleiben.

Die Bewegung auf dem Trampolin ermöglicht Felix, dass er mit sich selbst in Kontakt kommt. Er nimmt den Zusammenhang zwischen seinem eigenen Tun und den Reaktionen des Tuchs zunehmend konzentriert wahr. Er variiert seinen motorischen Input, schlägt z. B. im Sitzen mit der Hand auf das Tuch und realisiert, dass dieses auf seinen Krafteinsatz, seine Dynamik unterschiedlich reagiert. Felix erlebt sich als Urheber der Tuchbewegung. Bewegung und bewegt zu werden finden unmittelbar Ausdruck in seinem emotionalen Bewegtsein. Felix kommt nicht nur in Kontakt mit sich selbst, sondern sucht aktiv, vor allem durch Mimik, Augenkontakt und unterschiedlichste Lautproduktionen den Kontakt zu den Mitgliedern der Gruppe und erwartet von diesen eine entsprechende Reaktion. Besonders angesprochen ist er, wenn er auf dem Trampolin sitzend (im Rücken entsprechend stabilisiert) durch das Schwingen und Springen eines Partners so stark in Bewegung gebracht wird, dass er vom Tuch abhebt. Dabei sucht er Augenkontakt und genießt gemeinsames Lachen und die heitere Atmosphäre. Mit seinem Lachen steckt er die anderen Teilnehmenden an, was von ihm wiederum positiv aufgenommen wird. Er erlebt sich in einem Dialog, in dem er die Führung übernehmen kann. Durch Kommunikation und gelungene Gegenseitigkeit erfährt er Integration in der Gruppe.

Nachdem wir meinen, sicher beurteilen zu können, dass Felix die Abläufe in der Sportstunde versteht und auch über entsprechende motorische Kompetenzen verfügt, den ersten Schritt auf das Trampolin alleine zu tun, halten wir uns in unseren pädagogischen Interventionen zurück, wenn er, nach entsprechender Einladung, keine Signale der Zustimmung sendet. Es ist der Versuch, ihm

Mitverantwortung für sein eigenes Handeln zu übergeben, ohne ihn Abhängigkeiten von uns erleben zu lassen: Wenn Felix keine Initiative ergreift, kommt der Nächste beim Trampolinspringen an die Reihe.
Uns fällt es schwer, diesen Schritt zu gehen, weil dies gleichzeitig heißt, Felix die oben beschriebenen Erfahrungen vorzuenthalten. Was ist wirksam und zugleich moralisch gut? Üben wir Macht und Herrschaft aus? Ist dieses Handeln unsererseits wirklich ein notwendiger Schritt hin zu mehr Selbstbestimmung? Felix ist irritiert, wenn er in der Reihenfolge übergangen wird. Ob er unsere sprachlichen Erklärungsversuche versteht, wissen wir nicht.
Manchmal reagiert Felix ärgerlich, manchmal enttäuscht, vielleicht auch resigniert? Es ist uns selbst nicht möglich, verhaltensmodifikatorische Variablen konsequent anzuwenden. Wir wollen Felix den dialogischen Bezug nicht aufkündigen, wir wollen nicht, dass seine Enttäuschung im Hinblick auf uns als seine Partner:innen größer ist als die im Hinblick auf seine Grenzen, die er zwar im Moment noch nicht, aber irgendwann doch überwinden kann.
Eines Tages beginnt Felix, nachdem er wieder keine Initiative ergriffen hatte und der Nächste beim Springen war, von sich aus auf das Trampolin zu klettern. Er übernimmt die Führung und befreit uns aus der Rolle der Mächtigeren. Ist das der erste Schritt auf dem Weg zu mehr Selbstbestimmung? Unsere gemeinsame Arbeit scheint wirksam gewesen zu sein. Jetzt wagen wir auch zu beurteilen, dass sie moralisch gut war.
Parallel zu der Arbeit in der Gruppe geht Felix mit der Heilpädagogin in die Stadt. Sie nimmt sich vor, Felix die Führung zu überlassen, gleichzeitig aber genau zu beobachten, wovon Felix angesprochen ist, um seine Initiativen aufzugreifen und zu unterstützen. Felix hört gerne Straßenmusikant:innen zu. Im Supermarkt scheint ihn das Warenangebot nicht zu interessieren, er freut sich aber, den Einkaufswagen zu schieben. In einer gotischen Hallenkirche verweilt er gerne. Anscheinend sind es die vielen sinnlichen Erfahrungen, die ihn ansprechen; die größte Faszination löst bei ihm die Akustik aus, durch die er seine eigenen Sprachklänge intensiv und machtvoll erlebt. Am liebsten fährt er aber mit dem Bus. Vor allem wenn die Sonne scheint, ist er fasziniert, wenn er aus dem Fenster schaut und er und die Heilpädagogin ihre Aufmerksamkeit auf die gleichen Ziele lenken und benennen.
Felix hat gelernt zwischen diesen Alternativen zu wählen und auf seine Art mitzuteilen, was er im Moment tun möchte. Er hat auch gelernt, in den Linienbus einzusteigen, wenn dieser an der Haltestelle wartet. – Allerdings mussten er und auch die Heilpädagogin aushalten lernen, dass der Bus wegfährt, wenn er selbst keine Initiative ergreift, einzusteigen.
Für Frau Neumann waren folgende Erfahrungen von offensichtlicher Bedeutung: Die Erfahrung,

- dass Felix sich von Aufgaben ansprechen lassen kann,
- dass er sinnvoll kommunizieren kann und sie mit ihm,
- dass er zeigen kann, was ihm gefällt und was ihm nichtgefällt,

- dass er sich freuen kann,
- dass Felix im Rahmen seiner Möglichkeiten mitverantwortlich dafür ist, dass er sich wohlfühlt und
- die Erfahrung, dass er trotz Behinderung buchstäblich AnSehen hat.

Eines Tages bemerkt sie: „Mir fällt auf, dass Sie und die Studierenden Felix immer in die Augen schauen, wenn Sie mit ihm reden. – Ich habe das schon lange nicht mehr getan."

Frau Neumann setzt sich im Rahmen der Elterngespräche mit ihren Schuldgefühlen und vor allem auch mit ihrem Gefühl der Scham auseinander. Sie besinnt sich auf die Hobbys, die sie früher gepflegt hat und beschließt, wieder einmal eine Kunstausstellung zu besuchen.

Sie nutzt die finanziellen Mittel, die Felix im Rahmen des persönlichen Budgets zur Verfügung stehen, um eine Fachkraft zu engagieren, durch die sie entlastet wird. Gleichzeitig bestätigt sie, dass sich dadurch Felix' Erfahrungsräume erweitern. Sie reflektiert, dass neben Felix alle anderen Familienmitglieder Bedürfnisse haben, die für sie als Mutter und Ehefrau bislang wenig Bedeutung hatten. In diesem Zusammenhang erzählt sie, ihr Mann sage immer zu Felix: „Du hast mir meine Frau weggenommen!" Frau Neumann erkennt, dass ihre älteste Tochter Bedenken hat, nach dem Abitur einen Studienplatz zu suchen, der mit einem Wohnortswechsel verbunden wäre. Deshalb klärt sie mit ihr, dass sie sich für den Bruder nicht so verantwortlich fühlen muss, dass sie ihre eigenen Lebenspläne aufgibt. Nach all den Jahren, in denen sie sich fast nur auf Felix konzentriert hatte, ist es für Frau Neumann eine große Herausforderung, das Geschenk anzunehmen, das ihr Mann ihr zur Silberhochzeit macht: eine mehrtägige Reise nach Griechenland.

Heute betreibt das Ehepaar Neumann an seinem Wohnort ein kleines Gasthaus. Auch Felix hält sich, wenn die Begleitung entsprechend organisiert werden kann, häufig dort auf. Frau Neumann berichtet, dass inzwischen auch andere Familien mit behinderten Kindern oder Jugendlichen zu ihnen kämen, weil sie wissen, dass sie dort gern gesehene Gäste sind. Unterschiedliche Leute aus dem Dorf würden sie immer wieder ansprechen und sie bewundern, weil sie mit der Behinderung von Felix so gut umgehen kann. Sie kann diese Bewunderung nicht verstehen. Sie tut doch nur das, was notwendig ist.

2.3 Konzeptbausteine für heilpädagogisches Handeln

2.3.1 Die heilpädagogische Diagnostik

Der Begriff „diagnostizieren" bedeutet entsprechend seinem griechischen Ursprung „gründlich kennenlernen", „entscheiden", „beschließen", sowie „durch und durch erkennen" und „beurteilen" (vgl. Lanwer 2006, S. 8).

Traditionelle diagnostische Blickwinkel, wie etwa der der Medizin oder der Psychologie sind sog. normorientierte Verfahren, welche mittels standardisierter Testmethoden Normabweichungen zu erfassen versuchen. So hat z. B. die medizinische Diagnostik das Ziel, einen Zusammenhang zwischen Krankheitssymptomen und deren Ursachen (Ätiologie) herzustellen. Je präziser diese erkannt werden, umso effektiver können die entsprechend angeordneten therapeutischen Maßnahmen wirken. Im Fokus einer psychologischen Diagnostik stehen der Entwicklungsstand eines Menschen, seine Persönlichkeitsmerkmale, psychische Funktionen und interpersonale Beziehungen.

Auch im heilpädagogischen Kontext ist dieses gründliche Kennenlernen und das „Beurteilen" Voraussetzung, um – gemeinsam mit allen Beteiligten – heilpädagogische Prozesse zu planen, durchzuführen und zu überprüfen. Dabei geht es darum,

- zu klären, wie sich die als problematisch empfundene Erziehungs- oder Lebenssituation für die jeweils Betroffenen darstellt,
- zu rekonstruieren, welche Faktoren und Bedingungen zu dieser Erziehungs- oder Lebenssituation geführt haben könnten,
- Vorstellungen zu entwickeln, wie eine bessere Erziehungs- oder
- Lebenssituation aussehen könnte,
- Bedingungen zu beschreiben, unter denen das Überwinden der Lebens- und Erziehungserschwernisse möglich scheint.

2.3.2 Anforderungen an die heilpädagogische Diagnostik

Um diagnostische Fragestellungen zu klären, entwickeln Heilpädagog:innen zunächst Hypothesen, um diese dann unter Verwendung unterschiedlicher methodischer Verfahren zu überprüfen. Gängige Methoden sind: Beobachtung, Anamnese, Tests, Befragung/Interview, Exploration, Befragung von Drittpersonen.

Diese Methoden werden u. a. von Kobi (2003), Lanwer (2006), Köhn (2001) und Reichenbach/Thiemann (2018) ausführlich beschrieben.

Allerdings sind, abgesehen von der Methode der teilnehmenden Beobachtung und der diagnostischen Gesprächsführung (Anamnese, Exploration), die anderen Instrumente heilpädagogischer Diagnostik psychologischer Herkunft. Es herrscht ein weiter Konsens darüber, dass heilpädagogische Diagnostik kein Selbstzweck sein darf und sich nicht in der objektivierenden Messung isolierter Persönlichkeitsmerkmale erschöpfen kann. Vielmehr geht es um das Ordnen der Daten mit Blick auf das pädagogische Verstehen und das Beschreiben der (heil-)pädagogischen Notwendigkeiten (vgl. Gröschke 1997, S. 275).

In einem „Enzyklopädischen Handbuch der Heilpädagogik" aus dem Jahre 1934 wird der Begriff „heilpädagogische Diagnostik" vermutlich erstmals erwähnt und auf den Zusammenhang zwischen dem Erkennen der Entwicklungsvoraussetzungen des Kindes und dem heilpädagogischen Handeln verwiesen.

Paul Moor (1999–1977) schreibt 1965 in seinem heilpädagogischen Lehrbuch:
„Die ärztliche Diagnose ist noch nicht die pädagogische oder heilpädagogische Diagnose; sie ist vielmehr nur eines der Materialien für die heilpädagogische Erfassung des Kindes" (Moor 1974, in: Lotz 2002).

„Zum pädagogischen Verstehen kommen wir, indem wir das psychologische Verstehen ordnen auf die pädagogischen Notwendigkeiten hin" (Moor 1965, in: Gröschke 1997, S. 257).

Moor verweist auf die Beziehung zwischen Heilpädagogin und Kind als konstitutive Voraussetzung einer heilpädagogischen Diagnostik, denn die Wirklichkeit des anderen erschließt sich erst in der Begegnung:
„Nur wo ich dem anderen, als der, der ich bin, wirklich begegne, verspüre ich etwas von derjenigen Wirklichkeit, um welche es in der Erziehung geht" (Moor 1974, in: Gröschke 1997, S. 493).

Obwohl Paul Moor schon sehr früh darauf hingewiesen hat, dass eine heilpädagogische Diagnostik über das Erklären und Bewerten objektiver, z. B. medizinischer Fakten hinaus gehen und die subjektive Wirklichkeit des anderen erschließen sollte, wird in den folgenden Jahren und Jahrzehnten die Frage der heilpädagogischen Diagnostik immer wieder unter ähnlichen Fragestellungen kritisch diskutiert: Heilpädagogische Diagnostik, so die wiederkehrende Forderung, darf nicht Behinderungszustände fest- bzw. zuschreiben, sondern muss das Ziel verfolgen, Antworten und Lösungen für beeinträchtigte und beeinträchtigende Erziehungsverhältnisse zu finden.

Beeinflusst durch den ökosystemischen Ansatz in der Heilpädagogik und durch die Forschungsergebnisse von Feuser (1995, 1996) und Jantzen (1987, 1990), veränderte sich die wissenschaftliche Sichtweise von Behinderung. Es wird gefordert, dass sich der Blickwinkel auch im Bereich der Diagnostik nicht mehr auf die Schädigung und Beeinträchtigung einer Person fokussiert.

Die Person in ihren behindernden Bedingungen steht nun im Zentrum diagnostischer Fragestellungen. Begriffe wie „Kompetenzorientierung“, „Kind-Umwelt-Diagnose“ oder „Verstehensdiagnose“ (Bundschuh 1999) sind Ausdruck eines Perspektivenwechsels in der fachwissenschaftlichen Diskussion.

Kobi fordert:

„Die wertgeleitete Heilpädagogik muss eine Diagnostik anstreben, die jede pauschale Typisierung vermeidet, jede Klassifikation als vorläufig und relativ erkennt und in ihrer Differenziertheit der Einmaligkeit eines Kindes optimal gerecht wird […]. Obwohl sie sehr viel entwicklungspsychologische, sozialpsychologische und pädagogisch evaluative Kompetenz erfordert, erschöpft sie sich nie in der Fachkompetenz, sondern findet ihren emotionalen und ethischen Rückhalt in der Sinnfindung in der Vision eines heilpädagogischen Menschenbildes“ (Kobi, in: Greving/Ondracek 2005, S. 61 f.).

Hornakova und Ondracek kritisieren, dass durch die Anwendung normorientierter Testverfahren die diagnostizierten Normabweichungen in Form von Defiziten zu sehr in den Mittelpunkt der Aufmerksamkeit geraten und die Person auf bestimmte Teil- und Funktionsbereiche reduziert würde.

Zudem gebe eine normorientierte Diagnostik keine Auskunft darüber, was zur Beeinträchtigung der Person geführt habe und durch welche Faktoren ihr Erleben und Verhalten bestimmt ist. Auch berge sie in sich die Gefahr, dass der Mensch auch zukünftig auf den momentan erfassten Ist-Zustand festgelegt sein wird, da Entwicklungsdimensionen nicht beachtet werden (vgl. Hornakova/Ondracek, in: Ondracek/Störmer 2007, S. 25 ff.).

Trotz der berechtigten Kritik an einer normorientierten Diagnostik darf aus psychologischer Sicht nicht der Eindruck entstehen, dass es bei der Diagnostik, insbesondere bei testpsychologischen Verfahren, nur um die Feststellung eines Defizits geht. Der diagnostische Prozess ist vielmehr ein Problemlöseprozess, in dem Merkmale wie Intelligenz oder Motivation erfasst werden sollen, um diagnostische Fragen beantworten und begründete Entscheidungen treffen zu können. Stellt sich z. B. die Frage, ob bei einem Kind eine Entwicklungsverzögerung vorliegt, die Fördermaßnahmen erforderlich macht, so wird die Ausprägung der relevanten Merkmale (Intelligenzleistung, motorische Fähigkeiten etc.) gemessen und vor dem Hintergrund wissenschaftlicher Theorien interpretiert. Gegebenenfalls können dann heilpädagogische Maßnahmen empfohlen werden.

Testdiagnostische Verfahren, die von unseren Studierenden in der Ausbildung zur Anwendung kommen und kritisch reflektiert werden, sind somit als ein wichtiger Baustein der heilpädagogischen Diagnostik zu sehen. Die Autorinnen der SEED-Diagnostik zur Erfassung des emotionalen Entwicklungsstandes (s.o.) ergänzen: „Zeigt eine Person mit intellektueller Beeinträchtigung ein auffälliges Verhalten bzw. besteht der Verdacht auf eine Erkrankung, sollten daher zunächst der intellektuelle und der emotionale Entwicklungsstand eingeschätzt werden. Diese Diagnostik ist die Basis für die individuell anzunehmende ‚Normalität'. Jede Person ist dabei für sich selbst die ‚Norm'" (Sappok/Zepperitz 2019, S. 117).

Die diagnostische Abklärung sieht daher vor, dass zunächst das auffällige Verhalten vor dem Hintergrund des kognitiven und emotionalen Entwicklungsstandes beurteilt wird. Danach sind körperliche Erkrankungen und psychische Störungen auszuschließen. Kann das auffällige Verhalten dadurch nicht hinreichend erklärt werden, wird es als Verhaltensstörung bewertet, die z. B. durch soziale Probleme im Umfeld bedingt sein kann und ein heilpädagogisches Handlungskonzept erfordert (vgl. Sappok/Zepperitz 2019, S. 118).

Es besteht ein weiter Konsens dahingehend, heilpädagogische Diagnostik als einen dynamischen und offenen Prozess zu verstehen.

Heilpädagog:innen berücksichtigen medizinische, psychologische, soziologische und pädagogisch/heilpädagogische Sichtweisen, um die Wechselwirkungen von biologischen Voraussetzungen, sozialem Kontext und psychischem Erleben des Menschen zu erkennen, zu erklären und zu verstehen (vgl. Lanwer 2006, S 46). Die Orientierung an unterschiedlichen wissenschaftlichen Grundlagen ermöglicht, weiterführende Fragen zu stellen, die dem eigenen Klärungs- und Verstehensprozess dienen und zu einem tieferen Verständnis der Person in ihren Lebensvollzügen führen können. Exemplarisch sei hier der Zusammenhang zwischen theoretischen Konstrukten, die für heilpädagogisches Denken relevant sein können, und Fragestellungen, die sich daraus ableiten lassen, aufgezeigt.

Theoretischer Konstrukt Wissenschaftlicher Ansatz	Diagnostische Fragestellungen, die sich daraus ergeben können
Neurobiologische Ansätze	Frage nach den Wechselwirkungen frühkindlicher Erfahrungen und neurologischer Prozesse Frage nach frühen Stresserfahrungen, traumatischen Erfahrungen und die Auswirkungen auf das Wahrnehmungssystem bzw. die Wahrnehmungsverarbeitung
Lerntheorien(klassische Konditionierung, operante Konditionierung, soziales Lernen Modelllernen, Signallernen, Verstärkerlernen, Lernen durch Einsicht)	Frage nach den Lernbedingungen, unter denen das als problematisch angesehene Verhalten entstanden ist und aufrechterhalten wird. Frage nach den Lernbedingungen, unter denen erwünschtes Verhalten entstanden oder nicht entstanden ist
Systemisch-konstruktivistische, bzw. systemisch-ökologische Ansätze	Frage nach der Abgrenzung des Systems im Hinblick auf die Umwelt Frage nach den Systemregeln Frage nach Subsystemen im System Frage nach der Funktion des Symptomträgers für das System Frage nach der Absicht der Mitglieder des Systems Frage nach der Wirklichkeitskonstruktion der einzelnen Mitglieder des Systems
Soziologische Ansätze	Frage nach der Funktion von Familie und gesellschaftlichen Erwartungen und an die elterliche Rolle Frage nach den gesellschaftlichen Bedingungen für die (Identitäts-)Entwicklung Frage nach Milieuzugehörigkeit, nach wirtschaftlichen Bedingungen, Wohnbedingungen Frage nach Werten und Normen, welche das Kind in der Familie und in gesellschaftlichen Institutionen erlebt Frage nach den Bedingungen abweichenden Verhaltens für die Gesellschaft, Frage nach Stigmatisierungs- und Ausgrenzungserfahrungen

Tabelle 3: Zusammenhang von theoretischen Konstrukten und diagnostischen Fragestellungen

2.3.3 Zusammenhang von Situations-, Beziehungs- und Selbstdefinitionen und kindlichem Handeln

Menschen entwickeln sich kognitiv und emotional auf der Basis ihrer biologischen Ausgangsbedingungen und ihrer lebensweltlichen Erfahrungen. Durch individuelle Deutungen bzw. Sinnzuschreibungen entwirft jeder Mensch im Laufe seiner Entwicklung eine Vorstellung von sich selbst und von der sozialen Wirklichkeit, in der er existiert.

Beeinflusst wird diese Vorstellung

- durch die Nachhaltigkeit früher Erfahrungen im Zusammenhang mit Bindung und Bedürfnisbefriedigung,
- durch gesellschaftliche Erwartungshaltungen,
- durch Erfahrungen des Kindes im Hinblick auf das Verstehen und Mitgestalten seiner Lebenswelt bzw. von Lebensereignissen,
- durch Erfahrungen, gemeinsam mit anderen in einen Bedeutungs- und Sinnhorizont eingebunden zu sein.

Diese Erfahrungen haben wesentlichen Einfluss darauf, wie ein Mensch sich selbst im Kontext seiner Lebenswelt sieht und wie er sich im Kontext seiner Lebenswelt fühlt.

Heilpädagoginnen und Heilpädagogen versuchen demnach, Kinder, die Probleme haben und ihrem Umfeld Probleme machen, gewissermaßen von innen heraus zu verstehen. Über das beobachtbare Handeln des Kindes werden die Wechselwirkungen zwischen seinen individuellen Ausgangsbedingungen, seinem biografischen und lebensweltlichen Kontext und der aktuellen Handlungssituation rekonstruiert, um so einen verstehenden Zugang zu seiner subjektiven Wirklichkeit zu finden. Es geht also um das Erfassen des subjektiven Sinns eines an und für sich fragwürdigen Handelns.

Im Rahmen einer heilpädagogischen Diagnostik geht es im ersten Schritt ganz grundsätzlich um den Versuch des Verstehens. Wobei dieses Verstehen in keiner Weise eine zustimmende oder gar rechtfertigende Reaktion darstellt. Wenn aber ein problematisches Verhalten verstanden wird, können Heilpädagog:innen rekonstruieren, aufgrund welcher verborgenen Beweggründe und Motive das Kind dieses Verhalten als naheliegende Lösung für die Bewältigung seiner subjektiv erlebten Wirklichkeit wählt – vielleicht, weil das Kind keine andere Möglichkeit mehr sieht, seine Befindlichkeiten und Nöte auszudrücken oder diese noch nie zur Verfügung hatte.

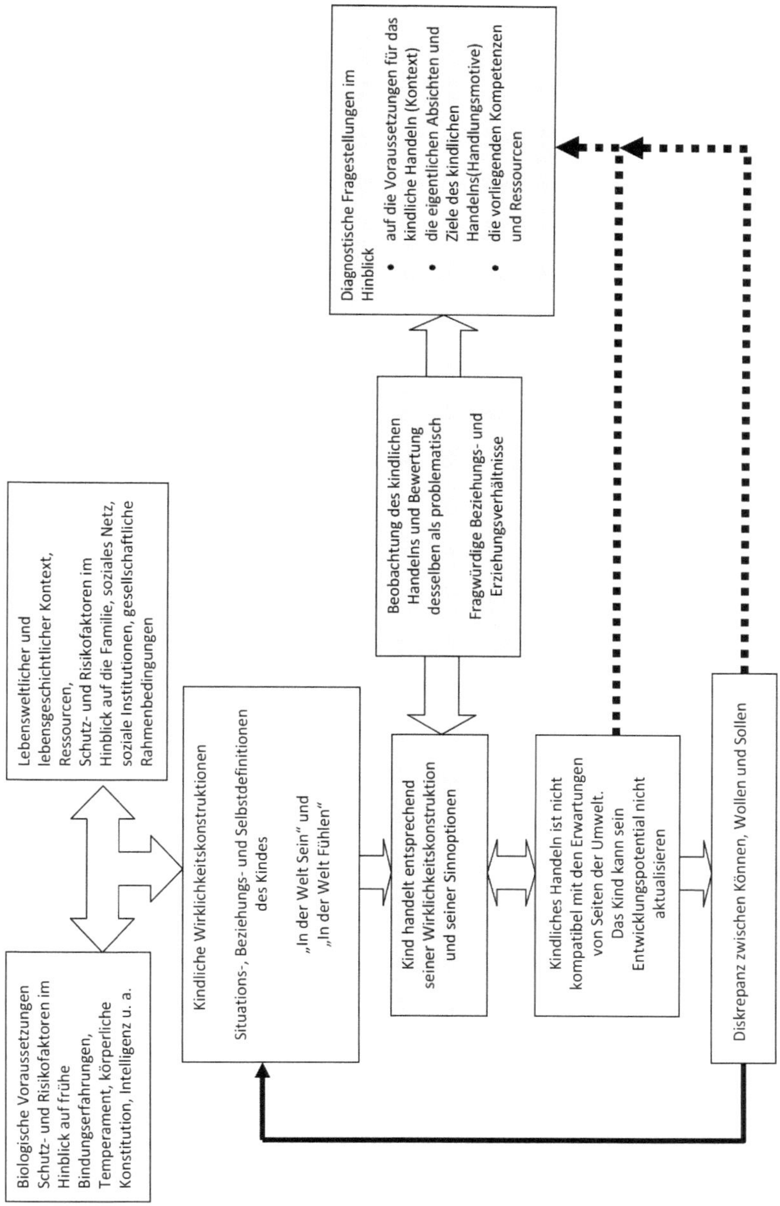

Abbildung 4: Ausgangspunkt heilpädagogischer Diagnostik

In einem zweiten Schritt dient die heilpädagogische Diagnostik zur Begründung zielgerichteter heilpädagogischer Förderung und Unterstützung. Sie ist also Voraussetzung für eine spezifische Entwicklungsbegleitung, welche das Kind und sein soziales Umfeld in der Entwicklung von Kompetenzen und Ressourcen und in der Neu-Konstruktion der Situations-, Beziehungs- und Selbstdefinition unterstützen soll. In Anlehnung an Kobi schreibt Lanwer:

„Im Sinne der subjektorientierten Ausrichtung der Diagnostik [...] steht nicht die Frage im Vordergrund, wie ein Kind beschaffen sein muss, damit es eine vorgegebene Situation meistert, sondern wie die Situation beschaffen sein muss, damit dieses Kind sie zu meistern vermag" (Lanwer 2006, S.62).

Diagnose und Ziele, die sich nicht nur auf das Kind, sondern auch auf Umweltfaktoren beziehen müssen, stehen somit in unmittelbarem Zusammenhang.

2.3.4 Die 360-Grad-Perspektive

In der Präambel der UN-BRK wird festgehalten, „dass das Verständnis von Behinderung sich ständig weiterentwickelt und dass Behinderung aus der Wechselwirkung zwischen Menschen mit Beeinträchtigungen und einstellungs- und umweltbedingten Barrieren entsteht, die sie an der vollen, wirksamen und gleichberechtigten Teilhabe an der Gesellschaft hindern". Damit einher geht die Forderung nach der Überwindung des noch in vielen Ländern vorherrschenden defizitorientierten Verständnisses von Be-hinderung, um „Ent-hinderung" (Danz 2023).

Be-hinderung kann dann überwunden werden, wenn die einstellungs- und umweltbedingten Barrieren, die Menschen von Teilhabe ausschließen, in den Blick genommen und abgebaut werden. Danz (2023) schlägt als Analyseverfahren die 360-Grad-Perspektive vor. Gesellschaftliche Prozesse könnten mit einem erweiterten Blick besser durchschaut und gegebenenfalls verändert oder optimiert werden. Im Bildungssystem z. B. macht eine so verstandene Diagnostik dann nicht die sog. Defizite von Schülerinnen und Schülern zum Dreh- und Angelpunkt der Bildungsaktivitäten, sondern die Überwindung von Bildungsbarrieren.

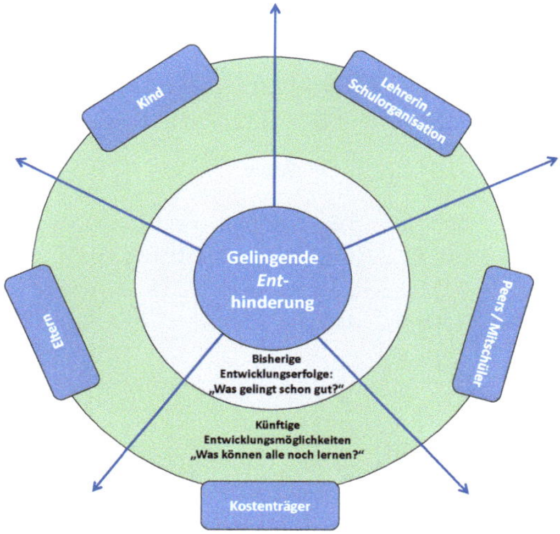

Abbildung 5: Gelingende Ent-hinderung (Danz 2023, S.338)

Die Frage „Was gelingt schon gut?" nimmt die Ressourcen der Beteiligten in den Blick. Dann werden die nächsten Lernschritte und Ziele für alle definiert. So können alle ihren Beitrag dazu leisten, damit das gemeinsame Spielen, Lernen, Arbeiten und Leben gelingt. Im Bildungssystem z. B. wird dann nicht nur das Kind mit Diagnose erfasst, sondern auch die Systeme, die Einfluss auf seine Entwicklung haben.

Der Blick richtet sich auf die Qualität der *Peer-Beziehungen*: Wie kann die soziale Interaktion der Kinder untereinander so unterstützt werden, um Ausgrenzung durch Gleichaltrige zu verhindern und Kindern mit Be-hinderungen eine hohe Beteiligung in der Peer-Kultur zu ermöglichen? Mit der 360-Grad-Perspektive werden auch Entwicklungsmöglichkeiten im *familiären Umfeld* betrachtet. Themen, die damit einhergehen sind der Umgang mit Schuld- und Ambivalenzgefühlen der Eltern, die Entwicklung eines Bewusstseins für Barrieren und die Realisierung einer flächendeckenen Unterstützung der Familie im Sozialraum.

Eine Entwicklungsperspektive für *Fachkräfte* könnte sein, die nichtbehinderten Akteur:innen zur gründlichen Reflexion anzuregen. Dabei geht es um den Umgang mit Leistungsdruck und Leistungsunterschieden, um die Reflexion von Formen der Anerkennung und den Abbau von Lernbarrieren.

Neben konkreten Personen nimmt die 360-Grad-Perspektive auch Akteur:innen aus dem Bereich der Institutionen, wie beispielsweise Kostenträger, Arbeitgeberorganisationen oder Kommunalverwaltungen in den Blick, die nicht selten Diskriminierungsprozesse und Be-hinderungen auslösen (vgl. Danz 2023, S. 310 ff.).

Ein eindimensionaler diagnostischer Blick auf einzelne Menschen, die das erwartete Verhalten nicht zeigen oder Leistungen nicht erbringen können, greift zu kurz. „Erst wenn nicht-behinderte Menschen ein Bewusstsein für Barrieren im Alltag haben, kann Ent-hinderung gelingen." (Danz 2023, S. 318)

2.3.4 Diagnose und Verantwortung

Das diagnostische Erfassen eines Kindes fordert von Heilpädagog:innen, Stellung zu beziehen und Verantwortung zu übernehmen – schließlich rekonstruieren sie die Wirklichkeit anderer auf der Basis ihrer eigenen Beobachtungen, ihres ihm zur Verfügung stehenden Wissens und Könnens und ihrer eigenen Bewertungen und Deutungen von Menschenbild, Weltanschauung, Kultur- und Zeitgeschehen.

Neben dem fachwissenschaftlichen Hintergrund und der Beherrschung entsprechender Verfahren ist es deswegen unerlässlich, dass Heilpädagog:innen die eigenen bevorzugten Beobachtungsmuster und Deutungsmuster reflektieren. Es geht darum, die Mechanismen der eigenen Konstruktion der Wirklichkeit zu kennen, damit Vorurteile und vorschnelle Typisierungen im Zusammenhang mit heilpädagogischer Diagnostik ausgeschlossen werden können.

Greving/Ondracek weisen in diesem Zusammenhang auf die zwiespältige Situation hin, dass die Heilpädagogik einerseits selbst die Nutzer:innen und ihre Probleme definiert und andererseits davon lebt, dass sie vorgibt, eben diese Probleme zu lösen.

Köhn benennt die grundsätzliche Problematik heilpädagogischer Diagnostik, die sich vor dem Hintergrund verschiedener diagnostischer Vorannahmen und Modelle ergeben kann: Orientiert sich die Heilpädagogin z. B. an individualtheoretischen Modellen, werden Symptome wie z. B. „auffälliges Verhalten" auf „krankhafte Zustände" innerhalb der Person zurückgeführt und diese als „psychisch krank" beschrieben. Es besteht die Gefahr, dass sie sich „im Gefolge einer ‚Reparaturdiagnostik' zum Erfüllungsgehilfen der Gesellschaft" macht, ohne diese äußeren Bedingungen, die die Beeinträchtigungen womöglich erst hervorbringen, zu beachten.

Orientiert sich die Heilpädagogin an gesellschaftswissenschaftlichen Modellen, dann geht sie davon aus, dass die Symptome des Kindes das Ergebnis der Wechselwirkung zwischen Kind und Vertreter:innen der Gesellschaft darstellen. Hier besteht die Gefahr, dass die Heilpädagogin sich an den äußeren Bedingungen orientiert und das Erleben und die innerpsychischen Vorgänge des Kindes zu wenig berücksichtigt.

Bei der Orientierung an interaktionistischen Modellen besteht das Risiko, das Kind nur als Faktor im Gesamten der wechselseitigen Beziehungen zu sehen und es als Person, welche vielleicht dringend Hilfe braucht, aus den Augen zu verlieren.

Unter systemtheoretischen Prämissen ist darauf zu achten, dass die Heilpädagogin die Zweckstruktur des sozialen Systems, in dem sie arbeitet, nicht in den Vordergrund stellt und, um das System und die eigene Position aufrechtzuerhalten, behinderungsspezifische Zuschreibungen unterstützt (vgl. Köhn 2001, S. 339 f.).

In der Praxis stehen Heilpädagog:innen vor dem Dilemma, dass sie aus einem beruflichen Selbstverständnis heraus ressourcenorientiert denken und handeln wollen, im Rahmen von diagnostischen Gutachten sich aber an allgemeinen Entwicklungsnormen orientieren und defizitorientiert argumentieren müssen, wollen sie nicht Gefahr laufen, die Finanzierung heilpädagogischer Hilfen zu riskieren, auch als „Ressourcen-Etikettierungs-Dilemma" bekannt.

Diese normorientierte Diagnostik oder „Status-Diagnostik" zeichnet dann ein Bild vom Kind, indem sie beschreibt, wie die anderen das Kind erleben, indem sie darstellt, was dieses kann oder nicht kann. Der Frage, wie das Kind selbst sich in seiner Welt erlebt, wird wenig Bedeutung beigemessen.

Nach Pretis erscheint eine normorientierte Diagnostik immer dann angebracht, wenn Eltern oder pädagogische Fachkräfte „(vor allem für Gutachten) eine möglichst differenzierte Beschreibung der Defizite benötigen. Dies führt dann zu Formulierungen wie ‚entspricht einem Entwicklungsalter von' ‚kann noch nicht' ‚Entwicklungsrückstand von' ‚im Vergleich zu Altersnormen'" (Pretis, 2001, S. 85).

Die Ergebnisse dieser Gutachten dürfen jedoch nicht als abschließende Antworten und Begründungen für pädagogische Problemstellungen betrachtet werden. Aufgabe der Heilpädagog:innen ist auch hier, die Auswirkung von organischen Beeinträchtigungen, psychischen Funktionen und/oder Entwicklungsbeeinträchtigungen im Hinblick auf die Lebenssituation bzw. die Lebensbewältigung der Betroffenen und ihrer Bezugspersonen und im Hinblick auf die behindernden Barrieren und die Ressourcen der Umwelt zu erfassen.

2.3.5 Die heilpädagogische Beziehungsgestaltung

2.3.5.1 Das heilpädagogische Beziehungsangebot als Korrektiv bisheriger Beziehungserfahrungen

Heilpädagoginnen und Heilpädagogen arbeiten mit Kindern, Jugendlichen und Erwachsenen, die unter beeinträchtigenden individuellen und/oderexkludierenden, be-hindernden gesellschaftlichen Bedingungen leiden oder sich in Lebenskrisen befinden. Häufig ist die Biografie dieser Menschen geprägt von verletzenden, einschränkenden, entmutigenden oder deprivierenden und auch beschämenden Beziehungserfahrungen, welche sich in unterschiedlichster Art und Weise im Handeln Ausdruck verleihen.

Durch die heilpädagogische Begleitung soll Menschen ermöglicht werden, sich anders als bislang zu ihrer Lebenswelt in Beziehung zu setzen. Dazu gehört, das Geschehen in der Welt, aber auch die eigenen innerpsychischen Regungen, Stimmungen und Bedürfnisse besser zu verstehen, sich handlungsfähig und wirksam zu erleben im Hinblick auf die Verwirklichung eigener Zielvorstellungen, aber auch im Hinblick auf gesellschaftliche Anforderungen; und schließlich auch die Erfahrung, gemeinsam mit anderen in einen Sinn- und Bedeutungsraum eingebunden zu sein.

Heilpädagogische Arbeit konkretisiert sich demnach immer über die Begegnung, indem sich Menschen zueinander in Beziehung setzen. Voraussetzung für die Wirksamkeit dieser Begegnung ist die Qualität der Beziehung zwischen dem Heilpädagogen und seinem Gegenüber.

Wie aber gestaltet sich diese Beziehung, die nach Peter Flosdorf korrigierende, erweiternde, ausgleichende, „heilende“ Erfahrungen ermöglichen soll (vgl. Flosdorf 2009, S. 14 ff.)?

Grundlegend für eine heilpädagogische Beziehung sind die bedingungslose Wertschätzung, zugewandtes, ermutigendes und Halt gebendes Reagieren. Wurde dieses heilpädagogische Prinzip über Jahrzehnte ethisch-philosophisch begründet, bestätigen es heute auch die Ergebnisse der neurobiologischen Forschung: Es ist eine existenzielle Notwendigkeit für die menschliche Entwicklung, sich dem anderen in einer akzeptierenden, bejahenden Grundhaltung zuzuwenden. Nur so können sich Kinder und Jugendliche in ihrer eigentlichen Substanz spüren, selbst erkennen und das Gefühl entwickeln, dass sie eine tiefe Berechtigung haben, in dieser Welt zu sein – und auch so zu sein, wie sie sind (vgl. Arnold 2007, S. 88). Der britische Psychologe Donald Winnicott schrieb: „Wenn ich sehe und gesehen werde, so bin ich" (Winnicott 1993, in: Bauer 2005, S. 119).

Bereits bei seiner Geburt verfügt der Säugling über eine erstaunliche Fähigkeit zur Imitation. Diese neurobiologische Bereitschaft ermöglicht ihm, sich schon in den ersten Lebenstagen auf ein wechselseitiges Spiel mit seinen Bezugspersonen einzulassen, welches dazu führt, dass sich zwischenmenschliche Bindungen entwickeln können. Bereits mit zwei Monaten sind Kleinkinder aktiv um eine gefühlsmäßige Abstimmung mit der Hauptbezugsperson bemüht. Dies ist das erste Anzeichen einer „Joint attention", eines spiegelnden Einschwingens auf ein gemeinsames Aufmerksamkeitsziel (vgl. Bauer 2005, S. 63 f.).

Damit dieses Spiel von wechselseitigem Aufnehmen und spiegelndem Zurückgeben von Signalen gelingen kann, braucht das Kind Mitspieler:innen, die selbst spiegeln und feinfühlig auf es eingehen können. Dadurch erhält der Säugling Signale, die ihm anzeigen, dass er erkannt wurde und ihn seinerseits zu Resonanzaktionen stimulieren. So entwickelt sich ein zunehmendes Spektrum von Kommunikation und Handlungsmöglichkeiten.

Findet nach der Geburt und in den ersten Lebensjahren ein ungenügender Signalaustausch statt, kann dies die Entwicklung und die Funktionstüchtigkeit des neuronalen Spiegelsystems beeinträchtigen, mit der Folge von erheblichen Defiziten bei der Ausbildung eines intakten Selbstgefühls, bei der Fähigkeit, Beziehungen einzugehen und beim Erwerb sozialer und kognitiver Kompetenzen (vgl. ebd., S. 119).

Häufig reagieren Kinder und Jugendliche dann mit Verhaltensweisen, die vonseiten der Erwachsenen weder unkommentiert bleiben, noch akzeptiert werden können, und eine klare Grenzsetzung notwendig machen. Diese

Grenzsetzung muss aber in einer Art und Weise gestaltet werden, dass das Kind darauf vertrauen kann, dass die Beziehung zwischen ihm und dem oder der Erwachsenen nicht infrage gestellt wird.

Kinder brauchen

„zugewandte Grenzsetzungen, nicht begrenzte Zuwendung. Eine bloß Grenzen setzende Erziehung ist eine verneinende Erziehung [...] Zuwendung und Grenzsetzung sind deswegen aufs innigste miteinander verschwistert. Das eine kann ohne das andere keine wirklich nachhaltigen Wirkungen erzielen" (Arnold 2007, S. 88).

Flosdorf beschreibt die Beziehung, besonders im Umgang mit verhaltensauffälligen jungen Menschen, als ein Spannungsfeld zwischen korrigierendem und erweiterndem Handlungsangebot vonseiten der Heilpädagogin einerseits und dem Klienten andererseits. Dieser versucht durch sein provozierendes, widerständiges Verhalten, den Status quo der erlernten Haltungen und Einstellungen aufrechtzuerhalten. Die Variablen „Spannung aushalten", „Freundlichsein" und „Konfrontieren" seien deshalb wichtige und unverzichtbare Kompetenzen beim Aufbau der Gestaltung heilpädagogischer Beziehungen (vgl. Flosdorf 2009, S. 34).

Emil E. Kobi betont, dass

„es gerade die Beziehungen zwischen Ich und Selbst sind, die das zentrale pädagogische Thema ausmachen, da diese erst auf Grund ihrer ‚Anstößigkeiten' – z. B. mit einem pädagogischen Sparring-Partner – differenziert und ausgebaut werden können. Ich werde zum mir zu eigenen Ich in den grenzenden Widerfahrnissen mit objekthafter Sachlichkeit und den ichhaften Ansprüchen anderer Personen. Kindseitige Ich-Entwicklung hat erzieherseitig entwickelte Ichhaftigkeit zur Voraussetzung" (Kobi 2010, S. 18).

Zugewandtheit, Akzeptanz, Wertschätzung des Kindes oder Jugendlichen dürfen sich nicht nur auf die subjektive Haltung von Pädagoginnen und Pädagogen begrenzen, sondern müssen sich auch in entsprechenden pädagogischen Verhaltensweisen konkretisieren. Es genügt nicht, Kinder wertzuschätzen; sie müssen diese Wertschätzung auch spüren!

2.3.6.2 In Beziehung bleiben – Basis heilpädagogischer Handlungskompetenz

Die Fähigkeit, mit dem Kind zuverlässig in Beziehung zu bleiben, auch angesichts seines eventuell widerständigen und provozierenden Verhaltens ist Basis heilpädagogischer Handlungskompetenz. Es hängt in hohem Maße von den biografischen Erfahrungen der pädagogisch Handelnden ab, wie sie eine konkrete pädagogische Situation deuten und welche Emotionen diese Situation bei Ihnen auslöst:

„Die Konstitution einer Emotion ist ganz wesentlich deutungsabhängig. Die Deutung und Typisierung der sozialen Situation bestimmt, welche Emotion für die Situation relevant ist und welche Emotion in ihr erlebt wird" (Fiehler 1990, in: Gieseke 2007, S. 129).

Die Gestaltung der heilpädagogischen Beziehung erfordert von Heilpädagog:innen deshalb grundlegende emotionale Fähigkeiten zum Umgang mit der eigenen Verletzbarkeit, der eigenen Ohnmacht und der eigenen Angst. Erst die reflexive Erkenntnis eigener Deutungs- und Emotionsmuster ermöglicht die Rücknahmen unbewusster Projektionen und bannt die Gefahr, die eigene Handlungsbereitschaft mit den Handlungserfordernissen der konkreten erzieherischen Situation zu „verwechseln." Die eigenen innerpsychischen Prozesse mit situationsangemessenem Verhalten in Einklang zu bringen, ist Basis der heilpädagogischen Handlungskompetenz. Dies erfordert Wachheit, Präsenz oder, wie Peter Flosdorf formuliert, „innere (auf mich bezogene) und äußere (auf den anderen bezogene) Achtsamkeit."

Im Prozessmodell der Bewusstheit („Bewusstheitsrad") stellt Flosdorf ein idealtypisches Konstrukt dar, mithilfe dessen die eigenen bevorzugten psychischen Erlebnisabläufe reflektiert, bewusst gemacht und typische Gefährdungen oder eskalierende Reaktionen im erzieherischen Verhalten kontrolliert werden können. Ausgangspunkt im Prozess der Bewusstheit ist die Wahrnehmung: Was nehme ich in der konkreten Situation beim anderen wahr? Was nehme ich bei mir selbst wahr? Die Mitteilung des Wahrgenommenen ermöglicht Gegenseitigkeit und bringt den Prozess der Beziehungsgestaltung in Gang.

Je mehr eine Situation von Angst und Spannung determiniert ist, umso eher besteht die Gefahr, dass es im Prozess des Erlebens zur Auslassung möglicher Akzentuierungen kommt. Auch infolge von Konfliktsituationen oder im Zuge der Persönlichkeitsentwicklung kann sich der Prozess der Bewusstheit stauen oder zu einseitigen, bevorzugten psychischen Reaktionen führen (vgl. Flosdorf 2009, S. 15 ff.).

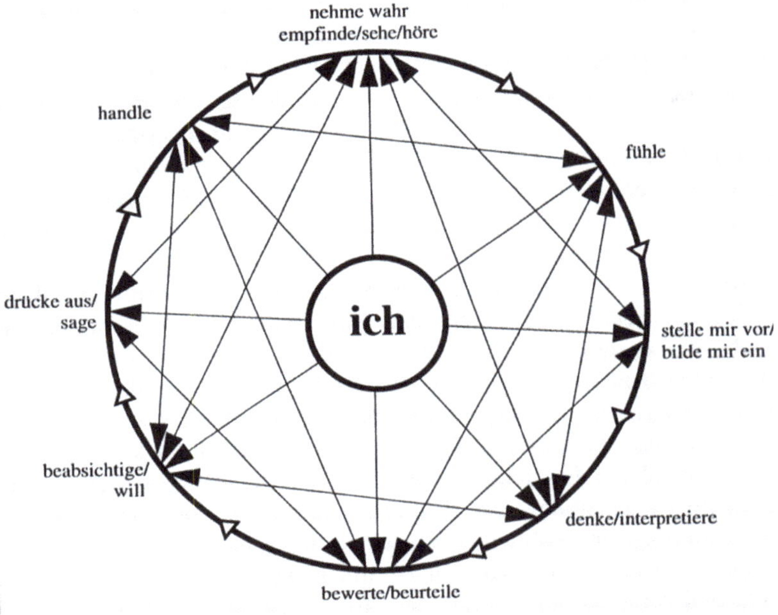

Abbildung 6: Prozessmodell der Bewusstheit („Bewusstheitsrad") (Flosdorf 2009, S. 24)

Die Grundhaltung der Achtsamkeit kann nicht losgelöst von der Qualität der Beziehungen in Teams oder Institutionen betrachtet werden. Offene, angstfreie, fehlerfreundliche undverständigungsorientierte Kommunikation der Mitarbeitenden untereinander ist Voraussetzung dafür, dass der Prozess der Beziehungsgestaltung dem Kind oder Jugendlichen korrigierende Erfahrungen ermöglichen kann. Redl/Wineman beschreiben, dass viele Erziehungsvorgänge und -interventionen von Faktoren beeinflusst sind, die in pädagogischen Institutionen häufig nicht thematisiert werden und so den Erfolg pädagogischer Arbeit gefährden können.

Unter anderem benennen sie:

- die Notwendigkeit, mit der Institutionspolitik konform zu gehen;
- die Notwendigkeit, Supervisor:innen und Vorgesetzte zufriedenzustellen;
- das Bedürfnis, von den Mitarbeitenden akzeptiert zu werden;
- das Bedürfnis, das Steuer in der Hand zu halten;
- das Bedürfnis, Erfolg zu haben;
- das Bedürfnis, bei den Kindern „anzukommen" (vgl. Redl/Wineman 1978).

Die Qualität der Beziehungsgestaltung geht damit einher, dass Heilpädago-g:innen ihre unmittelbaren Reaktionen zunächst zurückhalten und sich die möglichen emotionalisierten Anteile in ihrer spontanen Verhaltenstendenz bewusst machen können. Erst so eröffnen sich Handlungsalternativen, die den Anforderungen der pädagogischen Situation entsprechen und dem Kind oder dem Jugendlichen im Hinblick auf seine biografischen Erfahrungen und seine Entwicklungsaufgaben gerecht werden können.

2.3.6.3 Variablen heilpädagogischer Beziehungsgestaltung

Köhn benennt folgende allgemeine Verhaltensmerkmale, die im Rahmen einer heilpädagogischen Begleitung im Spiel eingesetzt werden können. Diese sind nach unserer Erfahrung auch auf andere Settings übertragbar.

- Konzentriertes Interesse (Wachheit, Momentkonzentriertheit, Geistesgegenwart) deutlich machen,
- Sicherheit geben,
- einfühlende Distanz ermöglichen und reflektieren,
- Verhaltenskonsistenz beweisen (vgl. Köhn 2001).

Wie bereits beschrieben, soll die heilpädagogische Beziehung dem Kind korrigierende und erweiternde Erfahrungen ermöglichen, damit sich dieses anders zu sich selbst und seiner Lebenswelt in Beziehung setzen kann. Da biografische Erfahrungen sehr vielfältig sind und sehr spezifisch im kindlichen Handeln zum Ausdruck kommen, wird auch das heilpädagogische Handeln spezifisch gestaltet und auf die individuelle Erziehungssituation ausgerichtet.

Die heilpädagogische Beziehung kann nicht erzwungen werden – fraglich ist, ob es sie überhaupt gibt, ob sie nicht vielmehr immer im Werden ist. Im Sinne von Paul Moor könnte man sagen: Die heilpädagogische Beziehung ist nicht gegeben, sie ist Aufgabe, – vielleicht ist sie auch verheißen. Und so stellt sich in jeder Begegnung zwischen Erwachsenem und Kind die Frage: Gelingt es Dir, Dich angstfrei von Aufgaben und Herausforderungen ansprechen zu lassen? Gelingt es, im Hier und Jetzt anzukommen und die Aufmerksamkeit auf das zu lenken, was im Moment geschieht? Gelingt es, Zuversicht zu entwickeln, dass Du Schwierigkeiten überwinden und Deine Probleme lösen kannst? … Und gelingt es *mir* heute, wach und momentkonzentriert zu sein, dass ich verstehe, was Du durch Dein Handeln ausdrückst? Gelingt es, eine äußere Sicherheit herzustellen, die Dein Sicherheitsbedürfnis befriedigt? Gelingt es, so mit Dir in Kontakt zu treten, dass frühere Beziehungserfahrungen korrigiert werden können? Gelingt es, Dich dabei zu unterstützen und zu bestärken, selbstbestimmt zu handeln? ... Oder anders ausgedrückt: Wie wird es uns beiden wohl heute miteinander gehen?

2.4 Arbeiten im systemischen Kontext

Lehrkräfte und Studierende der Heilpädagogischen Ambulanz fühlen sich einer wertgeleiteten, solidarischen Heilpädagogik auf der Basis des christlichen Menschenbildes verpflichtet.

Das bedeutet, dass die heilpädagogische Arbeit nicht dem Kind allein zumutet, die Verhältnisse zu ändern, in denen es existiert. Kindliches Handeln und dessen Veränderungen entstehen in systemischen Zusammenhängen unterschiedlicher Reichweiten (Mikro-, Meso-, Makro- und Exosysteme), welche die Entwicklung des Kindes positiv oder nachteilig beeinflussen. Diese Bedingungen gilt es zu analysieren, zu unterstützen oder zu verändern.

Heilpädagogische Arbeit beteiligt sich am Abbau von gesellschaftlichen Abhängigkeiten und Zwängen, von unerfüllbaren Anforderungen der Gesellschaft, von personellen, institutionellen und organisatorischen Machtstrukturen, um an der Beseitigung und Entwicklung beeinträchtigender Lebenslagen von Eltern, Kindern und Jugendlichen mitzuwirken (vgl. Greving/ Ondracek 2009, S.50).

In einem kurzen Überblick wird aufgezählt, welche Aktivitäten von der Heilpädagogischen Ambulanz unternommen werden, um die systemischen Abhängigkeiten des Kindes und der Eltern positiv zu nutzen oder in ihren entwicklungshemmenden Wirkungen zu verändern.

Alle beschriebenen Aktivitäten werden mit Zustimmung und Beteiligung der Eltern oder eines Elternteils und auch unter Beteiligung des Kindes unternommen. Außerdem ist darauf hinzuweisen, dass im Einzelfall die rechtlichen Regelungen für die Zusammenarbeit befolgt werden müssen (z. B. Zustimmungspflicht, Datenschutz usw.). Die Vielfalt der Gründe der Zusammenarbeit zeigt auch die Breite des rechtlichen Lernfeldes von Heilpädagog:innen in der Ausbildung.

Die Wahrnehmung systemrelevanter Fragestellungen wird im Einzelfall geklärt. Die hier dargestellten Kooperationen sind nicht vollzählig, geben aber einen Überblick. Aus diesem Grunde werden nur formale Strukturen wiedergegeben und an kurzen stichwortartigen Beispielen veranschaulicht.

Kooperation mit den Eltern

Grundsätzlich sind wir der Auffassung, dass in der ambulanten heilpädagogischen Arbeit kindliche Verhaltensänderungen nicht ohne oder sogar gegen die Eltern, sondern nur in Kooperation mit diesen erreicht werden können.

Zur Elternarbeit gehört, falls notwendig und möglich, die Arbeit mit dem gesamten Familiensystem. Nach Bedarf kann die Arbeit mit der gesamten Familie als systemische Beratung oder auch als Familientherapie erfolgen. Wenn Paarkonflikte für das Kind zum zentralen Stress- und Belastungsfaktor werden und sich auf dessen Entwicklung auswirken, wird den Eltern empfohlen, eine Eheberatung bzw. Paartherapie aufzusuchen.

Auf konzeptionelle Überlegungen zur heilpädagogischen Elternarbeit wird im Kapitel 4 hingewiesen, für die inhaltliche Beschäftigung mit systemischer Beratung und Familientherapie empfehlen wir die einschlägige Fachliteratur.

Ein Besuch bei der Familie

Dieser kann sinnvoll werden, um die lebensweltlichen Bedingungen des Kindes zu Hause kennenzulernen. Notwendig wird er, wenn konkrete Hinweise vorliegen, dass die Unterbringung und die Versorgung des Kindes zu dessen Entwicklungsproblemen beitragen. Das Kind und sein Handeln sind leichter zu verstehen, wenn man die Wohnverhältnisse (Wohnung und Wohnumgebung) gesehen hat. Die Besuche müssen mit den Eltern im Elterngespräch vorbereitet werden. Die Gründe müssen für die Eltern nachvollziehbar sein und mit deren Anliegen übereinstimmen. Die Familienbesuche folgen grundsätzlich anderen Intentionen als die des Jugendamtes.

Zusammenarbeit mit Kindergarten oder Tagesstätte

Wegen der diagnostischen Klärung ist eine Verhaltensbeobachtung des Kindes im Kindergarten zu empfehlen. Sie dient vorwiegend dazu, sich ein Bild vom Handeln des Kindes im Alltag des Kindergartens zu machen. Ziel ist, seine Lebenswelt besser zu verstehen und, gegebenenfalls – im Sinne einer stellvertretenden Deutung – die kindlichen Bedürfnisse, Motive und Absichten zur Sprache zu bringen. Eventuell festgefahrene Kommunikation und Interaktion zwischen Erzieherinnen, Kind und Eltern können so wieder in Bewegung kommen. Missverständnisse und Vorurteilekorrigiert und abgebaut werden.

In Beratungsprozessen und Kooperation mit den Erzieher:innen geht es auch um die Unterstützung entwicklungsfördernder Beziehungen zwischen dem Kind und der Gruppe oder einzelnen anderen Kindern. Prinzipiell zielen alle Aktivitäten auf die Aktivierung positiver Entwicklungseinflüsse und den Abbau entwicklungshemmender oder behindernder Faktoren.

Die Zusammenarbeit mit der Schule

Die Kooperation verfolgt im Wesentlichen dieselben Ziele nur in Bezug auf die Lehrkräfte, die Klasse oder einzelne Schulkameraden. Darüber hinaus geht es hier oft um die Moderation von Absprachen zwischen Schule und Elternhaus. Dazu gehört auch die Beteiligung an der Entwicklung von schulischen Förderkonzepten, die außerhalb des Unterrichts von der Familie oder der Heilpädagogin durchgeführt werden sollen. Auch hier ist ein Unterrichtsbesuch zu empfehlen, wenn entsprechende schulische Probleme vorliegen. Die betroffenen Kinder werden darüber informiert. An Gesprächen mit Lehrkräften, bei denen Schulleistungen oder Verhaltensprobleme des Kindes angesprochen werden, sollte dieses beteiligt sein. Dies eröffnet allen Beteiligten die Chance, die eigene Wirklichkeitskonstruktion darzustellen und die der anderen, die oft gegensätzlich ist, zur Kenntnis zur nehmen. Das Ziel sollte sein, dass alle Beteiligten zu viableren Sichtweisen gelangen, welche wieder Grundlage sachbezogener Lehr-Lernprozesse sein können.

Mitunter muss deutlich gemacht werden, dass durch gegenseitige Schuldzuweisungen zwischen Schüler:innen, Lehrkräften und Eltern keine einzige Veränderung erzielt werden kann, sondern nur in gegenseitiger Wertschätzung und lösungsorientiertem Sprechen und Handeln.

In der Zusammenarbeit mit Lehrkräften und Erzieher:innen wird manchmal erwartet, dass Details aus der Zusammenarbeit mit problembelasteten Familien mitgeteilt werden. In dieser Frage ist ein Höchstmaß an Kontrolle angesagt, weil ein Einbruch in die Intimsphäre der Familie einen massiven Vertrauensverlust zur Folge hat.

Unterstützung und Begleitung von Jugendlichen bei der Suche einer Lehrstelle oder eines Arbeitsplatzes

Eltern mit Migrationshintergrund sind mit der Unterstützung ihrer Kinder bei Berufsfindung und Bewerbung oft sprachlich, aber auch im Umgang mit Ämtern und Institutionen, überfordert. Eine entsprechende Begleitung der Jugendlichen, z. B. beim Gang zur Arbeitsagentur oder entsprechenden

Firmen schützt sie vor unangemessenen Umgangsformen oder gar vor Stigmatisierung. Bei Bedarf vermittelt die Heilpädagogische Ambulanz auch eine:n Dolmetscher:in.

Zusammenarbeit mit dem Jugendamt

Diese erfolgt dann, wenn die Heilpädagogische Ambulanz im Auftrag eines Jugendamtes handelt. Oft geht es um Klärung der Frage, ob ambulante Hilfen ausreichen, um Beratung und Mitwirkung am Hilfeplan, um rechtliche Beratung durch das Jugendamt, um Gespräche zur Frage der Fremdunterbringung des Kindes. Wenn die Möglichkeiten der Heilpädagogischen Ambulanz zur Bewältigung der Erziehungs- und Lebenssituation nicht ausreichen, werden Eltern ermutigt, die Dienste des Jugendamtes in Anspruch zu nehmen.

Die Zusammenarbeit mit dem Sozialamt und der Agentur für Arbeit

Diese hat die Sicherung des Lebensunterhalts oder die Frage menschenwürdiger Unterbringung von Familien zum Ziel. Im Zusammenhang mit Migration ist die Unterstützung der betroffenen Menschen besonders wichtig. Oft geht es um die Klärung von Kommunikationsproblemen, Vorurteilen und Missverständnissen zwischen Sachbearbeiter:innen und Klient:innen oder um kulturelle Barrieren, die aufgeklärt werden müssen.

Gelegentlich geht es auch um die Vermittlung und Ermutigung zu Sprachkursen.

Vermittlung und, wenn gewünscht, Begleitung zur Schuldnerberatung ist häufig für Familien mit suchtkranken Familienmitgliedern geboten. Desolate wirtschaftliche Verhältnisse der Eltern haben einen direkten Einfluss auf die Entwicklung der Kinder (Ausgrenzungserfahrungen, Rückzug der ganzen Familie, Stigmatisierung, Benachteiligung usw.).

Der Umgang mit Gewalt und Missbrauch ist ein sensibler Sachverhalt, zu dem häufig eine interdisziplinäre Beratung sinnvoll ist. Kontakte zu Jugendamt, Polizei, Staatsanwaltschaft, Gericht oder auch Beratungsstellen für Frauen, für Eltern und Kinder mit Missbrauchs- und Gewalterfahrung sind dann notwendig. Im Rahmen der Arbeit in der Heilpädagogischen Ambulanz haben wir gute Erfahrungen im Hinblick auf die Kooperation mit Polizei und Staatsanwaltschaft bei Fragen von Gewalt und Missbrauch gemacht. Wenn Polizei und Staatsanwaltschaft allerdings von einer strafbaren Handlung erfahren, sind sie gesetzlich verpflichtet, die Tat anzuzeigen und zu verfolgen.

Dies verlangt eine gewisse Vorsicht im Vorgehen: Wünschen Heilpädagog:innen nur eine Beratung, müssen sie die Situation immer so schildern als gäbe es keinen konkreten Fall, nicht einmal eine Vermutung, sondern nur die Frage, was wäre, wenn …? Berücksichtigt man diesen Zusammenhang, sind die Antworten vonseiten Polizei und Staatsanwaltschaft im Hinblick auf die nächsten Schritte und den Folgen einer möglichen Anzeige informativer und rechtlich sicherer als bei anderen Berater:innen. Voraussetzung ist allerdings das Verständnis von Polizei und Staatsanwaltschaft für unverbindlich gestellte Fragen.

Kontakte zu Ärzt:innen

Diese können sinnvoll sein, um medizinische Hintergründe der Lebens- und Entwicklungssituation eines Kindes und deren Folgen für die heilpädagogische Arbeit zu klären. Es ergibt keinen Sinn, heilpädagogische Konzepte für Fragestellungen zu entwickeln, die nur medizinisch zu klären sind und umgekehrt. Hier gibt es von beiden Seiten immer wieder Missverständnisse und Vorurteile, die geklärt werden müssen, sollen die heilpädagogische Arbeit und die medizinische erfolgreich sein. Leider gibt es immer wieder Ärzt:innen, die nicht nach Sachlage entscheiden, sondern den Eltern die Verantwortung mit dem Rezeptblock abnehmen.

Kontakte zu Mandatsträger:innen der Politik

Diese sind hilfreich, um die Verbesserung der Lebensverhältnisse von Menschen in prekären Situationen, die zur Heilpädagogischen Ambulanz kommen, anzuregen. Solche Kontakte gibt es auch im Kontext mobiler heilpädagogischer Arbeit in Stadtteilen.

Die hier beschriebenen Beispiele sind nicht vollständig, sondern nur ein Teil der Aktivitäten, die der Erfassung der individuellen Lebenslagen und dem Verstehen der Situation des Kindes und seiner Familie dienen und zur Verbesserung der Entwicklungs- und Problemlösungsmöglichkeiten beitragen.

Handlungsleitend in diesem Sinne ist das Kindeswohl.

2.5 Der Kontrakt

Um dem Kind und den Eltern die Verbindlichkeit des Geschehens zu verdeutlichen, ist es sinnvoll, zu Beginn der heilpädagogischen Begleitung Vereinbarungen über die Bedingungen der Zusammenarbeit zu treffen

(Kontrakt). Die Vereinbarung stützt die Glaubhaftigkeit und Verlässlichkeit des heilpädagogischen Angebots und der Person, mit der die Vereinbarung getroffen wird.

Nach dem ersten Kontaktgespräch wird i. d. R. eine Anamnese und/oder Exploration durchgeführt, um den heilpädagogischen Bedarf zu klären oder die Eltern mit dem Kind auf andere Stellen aufmerksam zu machen, die geeigneter erscheinen.

Ist ein heilpädagogischer Bedarf erkannt, wird auf dem Hintergrund erster Vermutungen geklärt, ob weitere diagnostische Schritte unternommen werden müssen oder ob bereits entsprechende Gutachten vorliegen. Falls nötig, werden den Eltern entsprechende Schritte mit dem Kind empfohlen.

Auf dieser Basis werden mit den Eltern vorläufige Ziele vereinbart, Formen der Zusammenarbeit mit dem Kind und die Formen der Mitarbeit der Eltern besprochen, die vorläufig Gültigkeit haben sollen. Bei neuen Erkenntnissen können diese Vereinbarungen nur in Absprache mit den Eltern geändert werden.

Die Eltern werden informiert, dass Rücksprachen mit anderen Fachkräften, z. B. Kinder- und Jugendpsychiater:innen, Kinderfachärzt:innen o. Ä., im Rahmen der Heilpädagogischen Ambulanz möglich sind. Auch Gespräche mit Mitarbeitenden der Schule oder der Tagesstätte können im Laufe der heilpädagogischen Arbeit als sinnvoll erachtet werden. Diese Gespräche werden jedoch grundsätzlich nur mit Zustimmung der Eltern geführt. Sollten sie erforderlich sein, wird abgesprochen, wie die Eltern daran beteiligt sind. (Ausnahmen, die im Kontrakt nicht angesprochen werden, sind Straftatbestände, insbesondere gegenüber dem Kind und solche, durch deren Mitwissen sich die Heilpädagog:innen selbst strafbar machen können.

Die Eltern werden darüber informiert, dass sich im Laufe der Arbeit neue diagnostische Erkenntnisse ergeben können, die bisher angewandte heilpädagogische Handlungskonzepte und Ziele obsolet werden lassen. Treten solche Erkenntnisse auf, wird mit den Eltern eine Modifikation oder Neubestimmung der Ziele und des Handlungskonzepts vereinbart.

Vereinbarungen mit Eltern sollten immer so getroffen werden, dass die Formen der Zusammenarbeit und die Ziele auch realisierbar sind.

Die zeitlichen und organisatorischen Möglichkeiten der Familie oder einzelner Eltern, der Kinder und ihrer Netzwerke müssen berücksichtigt werden.

Kind und Eltern werden entsprechend ihrer Fähigkeiten und Möglichkeiten in den Vertrag eingebunden. Sie sollen erfahren, dass die Heilpädagogin zwar Verantwortung übernimmt, die Frage des Gelingens jedoch in der Verantwortung der Eltern und des Kindes liegen. Eltern und Kinder betrachten die Institution und deren Arbeit oft als „Reparatur- und Entstörungsstellen", an denen die Verantwortung des Kindes und der Eltern jeweils bei der Heilpädagogin abgegeben werden kann. Dass sich heilpädagogische Arbeit von dieser Vorstellung deutlich unterscheidet, muss den Eltern und Kindern nachvollziehbar dargestellt werden. Auch das ist ein Ergebnis des Kontrakts.

Welche Elemente beinhaltet ein Kontrakt bzw. eine Vereinbarung über die Zusammenarbeit?

1) Beginn und Ende der Begegnung
2) Wer nimmt an der Begegnung teil?
3) Welche Beteiligungsformen sind für teilnehmende Eltern verbindlich?
4) Welche Modalitäten gelten für den Fall, dass jemand verhindert ist?
5) Welche Regeln gelten für das Kind und die zuständige Heilpädagogin?
6) Das Kind darf das Thema (Gegenstandsbereich) der Stunde festlegen (Grenzsetzungen werden dann eingeführt, wenn sie notwendig werden. Zu Beginn formulierte Verbote und Grenzen unterstellen dem Kind die Erwartung unerwünschten Verhaltens).
7) In die heilpädagogische Stunde wird nichts hereingebracht. Ausnahme: Kleine Kinder bringen z. B. ihren Teddy (Übergangsobjekt) mit. Natürlich wird dieser auch begrüßt und gefragt, ob er mitspielen möchte. Bei dieser Regel geht es hauptsächlich darum, dass die Besonderheit der Situation deutlich wird und nicht Spielkonsolen oder MP3-Player mitgebracht werden, um sich zu entziehen, Musik zu hören o. Ä.
8) Umgang mit den Werken der Kinder
   Man sollte vereinbaren, ob fertige Werke mit nach Hause genommen werden dürfen. Die Werke in der Ambulanz zu lassen kann ein Schutz sein, damit diese draußen nicht missachtet, gering geschätzt, abgewertet oder zerstört werden. Je nach Milieu brauchen Kinder diesen Schutz im Sinne eines symbolischen Ausdrucks und der Wertschätzung. Bewahren bzw. Bewachen ihrer „Wertgegenstände", die Ausdruck ihres Selbst sind, hat für die Kinder große Bedeutung.
9) Umgang mit dem Gesamtwerk des Kindes
   Im Einzelfall kann es sinnvoll sein, dass grundsätzlich alle Werke des Kindes bis zum Ende der Begleitung in der Ambulanz bleiben. Dies gilt besonders dann, wenn die Gegenstände einen besonderen symbolischen Wert besitzen, das Kind zuhause keinen Platz dafür hat oder die Werke des Kindes abgewertet und zerstört werden könnten. Außerdem erleichtert die gemeinsame Betrachtung des Gesamtwerkes eine abschließende Reflexion des Entwicklungsprozesses. In den letzten Jahren werden bei uns die Werke der Kinder

mithilfe digitaler Bilder gespeichert, die zur Reflexion nach Bedarf, aber besonders am Ende der Zusammenarbeit zur Verfügung stehen.
Diese Regeln sind je nach Entwicklung und Alter sinngemäß zu modifizieren. Die Vereinbarung kann im entsprechenden Fall auch schriftlich festgehalten und von allen Beteiligten unterschrieben werden.

10) Es wird nichts weitererzählt, was in der Stunde geschieht oder besprochen wird (kann, wenn notwendig, auch verschärft oder eingeschränkt formuliert werden). Niemand erfährt etwas darüber, was das Kind oder die Eltern im Rahmen der heilpädagogischen Arbeit erzählen (spielen, malen, werken). Wenn die Eltern aus wichtigen Gründen nicht an der Stunde teilnehmen, wird mit dem Kind vereinbart, ob und was den Eltern gesagt werden kann.
11) Im Raum hat alles seinen festen Platz. Deswegen wird am Ende der Stunde alles aufgeräumt. Dies gilt auch, wenn die Arbeit an anderen Orten stattfindet. Auch hier wird aufgeräumt und alles wieder zurückgebracht.
12) Geht etwas kaputt, wird es repariert oder ersetzt. Daran werden die Verursacher:innen nach Möglichkeit beteiligt. (vgl. auch Köhn 2002).

Vereinbarungen müssen mit dem Kind in sprachlich angemessener Weise besprochen werden.

Regeln ermöglichen dem Kind die Erfahrung, dass seine Chance im Erringen von Freiheit in Entscheidung, Bindung und Verantwortung besteht. Es geht darum, freiwillig das zu tun, was getan werden kann.

Dies verlangt, dass das Kind vor Wahl- und Entscheidungsmöglichkeiten gestellt wird. Hierin darf es allerdings nicht überfordert werden. Ein Kind, welches die Erfahrung enger und abhängig machender Führung gemacht hat, darf nicht mit einer zu großen Zahl von Wahl- und Entscheidungsmöglichkeiten konfrontiert werden.

Ergänzungen der Vereinbarung, welche die Zusammenarbeit mit den Eltern betreffen:

13) Ist die Teilnahme am Elterngespräch verpflichtend?
14) Welche Absprachen werden im Hinblick auf Zeitpunkt, Dauer, Ort und Form des Elterngesprächs vereinbart?
15) Gibt es zusätzliche Vereinbarungen hinsichtlich der Beteiligung der Eltern an der Arbeit mit dem Kind?
16) Werden die Eltern an der Finanzierung der Arbeit beteiligt und in welchem Umfang?
17) Welche Verpflichtungen übernehmen die Mitarbeiter der Heilpädagogischen Ambulanz bezüglich des Datenschutzes?
18) Vor dem Hintergrund ihres Sorgerechts haben die Eltern das Recht, die Zusammenarbeit einseitig aufzukündigen.
19) Regelungen über den Versicherungsschutz bei evtl. Unfällen.

In den meisten Fällen werden in der Heilpädagogischen Ambulanz die Vereinbarungen mündlich getroffen. Wenn sich die Zusammenarbeit sehr unzuverlässig gestalten sollte, wird i. d. R. nach einem Gespräch über diese Situation ein schriftlicher Kontrakt formuliert.

Die hier dargestellten Inhalte verstehen sich als Muster und müssen den jeweiligen institutionellen Voraussetzungen, den diagnostischen Erkenntnissen und dem vereinbarten Handlungskonzept angepasst werden.

Der Kontrakt unterstützt die Vertrauenswürdigkeit der Personen, mit denen die Eltern und das Kind zusammenarbeiten.

Darüber hinaus kann diese Vertrauenswürdigkeit durch folgende Handlungen weiter gestützt werden:

- Ritualisierte Begrüßung und Verabschiedung,
- die Besonderheit der heilpädagogischen Situation unverwechselbar und in persönlich gefärbter Art erlebbar machen,
- Verlässlichkeit in der Anwesenheit,
- Verlässlichkeit in der Einhaltung von Absprachen,
- Nicht-Vergessen von Mitteilungen und Infos,
- gleich bleibende äußere Erscheinung (z. B. keine plötzlichen Wechsel des Kleidungsstils bzw. Outfits) der Heilpädagog:innen (vgl. Köhn 2002).

2.6 Zeit der Begegnung

Eine prinzipielle Aussage zur Dauer der Begegnung im Einzelfall ist nicht sinnvoll, weil die Zeit der Begegnung von vielen Planungsfaktoren abhängig sein kann, die nicht im Voraus aufgezählt, sondern erst mit der Aufgaben- und Zielvorstellung entwickelt werden können.

Die Zeit der Begegnung muss im Zusammenhang von heilpädagogischem Auftrag und dem ausgewählten Medium betrachtet werden. Als Standard gilt in der Heilpädagogischen Ambulanz eine Stunde. Je nach Vorgeschichte, eingesetzten Medien und Wahl der Lernorte ist die Verlängerung des Zeitraumes im Einzelfall möglich. Eine Verlängerung der verfügbaren Zeit ist auch dann angebracht, wenn eine bestimmte Zielsetzung durch eine zu feine Zergliederung des Zeitplanes im Ergebnis gefährdet wird. Speziell beim Werken kann eine zu kurze Beschäftigungszeit die Zielerreichung extrem hinauszögern und dadurch gefährden, da jedes Mal zunächst eine Orientierungsphase und am Ende der Stunde eine Phase des Aufräumens notwendig sind. Für die Herstellung des eigentlichen Objekts bleibt dann zu wenig Zeit, um die Entfaltung der heilpädagogischen Wirkweisen des Mediums Werken zu ermöglichen.

Bei bewegungsorientierten Angeboten sind die körperlichen und mentalen Belastungsgrenzen der Gruppe, der Kinder und Eltern zu berücksichtigen. Die Aktivitäten müssen sowohl für die Gruppe als auch für die Einzelnen den Entwicklungsaufgaben angepasst werden.

Auch im Zusammenhang mit Spiel sind die Spielentwicklung und Spielerfahrung der Teilnehmenden und deren Folgen zu berücksichtigen.

Für die Begegnung in der Elterngesprächsgruppe ist die Zeit von einer Stunde üblich. Bei einer durchschnittlichen Gruppengröße von vier, maximal fünf Eltern bleibt erfahrungsgemäß ausreichend Zeit für die einzelnen Fragestellungen. Die Eltern schätzen den Gesprächsbedarf der einzelnen Teilnehmenden meistens sehr genau ein und gewähren sich gegenseitig die entsprechende Zeit.

Eine Veränderung von einem wöchentlichen auf einen 14-tägigen Turnus kann ebenso sinnvoll und denkbar sein, wie Konzepte mit Eltern, Kindern und Geschwistern über ein Wochenende. Hier müssen die institutionellen Möglichkeiten berücksichtigt werden.

Eine weitere zeitliche Frage ist, ob die heilpädagogische Arbeit immer nur nachmittags angeboten wird. Wenn dies der Fall ist, kann nur ein bestimmter Personenkreis angesprochen werden.

Je nach Situation der Eltern werden Beratungen auch am frühen Abend durchgeführt. Für die Kinder ist die Begegnung am Abend manchmal eine Überforderung. Hier sind dann andere Absprachen nötig, z. B., dass die Kinder von Großeltern oder Freund:innen gebracht oder, in besonderen Fällen, auch von Studierenden abgeholt werden.

Bei aller Flexibilität der Angebotsformen muss jedoch auf die Verlässlichkeit der vereinbarten Zeiten hingewiesen werden. Im Rahmen des Kontrakts werden die Zeiten der Begegnung festgelegt und keinesfalls beliebig geändert. Feste Zeiten schaffen Sicherheit in der Begegnung. Die Gewissheit, in Zeiten schwerer familiärer Krisen einen festen Termin zu haben, gibt Sicherheit und ermöglicht verlässliche Beziehungen. Andererseits ist zu berücksichtigen, dass unbegrenzte Zeit auch die Inhalte der Begegnung ausufern lässt. Begrenzte Zeit zwingt, diese zu nutzen und erleichtert die Fokussierung aufs Wesentliche.

2.7 Räume der Begegnung

Wie bereits an anderer Stelle beschrieben, orientiert sich die Heilpädagogische Ambulanz an der Lebenswelt der Kinder und geht davon aus, dass deren Berücksichtigung und die Frage, wovon das Kind sich angesprochen fühlt, wichtige Grundlagen für die Gestaltung eines heilpädagogischen Bezugs sind. Die Frage nach dem Angesprochensein beschränkt sich nicht nur auf vorstrukturierte Orte heilpädagogischen Handelns, sondern auf die Orte (und Medien), an denen das Kind seine Fragestellungen am besten bearbeiten kann (offene Lernorte).

Manche Kinder brauchen für jede Stunde eine für sie erwartbare strukturierte, vorbereitete Umgebung. Hier empfehlen sich nach standardisierten Gesichtspunkten und therapeutischen Erfordernissen eingerichtete Spielzimmer (vgl. Simon/Weiss 2008).

Das Spielzimmer kommt kindlichen Sicherheits- und Schutzbedürfnissen entgegen, berücksichtigt die begrenzten oder ungesteuerten kognitiven, emotionalen, motorischen, sensorischen Möglichkeiten und die Fantasie der Kinder. Hierzu gehören auch reizarme Räume, die nach individuellen Erfordernissen strukturiert und entsprechend dem Entwicklungsfortschritt vorbereitet sind und/oder spezifische Formen von Behinderungen berücksichtigen (Infos zum Spiel mit Menschen mit Behinderungserfahrungen siehe Bunk 2004, S. 30–70).

Begegnung im nicht heilpädagogisch vorstrukturierten Raum (offene Lernorte)

Um die Entwicklung eines Menschen anzuregen, der nach Spiel als Medium für seine Entwicklung verlangt, brauchen Heilpädagog:innen vielleicht ein Spielzimmer, in dem ein bestimmtes (standardisiertes) Spektrum von Spielmitteln und Spielmöglichkeiten zur Verfügung steht, einen reizarmen Raum, wo Aufmerksamkeit sich besser fokussieren kann, eine richtige Küche zur Befriedigung von Grundbedürfnissen oder eine Werkstatt, um zu gestalten und sich auszudrücken.

Manchmal können Kinder in diesen vorstrukturierten Räumen jedoch nicht gut spielen, weil die Räume und deren Einrichtung nicht mit ihren inneren Bildern kompatibel sind. Also muss die Heilpädagogin sich vom Kind führen lassen, um die Räume und Mittel zu finden, die es ihm ermöglichen, seine Gedanken und Fantasien im Spiel auszudrücken. Spielräume müssen sich als Probebühne eignen, auf der das Kind seine, von ihm schmerzhaft erlebte Realität, in immer wieder veränderten sozialen Bezügen konstruiert und diese Konstruktionen so weit entwickelt, dass es zu Lösungen kommt, die die fixierte „Symbiose zwischen Umwelt und Organismus" (Oerter 1999, S. 13) auflöst. Hierbei handelt es sich um einen autopoietischen Prozess, in dem sich das Kind selbst verwirklicht. Assimilation ermöglicht ihm die immer wieder neue Umdeutung seiner Lebenswelt. Spiel, Bewegung und Hand-Werke sind konstitutiv für die Entwicklung. Natürlich kann das Kind auch seinen Ausdrucks- und Gestaltungsraum assimilieren. Langjährige Erfahrungen in der heilpädagogischen Begleitung haben jedoch gezeigt, dass der Raum, den das Kind für sein Spiel selbst wählt, die intensivsten assimilatorischen Erfahrungen im Spiel zulässt.

Der Raum bzw. Ort, an dem Entwicklung die stärksten Impulse erhält, ist nicht der Raum, den sich Heilpädagog:innen vor dem Hintergrund spezifisch theoretischer Annahmen für ein Therapie- oder Förderkonzept ausdenken, sondern der Raum, der die Darstellung der Lebenswelt und der ökologisch-systemischen Bedingungen des Kindes (und seiner Familie) bzw. deren Symbolisierung am besten ermöglicht. Dies können sein:

a) In sich geschlossene „private" Räume (z. B. Zimmer, Küche, Werkstatt, Zelt usw.),
b) der öffentliche, urbane Raum (Einkaufscenter, Spielplatz, Eisenbahn, Café, Kino, Kirche, Theater, Zirkus usw.),
c) die freie Natur zu unterschiedlicher Tageszeit und Witterung (der Wald, am Bach, Lichtungen, auf einem Hochsitz usw.).

Auch der offene Lernort bietet Kindern die Möglichkeit, ihre Entwicklung selbst anzuregen, zu fördern, zu verarbeiten und auch zu korrigieren. Mit der Erweiterung heilpädagogischer Begleitung im Spiel, der Bewegung und dem Werken – über therapeutisch konzipierte Räume hinaus – bietet sich auch ein wesentlich breiteres Spektrum an Bildungsmöglichkeiten an.

Die Beschäftigung mit Naturmaterialien im Freien lässt mehr Erfahrungen zu als getrocknete Tannenzapfen im Weidekorb eines Spielzimmers. Natürliche Umgebung kann nicht nur in sensorischer Hinsicht anregender sein als das Spielzimmer. Im Umgang mit der Natur können Kinder ihren kulturellen Ursprung nachvollziehen. Ein Kind mit Migrationshintergrund z. B., welches in Deutschland noch nie im Wald war, sucht bei seinem ersten Kontakt mit dem deutschen Wald die Elefanten, weil seine Mutter ihm Geschichten von Elefanten im Wald erzählt hat.

Geeignet ist der Ort, der die stärksten Impulse für das Spiel, die Wahl eines (gemeinsamen) Spielgegenstandes, eines Werkobjekts oder die Entwicklung von Bewegungsmöglichkeiten bietet. Dieser Ort muss nicht vom begleitenden Heilpädagogen vorbestimmt werden. Das Kind führt ihn über seine im Spiel kommunizierten Bilder, seine dargestellten Interessen, Hoffnungen, Wünsche und Träume dorthin und verweist so nicht zuletzt auch auf den Beweggrund seines Tuns, auf den Übergeordneten Gegenstandsbezug. Das erleichtert dem Heilpädagogen die Interaktion und Kommunikation in der Begegnung.

Seine Möglichkeit, die entsprechende Umgebung mit auszuwählen, unterstützt die Entfaltung der intrinsischen Motivation des Kindes. Der Anreiz für das Handeln liegt in der Person selbst. Aufgabe des Heilpädagogen ist, die Interessen des Kindes herauszufinden und so anzuregen, dass das Spiel an dem Ort stattfindet, der den Konstruktionen seiner Lebenswelt und seinen Sozialisations- und Enkulturationsbemühungen gerecht werden kann.

Deutlicher als in speziell vorstrukturierten Räumen, wie z. B. der Turnhalle, dem Spielzimmer oder dem Werkraum, kann im Bereich der Natur die Gleichzeitigkeit der Verwendung von Medien stattfinden.

Am Beispiel des Hüttenbauens im Wald, zu der das Material selbst herbeigeschafft werden muss, ist nachvollziehbar, dass Spiel, handwerkliche Herstellung eines Objekts und Bewegung sich wechselnd und teilweise auch zugleich abspielen. Dasselbe gilt für ein Wasserrad, welches ein Rindenschiff antreibt. Anregungen sind in natürlicher Umgebung stärker als in vorstrukturierter.

Doch nicht alle Kinder bevorzugen die Natur. Manche sind sogar blockiert, weil sie kaum Vorerfahrungen mit der Natur haben und sie deshalb bedrohlich finden. Andere Kinder bevorzugen urbane Gegenden mit Straßen, Tiefgaragen, Parks, Einkaufszentren usw. Ein junger Mann mit Behinderung geht am Ende der Begegnung in der Heilpädagogischen Ambulanz regelmäßig mit einer Heilpädagogin in die Stadt. Er verlangt von ihr, dass sie immer ca. zehn Schritte hinter ihm geht und tut so, als ob er alleine wäre. Nach wenigen Begegnungen in der Stadt läuft er der Heilpädagogin regelmäßig weg und steht strahlend vor der Heilpädagogischen Ambulanz. Um seine Autonomie zu erfahren, braucht er einen Raum, in dem er die Rolle des Selbstständigen zuerst spielt und dann aber auch realisiert.

Ebenso wie die Begegnung in der Zeit braucht auch die Begegnung im offenen oder geschlossenen Raum eine zuverlässige Vereinbarung und Entscheidung für einen Raum.

Diese Entscheidung kann angebahnt werden, indem verschiedene Räume besucht werden und das Kind mit der Heilpädagogin vereinbart, wie lange der gewählte Raum der Raum der Begegnung sein soll. Nach solchen Vereinbarungen sollen aus den genannten Gründen (s. Kontrakt) Räume nicht willkürlich gewechselt werden.

Außerdem sollen Kinder den gewählten Raum entsprechend ihrer Entwicklung als Schutzraum erfahren können. Dieser Schutz muss nicht unbedingt nur durch die räumlichen Bedingungen geschaffen werden, sondern kann beispielsweise auch durch die Einführung bestimmter Rituale, Gewohnheiten, Emotionen oder durch die Sicherheit und Kongruenz der Heilpädagogin aufgebaut werden.

Wir verzichten hier bewusst darauf, Listen zur Ausstattung der Räume zu veröffentlichen. Die Gesichtspunkte, nach denen die Räume ausgestattet werden sollten, sind so vielfältig und abhängig von konkreten institutionellen, wirtschaftlichen und konzeptionellen Bedingungen. Gute Orientierung geben Werkbücher für Werkräume, Fachliteratur für Spiel und Spieltherapie sowie Psychomotorik. Es macht Sinn, nur auf Qualität zu achten. Sie erleichtert das Gelingen und reduziert die Unfallgefahr, ist aber auch ein Ausdruck der Wertschätzung gegenüber den Kindern.

2.8 Evaluation heilpädagogischen Handelns

Der Begriff „Evaluation" enthält zunächst das Erfassen von Prozessen und Ergebnissen. Ziel der Evaluation ist, bestimmte Aspekte der heilpädagogischen Arbeit zu untersuchen, zu beurteilen und weiterentwickeln zu können.

„Erfassen" bezieht sich dabei auf das heilpädagogische Handeln selbst, das methodisch organisiert und damit überprüfbar ist, sowie auf die Ergebnisse dieses Handelns. Dabei wird der „Ist-Wert" mit dem angestrebten Ziel („Soll-Wert") verglichen. Dieser Soll-Wert sollte durch Beschreibungen,

Erläuterungen, Begründungen und Absichten so nachvollziehbar sein, dass auch für Außenstehende verständlich wird, welche Kriterien zu einem bestimmten Urteil führen.

Evaluieren kann man Prozesse und Ergebnisse: Bei Prozessen lautet die Frage: „Lief das so ab, wie es hätte sein sollen?“ Bei Ergebnissen lautet die Frage: „Kam das heraus, was beabsichtig war?“ Im Gegensatz zur Forschung, die nach allgemeinen Erkenntnissen sucht, untersucht und bewertet Evaluation einen realen Fall.

Evaluation ist praxisorientiert, es genügt ihr, Ergebnisse in Bezug auf eine konkrete Situation zu erarbeiten – auch wenn diese Ergebnisse durchaus im Hinblick auf kommende Situationen berücksichtigt werden können.

Es gibt unterschiedlichste Typen von Evaluation. In der konkreten heilpädagogischen Praxis wird i. d. R. Selbstevaluation angewandt. In ihr liegt zwar die Gefahr, dass die notwendige Distanz zum eigenen Tun nicht gewahrt wird, andererseits ist Selbstevaluation ein wichtiges Instrument, um über die Arbeit nachzudenken und sie zu gestalten.

Will man wichtige Ergebnisse nach außen darstellen oder fürchtet man die eigene Betriebsblindheit, dann ist eine Fremdevaluation sicher besser. Andererseits gibt es genügend Bereiche, in denen eine Selbstevaluation sinnvoll ist:
- Weil die Ergebnisse keine Außenwirkung haben,
- weil es notwendig ist, die heilpädagogische Arbeit mit konkreten Menschen „von innen“ zu kennen, um sie zu bewerten,
- weil die Anwesenheit von Fremden stören würde,
- weil der Aufwand einer Fremdevaluation nicht bezahlbar ist (vgl. Reischmann 2004b, S. 11).

Evaluation in der Heilpädagogik ist kein Selbstzweck, sondern hat eine didaktische Funktion:
- Evaluation soll zeigen, was die heilpädagogische Arbeit bewirkt hat („Blick zurück“, Kontrollfunktion).
- Evaluation soll helfen, die kommende Arbeit zu gestalten („Blick nach vorn“, didaktische Steuerungsfunktion).
- Evaluation hilft außerdem, heilpädagogische Angebote zu reflektieren und ausgelöste Wirkungen zu verstehen.

Evaluation bemüht sich um eine intersubjektive Überprüfbarkeit. Sie ist methodisch organisiert und die erfassten Daten werden dokumentiert. Neben dem Erfassen und Bewerten von Prozessen und Ergebnissen werden die Daten zur weiteren Planung und Reflexion im heilpädagogischen Prozess eingesetzt (vgl. Reischmann 2004a, S. 1 ff.).

Evaluieren kann man unterschiedlichste Aspekte der heilpädagogischen Arbeit, wie z. B.:

- Den Einsatz heilpädagogischer Medien: Ist der Einsatz ausgewogen? Haben wir im Hinblick auf unsere Klientel geeignete Medien und Methoden?
- Die Nachfrage: Wie viele Klient:innen kommen, wie viele sollten kommen?
- Den Erfolg der heilpädagogischen Arbeit: Sind die Klient:innen zufrieden? Lernen sie, sich mit ihren Problemen auseinanderzusetzen?
- Die Erreichung der Zielgruppe: Suchen die „richtigen" Leute nach heilpädagogischer Unterstützung? Erreichen wir die Menschen, die an der Verursachung und Lösung des Problems mit beteiligt sind?
- Inhalte: Bieten wir das an, was wir anbieten wollen/sollen/ müssen?
- Die Kosten: Welche direkten und indirekten Kosten entstehen?
- Den Nutzen: Hat die heilpädagogische Arbeit eine positive Wirkung auf die Lebensgestaltung des Klient:innen?
- Die Schwachstellen: Welche Probleme lassen sich bei unseren Konzepten identifizieren?

Häufig wird der Erfolg oder Nicht-Erfolg einer heilpädagogischen Förderung von unterschiedlichen Personen unterschiedlich bewertet, weil die Zielbeschreibungen und die zu erwartenden Wirkungen zu abstrakt und vage sind. Eine fehlende Unterscheidung zwischen Idealen, die nie erreicht werden können, und beobachtbaren, bescheidenen und erreichbaren Zielen weckt Erwartungen, die häufig nicht erfüllt werden können. Kriterien und Indikatoren für einen zu messenden Erfolg der heilpädagogischen Arbeit müssen deswegen operationalisiert werden, d. h., präzise und für alle nachvollziehbar festgelegt und im Handeln beobachtbar sein.

Zu Beginn der heilpädagogischen Arbeit sind globale und vage Zielbeschreibungen notwendige Startpunkte und damit ein erster Schritt zur Evaluation. Sie müssen jedoch später konkretisiert und präzisiert werden, bevor daraus eine evaluierbare Fragestellung wird.

Wichtig ist, im Vorfeld festzulegen:

- Was soll evaluiert werden?
- Welche Wirkung bzw. welche Ziele werden erwartet?
- Welche Indikatoren gelten als Kriterium, dass das Ziel erreicht wurde?

2.8.1 Praxisbeispiel: Von der globalen Zielbeschreibung zu überprüfbaren Indikatoren

Im folgenden Beispiel soll der Zusammenhang zwischen der Lebenssituation eines Kindes, seinen Bewältigungsversuchen und einer möglichen Zieldefinition dargestellt werden. Häufig wird die „Unterstützung der Identitätsentwicklung", die „Entwicklung eines positiven Selbstkonzepts" oder Ähnliches als Ziel heil-päda- gogischer Maßnahmen genannt. Damit dieses Ziel operationali- siert werden kann, wird im Anschluss an die Fallbeschreibung das sozialisationstheoretische Konzept von Identität dargestellt, um dann konkrete Ziele für das Kind abzuleiten.

Beschreibung der Ausgangslage

Lea (11;3 Jahre) ist die älteste Tochter von insgesamt vier Geschwistern. Sie hat eine leibliche Schwester (9;3) und zwei Halbgeschwister (4;7 und 2;11 Jahre).
Die Mutter leidet an einer depressiven Erkrankung. Die Familie spricht nicht offen darüber. Der Zeitpunkt des Ausbruchs der Krankheit ist nicht bekannt.
Bereits die frühe Kindheit des Mädchens ist durch chronische Familienkonflikte und die Trennung bzw. Scheidung ihrer Eltern belastet. Lea ist 4 Jahre alt, als sich die Eltern endgültig trennen. Der Kontakt zum Vater findet nur noch sporadisch statt.
Die Mutter ist in zweiter Ehe verheiratet. Die Familie lebt zusammen mit den Eltern des Mannes im eigenen Haus mit kleinem Familienbetrieb. Leas Mutter ist mit dem Haushalt und der Erziehung der Kinder überfordert. Lea erledigt bisweilen die gesamte Hausarbeit. Auch um die beiden jüngsten Geschwister kümmert sie sich liebevoll. Lea sorgt sich sehr um das Befinden der Mutter und versucht, dieser alles recht zu machen.
Der Familienbetrieb ist hoch verschuldet. Leas Stiefvater führt einen scheinbar aussichtslosen Kampf gegen eine drohende Insolvenz. Lea hilft, so gut sie kann. Armut und Existenzängste überschatten das familiäre Klima. Leas Mutter wird für die existenziell bedrohliche Situation immer wieder verantwortlich gemacht. Der Großvater verweigert ihr den Kontakt und grenzt sie und die beiden älteren Kinder aus der Familie aus.
Die Lehrerin berichtet: Lea kommt jeden Tag völlig „unorganisiert" und grundsätzlich ohne Hausaufgaben in die Schule. Es fehlen ihr Unterrichtsunterlagen, Hefte, Bücher. Versucht sie mit ihr darüber zu sprechen, erhält sie keine Antwort. Lea kann dem Stoff nicht folgen, sondern träumt vor sich hin. Wenn sie aufgerufen wird, weiß sie meistens nicht, wovon gerade gesprochen wird. Im Kontakt mit den anderen Kindern ist Lea sehr zurückhaltend. Sie ergreift selbst keine Initiative für ein Gespräch. Man hat aber den Eindruck, dass sie sich eigentlich Kontakt und Nähe wünscht. So steht Lea immer nahe bei den anderen Kindern, unterlässt aber den letzten Schritt hin zur Gruppe. Sehr hilfsbereit zeigt sich Lea, wenn es um Unterstützung jeglicher Art im Alltag

geht: So trägt sie der Lehrerin regelmäßig die Tasche oder springt sofort nach dem Putzeimer, wenn irgendwo Schmutz entstanden ist. Auch ihren Mitschülern gegenüber zeigt sie sich sehr hilfsbereit, ist aber auch in der Gefahr, sich ausnutzen zu lassen.
Aktuell besteht das Problem, dass Lea ihre Mitschüler:innen bestiehlt.
Auch wurde sie bereits in einigen Läden in der Stadt beim Diebstahl beobachtet. Die Ladeninhaber:innen haben die Sache zur Anzeige gebracht und die Polizei eingeschaltet.

Bewertung der Situation

Zusammenfassend zeigt sich, dass Leas Biografie bereits seit ihrer Kindheit geprägt ist von psychosozialem Stress, von Verlustängsten, der Erfahrung von Tabuisierung der mütterlichen Krankheit und Stigmatisierung.
Wegen der psychischen Erkrankung der Mutter muss bei Lea zudem von einer erhöhten biologischen Vulnerabilität, selbst zu erkranken, ausgegangen werden. Hinzu kommt, dass die Belastungen gegenüber den Ressourcen bei Weitem überwiegen. Diese sind:

- Wenig verlässliche häusliche Strukturen;
- grundlegende Bedürfnisse (z. B. nach Zugehörigkeit) werden nicht befriedigt;
- Parentifizierung und damit einhergehende Überforderung;
- Schwierigkeiten, ihre eigenen Bedürfnisse zu erkennen und autonom für deren Befriedigung zu sorgen. Unklare Rollenverteilung und -vereinbarungen;
- Kontakthemmung, evtl. infolge von Schamgefühlen;
- eingeschränktes Rollenrepertoire, welches im Alltagshandeln deutlich wird („die Hilfsbereite“);
- schulischer Misserfolg und geringe Leistungsbereitschaft im Zusammenhang mit schulischem Lernen;
- Stigmatisierung und Ausgrenzung der Mutter und ihrer beiden erstgeborenen Kinder aus dem jetzigen Familienverbund;
- Armut und Existenzängste, der Betrieb steht kurz vor der Insolvenz, drohender sozialer Drift;
- Kriminalisierung des kindlichen Verhaltens.

Lea versucht durch eigenes Wohlverhalten die häusliche Situation einigermaßen stabil zu halten, erlebt aber, dass sie damit scheitert. Ob dieses Scheitern von ihr subjektiv auch als Schuld betrachtet wird, ist nicht bekannt. Es ist aber davon auszugehen, dass Lea in einem andauernden Zustand von Verunsicherung und Desorientierung lebt.
Leas Bewältigungsmechanismen sind erschöpft. Die Familie bietet ihr keinen Raum zur Befriedigung ihrer eigenen, teilweise elementarsten Bedürfnisse. Im Gegenteil: Sie selbst verleugnet ihre eigenen Bedürfnisse bis hin zur Selbstaufgabe. Gleichzeitig trägt sie mit ihren Möglichkeiten zur Bedürfnisbefriedigung

der anderen bei. Die anstehende Auseinandersetzung mit ihrem eigenen Erkrankungsrisiko wird bei ihr wahrscheinlich zusätzlich Verunsicherung und Angst auslösen.

Im Stehlen kommt Leas innerpsychische Not zum Ausdruck. Leider werden diese Signale jedoch von der Umwelt nicht als solche erkannt.

Die Folgen, die sich für Lea daraus ergeben, sind in zweifacher Hinsicht besorgniserregend: Sie erlebt wieder ein Gefühl der Hilflosigkeit und einen Kontrollverlust in Hinblick auf das eigene Handeln. Der Kontakt mit der Polizei und die Bewertung als kriminelles Handeln führen zu weiterer Ausgrenzung und in der Folge zu noch geringerer Selbstachtung, vermindertem Selbstwertgefühl und zur Verschärfung der Identitätsproblematik.

Der Kontrollverlust, der kennzeichnend ist für Leas Leben, spitzt sich weiter zu. Problematisch ist, dass Lea sich ihrer Umwelt bislang nicht mitteilen kann. Die Familie ist dringend auf Unterstützung angewiesen. Für Lea selbst sollte ein heilpädagogisches Angebot entwickelt werden, um drohender Identitätsstörung entgegenzuwirken und sich selbst im Kontext ihres Umfeldes positiver zu erleben und zu positionieren.

Das sozialisationstheoretische Konzept von „Identität" als Grundlage für die Entwicklung von Zielen

Der Mensch kann sich nur im Kontext von Gesellschaft entwickeln. Er verinnerlicht, „internalisiert" frühe soziale Erfahrungen in seinem Bewusstsein. Sein Bewusstsein und seine Identität können so als Ergebnis seiner Lebensgeschichte, als Resultat und

Ausdruck seiner bisherigen sozialen Erfahrungen verstanden werden. Sozialisation wird als der Prozess der Herausbildung von Identität verstanden.

Dieser Prozess ist durch ein doppeltes Bemühen gekennzeichnet, nämlich:

- Durch das Bemühen des bzw. der Einzelnen, so zu sein, wie kein anderer und in der eigenen Lebensgeschichte mit sich selbst identisch zu bleiben – (personal identity), und
- durch das Bemühen, die Erwartungen der Bezugsgruppen in das aktuelle Selbstbild zu integrieren und sich so zu verhalten, wie die anderen das von einem erwarten (social identity).

Diese doppelte Anforderung verlangt, dass der Mensch seine personale und seine soziale Identität ständig ausbalanciert, d. h., eine Identitätsbalance wahrt zwischen dem, was er biografisch gewesen ist oder gewesen zu sein meint, und dem, was er im Blick auf seine derzeitige Umgebung zu sein hat. Als Ich-Identität bezeichnet man die gelungene Balance zwischen der eigenen Biografie und den derzeitigen Rollenanforderungen.

„Die persönliche Identität kommt zum Ausdruck in einer unverwechselbaren Biografie, die soziale Identität in der Zugehörigkeit ein und derselben Person zu verschiedenen, oft inkompatiblen Bezugsgruppen. Während persönliche Identität so etwas wie die Kontinuität des Ich in der Folge der wechselnden Zustände der Lebensgeschichte garantiert, wahrt soziale Identität die Einheit in der Mannigfaltigkeit verschiedener Rollensysteme, die zur gleichen Zeit ‚gekonnt' sein müssen. Beide ‚Identitäten' können als Ergebnis einer ‚Synthesis' aufgefasst werden, die sich auf eine Folge von Zuständen in der Dimension der sozialen Zeit (Lebensgeschichte) bzw. auf eine Mannigfaltigkeit gleichzeitiger Erwartungen in der Dimension des sozialen Raumes (Rollen) erstreckt" (Habermas 1977, S. 131).

Beispielhafte Ziele für Lea auf der Basis des sozialisationstheoretischen Modells von Identität werden in der folgenden Abbildung dargestellt. Ziele, die sich auf das soziale Umfeld von Lea beziehen, werden dabei noch nicht berücksichtigt.

Ich-Identität	
Persönliche Identität (Kontinuität des Ich)	**Soziale Identität** (Einheit in der Mannigfaltigkeit verschiedener Rollensysteme)
▪ Lea benennt konkrete Belastungssituationen, die sich für sie ergeben, z. B. Trennung der Eltern, Krankheit der Mutter, Konfliktsituationen, Verhalten des Großvaters ihr gegenüber. ▪ Lea bringt ihre Gefühle und Ängste verbal oder nonverbal zum Ausdruck. ▪ Lea erkennt ihre Bedürfnisse und Wünsche und benennt diese in angemessener Form. ▪ Sie erkennt, dass ein Kind nicht die Aufgaben von Erwachsenen erfüllen muss. ▪ Lea erkennt, dass familiäre Belastungs-Situationen nicht aus ihrem Versagen resultieren. ▪ Lea weiß, wem sie sich in Belastungssituationen anvertrauen kann und wo sie Hilfe erwarten kann. ▪ Lea erkennt ihre emotionalen Reaktionen und Verhaltensweisen, die für sie typisch sind. ▪ Lea ist über die Krankheit der Mutter informiert. ▪ Lea kann die mütterlichen Verhaltensweisen unabhängig von ihrem eigenen Verhalten betrachten. ▪ o.a.	▪ Lea setzt sich mit ihrem Bedürfnis nach Zugehörigkeit und ihrer Erfahrung von Ablehnung auseinander. ▪ Lea wird von überfordernden Rollenerwartungen entlastet. ▪ Lea erkennt, welche Erwartungen an sie von unterschiedlichen Menschen oder Bezugsgruppen gerichtet werden. ▪ Lea gewinnt Einsicht darüber, welche Verhaltensstrategien sie anwendet, um ihr Bedürfnis nach Zugehörigkeit und Akzeptanz zu befriedigen. ▪ Lea erkennt alternative Verhaltensstrategien und setzt diese ein. ▪ Lea unterscheidet zwischen berechtigten und unberechtigten Erwartungen vonseiten ihrer Mitmenschen. ▪ Lea erkennt, welche Fähigkeiten und Fertigkeiten sie noch entwickeln muss, damit sie den berechtigten Erwartungen besser gerecht werden kann. ▪ Lea entwickelt in diesem Zusammenhang für sich selbst eine Hierarchie von Zielen und erkennt die Möglichkeiten der Realisierung ▪ o.a.

Tabelle 4: Ziele für Lea

2.8.2 Die Schwierigkeit von Evaluation im heilpädagogischen Kontext

Das Ergebnis heilpädagogischer Arbeit kann nicht losgelöst von der Aneignungsleistung des Kindes und seiner Familie definiert werden. Das Kind bzw. das jeweilige System sind somit selbst Teil der Qualität, die überprüft werden soll. Heilpädagogik ist in seiner Wirkung subjekt-, situations- und kontextabhängig. Der Zusammenhang von verändertem Handeln (Output) und empfangenen korrigierenden Impulsen (Input) ist nicht mit letzter Sicherheit nachzuweisen. Deswegen müssen sich auch die Hoffnungen zerschlagen, heilpädagogische Prozesse seien technologisch erzeugbar. Die Bedingungen, unter denen heilpädagogische Arbeit gelingt, lassen sich nicht situationsübergreifend definieren und kontrollieren.

Dennoch kann heilpädagogisches Handeln dem Anspruch von Planbarkeit und Überprüfbarkeit genügen, auch wenn sich Veränderungsprozesse beim Menschen nur anregen lassen und im ethischen Sinne auch nicht von außen geplant werden dürfen.

Dabei liegt die Herausforderung an die heilpädagogische Arbeit darin, nicht vom „Kind an sich" auszugehen, das sich in entwicklungspsychologisch normativen Schritten entwickelt. Heilpädagogisches Denken erfordert vielmehr, den Menschen vor dem Hintergrund seiner Lebenswelt und seiner Lebensgeschichte wahrzunehmen und zu registrieren, dass er Ressourcen, aber auch spezifische kontextgebundene Bedürfnisse hat: Das Bedürfnis, die Welt um sich herum zu verstehen, in ihr wirksam werden zu können und gemeinsam mit anderen in einen Sinn- und Bedeutungsraum eingebunden zu sein.

Dadurch wird nicht das Trennende hervorgehoben, sondern das Verbindende. Förderung in diesem Sinne kann nicht bedeuten, möglichst viel „aus dem Menschen herausholen", ihn möglichst der Normalität – so wie ich sie definiere – anzupassen. Es geht vielmehr um die Frage: Worauf haben das Kind, der Mensch als Mitmensch Anspruch, den ich vielleicht einlösen kann?

Heilpädagogisches Handeln in diesem Sinne benötigt kein „spezielles" pädagogisches Wissen für „spezielle", andersartige Menschen, sondern ein Mehr an Wissen, ein Mehr an reflektierten Handlungsalternativen, ein Mehr an Auseinandersetzung darüber, was der oder die Einzelne für ein gelingendes Leben braucht, und manchmal auch ein Mehr an Vertrauen und Zuversicht.

KAPITEL 3

Der Einsatz von Medien und deren Wirkungen in heilpädagogischen Handlungssituationen

Grundsätzlich gilt, dass die Theorie der Praxis folgt und sich an der Praxis bewähren muss.

Didaktische Theorien versuchen, die Komplexität von Adressat:in, Ziel und Methode samt deren schwierigem Zusammenspiel zu entflechten und zu ordnen. Dabei werden Akzente gesetzt, die gleichzeitig eine Vernachlässigung bestimmter, nicht in den Vordergrund gestellter Aspekte nach sich ziehen. Insofern geht mit einzelnen Theorien immer auch ein bestimmtes Menschen- und Weltbild einher. Da nicht nur Lernen als spezielle Tätigkeit und Leistung des Menschen, sondern sein Leben insgesamt Angelegenheit eines einzelnen und zudem eines unverwechselbaren Menschen ist, sehen wir jeden Versuch, mithilfe solcher Theorien eine gewisse Objektivität in die Lern- und Bildungsprozesse zu tragen, als höchst problematisch. Da wir Menschen geschichtliche Wesen sind, sind sowohl unser

„Herkommen" (Heidegger) als auch unser „Hinkommen" von großer Bedeutung. Allein der Gedanke an die jeweilige Lebens- und Lerngeschichte eines Kindes stört jeden Gedanken an Objektivierbarkeit" (Fischer 2010, S.357). Dieses Problem ist auch durch eine Analyse der anthropologischen und soziokulturellen Bedingung im Sinne des didaktischen Modells von Heimann/ Schulz nicht aufzuheben. Die pädagogische Vorstellung, das Kind sei selbst kompetent für seine eigene Entwicklung, führt noch einen wesentlichen Schritt über ein solchermaßen geplantes didaktisch-methodisches Vorgehen hinaus. Kompetenz in dem hier gemeinten Sinne hat wenig mit Fähigkeiten oder Fertigkeiten zu tun, sondern vor allem mit Zuständigkeit.

„Ein Kind ist zuständig, das heißt, nicht sein Wollen und/oder Können bedingen seine Zuständigkeit, sondern letztlich sein Sein. Und dieses wiederum begründet die durch nichts zu begrenzende Souveränität. Man kann sie stärken oder schwächen, aufbauen oder zerstören, aber vom Ansatz her ist sie aufgrund des Personsein des Menschen einfach da" (ebd., S. 358).

Diese Zuständigkeit ist ein wichtiger Orientierungspunkt für die heilpädagogische Arbeit, wenn die Kolonialisierung seiner Lebenswelt vermieden und das Kind für seine Entwicklung zuständig sein darf und soll. Darauf zu achten, dass die Zuständigkeit erhalten bleibt und die erforderliche Assistenz angeboten wird, ist die heilpädagogische Aufgabe, deren Realisierung sich über ein Medium vollzieht.

Im Folgenden werden anhand von Beispielen Wirkungen und Wirkweisen von Medien in heilpädagogischen Handlungszusammenhängen verdeutlicht.

Medien sind Mittler in Lehr- und Lernprozessen

Die Erziehungswissenschaft erforscht Medien, ihre Verwendung, didaktische Probleme, Produkte. Der Medienbegriff findet vorwiegend im Kontext von Bildung Verwendung. Dieser Ansatz ist auch für heilpädagogische Handlungsfelder nicht auszuschließen, weil im Zusammenhang mit Schulproblemen und auch im außerschulischen Bereich Bildung ein Element heilpädagogischer Zielsetzung darstellt. Dennoch muss man feststellen, dass der im Bereich der Erziehungswissenschaft gebrauchte Medienbegriff vorwiegend einem gerätetechnischen Medienverständnis folgt. In diesem Fall handelt es sich um eigens zu didaktischen Prozessen erzeugte Medien. Zu diesem Zweck eignet sich jedoch auch jedes Anschauungsobjekt, welches für ein Lehrziel geeignet und ethisch unbedenklich zugänglich gemacht werden kann. Andere Anwendungsbereiche sind die Bereiche der sog. Medienpädagogik, die sich mit den Wirkungen und dem pädagogischen Umgang mit Massenmedien beschäftigt.

Der Medienbegriff der Erziehungswissenschaft greift in heilpädagogischen Situationen zu kurz. Er bezieht sich nur auf die Mediendidaktik in Lehre und Ausbildung oder im Rahmen der Medienpädagogik auf die sog. Massenmedien, wie z. B. Fernsehen, Computerspiele, Internet. Diese Medien finden in mehr oder weniger standardisierten Schul-/Hochschulsituationen im Zusammenhang mit Curricula bzw. Bildungsmodulen Anwendung.

Anders als die Schule orientiert sich die heilpädagogische Praxis nicht an vorgegeben Bildungsplänen für eine bestimmte Zielgruppe, sondern an der subjektiven Lebenswelt der Menschen, die sich als behindert erleben und deshalb Rat und Unterstützung suchen. Kinder und Jugendliche, aber auch Eltern, Erzieher:innen und Lehrkräfte (vgl. Kobi 1993, S. 68, 69). Eltern und Kinder erkennen sich häufig in einer Handlungsproblematik, erleben sich als nicht verstanden und können die Problematik mit ihrem Wissensvorrat und bisher erworbenen Handlungskompetenzen nicht selbstständig bewältigen. Viele angebotene Konzepte folgen nicht zuletzt aus ökonomischen Gründen einem defizitorientierten Ansatz, was konkret bedeutet, dass Fachkräfte das Problem, das Lernziel und die Förderprogramme definieren, welche sich häufig nicht auf die Entwicklungsbedingungen eines Kindes, sondern auf partikulare Lernziele beziehen.

Pädagogisch/therapeutische Arrangements werden oft über die Köpfe der Betroffenen hinweg angewendet. Oft gleichen die dazugehörigen organisatorischen Strukturen „Entstörungsstellen“, die die Aufgabe haben, mit möglichst geringem Kostenaufwand den Eltern ihre Kinder wieder „pflegeleicht“ zur Verfügung zu stellen. Wenn die Lernenden (Eltern und Kinder) erkennen, dass diese Arrangements sie in der Problembewältigung unterstützen, werden sie diese akzeptieren. Ist dies nicht der Fall, kommt es zu „defensivem“ Lernen. Dann wird man feststellen, dass dies

- Widerstand,
- Verweigerung,
- Ausweichen,
- Demonstrieren und Vortäuschen von Lernerfolgen und
- Zufriedenstellen der „Lehrenden“

zur Folge haben kann. Allzu häufig wird dann die Schuld für unbefriedigendes Lernen auf die Betroffenen abgewälzt, denen Desinteresse, Motivationsmangel und Begabungsmangel unterstellt wird.

Im Kontext heilpädagogischer Fragestellungen ist es meist schwierig, Lernprozesse durch Lehrpläne, Lehrstrategien und didaktische Zurüstungen eindeutig vorauszuplanen. Bedingungen zu schaffen, unter denen den Betroffenen nichts anderes übrig bleibt, als in der geforderten Weise zu lernen, ist ebenso eine Fiktion wie die Vorstellung, dass Lehren automatisch Lernen impliziert. Die Frage ist, wie die Aneignungsleistung als selbstständige Aktivität von Individuen angeregt und unterstützt werden kann. Die Gründe, die Lernen auslösen und für ein expansives Lernen notwendig sind, liegen im Individuum selbst (vgl. Holzkamp 1995, S. 177 ff.).

Um zu diesen Gründen vorzudringen, müssen wir die Lebenswelt der Betroffenen verstehen lernen. Ihnen müssen Medien als Ausdrucksmittel zur Verfügung stehen, um sich verständlich zu machen. Der Vorgang des Verstehens enthält auch diagnostische Sequenzen, deren Ergebnisse die Erstellung von Entwicklungszielen und Handlungskonzepte erleichtern.

Medien haben in diesem Zusammenhang eine Darstellungs- und Symbolisierungswirkung, sowie eine Informations- und eine diagnostische Wirkung.

Heilpädagogische Aufgabe ist es, Eltern und Kinder in der Findung, Änderung oder Neukonstruktion ihrer Lebenswelt zu unterstützen. Dies wird den Beteiligten durch die Mittlerwirkungen der eingesetzten Medien erleichtert.

„Die Lebenswelt öffnet sich nur dem Subjekt, das von seiner Sprach- und Handlungskompetenz Gebrauch macht. Es verschafft sich dadurch Zugang, dass es an den Kommunikationen der Angehörigen mindestens virtuell teilnimmt und so zu einem mindestens potenziellen Angehörigen wird" (Habermas 1981, Bd.1, S. 165).

Für die sich so entwickelnden Kommunikationsprozesse reicht das Medium Sprache als Mittel zum Austausch von Information nicht aus. Deshalb benutzen Kinder und Jugendliche häufig Medien als „Mittler“, um über ihre subjektive Lebenswelt zu berichten, diese zu veranschaulichen oder durch einen Wechsel von fiktiv dargestellten Wirklichkeiten ihre Möglichkeiten wie auf einer Art Probebühne experimentell zu erproben. Medien sind Mittler zwischen Mensch und Welt. Dies gilt nicht nur in Bezug auf die soziale Welt, sondern auch für alle Bereiche von Natur und Kultur. Medien erleichtern das Einfühlen und das Verstehen in die Lebenswelt der Menschen. Medien sind „unverzichtbar für das Verstehen des Subjekts und seiner Probleme, die Wahrnehmung seiner aktuellen und die Antizipation seiner zukünftigen Möglichkeiten, die angemessene Anregung zur Selbsttätigkeit und die entsprechende Unterstützung" (Tenorth 1999).

Der Zugang zum Verstehen der Lebenswelt eines Kindes kann interaktiv und kommunikativ, verbal und nonverbal, motorisch und sensorisch über Medien erschlossen werden. Jugendlichen reicht die Kommunikation über das Medium Sprache oft aus, um die wesentlichen Konstruktionen ihrer Lebenswelt dem Verstehen zugänglich zu machen. Doch auch ihre Lebenswelt ist meist besser zu verstehen, wenn sie diese über Medien wie z. B. Bewegung/Sport, Musik, etc. altersadäquat veranschaulichen können. Häufig wird das Medium Spiel zu diesem Zweck gewählt. Im Spiel ereignen sich ein Spielthema und ein Übergeordneter Gegenstandsbezug. Spielhandlungen und ihre Variationen bzw. der Wechsel des Wirklichkeitsbezugs ermöglichen dem Kind, sich ein Bild von seiner aktuellen Situation zu machen. Sie erlauben, über das Spiel seine Situation in unterschiedlichen Wirklichkeitsbezügen zu konstruieren, zu deuten und umzudeuten (vgl. Elkonin 1980, S. 11). Das Medium Spiel hat so eine Darstellungs- und Symbolisierungswirkung.

Max, ein Grundschüler in einer aktuellen Trennungssituation seiner Eltern, erzählt z. B. nicht, „meine Eltern haben sich getrennt". Max spielt stattdessen einen Mann, der sich in einem Haus versteckt und von der Polizei gefangen werden muss, damit er ins Gefängnis kommt. Das Thema seines Spiels ist eine Art Räuber-und-Gendarmspiel. Nach einer Reihe von Verlaufsvarianten, in denen der Mann nicht gefangen werden kann, wird das Haus von der Polizei umstellt. Der Mann wird aufgefordert, sich festnehmen zu lassen. Einer der Polizisten ist unaufmerksam. Aus seinem Gewehr löst sich ein Schuss, der an fünf verschiedenen Stellen abprallt, um schließlich den Mann tödlich zu treffen. Der Polizist ist sichtlich betroffen und sagt mehrmals, dass er nicht schuld sei.

Zwei Tage vorher hat die Mutter den Jungen informiert, dass der Vater nicht auf Geschäftsreise ist, sondern eine andere Frau habe, mit der er jetzt lebe. Wahrscheinlich werde er nie mehr bei ihnen wohnen. Max sagt dazu: „Ich weiß das schon lange!"

Der Gegenstandsbezug (Ganovenjagd) und der Übergeordnete Gegenstandsbezug dieser Spielsituation (Trennung, Aggression, Schuld, Trauer) geben einen Einblick in seine aktuelle Lebenswelt (vgl. Oerter 1999, in: Renner 2008, S. 85–96). Der Vater ist symbolisch betrachtet noch im Hause. Max hofft, er kann ihn verhaften, festhalten. Schließlich begreift Max, dass das nicht geht und entfernt ihn aus seiner Welt. Er tut das nicht selbst, sondern lässt es einen Polizisten tun, der am Tod des Vaters auch nicht schuld ist. Niemand ist daran schuld, dass der Vater nicht mehr kommt, wie die Mutter sagte. Alle fiktiv Beteiligten sind über den Tod erschrocken und traurig. Es ist ein Unglück. Um dieses Unglück in seine Welt einzuordnen, hat Max die Möglichkeit, aus einer Auswahl von Spielmitteln das ihm geeignet erscheinende herauszusuchen und das Fehlen des Vaters in unterschiedlichen Szenarien durchzuspielen. In der letzten Stunde wird das für ihn unabänderliche Ereignis dargestellt.

Max verwendet für die Darstellung und Deutung das Spiel als Medium und Playmobilfiguren als Spielmittel.

An diesem Beispiel wird das Medium auch in seiner konstruktiven, rekonstruktiven und dekonstruktiven Wirkung nachvollziehbar.

Die dargestellte Geschichte macht deutlich, dass Max sich zunächst ein Bild von der Veränderung im Hause macht. Dazu symbolisiert er die Trennung; das Ereignis an sich kann noch nicht konkret benannt werden. Deshalb konstruiert er im Spiel eine Situation in einem Haus, in dem ein Mann auf dem Dachboden ist. „Der gehört da nicht hin" sagt Max und lässt die Polizei versuchen, den Mann auf unterschiedliche Weise zu fangen, was nicht gelingt. Nach der misslungenen Jagd kommt jeweils der Hauptmann und schimpft die Polizisten. Er fragt sie, weshalb sie es schon wieder nicht geschafft haben. „Ihr hättet die Türen abschließen sollen!" „Der Mann ist zu schlau und kann viel schneller rennen als ihr!" „Der Mann kann sich in einen Geist verwandeln!" Max rekonstruiert seine eigenen Erfindungen. In der letzten Szene dekonstruiert Max seine Wirklichkeit. Die Sinnlosigkeit der Jagd wird ihm deutlich und er symbolisiert im Spiel die Unumkehrbarkeit der Ereignisse. Der Mann (Vater) kommt nicht nur nicht mehr, sondern er soll auch nicht wiederkommen. Max sucht Lösungen durch kreative Konstruktionen. Kreativität beinhaltet auch immer ein gewisses Maß an Nonkonformität, die sich über das Medium Spiel leichter realisieren lässt. Die Kreativität erleichtert den Variantenreichtum für mögliche Lösungen. Die Symbolisierung ermöglicht die Verlagerung ins Fiktive und damit in eine quasi schuldfreie Zone.

Medien sind Mittler im (heil-)pädagogischen Bezug

Die Wirkung der Medien auf die Beziehungsgestaltung kann oft erst vom Ende her im Hinblick auf das Ergebnis beurteilt werden.

Anders als in einigen spieltherapeutischen Konzeptionen unterstützt der Heilpädagoge nicht nur kathartische Prozesse, sondern nimmt auch oder zugleich Erziehungs- und Bildungsaufgaben wahr.

Häufig ist der Übergeordnete Gegenstandsbezug für ein Kind so wichtig, dass der Bildungszusammenhang im Umgang mit dem Medium eine untergeordnete Rolle spielt.

Ein junger Mann mit Behinderung wird beim Bau von Lautsprecherboxen unterstützt. Eigentlich ist er mit der Konstruktion überfordert. Sein Bedürfnis nach „sich erwachsen fühlen", eine berufliche Identifikation zu entwickeln und nicht zuletzt das Bedürfnis nach Nähe und Kooperation mit dem Heilpädagogen werden ernst genommen und befriedigt. Dies ist wichtiger als die Vermittlung von Bildungsinhalten.

Anders ist dies z. B. bei einem 12-Jährigen, der eine Seifenkiste bauen möchte und in hohem Maße an der Klärung und Realisierung handwerklich-technischer Zusammenhänge interessiert ist. Er hat die Chance, ein individuelles Expertentum zu entwickeln, durch das seine biografischen Erfahrungen kompensiert werden und allmählich in den Hintergrund treten können. Unabhängig von der Verteilung von Kompetenzen geht es beim gemeinsamen Handeln um die Begegnung zwischen Kind und Heilpädagogen auf Augenhöhe.

Durch den Einsatz geeigneter Medien gestaltet der Heilpädagoge einen Orientierungsrahmen, der gewährleisten soll, Kinder zu möglichst selbsttätigem Lernen, zur Übernahme von Verantwortung für das eigene Handeln und das Ergebnis anzuhalten. Überdies sollen sie zu alternativen Handlungsansätzen, reflexiver Wahrnehmung der Vorgehensweise, zum selbstständigen Abrufen von Ressourcen und dem Genuss ihres eigenen Erfolgs hingeführt werden.

Erfahrungen in der Praxis zeigen, dass der heilpädagogische Bezug zwischen Heilpädagogin und Kind wesentlich besser gelingt, wenn der begleitende Heilpädagoge solide Kompetenzen im Zusammenhang mit dem Projekt des Kindes mitbringt. Dies erleichtert die Bereitschaft zur Imitation, Identifikation und Introjektion.

Die Beziehungsgestaltung gelingt meist auch gut, wenn beide, Heilpädagogin und Kind, keine Kompetenzen für die Aufgaben vorweisen können und gemeinsam überlegen müssen, wie Ressourcen zu erschließen sind, die weiter helfen. Diese Voraussetzung verbessert i. d. R. die Interaktion und Kommunikation der beiden. Die Entscheidung, Personen „von außen" um Rat zu bitten, sich etwas zeigen und anleiten zu lassen, oder eine entsprechende Einrichtung zu besuchen, in der Bücherei passende Bücher, Anleitungen auszuleihen, Materialen und Werkzeuge einzukaufen und sich über Spezifika zu informieren usw. erweist sich als günstig für die Beziehungsentwicklung.

Der Bezug zwischen Kind und Heilpädagoge erfährt über die Medien Anregung, Bereicherung und ermöglicht die Herstellung eines optimalen Lernklimas und die Erfahrung von Halt. Kinder anerkennen in ihren Begleiter:innen deren Autorität, ohne in ihrer eigenen Initiative bedrängt oder beeinträchtigt zu werden. Dieser Vorgang zeigt sich immer parallel zum erzielten Fortschritt. Die erfolgreiche Verfolgung eines gemeinsamen Zieles ermöglicht Gefühle der Zugehörigkeit, Gemeinschaftserfahrung, gegenseitige Achtung, Identifikation, Anstrengungsbereitschaft und erleichtert das Vertrauen und die Hoffnung auf eine erfolgreiche Zukunft (motivationale Wirkungen des Mediums).

Fasst man die Wirkungen auf die heilpädagogische Situation zusammen, ergibt sich Folgendes:

- Darstellungs- und Symbolisierungswirkungen,
- Informationswirkungen,
- diagnostische Wirkungen,
- Beziehung bildende, Beziehung gestaltende Wirkungen,
- motivierende Wirkungen,
- Kommunikation fördernde Wirkungen,
- orientierende und ordnende Wirkungen,
- Bildung fördernde Wirkungen,
- Konstruktion, Rekonstruktion und Dekonstruktion anregende
- Wirkungen,
- Sinn erkennende, Sinnentscheidung fördernde Wirkungen.

Selbstverständlich handelt es sich hier nur um Beispiele, weil vor dem Hintergrund der Vielzahl denkbarer Medien deren mögliche Wirkungen nicht vorhergesagt und nicht vorausberechnet werden können.

Wie wählen Kinder und Jugendliche ihre Medien?

Medien erleichtern, zu erkennen, was Kinder und Jugendliche anspricht, was ihr Interesse weckt, was Fragen auslöst und was sie motivieren könnte, eine selbst gewählte Aufgabe und Verantwortung zu übernehmen, worin ihre individuellen und systemischen Ressourcen liegen und was sie wagen könnten. Die Orientierung des heilpädagogischen Mediums am Angesprochensein des Kindes und Jugendlichen „erleichtert die Annahmemotivation dort, wo Annahme eher unwahrscheinlich geworden ist" (Luhmann 1990, S. 179), weil Sinnlosigkeit und Resignation die Reste an Hoffnung und Selbstwirksamkeitsüberzeugung überlagern. Die selbst gewählten Aufgaben sind immer mit der Entscheidung für ein Medium verbunden, mit dem die Kinder oder Jugendlichen ihr Thema bearbeiten können. Ihre Lebenswelt wird verstehbar, Selbstwirksamkeitserfahrungen, lösungsorientierte Interaktions- und Kommunikationsformen und selbsttätiges, selbst initiiertes Lernen sind die Folgen. Selbst initiiertes, selbsttätiges Lernen bedeutet jedoch nicht, dass die Heilpädagogin als Vermittlerin von Welt keine Wirkungen mehr übernimmt. Diese Aufgabe besteht weiterhin, aber die Vermittlung von Welt geschieht nicht in dem Sinne, dass die Heilpädagogin wie in der Schule ein curricular orientiertes Weltbild vermittelt, sondern darauf achtet, vor dem Hintergrund der kindlichen Lebenswelt die Erweiterung des Bodens und des Horizonts des Kindes anzuregen. Die Erfahrungsmöglichkeiten sollen durch die Auswahl von Medien erweitert und nicht begrenzt werden.

Die Vermittlung von Welt erfolgt im heilpädagogischen Kontext im Zusammenhang mit der Lebenswelt des Kindes, seiner Problemstellung und den damit verbundenen Entwicklungszielen.

Lernorte sind Orte von besonderem Interesse

Die Heilpädagogische Ambulanz des Seminars für Heilpädagogik hat in diesem Zusammenhang bewusst Abstand genommen von heilpädagogischen Settings, die sich mehr oder weniger ausschließlich in einem an spieltherapeutischen Konzepten ausgerichteten Spielzimmer orientieren. Entwicklung wird dort erfolgreich angeregt und gefördert, wo das Kind oder die/der Jugendliche am besten ansprechbar und anregbar sind. In diesen Bereichen ist die Lernbereitschaft auch am größten. Dieser Gedanke führt weg von heilpädagogischen Spielzimmern, hin zu offenen Lernorten. Andererseits wurden die Spielzimmer deshalb nicht geschlossen. Beobachtungen haben gezeigt, dass es Kinder gibt, die den sicheren überschaubaren Raum eines Spielzimmers brauchen. Bei ihnen konnten wir feststellen, dass der Wunsch, etwas außerhalb des Spielzimmers zu tun, ein wichtiger Entwicklungshinweis war. Besonders Kinder und Jugendliche mit Behinderungen erfuhren diverse Formen heilpädagogischer Entwicklungsförderung zunächst in einem der Räume der Ambulanz.

Die Erschließung des heilpädagogischen Handlungsortes ergibt sich also vorwiegend aus der Entwicklungssituation des Menschen, in Vernetzung mit seinen Neigungen, Interessen und Ressourcen der heilpädagogischen Fragestellung sowie dem Ort, an dem diese Interessen am besten im Sinne eines heilpädagogischen Lernfeldes zur Geltung gebracht werden können. Es geht hierbei also nicht um Beliebigkeit, sondern um die Differenzierung der Medien, der Inhalte und der Lernorte und damit der Lern- und Entwicklungsmöglichkeiten.

Lebenswelterkundung als Suche nach einem heilpädagogischen Medium und nach einem geeigneten Lernort

Bei der Wahl der Medien zeigt sich, dass Kinder und Jugendliche sich in ihrer Wahl von einem „apersonalen“ Medium (z. B. Spiel, Sport, Technik usw.) angesprochen fühlen und deshalb eines dieser Medien für die Begegnung auswählen. Oder sie lassen sich in ihrer Entscheidung von der Person der Heilpädagogin als Medium leiten. Im besten Falle fühlt sich das Kind von der Person der Heilpädagogin als Medium und einem „apersonalen“ Medium zugleich angesprochen. Der Begriff des „apersonalen Mediums“ hat eine relativ deutliche Unschärfe. Da dieser Begriff in der erziehungswissenschaftlichen Literatur üblicherweise Verwendung findet, wird auf die Entwicklung eines neuen Begriffes verzichtet.

Beispiele für die Auswahl „apersonaler“ Medien

Kindern und Jugendlichen werden zunächst die Räume der Heilpädagogischen Ambulanz gezeigt. Sie sollen erzählen, was sie können, wo sie Erfolg haben, was sie gerne tun und was sie gerne einmal realisieren möchten. Gleichzeitig erzählt die Heilpädagogin, was man in den einzelnen Räumen machen kann. Wenn ein Kind hier aber nichts findet, wovon es angesprochen ist, wird ihm angeboten, in der Stadt, auf dem Lande, in der Natur zu zeigen, was es interessiert.

Einstiegssituationen ergeben sich auf diese Weise ebenso im Streichelzoo wie auch im Modellbaugeschäft, beim Stadtbummel, bei einer Zugfahrt, im Wald beim Stauen eines Baches oder bei Spaziergängen durch Obstplantagen, bei denen das Kind ununterbrochen erzählt und viele andere.

Die Heilpädagogin stellt bei diesen Begegnungen ihre eigenen Bedürfnisse zurück und konzentriert sich zunächst völlig auf die Interessen des Kindes und die Frage, worauf das Kind seine Aufmerksamkeit fokussiert. Es geht darum, Interessen, Neigungen und Motivationen des Kindes zu erkennen, da sie Ausgangspunkt für dessen selbsttätiges Lernen sind.

Einige Kinder können ihre Bedürfnisse formulieren und nutzen die Wahlmöglichkeiten. Sie entscheiden sich schnell für die Küche, das Spielzimmer oder den Mal- bzw. Werkraum der Heilpädagogischen Ambulanz. Andere suchen durch eine schnelle Wahl eine vorläufige Verlegenheitslösung, weil sie mit einer Entscheidung überfordert sind. Manche Kinder wollen in die Stadt oder in die Natur.

In der Regel erweist sich dieses Angebot der offenen Lernorte für die Kinder als fruchtbarer Beginn der heilpädagogischen Arbeit. Selten reagieren sie auf die Möglichkeit, selbst zu wählen und die Themen der heilpädagogischen Arbeit mitzubestimmen, mit einer Anspruchshaltung. Diese zeigt sich dann z. B. darin, dass sie den Heilpädagogen für ihr Wohlbefinden verantwortlich machen oder maßlose Forderungen stellen, um der Auseinandersetzung mit der eigenen Person, den eigenen Möglichkeiten und Grenzen zu entgehen. Auf diese Situationen muss aus heilpädagogischer Sicht geantwortet werden.

Nach der ersten Begegnung werden die gemeinsamen Erfahrungen resümiert und das Kind aufgefordert zu sagen, mit welchen Ideen und Inhalten die gemeinsame Zeit künftig gestaltet werden soll.

Kann ein Kind keine Ideen äußern oder Entscheidungen treffen, wird ihm das Spielzimmer der Heilpädagogischen Ambulanz angeboten. Es wird aufgefordert, alles in Ruhe zu betrachten. Wenn es etwas von Interesse gefunden hat, soll es einfach mit dem Spiel beginnen.

In Einzelfällen gibt es Kinder, die mehrere Stunden nichts tun. Andere beginnen unverfänglich mit einem Brettspiel, entwickeln aber nach kurzer Zeit eigene Initiative und Ideen, welche sie umsetzen wollen. Die meisten Kinder wählen schon sehr bald die sie ansprechenden und ihnen auch entsprechenden Themen und Lernorte.

Ist der Vorschlag des Kindes/Jugendlichen realisierbar und über mehrere Stunden zu bewerkstelligen, entsteht daraus ein Kontrakt, d. h. das gewählte Thema bzw. Medium ist für die dazu notwendige Zeit verbindlich. Diese Zeit wird vereinbart. Währenddessen erhält das Kind keine Unterstützung für andere Aktivitäten.

Die Wahl des Mediums über den persönlichen Bezug

Der Heilpädagoge kann auch selbst zum Medium werden, was Chance und Risiko bedeuten kann.

> „Wenn Erziehung bedeutet, eine Auslese der Welt durch das Medium einer Person auf eine andere Person einwirken zu lassen, so ist die Person, durch die dies geschieht [...] einer eigentümlichen Paradoxie verhaftet. Was sonst nur als Gnade, in die Falten des Lebens eingelegt, besteht: mit dem eigenen Sein auf das Sein anderer einzuwirken, ist hier Amt und Gesetz geworden. Damit aber [...] hat sich die Gefahr aufgetan, dass das neue Phänomen, der erzieherische Wille, in Willkür ausarte; dass der Erzieher von sich und nicht von seinem Begriff des Zöglings, nicht aber von dessen Wirklichkeit aus die Auslese und Einwirkung vollziehe" (Buber 1986, S. 42 f.).

Manche Kinder finden in der ersten Begegnung die Heilpädagogin so sympathisch, dass für sie die Wahl eines Themas bzw. eines „apersonalen" Mediums in den Hintergrund tritt. Sie möchten nur mit Frau X oder Herrn Y zusammen sein.

Ein anderer Weg zur Wahl eines heilpädagogischen Mediums führt über die Interessen, Kompetenzen und Aktivitäten von Studierenden und Mitarbeitenden und ihrer Wirkung als Person. In den Räumen der Heilpädagogischen Ambulanz gibt es Arbeiten von Kindern (z. B. gemalte Bilder, Werkstücke, Fotos), die in heilpädagogischen Situationen entstanden sind oder Arbeiten von Studierenden und Mitarbeitedenn (z. B. Holz- und Metallskulpturen, Musikinstrumente, Holzschnittdrucke, Marionetten usw.). Manche Kinder fragen, wie diese Dinge gemacht werden und ob sie so etwas auch machen dürften. Diese Möglichkeit wird den Kindern und Jugendlichen angeboten. Der Heilpädagoge wird für das Kind zum Modell, an dem es Orientierung und Unterstützung für eigenes Handeln sucht. Das Können des Heilpädagogen erweist sich für das Kind als Identifikationsmöglichkeit. Nachahmung erfolgt ohne Widerstand. Lernergebnisse werden erkannt und sollen vom Heilpädagogen und vom Kind auch benannt werden. Probleme dieser Kinder beim Zuhören, Gehorchen und Folgen spielen in solchen heilpädagogischen Situationen bald eine untergeordnete Rolle. Neben der Tätigkeit beginnen die Kinder auch, Fragen zu ganz anderen Themen zu stellen. Dies wird ausdrücklich zugelassen, wenn man der Situation entnehmen kann, dass die Frage und die Suche nach einer Antwort wichtig sind und nicht nur der Verhinderung von Arbeit und Anstrengung dienen. Im ersten Fall weist der Heilpädagoge darauf hin, dass die Frage wichtig sei und man deshalb kurz die Arbeit ruhen lassen könne. Gegen Ende der Tätigkeit beginnen sich die Kinder i. d. R. aus der Identifikation mit dem Heilpädagogen zu lösen. Dies beginnt oft damit, dass sie die Unterstützung durch den Heilpädagogen aus ihrem Bewusstsein streichen. Solche Prozesse partizipativen Lernens gibt es auch in Verbindung mit unterschiedlichsten Medien, wie z. B. Fahrräder reparieren, klettern, usw.

Nun könnte man glauben, eine heilpädagogische Einrichtung müsse deshalb Mitarbeitende mit unerschöpflichen Kompetenzen haben oder für alle Fälle kompetent sein. Das wäre prinzipiell gut, ist aber nicht notwendig. Interessanterweise spielt die Menge der möglichen Interessengebiete der Heilpädagog:innen eine sehr geringe Rolle im Verhältnis zur erkennbaren Qualität ihrer Kompetenzen. Auffällig ist auch, dass sich Kinder in ihren Entscheidungen für ein Medium weniger für einen Inhalt entscheiden, als für eine Person, die etwas Spezifisches gut kann. Es kann also eine gute Investition sein, die mediendidaktischen Kompetenzen von Mitarbeitenden über Fortbildung zu fördern und das Einbringen dieser Kompetenzen in der pädagogischen Praxis einzufordern.

Im Kontext des partizipativen Lernens sind dem Kind

„die praktischen oder symbolischen Bedeutungskonstellationen des Lerngegenstandes nur soweit zugänglich, wie sie vom ‚Meister' (Heilpädagogen, Anm. d. Verf.) bereits realisiert sind und seine darauf bezogenen Handlungen prägen" (Holzkamp 1995, S. 506).

Die jeweilige Lernproblematik des Kindes entsteht nicht aus der Diskrepanz zwischen den direkt im Lerngegenstand enthaltenen Handlungsmöglichkeiten und deren noch beschränkter Realisierbarkeit im eigenen Handeln, sondern aus der Diskrepanz zwischen den vom Heilpädagogen realisierten und den dahinter zurückbleibenden Handlungsmöglichkeiten des Kindes mit Bezug auf den Lerngegenstand (vgl. ebd., S. 506). Die Grenzen des Heilpädagogen erweisen sich so auch als die Grenzen des Kindes. Die Organisation der Lernsituation ist sachorientiert.

Die Einstiegsituation mit den Kindern hat einen entlastenden Nebeneffekt für die Pädagog:innen. Die Beziehungsgestaltung orientiert sich von vornherein an Sachfragen, die sich aus dem Medium und den Zielen ergeben. Beziehung erhält so Zeit, sich zu entwickeln. Der Druck, möglichst schnell eine sehr gute Beziehung zum Kind aufzubauen, wird deutlich reduziert.

Personale und sog. „apersonale“ Medien sind also eine wesentliche Wirkursache, die Erfahrung machendes Wissen und handlungskompetentes sowie Bedeutung schaffendes Lernen ermöglichen.

Medien, wie z. B. Bewegung, Spiel, Musik, Natur, Handwerk, Kunst, Technik, Sprache, Kommunikationsmedien, Wissenschaft, Religion usw., kommt dieselbe Bedeutung bzw. Wirkung zu wie der Person der Heilpädagogin. Beide Medien, die sog. apersonalen und die personalen, haben dieselben Wirkungen. Heilpädagog:innen können Medien zur Wirkung bringen oder Wirkungen verhindern.

In der Betrachtung bisheriger Begegnungen mit Eltern und Kindern konnte ein sinnfälliger Zusammenhang zwischen Problemstellung oder Vorstellungsgrund des Kindes und seiner Medienwahl in der heilpädagogischen Begegnung festgestellt werden.

Hierzu einige Beispiele:

Problemstellung	**Vom Kind gewähltes Medium**
Fabian (8) mit Diagnose ADHS. Bei zwei weiteren Brüdern wurde ebenfalls ADHS diagnostiziert. In der Familie herrscht eine „chaotische Kommunikation“.	Werken/Holz: Baut Handys, telefoniert im Spiel mit der Mutter. Anfangs hat er „schlechten Empfang“. Die von ihm konstruierten Handys werden aber immer besser.
Chris (10): Der Vater hat ein Suchtproblem. Im betrunkenen Zustand randaliert er in Chris Zimmer und zerstört dessen Sachen.	Werken/Holz: Chris baut eine große wasserfeste Schatzkiste mit großem Schloss, die er im Wald vergraben will. Hinein kommen all die Dinge, die er vor dem Vater schützen will.
Melanie (7) lebt in einer Familie in prekärer Lebenssituation. Die Eltern versorgen das Kind unzuverlässig.	Kochen: Melanie will kochen und kochen lernen. Wenn sie in die Ambulanz kommt, will sie zuerst etwas essen und trinken.
Daniel (10): Mobbingopfer in der Schule. Wurde von anderen Kindern erpresst, geschlagen, getreten, gehänselt.	Werken/Holz: Dennis baut eine Ritterburg, die besonders hohe Mauern haben muss, Kanonen und einen hohen Turm in der Mitte, damit man die Feinde früh erkennt. Dennis erkennt die symbolische Bedeutung seiner Burg und entwickelt parallel zum Bau mit der Heilpädagogin Strategien, wie er vermeiden kann, Opfer zu werden.

Problemstellung	Vom Kind gewähltes Medium
Elias (12) lebt mit seinen Eltern auf einem alternativen Bauernhof. Er hat ein auffallendes Interesse an Technik. Die Eltern (besonders die Mutter) verbieten ihm bislang jeglichen Umgang mit elektronischem Spielzeug, wie z.B. Computer.	Elias geht mit der Heilpädagogin zunächst regelmäßig zum Einkaufscenter, um dort Computerspiele zu spielen. Er entdeckt auf dem Weg dorthin in einem Modellbauladen Bausätze, mit denen er elektrische und elektronische Geräte bauen kann, z. B. Bewegungsmelder, wenn die Mutter zu ihm ins Zimmer kommt. Der Bewegungsmelder verliert in dem Maße an Bedeutung, wie die Mutter ihren engen und rigiden Erziehungsstil aufgibt.
Vanessa (14) hat eine geistige Behinderung. Der Vater ist beruflich viel unterwegs. Ein Geschwister von Vanessa ist ebenfalls geistig behindert. Die Mutter hat im Alltag viel Stress. Ihr Umgang mit Vanessa ist stets sehr hektisch und sprunghaft. Vanessa selbst erlebt sich als störend.	Vanessa landet mit der Heilpädagogin zufällig in der Stadtbücherei. Die Heilpädagogin zeigt ihr Bilderbücher und liest ihr vor. Vanessa beobachtet, wie andere Bücher ausleihen, will das auch und leiht ein Wörterbuch der Physik, um es der Mutter mitzubringen. Dies wiederholt sich fünfmal, bis die Mutter beginnt, Vanessa vorzulesen und Geschichten zu erzählen.
Julian (6): Die Mutter leidet an einer schweren Depression. Sie steht manchmal tagelang nicht auf. Der Vater ist voll berufstätig. Tagsüber könnte Julian zu den Nachbarn. Die Mutter droht, sich umzubringen, wenn er das tut. Julian bleibt deshalb zu Hause bei der Mutter.	Julian spielt im Spielzimmer mit Handpuppen. Die Großmutter wird in eine Hexe verzaubert, die sich nicht mehr bewegen kann, weil sie verzaubert ist. Sie ist so traurig, weil sie nicht aufstehen kann. Im Haus ist es ganz dunkel, man kann die Hexe gar nicht richtig sehen. Nun sucht Julian nach Möglichkeiten, wie man den Zauber lösen könnte.

Tabelle 5: Problemstellung und Medienwahl (Beispiele)

Dies sind nur einige Beispiele, die zeigen sollen, wie treffsicher Kinder und Jugendliche ihr Medium wählen, um ihre Situation in ihrer Lebenswelt symbolisch zu veranschaulichen und zu bearbeiten.

Parallel zur Arbeit mit Kindern finden Gespräche in Elterngesprächsgruppen statt, in denen die möglichen Intentionen der Kinder angesprochen und in ihrer Bedeutung erschlossen werden. Die mediale Darstellung der kindlichen Lebenswelt lässt die Eltern ihre Kinder besser verstehen. Dies führt zur wechselseitigen Beruhigung der Situation, was verbesserte Interaktion und Kommunikation in der Familie zur Folge hat. Vor diesem Hintergrund können Handlungs- bzw. Lösungsalternativen leichter erarbeitet werden.

Die Erfahrung belegt wissenschaftliche Aussagen, dass Bildungsprozesse dort gelingen, wo sie sich am Interesse orientieren und selbsttätiges Lernen unterstützen. Heilpädagogik beinhaltet hier also keine Didaktik der Belehrung, sondern der Ermöglichung von selbsttätigem Lernen und selbstständiger Aneignung. Sie lässt dem Kind Raum für die freie Wahl von Lernhilfen. Dies befähigt zum Erwerb von für das Leben relevanten Fertigkeiten an Wissen und den konstruktiven Umgang mit Deutungsmustern. Es geht nicht darum, Bildungsziele technisch machbar aufzubereiten, sondern dem Kind das Lernen zu ermöglichen, das zur Erreichung der Entwicklungsziele notwendig ist. Hierbei muss es zu einer strukturellen Verknüpfung zwischen den Möglichkeiten des gewählten Mediums und den damit verbundenen Themen und den Entwicklungszielen kommen. Ermöglichung bedeutet demnach nicht, dass ein Kind mehr oder weniger orientierungslose Aktivitäten mit beliebigen Medien unternimmt, sondern dass der Heilpädagoge auf die Ermöglichung der Passung zwischen gewählter Problemstellung, Medium, Thema und Entwicklungszielen achtet.

Die Verknüpfung mediendidaktischer und heilpädagogischer Ziele (didaktische Analyse)

Im vorigen Kapitel wurde festgestellt, dass Kinder in der Lage sind, zur Bearbeitung und Darstellung ihrer Fragen ein geeignetes Medium auszusuchen und auch erfolgreich zu verwenden. Im Zusammenhang mit dem Einsatz von Medien bieten sich vor dem Hintergrund des jeweiligen Gegenstandsbezugs einerseits mediendidaktische Ziele an, die angestrebt werden und wesentlich zur Entwicklung und Bildung beitragen. Andererseits ergeben sich vor dem Hintergrund des Übergeordneten Gegenstandsbezugs Ziele, durch deren Realisierung das Kind bei der Bewältigung von spezifischen Belastungssituationen und/oder bei der Auseinandersetzung mit aktuellen Entwicklungsaufgaben unterstützt werden soll. Ausgehend von der heilpädagogischen Diagnose sind Letztere an einer spezifischen heilpädagogischen Indikation orientiert.

Das bewusste Reflektieren beider Zielebenen ermöglicht die Entwicklung kindzentrierter heilpädagogischer Konzepte, unabhängig von der Auswahl der Medien und unabhängig davon, ob die heilpädagogische Arbeit in der Einzelsituation oder in der Gruppe stattfindet.

Dieselbe Vorgehensweise ist auch im Zusammenhang mit anderen Medien, wie z. B. dem Sport/Trampolinspringen, denkbar. Im Gegenstandsbereich muss für einen Standsprung gelernt werden, wie Körperspannung aufgebaut und gehalten werden kann; im übergeordneten Bereich ergeben sich

Zielvorstellungen, die aus dem Zusammenhang von Gefühl und Bewegung kommen. So zeigt die Erfahrung, dass bestimmte Bewegungen auch nur bestimmte Gefühle zulassen – was dazu führt, dass trotz gleicher sportdidaktischer Zielvorstellungen die übergeordneten Ziele bei Kindern mit Ängsten andere Kategorien erfassen als jene bei Kindern mit Problemen in der Affektsteuerung.

Im folgenden Schaubild werden über die Kategorien ausgewähltes Medium, Thema/Inhaltsbereich, mediendidaktische Bildungsziele zum Gegenstandsbereich und heilpädagogische Ziele aus dem übergeordneten Gegenstandsbereich dargestellt, um einen Einblick in die Verknüpfung dieser Ziele zu geben. Es handelt sich bei dem Schaubild nur um einen Ausschnitt denkbarer Ziele. Selbstverständlich müsste die dargestellte Situation auf eine konkrete Situation (Indikation) ausgerichtet werden. Darauf wurde im Interesse der Darstellung möglicher Differenzierung verzichtet.

Medium Werken		
Thema/Inhaltsbereiche	**Anforderungsprofil Mediendidaktische Ziele (Gegenstandsbereich)**	**Heilpädagogische Zielsetzung (Übergeordneter Gegenstandsbereich)**
▪ Herstellung eines „Formel I-Renn-wagens" aus Holz ▪ Techniken der Holzverarbeitung/Holzbearbeitung und Oberflächenbehandlung	▪ Sich ansprechen lassen von einer Idee. ▪ Sich für eine Idee entscheiden. ▪ Sich entscheiden für ein Material. ▪ Sich entscheiden für ein Medium.	▪ Sich ansprechen lassen, im Angesprochensein verweilen können. ▪ Sich entscheiden können und diese Entscheidung als eine Form der Freiheit erfahren.
▪ Anregungen suchen von Vorbildern in Sportberichten. ▪ Überlegen: ▪ Was soll der Rennwagen alles können? ▪ Welche Ausstattungselemente soll er haben? ▪ Skizze erstellen und Maße festlegen ▪ Ist eine Herstellung aus Holz möglich? ▪ Welche Holzart wäre geeignet? ▪ Holzeinkauf	▪ Kenntnisse über Holzarten und deren Eignung zur Verwendung zum Bau eines Rennautos ▪ Zeichnen (je nach Entwicklungsalter): Perspektivisches Zeichnen, unterschiedliche Darstellungsformen (z. B. Dransicht, Draufsicht, Untersicht) ▪ Kritische Würdigung der Eignung des gewählten Materials ▪ Kenntnisse über Holzarten ▪ Einkauf des Holzes: Qualität, Quellen, Kosten	▪ Fantasie entwickeln, an eigenen inneren Bildern ankoppeln, Selbstzweifel überwinden, etwas wagen, Ideen konkretisieren und kritisch hinterfragen. ▪ Sich ein Bild machen von der eigenen Idee (Skizze) ▪ Die eigenen Antriebe den selbst gewählten Zielen unterstellen.

Medium Werken		
Thema/Inhaltsbereiche	**Anforderungsprofil Mediendidaktische Ziele (Gegenstandsbereich)**	**Heilpädagogische Zielsetzung (Übergeordneter Gegenstandsbereich)**
Entwicklung technischer Fragen und Lösungen: ▪ Wie kann der Rumpf hergestellt ▪ werden? ▪ Wie können Räder hergestellt werden? ▪ Wie funktioniert eine Lenkung und wie lässt sich diese herstellen?	Holzbearbeitungsformen kennenlernen und einüben: ▪ Sägen, ▪ bohren, ▪ schneiden, ▪ schleifen, ▪ feilen, ▪ raspeln, ▪ kleben, ▪ einspannen, ▪ bemalen. Anwendung, Pflege und Sicherheitsvorschriften im Umgang mit Werkzeugen und Maschinen kennenlernen und einüben.	Sich überwinden, Interesse entwickeln, Verantwortung übernehmen, Emotionen regulieren und den Anforderungen anpassen, eigene Stimmungen stabilisieren, sich dem eigenen Wollen unterordnen, dem selbst gewählten Ziel dienen, körperliche Belastung annehmen, Einsicht in die Funktion von Material und Werkzeug gewinnen, Zusammenhänge verstehen, Entwicklung von Beharrlichkeit und Arbeitsroutinen, Reduzierung von Ablenkbarkeit, Wahrnehmen eigener Vorkenntnisse und Ressourcen, Erkennen und Nutzen systemischer Ressourcen, Entwicklung von Mut zur Frage, Grenzen wahrnehmen, Bereitschaft zu lernen entwickeln, eigene Antriebe kultivieren, Entwicklung eines festen Willens.

Tabelle 6: Verknüpfung mediendidaktischer und heilpädagogischer Ziele (didaktische Analyse)

Anregungen zur Erweiterung der Lebenswelt

Die Berücksichtigung der Lebenswelt aller an der heilpädagogischen Arbeit Beteiligten ist ein Leitgedanke des hier dargestellten heilpädagogischen Handlungskonzepts. Sie findet ihren Ausdruck u. a. darin, dass das Kind oder der bzw. die Jugendliche den Hinweis auf geeignete Medien gibt und die Heilpädagogin sich auf diese Idee nicht nur einlässt, sondern zur inhaltlichen Basis für die Arbeit mit dem Kind/Jugendlichen macht. Wie bereits dargestellt wurde, findet über die Auseinandersetzung mit dem Medium eine Horizonterweiterung statt. Sich in dieser Weise vom Kind oder Jugendlichen führen zu lassen schließt jedoch nicht aus, dass Anregungen in Bezug auf andere Medien mit dem Ziel gegeben werden, die jeweilige Lebenswelt zu erweitern.

Lisa, acht Jahre, kommt wegen Enuresis, Schulleistungsstörungen und aggressivem Verhalten gegenüber Mitschüler:innen mit ihrer Mutter in die Heilpädagogische Ambulanz. In einer Begegnung mit der Heilpädagogin spielt sie Verkleiden und veranstaltet eine Modenschau. Die Heilpädagogin fragt, ob sie zu ihrer Modenschau auch Musik brauche, was Lisa bejaht. Im Zusammenhang mit der Musik beginnt Lisa zu tanzen und die Modenschau tritt in den Hintergrund. Sie zeigt beim Tanz ein sehr gutes Takt- und Rhythmusempfinden und ein großes Bewegungsrepertoire.

Lisa hat Freude am Tanz entdeckt. Sie überlegt zusammen mit der Heilpädagogin, wie sie diese Freude öfter haben kann. Diese Beobachtungen teilt die Heilpädagogin der Mutter (Frau B.) im Elterngespräch mit. Die Mutter hat Zweifel, dass Tanzen für Lisas Entwicklung förderlich sei. Schließlich ist sie gegenüber der Argumentation anderer Eltern und der Heilpädagogin nicht verschlossen. Eine Ballettschule sei ihr jedoch zu teuer. Eine der anderen Mütter weist sie auf eine Kindertanzgruppe in der Gemeinde hin, die demnächst eine Aufführung habe. Frau B. besucht eher widerwillig mit Lisa die Aufführung, danach geht Lisa in die Gruppe zum Tanzen. Frau B. lässt sich von Lisas Begeisterung anstecken und sieht mit ihr eine Ballettaufführung im Theater an. Die Anregung zur Erweiterung lebensweltlicher Erfahrungen erfasst nicht nur die Tochter, sondern auch die Mutter.

Anregungen zur Erweiterung lebensweltlicher Erfahrungen entwickeln sich häufig aus der Beschäftigung mit einem Medium. Aus dem Schweißen des Fahrradrahmens eines Jugendlichen ergeben sich z. B. das Schweißen einer Skulptur aus Schrott und später der Besuch einer Kunstausstellung mit Werken des Künstlers Tinguely.

Ein Junge mit Behinderung trägt wochenlang Fanartikel seines Fußballklubs und ahmt Fanverhalten nach. Der Vater kommt nicht auf die Idee, ihn zu einem Fußballspiel mitzunehmen. Er hat Zweifel, ob der Sohn nicht überfordert sei. Im Elterngespräch wird besprochen, wie dies der Vater realisieren könne und er entschließt sich zu einer Zugfahrt und einem Besuch einer anderen Stadt inklusive Bundesligaspiel. Es ist nicht allein Aufgabe der Heilpädagog:innen oder deren Institution, die Erweiterung der Lebenswelt anzuregen und diese Anregung auch in praktisches Handeln umzusetzen, sondern auch die Möglichkeiten solcher Anregungen zu erkennen und im systemischen Kontext anzusprechen.

Kobi geht davon aus, dass Erziehung ihren Ausgangpunkt in einer gemeinsamen Widerfahrnis nimmt, damit diese dann in ihrer (affektiven) Erlebnisseite und kognitiven Erfahrungsseite reflektiert und differenziert werden kann (vgl. Kobi 2010, S. 19). Nach seiner Auffassung hat die Heilpädagogik drei Angebotsformen zu bieten:

- Therapie (als Reparaturbetrieb) mit dem Ziel des Wegschaffens von störenden Hemmnissen psychischer, physischer oder sozialer Art. Therapie will Heilung, Besserung und Perfektionierung erreichen.
- Unterricht im Sinne der Kompetenzvermittlung. Darin liegt auch eine kompensatorische Absicht. Die beschränkenden Auswirkungen von Behinderungen sollen ausgeglichen oder wenigstens gemildert werden.
- Kultivation, die darauf abzielt, personale Identitätsfindung und soziale Integration zu unterstützen.

„Heilpädagogik ist nicht in erster Linie im reparativ-normalisierenden, sondern im kultivatorisch-integrativen Sinne ‚heilend' (sinnstiftend, aussöhnend, verganzheitlichend)" (Kobi 2010, S. 45).

Behinderung widerfährt dem Heilpädagogen ebenso wie dem Menschen mit seiner angeborenen, erworbenen oder zugesprochenen Behinderung. An den Praxisbeispielen im Zusammenhang mit den vielfältigen Medien wird deutlicher, dass es sich im Rahmen der dargestellten heilpädagogischen Handlungskonzepte um Erziehung handelt, die ihren Schwerpunkt wohl in der Kultivation hat, aber durchaus bildende Funktionen und in ihren Folgen auch therapeutische Wirkungen.

Heilpädagogik kann im praktischen Sinne, je nach den lebensweltlichen Bedingungen der beteiligten Personen, unterschiedliche Schwerpunkte einnehmen. Vor dem Hintergrund der jeweiligen Lebensverhältnisse können die Konzepte nicht unter vereinfachenden normativen Setzungen zum Einsatz kommen, sondern müssen durch die Beteiligten ausgehandelt werden (vgl. Grunwald/Thiersch 2008, S. 13ff.). Hierbei geht es jedoch nicht um Beliebigkeit, sondern immer auch um wertgeleitetes Handeln. Im vorausgehenden Kapitel werden die Wirkungen der Arbeit mit Medien, über die sich die pädagogische Intervention vollzieht, dargestellt.

„Eine Pädagogik ohne gesellschaftskulturellen Rahmen, ohne Wertperspektive und ohne personale Präsenz ist keine mehr. Sie implodiert zu bloßer Kinderpsychologie und ad hoc-Therapeutik gegenüber aktuellen Unpässlichkeiten. Erziehung ist nicht social-engineering, sondern handlungsbetonter Appell an die Person" (Kobi 2010, S. 17).

Die Verortung der Heilpädagogik in einen gesellschaftskulturellen Kontext verlangt, vor dem Hintergrund des gesellschaftlichen Umganges mit Behinderten und Ausgegrenzten in der Geschichte und der Gegenwart, eine Wertorientierung im Sinne der Solidarität (Haeberlin 2005, S. 154 und Bleidick 2004, S. 306) und der sozialen Gerechtigkeit (Grunwald/Thiersch 2008, S. 23).

3.1 Das Medium Spiel – theoretische Grundlagen und heilpädagogische Praxis

In diesem Kapitel soll Spiel als Medium heilpädagogischer Handlungen unabhängig von den in sich geschlossenen Konzepten der heilpädagogischen Übungsbehandlung (v. Oy/Sagi 1994) und der sog. Heilpädagogischen Spieltherapie (Simon/Weiss 2008) beschrieben werden. Diese beiden Konzepte werden an allen Fachschulen für Heilpädagogik inhaltlich vermittelt und eingeübt und in der heilpädagogischen Fachliteratur beschrieben.

Das hier dargestellte Konzept orientiert sich am lebensweltlich-ökologisch orientierten Ansatz der Heilpädagogik. Dieser Ansatz hat eine Reihe von Übereinstimmungen mit spezifischen Förderkonzepten (z. B. heilpädagogische Übungsbehandlung), der personzentrierten Spieltherapie sowie mit verhaltenstherapeutischen Methoden. Er sucht seinen Schwerpunkt jedoch nicht in therapeutischen Konzepten, sondern versucht eine Rückbesinnung auf das Pädagogische in der Heilpädagogik. Heilpädagogische Begleitung im Spiel versteht sich als pädagogisches Handeln mit Menschen, die aufgrund von Beeinträchtigungen ihre Selbstverwirklichung und Selbstentfaltung nicht entsprechend ihren individuellen und systemischen Voraussetzungen optimieren können. Behinderungen jeglicher Art beeinträchtigen die Spielfähigkeit in unterschiedlicher Weise. Das Spiel kann dann als wesentliches Medium kindlicher Entwicklung im Kontext der bestehenden Entwicklungsbeeinträchtigungen von Kindern (und Eltern) nicht mehr optimal genutzt werden, weil unterschiedliche Formen von Behinderungen und Beeinträchtigungen auch beeinträchtigte Erziehungsverhältnisse generieren und umgekehrt (vgl. Kobi 1993, S. 149 f.).

Kinder, die unter solchen Bedingungen leben, entwickeln manchmal auch eigene Spiel- und Gruppenkulturen, mit denen sie sich von der Welt der Erwachsenen trennen und schützen wollen.

Aus heilpädagogischer Sicht ist in diesem Zusammenhang die Orientierung an diagnostischen Annahmen und den Bedürfnissen der betroffenen Menschen und ihrer Konstruktion von Wirklichkeit handlungsleitend und nicht eine spezifische Indikation, für die eine Therapiemethode ihre Gültigkeit besitzt (vgl. hierzu auch Kobi 1993, S. 344 f., Schema 52, schematische Gegenüberstellung von Therapie und Erziehung).

In den Konzeptionen personzentrierter Formen der Spieltherapie findet man in den letzten Jahren einen zunehmenden Eklektizismus. Die einzelnen Schulen haben ihren Ausgangspunkt (z. B. personzentrierter Ansatz) immer noch als Schwerpunkt, vernetzen diesen jedoch auch mit anderen Ansätzen (z. B. verhaltenstherapeutische).

Die Praxis heilpädagogischer Spielkonzepte in der Unterscheidung von „Spielförderung" und „personenzentrierte Begleitung im Spiel" ist vor dem Hintergrund unserer Erfahrungen nicht mehr aufrechtzuerhalten. Diese Unterscheidung ist aus dem geschichtlichen Kontext der Entwicklung von heilpädagogischen Methoden nachvollziehbar, jedoch nicht im Zusammenhang mit den Anforderungen der Praxis. Ebenso wie Spiel und Lernen inhaltlich nicht als Widerspruch gelten können, sollten auch Spielförderung und personzentrierte Begleitung im Spiel nicht mehr als Konzepte mit prinzipiell unterschiedlichen Indikationen aufrechterhalten werden. Förderung und personzentrierte Begleitung können bzw. müssen, je nach diagnostischer Annahme, in individualisierten Konzepten zugleich, durchaus aber in unterschiedlicher Gewichtung stattfinden und möglicherweise noch andere Ansätze integrieren. Auch der Versuch, heilpädagogisches Handeln im Spiel auf therapeutische Absichten zu begrenzen, führte zu einer Verengung pädagogischer Möglichkeiten und hat seit Beginn dieser Bemühungen Ende der 1960er-Jahre nicht zu einer professionellen Anerkennung der heilpädagogischen Spieltherapie geführt.

Auch im Bereich der wissenschaftstheoretischen Modelle sind ähnliche Entwicklungen zu beobachten. Man begrenzt sich zur Erforschung eines Gegenstandes nicht mehr auf eine einzelne Methode, sondern nutzt die Methoden, die sich zur Klärung einer Fragestellung am besten eignen (holistischer Ansatz).

Im Bereich der Heilpädagogik scheint es, als wäre es an der Zeit, sich mit der Entgrenzung methodischer Abgrenzungsversuche auseinanderzusetzen und Handlungskonzepte zu entwickeln, die nicht nur auf Förderung oder auf personzentrierte Begleitung im Spiel setzen. Dies ermöglicht es, für

Menschen, die heilpädagogische Unterstützung suchen, Handlungskonzepte zu entwickeln, die der Person und den systemisch-lebensweltlichen Bedingungen gerecht werden, ohne dabei exklusive Wirkungen auszulösen, und gemeinsam nach dem Willen der Betroffenen Inklusionsanstrengungen zu unternehmen, welche die Beteiligten nicht überfordern. Defizitorientierte Ansätze im Spiel sollen jedoch keine Anwendung finden, weil sie der Stigmatisierung und Ausgrenzung den Weg bereiten.

Anstelle einer Spieleingriffspädagogik erscheint es wesentlich angebrachter, dem Kind die Spielumwelt zu ermöglichen, welche Spielprozesse und damit verbundene Entwicklungsmöglichkeiten anregt.

Auch die in den letzten Jahren geforderte ganzheitliche Orientierung erweist sich bei näherer Betrachtung als problematisch. Dem Begriff „Ganzheitlichkeit“ sollte insbesondere im Sinne eines Qualitätsmerkmals von Einrichtungen kritisch begegnet werden. Die Ganzheitlichkeit pädagogischer Konzepte ist nicht realisierbar. Eine „ganzheitliche Erfassung“ eines Menschen ist nicht erreichbar und in ethischer Hinsicht ausgesprochen fragwürdig.

„Das Scheitern an dem Anspruch der Ganzheitlichkeit bewahrt Heilpädagogen möglicherweise vor Allmachtsansprüchen [...] und schützt damit behinderte Menschen in ihrer Integrität" (Schriber 1990 in: Hagmann/Simmen 1990, S. 130).

Der Anspruch an Ganzheitlichkeit im Zusammenhang mit Handlungskonzepten im Spiel ist als idealtypisch zu bewerten. Es kann sich allenfalls um ein Bemühen um Ganzheitlichkeit handeln.

Um diesem nicht erfüllbaren ganzheitlichen Anspruch zu entgehen, wird hier von lebensweltlicher Orientierung gesprochen, wohl wissend, dass man sich zwar um das Verstehen der Lebenswelt eines Kindes und seiner Eltern bemühen, dies aber nicht vollständig erreichen kann. Auch für den Umgang mit dem Kind im Spiel gilt, dass wir nicht in seine Lebenswelt eindringen, aber uns einladen lassen dürfen, an dieser Lebenswelt teilzuhaben. Nicht nur das Verstehen der subjektiven Lebenswelt ist Grundmerkmal heilpädagogischen Handelns im Spiel, sondern auch dessen ökologische Vernetzung (vgl. Einsiedler 1994, S. 42).

3.2 Entwicklungsfördernde Wirkungen des Spiels und Anforderungen an heilpädagogisches Handeln

„Spiel ist eine freiwillige Handlung oder Beschäftigung innerhalb gewisser festgesetzter Grenzen von Zeit und Raum, die nach freiwillig angenommenen, aber unbedingt bindenden Regeln verrichtet wird, ihr Ziel in sich selbst hat und begleitet wird von einem Gefühl der Spannung und Freude und einem Bewusstsein des Andersseins als das gewöhnliche Leben" (Huizinga 1972, S. 34).

In Zusammenhang mit der Realisierung der Bildungsziele in Kindergarten und Schule wird Spiel häufig nur als Vehikel zur Realisierung intentionaler Lernprozesse betrachtet und in seinem Wert als Handeln, frei von äußeren Zwecken, oftmals nicht mehr wahrgenommen. Die Frage nach dem Wesen des Spiels und die Tatsache, dass und wie Kinder im Rahmen selbst initiierter Spielprozesse lernen, wird dabei vernachlässigt, Erkenntnisse zur äußerst begrenzten intentionalen Bildbarkeit von Klein- und Vorschulkindern selten berücksichtigt. Auch in der Ausbildung von Pädagoginnen und Pädagogen wandte man sich lieber der Frage zu, welche Bildungsziele durch intentionale Steuerung erreicht werden können, als zu klären, wie beiläufige und implizite Lernprozesse bei Kindern verlaufen und welche Bedeutung sie für die kindliche Entwicklung und das Lernen in Kindergarten und Schule haben. Entsprechend vernachlässigt wurde auch die Frage, wie pädagogische Handlungskonzepte gestaltet sein sollten, um inzidentelles (beiläufiges) und implizites (unbewusstes) Lernen zu begleiten. Rolf Oerter greift in einem Artikel zum „beiläufigen" Lernen diese Fragen auf. Die wichtigsten Aspekte sollen hier zusammenfassend dargestellt werden (vgl. Oerter 2012).

Die Frage nach der Bedeutung und der Wirkung beiläufigen (inzidentellen) Lernens während Spieltätigkeiten ist auch für die Entwicklung heilpädagogischer Handlungskonzepte bedeutsam, wurde doch auch hier über viele Jahre hinweg die Übung als heilpädagogische Methode favorisiert.

Es ist anzunehmen, dass 70 bis 80 % unseres gesamten Wissens quasi nebenbei erworben wird (vgl. Batseeler 2008; Cross 2006, in: Oerter 2012).

Vor diesem Hintergrund plädiert Oerter für eine bessere Verzahnung von beiläufigem, implizitem Lernen mit intentionalem Lernen.

Kinder lernen im Spiel zunächst ohne eine bestimmte Absicht. Ihre Spielaktivitäten sind auf ganz andere Ziele gerichtet, nur beiläufig wird auch gelernt. Dies lässt sich bei Kindern beobachten, wenn sie z. B. gerade den Wasserlauf eines Bächleins stauen oder auch im Internet surfen.

Die Untersuchungen zum beiläufigen Lernen beziehen sich bisher hauptsächlich auf den Bereich des Spracherwerbs. Das Stimulusmaterial und die Verarbeitungstiefe, die Motivation und Intensität der Beschäftigung mit dem Material werden als bedeutsam für den Wissenserwerb dargestellt. Der Transfer der Ergebnisse auf andere Bereiche ist jedoch denkbar (vgl. Lockhart/Craik 1990; Hulstijn 2011, in: Oerter 2012). Je höher das Explorationsbedürfnis, also das Bedürfnis und das Interesse am Gegenstand, desto mehr beiläufige Lernergebnisse sind zu erwarten. Da im Spiel prinzipiell Umwelt begriffen und erforscht, also exploriert wird, sind Spielhandlungen prinzipiell begleitet von implizitem, unbewusstem Lernen. Stoffer nennt vier Merkmale impliziten Lernens.

1. Die Komplexität der Reizstrukturen

Haben die zu verarbeitenden Stimulusmuster eine hohe Komplexität, ist implizites Lernen besonders wirkungsvoll.

Beispiel: Musikrichtungen lernt man alleine durch Hören zu unterscheiden, ohne benennen zu können, woran man den jeweiligen Stil erkennt.

2. Beiläufigkeit des Lernens

Hört man Musik, um sie nur auf sich wirken zu lassen, also nicht um sie zu analysieren, erwirbt man dennoch ein Verständnis der musikalischen Form. Man kann Stilrichtungen, Sänger, usw. unterscheiden, ohne Ordnungskriterien oder Gesetzmäßigkeiten analysiert zu haben.

3. Neuartigkeit des Reizmaterials

Das unbewusste Lernen ist hoch wirksam, wenn das verwendete Stimulusmaterial nicht durch bereits verfügbare Ordnungsmuster bearbeitet werden kann.

4. Nichtbewusstheit des Lernens

Sowohl der Lernvorgang als auch sein Ergebnis sind nicht bewusstseinsfähig (vgl. Stoffer 2000, S. 218 ff.).

Explizites Lernen geschieht intentional, bewusst und wird durch Wille und Aufmerksamkeit gelenkt. Das Gelernte kann dargestellt werden.

Durch Übung wird das Wissen jedoch automatisiert, beschleunigt und ins implizite Gedächtnis überführt. Dies gilt besonders für motorische und sensorische Fähigkeiten.

Während wir in der ersten Fahrstunde hoch konzentriert sein mussten, um die Pedale nicht zu verwechseln und die Gänge richtig einzulegen, laufen diese Prozesse nach entsprechender Praxis völlig automatisiert ab.

Das beiläufige (inzidentelle) Lernen vollzieht sich zwischen implizitem und explizitem lernen. Beiläufiges Lernen kann bewusste und unbewusste Phasen beinhalten. Ergebnisse des beiläufigen Lernens können also im impliziten und expliziten Gedächtnis gespeichert sein. Implizites und beiläufiges Lernen sind in den ersten Lebensjahren die Hauptformen des Lernens.

Die Fähigkeit zu intentionalem Lernen hingegen ist ein Merkmal der Schulreife. Vor dieser Zeit ist das Kind kaum in der Lage, intentional zu lernen. Kleine Kinder erlernen Sprache implizit und beiläufig. Dasselbe gilt für das Erlernen von Interaktionsmustern zwischen Pflegepersonen und Kind oder das Miteinander in sozialen Gruppen. Kleine Kinder erleben die Welt als ausgesprochen komplex und auch chaotisch. Zu ihren Entwicklungsaufgaben gehört es, durch implizites und beiläufiges Lernen die Ordnung hinter dieser Komplexität herauszufinden. Besonders wichtig ist es, die Regeln (Invarianz) zu entdecken und so herauszufinden was gleichbleibt. Hierzu benötigt das Kind auch ein spielanregendes Umfeld, welches kulturell bedingtes Lernen ermöglicht. Durch die Invarianz und Varianz im Spiel, d.h. durch das Erleben von Regelmäßigkeit und Verschiedenheit, entdeckt das Kind die Ordnung in der Welt. Spielhandlungen üben Fertigkeiten ein und ermöglichen den Aufbau von Routinen. Spielhandlungen werden so zu Formen der Lebensbewältigung.

So ist das beiläufige Lernen eine wichtige Funktion des Spiels. Lernen ist jedoch nicht Ziel der Spielhandlung, es ist ein Nebenprodukt. Im Spiel schafft sich das Kind fiktive Welten (Symbolspiel, mit Beginn des 2. Lebensjahres). In diesen versucht es seine Bedürfnisse unmittelbar zu befriedigen. Es schlüpft in andere Rollen, symbolisiert Handlungen und deutet Objekte um in Gegenstände. Beispielsweise wird eine Plastikschüssel (Objekt) zum Helm, (Gegenstand des Spiels) oder ein aufgerolltes Handtuch zum Baby (vgl. Renner 2008, S. 109). Im Symbolspiel lernt das Kind beiläufig, seine Welt sprachlich und begrifflich zu ordnen. Dieses beiläufige Wissen wird für die Unterscheidung von Wirklichkeit und Phantasie und die Unterscheidung von Bezeichnung und Gegenstand immer wichtiger. „Das in den Spielhandlungen implizite philosophische Wissen ist ein Nebenprodukt“ (Oerter 2012, S. 398). Die philosophischen Grundfragen „woher kommen wir“, „wer sind wir“, „wohin gehen wir“ wohnen dem Spiel inne und werden in Spielinhalten, Spielgegenständen, aber auch Symbolen erkennbar. Menschen spielen alles, was sie von der Welt erfahren, z. B. Zeugung, Geburt, Krankheit, Arbeit, Glück, Tod usw. Diese Spielhandlungen beinhalten die Entwicklung entsprechenden philosophischen Wissens und ermöglichen auch entsprechende Erkenntnis (vgl. Oerter 2012, S. 398). Auch naturwissenschaftliche Gesetzmäßigkeiten werden im Spiel beiläufig gelernt. Beim Spiel mit Steinen lernt das Kind etwas über Größe und Gewicht, beim Fangen spielen etwas über Weg, Zeit und Raum usw. Beim Rollenspiel lernt es beiläufig etwas über soziale Normen, Verhaltenserwartungen. Das Handlungsthema ist immer ein anderes als das beiläufig erworbene Wissen. Das inzidentelle Lernen ist die Lernform, welche in der Vorschulzeit immer und überall stattfindet. Oerter beschreibt, es wäre müßig, alles zu benennen, was Kinder unabsichtlich, d. h. beiläufig lernen. Denn es wären alle Kompetenzen, die das Kind bis zum Schuleintritt erwirbt. Alle wichtigen, für ihr gesamtes weiteres Leben entscheidenden Kompetenzen können Kinder nur durch eigenes Denken und Handeln, durch eigenes Entdecken und Gestalten erwerben (vgl. Oerter 2012, S. 398, 399). Inzidentelles Lernen ist neben der Konditionierung und Nachahmung die wichtigste natürliche Lernform und für das Kind lebensnotwendig. Es lernt so nebenbei die Ordnungsprinzipien seiner Welt und ihre Gesetzmäßigkeiten. Es lernt auch, Sachverhalte gedanklich vorwegzunehmen und zu erkennen, womit es rechnen kann. Das erweitert sein Weltverständnis und schafft Sicherheit. Auch in den weiteren Lebensphasen, bis ins Erwachsenenalter, findet inzidentelles Lernen besonders dort statt, wo der Mensch spielt.

Intentionales zielgerichtetes Lernen findet vorwiegend im schulischen Kontext statt. Es hat explizites überprüfbares Wissen zum Ziel, das nicht zwangsläufig mit der alltäglichen Lebenserfahrung zusammenhängen muss. Wissen wird dort begrifflich und hierarchisch geordnet (vgl. Oerter 2012, S. 399). Das im Spiel erworbene implizite Wissen wird im schulischen Kontext durch intentionales Lernen so strukturiert, dass es als verfügbare Erkenntnis zur Verfügung steht. Explizites, intentionales Wissen ist notwendig, wenn wissenschaftliche Erkenntnisse erreicht werden sollen. Das bedeutet jedoch nicht, dass der Weg der Aneignung dieses Wissens nicht implizit geschehen kann. „Generell lässt sich sagen: alles Wissen, das der bewussten Reflexion bedarf, kann besser und sicherer intentional gelernt werden als nur beiläufig“ (Oerter 2012, S. 400).

Oerter empfiehlt drei Aspekte der Verzahnung von beiläufigem/ implizitem Lernen und intentionalem Lernen in der Schule:

1. Ein besserer Übergang von beiläufigem und implizitem Lernen beim Übergang von Kindergarten und Grundschule. „Der Wechsel von der einen zur anderen Lernform bietet in der Grundschule neue Förderungsmöglichkeiten“ (Oerter 2012, S. 401).

2. Förderung des impliziten Lernens bei Sprache und Musik: Implizites Lernen ist für Spracherwerb und Sprachbeherrschung unverzichtbar. Es verlangt weniger Anstrengung und Konzentration. Dasselbe gilt für die Wahrnehmung und Verarbeitung musikalischer Strukturen und den Aufbau motorischer Leistungen beim Instrumentenspiel. Sowohl im Bereich der Wahrnehmung als auch im motorischen Bereich setzt ab einem gewissen Niveau jedoch das intentionale Lernen ein. Musikalische Strukturen und Motorik müssen analysiert werden, um z. B. den musikalischen Ausdruck zu verbessern. Es folgt intentionales Lernen, also intensives, konzentriertes und zielgerichtetes Üben (vgl. Oerter 2012).
3. Inzidentelles und implizites Lernen in Projekten:

Schulische Projekte haben ihre eigenen Ziele. Ein Theaterprojekt hat z. B. eine oder mehrere Aufführungen zum Ziel. Im Kontext dieser Aktivitäten finden Lernvorgänge statt, die inzidentell, implizit, aber auch intentional verlaufen. „Projekte bilden daher die natürliche Form von Wissens- und Kompetenzerwerb" (Oerter 2012, S. 401).

Diese Erkenntnisse der Psychologie gilt es weiter zu verfolgen und in die Überlegungen zum heilpädagogischen Handeln zu integrieren. Vor allem im Zusammenhang mit früher Förderung und Bildung gilt es nicht zu fragen: wie können wir mit dem Medium Spiel das Kind fördern, sondern: wie können wir das kindliche Spiel fördern, indem wir eine spielanregende Umgebung gestalten und mit dem Kind so in Kontakt treten, dass es selbstbewusst und frei von innerlichem Druck oder äußerlichen Zwängen seine Spielkompetenz entwickeln und entfalten kann.

Aus der Bindungsforschung ist bekannt, dass eine sichere Bindung dem Kind die Freiheit gibt, sich auf Neues einzulassen. Sicher gebunden sein und eigene Erfahrungen machen können ist der Motor der kindlichen Entwicklung. Kinder, denen es an diesen Erfahrungen mangelt, verlieren ihre Spielfreude, den Mut am eigenen Gestalten, ihre Neugier, ihren Explorationsdrang. Sie trauen sich nicht mehr an Neues heran und trauen sich immer weniger zu. Sie werden durch ungünstige individuelle oder soziale Voraussetzungen in ihrer Spielkompetenz beeinträchtigt. Ihre Spielfreude geht verloren, sie können nicht mehr alleine spielen, suchen ständig die Nähe von Bezugspersonen und reagieren gleichzeitig trotzig und aufsässig. Die Kinder werden als „sprunghaft" und „unkonzentriert" beschrieben und sind scheinbar nicht in der Lage, sich länger auf ein Spiel einzulassen.

Unsicherheit, Angst und Druck machen sich breit und erregen im kindlichen Gehirn, Unruhe, Erregung und Stress. Die eigentlich angeborene Fähigkeit, frei zu spielen, verkümmert und der Erwerb der sog. „Metakompetenzen" wird behindert. Die Kinder haben häufig Mühe, die eigene Aufmerksamkeit zu lenken, Impulse zu kontrollieren, sich Ziele zu setzen, Handlungen gedanklich zu planen, Prioritäten zu setzen, Frust zu ertragen, sich in andere Menschen einzufühlen, die Folgen des eigenen Tuns abzuschätzen, sich in andere hineinzuversetzen, oder Verantwortung zu übernehmen.

Ein Beziehungsangebot, das Sicherheit und Orientierung gibt und gleichzeitig zum eigenständigen Handeln anregt und ermutigt, ist notwendig. Ein Kind, welches nicht über eine altersgemäße Distanz zu seinen eigenen Regungen und Emotionen und entsprechende Entscheidungs- und Steuerungskompetenz verfügt, braucht einen äußeren, Halt gebenden Rahmen der Strukturierung.

Kinder sind spielfreudiger, wenn sie wissen, dass jemand für sie da ist und auf ihre Aktivitäten reagiert. Aufmerksames Reagieren weckt beim Kind das Gefühl, etwas Wichtiges zustande zu bringen. Dies führt zu einem anspruchsvolleren Spiel und zu positiver Stimmung. Benennen der kindlichen Initiativen, Zuwendung und Blickkontakt, das Selbstbild des Kindes positiv bestätigen („das war eine gute Idee") und das Strukturieren der kindlichen Initiativen geben dem Kind Halt und ermöglichen dennoch sein freies Handeln. Auch klare räumliche und zeitliche Grenzen, die sich an der Entwicklungssituation des Kindes orientieren, geben dem Kind im heilpädagogischen Kontext Sicherheit und ermöglichen freies Handeln im Spiel.

Heilpädagog:innen müssen der Versuchung widerstehen, mit einem Spieltrainingsprogramm, Konzentrationstrainings oder vergleichbaren Interventionen Kindern wieder zur Spielfähigkeit zu verhelfen. Wenn Kinder sich nicht mehr zutrauen im Spiel frei zu handeln, finden Heilpädagog:innen den Zugang zum Kind über das, was dem Kind interessant erscheint, was seine Aufmerksamkeit erregt, wovon es angesprochen ist oder verhaltene Begeisterung zeigt. Ein Kind mit tendenziell entmutigenden Erfahrungen braucht Unterstützung und Gelegenheit, sich selbst und seine Fähigkeiten nach und nach (wieder) zu entdecken. Es braucht die Erfahrung, dass es den Erwachsenen im Spiel und in der Fantasie gleichtun kann. Das Kind muss seine Fantasie, seine Imaginationsfähigkeit im Spiel als wertvoll und sich selbst frei von äußerem Druck und Zensur erleben. Fehlende Fantasie hat gravierende Auswirkungen auf die Imaginationsfähigkeit und die Bewältigung anstehender Entwicklungsaufgaben. Vorstellungs- und Einbildungskraft, die Fähigkeit zum Fantasieren und Träumen von Dingen und Fertigkeiten, die jetzt noch nicht verfügbar sind oder auch von Aufgaben, die man in der Fantasie schon bewältigt hat, ist eine wesentliche Ressource.

Für die Gestaltung eines spielfördernden Rahmens brauchen Heilpädagog:innen ein prinzipielles Vertrauen in das Kind und seine Fähigkeiten, Potenziale und Ressourcen. Es geht darum, den kindlichen Spielkräften mit Respekt und Achtung zu begegnen. Um die Wirklichkeit der Kinder im Spiel begreifen zu können, müssen Erwachsene sich den Kindern anvertrauen, sich von ihnen führen lassen. Die Kinder sind in ihrem Spiel „Expert:innen in eigener Sache“, Spiel ist ihre Sprache. Heilpädagog:innen ermöglichen dem Kind, dieses Expertentum wieder wahrzunehmen und aus seiner „Sprachlosigkeit“ herauszufinden. Es ist wichtiger, darauf zu vertrauen, dass in der kindlichen Spielhandlung ein subjektiver Sinn liegt und ein Beitrag zur eigenen Lebensbewältigung geleistet wird, als sich verzweifelt darum zu bemühen, Spielinhalte stets verstehen zu wollen oder verstehen zu müssen.

Im heilpädagogischen Kontext geht es hier vorwiegend um die Wirkungen des Spiels und die Frage, was Heilpädagoginnen und -pädagogen lernen müssen, um in diesem Kontext handlungsfähig zu sein.

Um die Wirkungen des Spiels in seiner Bedeutung für den Menschen zu verstehen und Verbindungen zum Spiel des Kindes herstellen zu können, müssen Heilpädagog:innen sich u. a. auch mit ihrer eigenen Spielbiografie bzw. deren ökologischen Mustern beschäftigen, ihre individuellen Spielerfahrungen reflektieren und eigene Spielfreude in die Spieltätigkeit mit Menschen in heilpädagogischen Handlungsfeldern einbringen. Die eigenen Spielerfahrungen beeinflussen zweifellos auch die berufliche Art der spielerischen Interaktion und Kommunikation mit Kindern und Jugendlichen. Deshalb ist die Reflexion und Analyse der eigenen Spielerfahrungen unerlässlich.

Außerdem müssen sich Heilpädagog:innen mit der Frage nach dem Wesen des Spiels auseinandersetzen. Um adäquat im Spiel zu handeln, brauchen sie fundierte Kenntnisse der Entwicklungspsychologie, insbesondere der Spielentwicklung. Ohne Einsicht in entsprechende Entwicklungsmodelle können Spielhandlungen von Kindern nicht verstanden und auch nicht diagnostisch eingeordnet werden.

Um Spiel in seiner Bedeutung für den Menschen verstehen und Verbindungen zum Spiel des Kindes herstellen zu können, müssen Heilpädagog:innen sich mit ihrer eigenen Spielbiografie bzw. deren ökologischen Mustern beschäftigen, ihre individuellen Spielerfahrungen reflektieren und eigene Spielfreude in die Spieltätigkeit mit Menschen in heilpädagogischen Handlungsfeldern einbringen. Die eigenen Spielerfahrungen beeinflussen zweifellos auch die berufliche Art der spielerischen Interaktion und Kommunikation mit

Kindern und Jugendlichen. Außerdem müssen sich Heilpädagog:innen mit der Frage, was Spiel ist, auseinandersetzen. Um adäquat im Spiel zu handeln, brauchen sie fundierte Kenntnisse der Entwicklungspsychologie, insbesondere der Spielentwicklung. Ohne Einsicht in entsprechende Entwicklungsmodelle können Spielhandlungen von Kindern nicht verstanden und auch nicht diagnostisch eingeordnet werden.

Heilpädagog:innen, welche Menschen mit unterschiedlichsten Behinderungen im Spiel begegnen, sollten sich vor diesem Hintergrund mit den theoretischen Grundlagen des Spiels gründlich auseinandersetzen (vgl. hierzu: Scheuerl 1977; Oerter 1999; Renner 2008; Bunk 2004).

Darüber hinaus sollte die Anwendung kommunikationstheoretischer Modelle und Modelle der heilpädagogischen Beziehungsgestaltung zu ihrem professionellen Handlungsrepertoire zählen.

Welche Wirkungen hat Spiel in der Entwicklung von Kindern?

Die Funktionen des Spiels können unter verschiedenen Theoriemodellen beschrieben werden. Hier sollen die Funktionen des Mediums Spiel in einem kurzen Überblick skizziert werden:

- Funktionen des Spiels aus psychoanalytischer Sicht,
- Funktionen des Spiels im Kontext der kognitiven Entwicklung,
- Funktionen des Spiels aus sozialisationstheoretischer Sicht,
- Funktionen des Spiels aus handlungstheoretischer Sicht.

Anschließend wird ein heilpädagogisches Konzept mit dem Medium Spiel an einem Beispiel aus der heilpädagogischen Praxis beschrieben.

3.2.1 Die Wirkungen des Spiels aus psychoanalytischer Sicht

„Die psychoanalytische Theorie der Spielprozesse gründet sich auf die Beobachtung, dass das Kind seine Erlebnisse im Spiel verarbeitet" (Fritz 2004, S. 103). Was verarbeitet werden soll, hat das Kind erfahren oder konkret erlebt. Kinder erfahren z.B. in Geschichten der Erwachsenen von Ereignissen, die ihnen sehr bedrohlich erscheinen und von denen sie annehmen, dass ihnen dasselbe widerfahren könnte. Oder sie machen Erfahrungen im Alltag, wie z.B. bedrohlich erscheinender Umgang zwischen Schüler:innen und Lehrkräften, Konflikte zwischen Eltern usw. Hans Zulliger kennzeichnet Spiel als „Sprache des Kindes" (Zulliger 1967, S. 8).

- Spiel ist Ausdruck der Auseinandersetzung mit Kultur und Natur,
- Spiel ist Ausdruck der Entwicklung und Erprobung des Ich,
- Spiel ist Ausdruck von Bewegtsein und Bewegung.

Psychoanalytische Theorien in der Tradition Freuds verweisen auf drei Funktionen des Spiels:

a) Spiel als Erfüllung von Triebwünschen, Fantasie und Alternativbefriedigung,
b) Spiel als Tarnung, Regression und Flucht vor der Wirklichkeit,
c) Spiel als Angstabwehr und Verarbeitung unbewältigter Erfahrungen.

Zu a: Spiel als Erfüllung von Triebwünschen, Fantasie und Alternativbefriedigung

Psychoanalytische Theorien gehen davon aus, dass das Kind im Spiel mittels Fantasie seine frustrierende Erfahrung in lustvolle Realität umgestalten kann. Aggressive Triebimpulse als Folge von Frustration werden z. B. in Sportspielen sublimiert. Die Annahme, dass im Spiel ausgelebte Affekte die Wahrscheinlichkeit affektiver Impulse in wirklichen Lebensbereichen reduzieren würden, wurde untersucht und deutlich infrage gestellt. Einige Untersuchungen zeigen das übereinstimmende Ergebnis, dass aggressives Verhalten im Spiel das Aggressionspotenzial grundsätzlich erhöht und keineswegs reduziert (vgl. Oerter 1999, S. 176; Renner32008, S. 68).

Auch Kinder mit häufigen Erfahrungen von Niederlagen, Demütigungen und mangelnder Anerkennung können beispielsweise solche Erfahrungen im Spiel aufheben und sich selbst in erfolgreichen, unverletzbaren, siegreichen Als-ob-Situationen darstellen.

Aus heilpädagogischer Sicht geht es darum, z. B. die durch Frustrationen ausgelöste Wut im Spiel auszudrücken und Lösungen zu finden, um Frustrationen und deren Ursachen in der Wirklichkeit zu bewältigen. Jugendliche, die ihre Wut über ihre Benachteiligung in der Familie oder ihr dauerhaftes Schulversagen auf dem Fußballplatz ausagieren, müssen auch darin unterstützt werden, die Ursachen ihres Schulversagens zu bearbeiten.

Zu b: Spiel als Tarnung, Regression, Flucht vor der Wirklichkeit

Kinder finden im Spiel Möglichkeiten, Bedürfnisse oder auch Ansprüche zu befriedigen, die nicht mehr ihrem realen Entwicklungsstand entsprechen (Regression). Dies kann z. B. bei Kindern beobachtet werden, die ein Geschwister bekommen haben und jetzt Baby spielen und auch ein Fläschchen, Windeln usw. wollen. Spiel im Sinne von Tarnung kann z. B. bei Kindern beobachtet werden, die eine Zirkusvorstellung für Erwachsene anbieten und darüber hinwegtäuschen wollen, dass sie eigentlich noch gar keine artistischen Fähigkeiten besitzen. Deshalb zeigen sie „Artist:innen“, die sich besonders tollpatschig anstellen, um von der Wirklichkeit abzulenken (Tarnung), während sie jedoch richtige Zaubertricks beherrschen und diese mit großer Ernsthaftigkeit aufführen.

Ein weiteres Beispiel sind Klassenclowns, die in dieser Spielrolle versuchen, ihrer Wirklichkeit als schwache Schüler zu entgehen oder Jugendliche mit Körperbehinderungen, die als Witzerzähler:innen über ein großes Repertoire von Witzen über Behinderte verfügen. Die Rolle des Witzerzählers übernehmen sie meist in Umgebungen, in denen sie sich wegen ihrer Behinderung unsicher fühlen (Flucht vor der Wirklichkeit, Tarnung des eigenen Unglücklichseins).

Zu c: Spiel als Angstabwehr und Verarbeitung unbewältigter Erfahrungen
Im Spiel können Ängste abgewehrt werden, indem ein Kind z.B. Angst auslösende Rollen selbst übernimmt und so deren Funktionen selbst erprobt und ausführt. Die Identifikation mit dem Aggressor ermöglicht, im Spiel Angst zu reduzieren und Angst auslösenden Situationen und Personen nachzuspüren. Erfolglose Handlungen gegenüber Angst auslösenden Objekten und Hilflosigkeit gegenüber der eigenen Angst können im Spiel probeweise bearbeitet und bewältigt werden. Kinder können so Angst auslösende Erfahrungen kompensieren.

Viele Kinder spielen alles, was ihnen Angst macht (Gespenster, Räuber, Vampire usw.) und entwickeln hierzu entsprechende Spielinhalte. Auch inszenieren sie Inhalte und Themen, die sie aus Filmen, Büchern usw. kennen.

Das Medium Spiel wird von Menschen immer als Element der Lebensbewältigung eingesetzt. Es ermöglicht Kindern und Erwachsenen kathartische Erfahrungen, auch wenn das Spiel nicht therapeutisch begleitet wird. Es gibt jedoch Kinder, deren Erfahrungen und Erlebnisse so belastend sind, dass sie in der spielerischen Wiederholung ihrer Erfahrungen verharren und die Beschäftigung mit dem Problem im Spiel keine Spielvarianten mehr zulässt, weil sie quasi in ihrer Erfahrung gefangen sind.

Sie wiederholen ihre Erfahrungen in nahezu zwanghafter Weise im Spiel, ebenso wie Erwachsene ihre belastenden Erfahrungen ebenso zwanghaft wieder und wieder erzählen, bis sie verarbeitet sind. Die analytische Spieltheorie spricht in diesem Zusammenhang von einem Wiederholungszwang, der mit analytisch-therapeutischen (oder heilpädagogischen) Hilfestellungen in Lösungs- und Bewältigungsformen überführt wird.

Die Psychoanalyse „geht davon aus, dass der seelische Organismus die Reize der Außenwelt nur bis zu einer bestimmten Stärke aufnehmen und assimilieren, das heißt psychisch verarbeiten kann. Ist der Außenreiz zu stark und zu mächtig oder tritt er sehr überraschend in sehr kurzer Zeit auf, ist der seelische Organismus überfordert und behilft sich mit dem Wiederholungszwang: Das traumatische Ereignis taucht in neuer Gestalt wieder auf; der Mensch steht unter dem Zwang, eine von ihm nicht verarbeitete Situation immer wieder neu inszenieren zu müssen“ (Fritz 2004, S. 103).

„Die Spielprozesse, in dem das Kind unlustvolle Situationen inszeniert, sind mit dem Mechanismus des Wiederholungszwanges vergleichbar. Das Kind versucht, seine übermäßigen Lebenseindrücke psychisch zu bewältigen, in dem es das übermächtige Erlebnis durch ‚Neuinszenierungen' in kleine Stücke zerlegt, die es dann nach und nach assimilieren kann. Durch die Tatsache, dass das Kind eine passiv erlebte (und erduldete) Situation in einem Spielprozess neu inszeniert, schafft es einen Übergang von der Passivität zur Aktivität" (ebd., S. 104).

Der Vorgang, in dem das Kind seine Erfahrungen immer wieder neu inszeniert, nach einigen Wiederholungen auch variiert und schließlich mit verschiedenen Lösungen experimentiert, ermöglicht die psychische Verarbeitung und Lösung von seinen Erfahrungen. Diesen Verarbeitungs- bzw. Bereinigungsprozess nennt man Katharsis. Die Katharsis kommt in dem Umfang zum Abschluss, in dem sich das Kind im Spiel auch anderen „Daseinsthematiken“ zuwenden kann (vgl. Thomae 1968).

3.2.2 Wirkungen des Spiels im Kontext kognitiver Entwicklung

Piagets Theorie des Spiels ist eng verbunden mit seiner Theorie der Entwicklung des Denkens.

„Piagets Spiellehre unter dem Titel ‚Nachahmung, Spiel und Traum' (1969) hat gewiss das Ihre dazu beigetragen, dass die Spieltheorie durch die Psychologie der kognitiven Entwicklung überformt und teilweise geradezu blockiert worden ist. Indem Piaget eine ausführliche und anspruchsvolle Theorie des Spiels entwarf, fügte er das Spiel in seine Intelligenz- und Entwicklungspsychologie ein, freilich so, dass erhebliche Teile seiner Phänomenalität und seiner pädagogischen Bedeutung ganz aus dem Blick gerieten" (Flitner 2002, S. 59).

Piaget hat selbst auf die Wichtigkeit des Spiels für die Entwicklung (des Denkens) der Kinder hingewiesen. Aus diesem Zusammenhang wurde abgeleitet, dass man mit Kindern spielen müsse, damit sich ihre Intelligenz entwickelt. So wurde Spiel auf ein lerndidaktisches Medium reduziert. Es besteht kein Zweifel, dass ein Funktionszusammenhang zwischen Spiel und kognitiver Entwicklung besteht. Ebenso wenig ist jedoch zu bezweifeln, dass Spiel weit mehr ist als ein Medium zur Intelligenzförderung.

Im Kontext seiner Theorie der kognitiven Entwicklung bietet Piaget eine Reihe interessanter Aspekte, die für die heilpädagogische Begleitung im Spiel von Interesse sind.

Er geht davon aus, dass alle lebenden Organismen eine Tendenz zur Anpassung (Adaption) an ihre Umwelt haben. Über diesen Anpassungsvorgang versucht der Mensch sein Gleichgewicht (Äquilibration) zu regulieren, wenn ein Ungleichgewicht zwischen Assimilation und Akkomodation entstanden ist. Unter Assimilation versteht man die Anpassung der Umwelt an die eigene Denkweise. Entsprechend seiner kognitiven Entwicklung bezeichnet ein Kind alle Vierbeiner als „Wauwau." Trifft es auf eine Kuh, ist diese auch ein „Wauwau"; korrigiert die ältere Schwester jedoch, dass das kein Wauwau sei, sondern eine „Kuh", gerät das Kind in ein Ungleichgewicht, bis es sicher in der Lage ist, einen „Wauwau" von einer Kuh zu unterscheiden und entsprechend zu benennen. Hier passt das Kind die eigene Denkweise der Umwelt an, dabei handelt es sich um Akkomodation.

Akkomodation ist der Vorgang, in dem sich das Kind nicht mehr seinen Fiktionen unterordnet.

Spiel ist vorwiegend ein assimilativer Vorgang, in dem das Kind die Umwelt seinem Denken bzw. seiner Entwicklung anpasst. Im Gegensatz zum objektiven Denken, das sich an die Erfordernisse der äußeren Realität anzupassen versucht, stellt das Spiel der Fantasie in der Tat nur eine symbolische Transposition dar, die die Dinge der eigenen Aktivität unterordnet, und zwar ohne Regel und Beschränkungen. Das Spiel ist „Denken, das ausgerichtet ist durch das vorherrschende Bedürfnis nach individueller Bedürfnisbefriedigung" (Piaget 1969, S. 117; Röhrs 1981, S. 131). Über seine assimilatorischen Fähigkeiten kann das Kind im Spiel seine Welt so gestalten, dass es nicht ständig mit der Erfahrung konfrontiert wird, der Welt der größeren Kinder und Erwachsenen unterlegen zu sein. Im Spiel kann das Kind das Kleine groß und das Große klein machen, um sich eine Welt zu konstruieren, über die es verfügt, die es bewältigt und die seine Fantasie nicht stört. In diesem Sinne ist Spiel auch eine hervorragende Möglichkeit, sich dem Sozialisationsdruck zu entziehen (vgl. Renner 2008, S. 72f.). Spiel ist mehr als Nachahmung oder Lernen; es steht zwischen Handeln und Träumen, ist nicht nur Reproduktion, nicht nur Vorübung oder Einübung. Spiel ist Vermittlung zwischen Welt und

Ich. Spiel ist ein probeweises Vorwegnehmen künftiger Erfahrungen. Spiel ist freies Handeln, unabhängig von äußeren Zwecken und Erwartungen. Im Spiel erschafft sich das Kind eine Welt, die es assimiliert, d.h. so erschafft, wie es sie sich wünscht und denkt, und wie es glaubt, sie handhaben und begreifen zu können.

Piaget beschreibt in seiner Theorie, die allerdings wegen ihres Stufenmodells in die Kritik geraten ist, vier Stufen der Intelligenzentwicklung. Die Vorstellung, dass sich das Denken in sich geschlossenen, aufeinander aufbauenden Stufen entwickelt, ist vor dem Hintergrund der modernen Entwicklungspsychologie nicht mehr haltbar. Seine Theorie hat die Theorien der kognitiven Entwicklung lange Zeit dominiert. Eine in sich geschlossene Theorie der Intelligenzentwicklung liegt bislang nicht vor. Interessante Ansätze bieten Theorien der Informationsverarbeitung, der Entwicklung sozialer Interaktion und die Konstruktion der Zone der nächsten Entwicklung. (Weiterführende Literatur: Oerter 1999; Siegler 2001.)

3.2.3 Wirkungen des Spiels im Kontext von Sozialisationsprozessen

Die sozialisationstheoretischen Ansätze gehen i.d.R. von drei Annahmen aus, nämlich

a) dass Spiel den Sozialisationsprozess, also das Hineinwachsen eines Menschen in die Gesellschaft, beeinflusst und umgekehrt.
   Spiel wird in diesem Zusammenhang meist mit sozialem Lernen gleichgesetzt;
b) dass sich durch diagnostische Handlungen der Entwicklungsstand des sozialen Lernens untersuchen und Sozialisationsdefizite beschreiben lassen;
c) dass sich diese Defizite durch Trainings- und Förderkonzepte kompensieren lassen.

Sozialisationsprozesse sind Wechselwirkungsprozesse zwischen Individuen und Gesellschaft. Sie bewirken Identitätsentwicklung und die Entwicklung von Gemeinschaften. Die dabei entstehenden Wechselwirkungen sind ausschlaggebend für individuelles und gesellschaftliches Wachstum. Im Rahmen dieses Wachstums lernen Menschen Rollen und entwickeln ein Rollenrepertoire. Rollen sind verknüpft mit gesellschaftlichen Verhaltenserwartungen. Rollenlernen bzw. die Entwicklung eines Rollenrepertoires ist die Voraussetzung für gelingende Sozialisation (gesellschaftliche Integration). Die Sozialisationstheorie von Herbert Mead geht von der Annahme aus, dass der Einzelne seine Identität in organisierten Gemeinschaften oder gesellschaftlichen Gruppen entwickelt.

In diesem Kontext spielt der „signifikant Andere“ eine wichtige Rolle. Als Beispiel kann hier das nachahmende Rollenspiel von Elternrollen (Mutter, Vater) dienen, in dem das Kind die Rolle der Mutter und die damit verbundenen Haltungen, Normen und Wertvorstellungen der Gesellschaft in einer individuellen Ausprägung übernimmt. Die Funktion des signifikant Anderen könnte aber auch der Arzt, die Lehrerin, der Polizist usw. übernehmen. Das Kind übernimmt also die Haltungen der signifikant Anderen und entwickelt so seine Identität und sein Selbstbewusstsein.

Der Prozess des Rollenlernens vollzieht sich nach Mead in drei Stufen:

1. Das nachahmende Rollenspiel (play)
   Das Kind tritt auf spielerische Weise mit einem „signifikant Anderen" in Interaktion. Dieser kann imaginativ präsent sein. Rollenlernen vollzieht sich also durch imaginative Interaktion mit dem „signifikant Anderen". Man kann diese Spielweisen häufig im Alleinspiel von Kindern beobachten. Sie interagieren z. B. im Sandkasten mit nicht wirklich vorhandenen Lastwagenfahrern, Polizistinnen, Baggerfahrern usw. Sie bewegen sich auf diese Weise in verschiedenen Identitäten: der eigenen und der jeweils gespielten. Die Identität des Kindes ist zu diesem Zeitpunkt noch nicht voll entwickelt. Das nachahmende Rollenspiel ermöglicht die Übernahme einzelner Rollen bzw. Haltungen und Einstellungen, die mit Rollen verbunden sind (vgl. hierzu auch Oerter 1999, S. 45–50).

2. Regelrechte Kooperation (game)
   Das Wettkampfspiel trägt Merkmale der Organisation. Im Gegensatz zum nachahmenden Rollenspiel, in dem Rollen signifikant Anderer übernommen werden, müssen im Wettkampfspiel die Rollen mehrerer anderer („generalisierte Andere") übernommen werden. Das Kind übernimmt nicht mehr nur die Haltung einzelner anderer, sondern aller am Spiel Beteiligten. Es handelt aus dem Bezugspunkt Gruppe heraus und muss deshalb nicht nur die eigene Rolle, sondern die Spielregeln der Gruppe (Rollen und Verhaltensnormen aller) berücksichtigen. Es muss einschätzen lernen, wie die anderen auf seine Aktionen reagieren. Dazu muss es sich in die verschiedenen Rollen hineinversetzen. Eine Mannschaft, die gewinnen will, muss deshalb so organisiert sein, dass die Haltung des Einzelnen (z. B. Siegeswillen) in der Lage ist, dieselbe Haltung beim anderen auszulösen. Spielt er in einer Fußballmannschaft, genügt es nicht, die eigene Rolle des Verteidigers zu lernen, sondern auch die Erwartungen an die anderen (Torwart, Stürmer usw.) zu kennen und während des Spiels deren Rollen mitdenken zu können (Perspektivenübernahme). Zu diesem Lernprozess gehört es, mit einer immer größer werdenden Anzahl von Rollenanforderungen fertig zu werden, also auch die Rollen der gegnerischen Mannschaft mit zu bedenken und so das eigene Rollenrepertoire zu erweitern. Die Mannschaft bzw. eine soziale Gruppierung bezeichnet Mead als das „generalisierte Andere". In diesem Entwicklungsabschnitt orientiert sich das Kind also nicht mehr nur an einer (signifikant anderen) Rolle, sondern an allen Rollen, die sich zu organisierten Gruppen formieren, mit

denen es sich identifiziert. In diesen Gruppen entstehen Handlungsprinzipien, die für alle Beteiligten handlungsleitend sind. Das Kind lernt also, sich an der Summe der generellen Erwartungen an seine Rolle(n) zu orientieren und verinnerlicht dabei Normen und Werte, die in der jeweiligen Situation bedeutsam werden.

3. Universelle Kooperation
   In diesem Entwicklungsabschnitt erweitert sich die Perspektivenübernahme. Die Perspektive ist nicht mehr nur die Gruppe, sondern die menschliche Gesellschaft („universell Andere"). Auch diese universelle menschliche Gesellschaft braucht verbindliche gemeinsame Normen, die das Verhalten und den Grad der Kohäsion von Gesellschaften regeln (vgl. Mead 1978).

Mead geht davon aus, dass sich in diesen Formen des Spiels Sozialisationserfahrungen abspielen, die zur Identitätsbildung führen. Identität wird nach Mead durch zwei zentrale Instanzen konstituiert, durch das „I“, das auf die Haltung anderer zur eigenen Person Stellung nimmt, und das „me“, das die verinnerlichten Erwartungen der Umwelt an mich kennzeichnet. „I“ (das personale Selbst) und „me“ (das soziale Selbst) stehen in einem ständigen Dialog. Das Ergebnis des Dialogs bestimmt die Handlungen des Individuums und die Entwicklung des Selbst.

In diesem Kontext werden auch Rollen und damit verbundene gesellschaftliche Erwartungen gelernt, wie z. B. Berufsrollen, gesellschaftlich, sozial und kulturell geprägte Geschlechtsrollen *(gender)* usw. Die Lernprozesse im Sinne Meads entwickeln sich im nachahmenden Rollenspiel und dem Wettkampf im Spiel. Spiel ist damit wichtiger Bestandteil Identität bildender Prozesse.

Identitätsbildung kennzeichnet den Prozess der Herstellung einer Harmonie zwischen Anforderungen der *personal identity* (personale Einzigartigkeit) und der *social identity* (Erwartungen des generalisierten Anderen).

Zur Entwicklung der Ich-Identität ist der Erwerb von vier Kompetenzen ausschlaggebend.

- Rollendistanz:
  Kritik- und Reflexionfähigkeit gegenüber sozialen Normen
- Ambiguitätstoleranz:
  Verhältnis zwischen Rollenerwartung und Rollenentwurf ausgleichen können und die Fähigkeit, Vieldeutigkeit und Unsicherheit bzw. Rollenkonflikte zu tolerieren (vgl. Häcker/Stapf 2009).
- Empathie:
  Sich in andere Rollen einfühlen können.

- Kommunikationsfähigkeit im sozialen Kontext als Fähigkeit, im Zusammenhang sozialer Situationen kommunikativ zu handeln.

(Vgl. zur Sozialisation im Spiel auch Sutton-Smith 1978; Grundmann 1999; Hurrelmann et al. 2008.)

Die Versuchung der Fachleute scheint groß, in Spielsituationen zunächst die Sozialisationsdefizite zu diagnostizieren, um dann fehlende Fertigkeiten isoliert zu trainieren. Aus heilpädagogischer Sicht ist dies problematisch, weil das so initiierte Spiel nur äußeren Zwecken, nämlich der gesellschaftlichen Anpassung dient, ohne die individuellen, lebensweltlichen und systemischen Ressourcen der Betroffenen zu aktivieren. Es besteht die Gefahr, nur einem „Pädagogischen Imperialismus" zu folgen, ohne nach den Zielen der als defizitär Gekennzeichneten und ihrer Angehörigen zu fragen. Defizitorientierte Konzepte bergen die Gefahr, die Multidimensionalität von Entwicklung (und Spiel) zu ignorieren. Schwierigkeiten eines Menschen im sozialen Verhalten betreffen nicht nur soziale Kompetenzen, sondern auch die Entwicklung in den Bereichen Emotion, Kognition, Wahrnehmung, Sprache und Bewegung (vgl. Fröhlich 1985). Heilpädagogische Aufgabe ist es, Spielvoraussetzungen bereitzustellen, die sich am Interesse eines Kindes orientieren und seine Lebenswelt berücksichtigen. Diese Voraussetzungen sollen die Entwicklung und Erprobung sozialer Rollen und den Aufbau von Sozialverhalten und Identität begünstigen sowie das Bildungsinteresse des Kindes unterstützen. Durch die Bereitstellung räumlicher, zeitlicher, materieller struktureller, interaktiver und kommunikativer Bedingungen wird die Entwicklung des Kindes angeregt. Ausgangspunkt ist nicht das erkannte Sozialisationsdefizit, sondern die individuelle Analyse der lebensweltlichen Bedingungen eines Kindes und ein daraus entwickeltes kindzentriertes und systemisch orientiertes Handlungskonzept mit dem Medium Spiel und/oder anderen vom Kind gewählten Medien.

3.2.4 Wirkungen des Spiels aus handlungstheoretischer Sicht

„Handeln bzw. jede Tätigkeit (Leont'ev) ist gekennzeichnet durch seine Zielgerichtetheit (Intentionalität) und seinen Gegenstandsbezug (Objektbezug)" (Oerter 1994, S. 4).

Der Gegenstandsbezug

Der Gegenstandsbezug betrifft bei kleinen Kindern zunächst bestimmte Spielobjekte. Er bleibt während der gesamten Entwicklung erhalten und ist später möglicherweise schwerer zu erkennen, weil der Bezug nicht mehr konkrete Objekte betrifft, sondern Ideen. Alle Handlungen sind gegenstandsbezogen. Der Mensch lernt mit dem Gegenstand auch gedanklich umzugehen. Im Spiel wird der Gegenstand häufig nicht entsprechend seiner kulturell definierten Bestimmung verwendet, sondern entsprechend dem aktuellen Spiel umgedeutet. Aus dem Matchboxauto wird z. B. ein Elektrorasierer, mit dem sich der „Vater" gerade rasiert. In diesem Spiel ist das Kind nicht „abgehoben", sondern geht im Spiel auf, indem es völlig in der Vorstellung versinkt, wie es wäre, müsste es sich rasieren.

Was unterscheidet diese Spielsituation aber von anderen Handlungen?

- Die Zweckfreiheit des Spiels. Der Zweck des Rasierspiels ist nicht die Beseitigung von Bartstoppeln, sondern das Rasierspielen.
- Die intrinsische Motivation, das Flowerlebnis. Dieses Erlebnis ist Voraussetzung, dass das Kind im Spiel aufgeht.

Die intrinsische Motivation besagt, dass Handlungen keine externen Anregungen benötigen, damit sie entstehen oder erhalten bleiben. Spielende Menschen sind für ihr Spiel intrinsisch (aus sich selbst) motiviert. Diese Motivation ist durch folgende Merkmale gekennzeichnet:

- Das Gefühl, der Aktivität gewachsen zu sein,
- die Fähigkeit, sich auf Tätigkeiten zu konzentrieren,
- die Tätigkeit hat erkennbare Ziele,
- die Tätigkeit erhält ein unmittelbares Feedback,
- das Gefühl, die Tätigkeit unter Kontrolle zu haben,
- das Aufgehen in der Tätigkeit bzw. der Verlust von Selbstbewusstheit und Reflexivität,
- das Gefühl für Zeitabläufe ist verändert (Zeitvergessenheit),
- die Tätigkeit geschieht um ihrer selbst willen (ist autotelisch) (vgl. Csikszentmihalyi 1985).

Diese Merkmale sind bei Kindern und Jugendlichen mit ausgesprochen stabiler Selbstwirksamkeitsüberzeugung zu beobachten. Je nach individueller Vorgeschichte sind sie bei Kindern und Jugendlichen in heilpädagogischen Handlungsfeldern eher gering ausgeprägt, im Interesse ihrer Entwicklung jedoch anzustreben oder im Kontext von abweichendem Verhalten zu beobachten. Dennoch ist der Flow im Spiel wahrscheinlich leichter herzustellen, weil durch die Fantasie die assimiliativen Möglichkeiten nahezu unbegrenzt sind und Handlungskonsequenzen außerhalb des Spiels ausbleiben. So ermöglicht das Spiel etwas zu tun, was nicht wirklich ist und etwas zu sein, was man nicht wirklich ist. Es ermöglicht existenzielle Erfahrungen, die in der Realität noch nicht bewältigt werden können, probeweise und ohne äußere Folgen vorwegzunehmen.

Wechsel des Realitätsbezugs

Die objektive Realität des Alltags wird durch Akteur:innen konstruiert, die sich im gleichen kulturellen Kontext befinden (vgl. Mead 1973).

„Im Spiel kann sich das Kind aus seiner gesellschaftlichen Realität herauslösen, sich andere Realitäten als die seine einbilden und reproduzieren" (El'konin 1980, S. 11). Allerdings muss davon ausgegangen werden, dass sich das Kind nur in andere Realitäten versetzen kann, über die es durch innere Bilder verfügt. Das „Tun-als-ob" setzt voraus, dass Erfahrungen, Erinnerungen vorliegen, die die Konstruktion anderer, imaginärer Wirklichkeiten ermöglichen. Es ist die Voraussetzung, welche Ich-Erlebnisse der besonderen Art ermöglicht, auch wenn sie nur vorübergehend sind. Das Kind kann sich eine Wirklichkeit schaffen, in die seine Lebenserfahrung einfließt, in der es etwas wagen kann, was es sich sonst nicht getraut, eine Willenskraft entwickeln kann, die es sonst nicht hat und Gefühle erleben, die sonst blockiert sind. Insofern weckt Spiel Hoffnung und ermutigt zum Wagnis. Im Spiel kann das Kind seine reale Unterlegenheit hinter sich lassen. Es erlebt, dass die Realität des Alltags konstruierbar wird. In Anbetracht der Erfahrungen der Unterlegenheit gegenüber älteren Kindern und der Welt der Erwachsenen wirkt das Spiel für das Kind kompensatorisch, ja lebensnotwendig und konstitutiv für die Entwicklung. Spielanregende Umwelt und Spiel schaffen die Rahmenbedingungen für die Entfaltung von Vorstellung und Fantasietätigkeit.

Aus dieser Perspektive liegt die heilpädagogische Aufgabe darin, Spielvoraussetzungen und Spielgelegenheiten (Rahmenbedingungen) zu schaffen, in denen Kinder mit Verhaltens- und Entwicklungsstörungen zum Spielen angeregt werden, damit sich die heilenden und entwicklungsfördernden Kräfte des Spiels entfalten können. Spiel ist die selbsttätige Vorbereitung auf ein Wagnis in der realen Welt. Spiel macht Hoffnung, die viele Kinder, die uns im heilpädagogischen Kontext begegnen, schon aufgegeben haben. Die Realität dieser Kinder ist oft so belastend, dass sie resignieren und aus der spielerischen Imagination weder Entspannung noch Hoffnung schöpfen können. Diese Kinder brauchen die heilpädagogische Anregung, um ihre Spielfähigkeit zurückzugewinnen.

Wiederholung und Ritual

Aus der zufälligen Erfahrung mit einer gelungenen Tätigkeit entsteht für ein Kind ein Wiederholungsmotiv. Dieses Wiederholungsbedürfnis entsteht jedoch nur dann, wenn das Kind sich die Chance auf die Wiederholung oder gar die Steigerung des Erfolges ausrechnet. Die Faszination am eigenen Können, zufällig oder durch eigene Anstrengung hervorgerufen, verstärkt den Erfolg und führt zur Wiederholung. In der Wiederholung sucht das Kind die Befriedigung seiner Bedürfnisse und hofft, die Spannung im Spiel zu steigern. Dem Können folgen das Variationsbedürfnis und die Steigerung der Herausforderung.

Ein Kind will z. B. der Langeweile entkommen und versucht, einen Straßenbesen auf der Handfläche zu balancieren. Auf Anhieb gelingt dies ca. 10 Sekunden. Der erste kleine Erfolg speist das Bedürfnis, länger balancieren zu können. Nach einiger Zeit und Übung schafft es das Kind ca. 40 Sekunden lang. Der Erfolg soll nun, in der Hoffnung bewundert zu werden, einem Erwachsenen vorgeführt werden. Dieser bewundert das Können des Kindes und verstärkt dessen Flow-Erlebnis. Nun wird das Balancierspiel vom Kind variiert. In vielen Wiederholungen versucht das Kind den Besen nun auf seinen Fingern und zuletzt auf der Daumenkuppe zu balancieren. Es folgt der Erfolg bei weiteren Vorführungen. Diese Wiederholungen gehen so lange, bis die Aufgabe nicht mehr als Herausforderung erfahren wird, das Kind sein Können in sein Selbstkonzept integriert hat und sich neuen Herausforderungen zuwendet.

Das kindliche Wiederholungsbedürfnis ist häufig davon getragen, etwas genauso gut zu können wie die Größeren. Der Wiederholungszwang hingegen wird durch einen Zwang zur Wiederholung unverarbeiteter Erfahrungen erzeugt.

Rituale legen Handlungsverläufe fest und schaffen Sicherheit im Erwartbaren. Im Bereich von Spielhandlungen lassen sich solche Rituale beim Geschichtenerzählen, bei Abzählreimen, bei Theateraufführungen usw. beobachten. Rituale schaffen aber nicht nur Sicherheit, sondern auch Ordnung bzw. Struktur und dadurch Voraussetzung für geordnete Spielverläufe. Rituale vermitteln aber auch Gefühlszustände der abgehobenen Art. Sie legen den Rahmen fest, in dem sich Spiel frei entfalten kann. Durch Wiederholungen und Rituale entwickeln sich nicht nur überschaubare Ordnungen, sondern auch gute Gewohnheiten und Geborgenheit im Sinne Paul Moors. Sie sind eine wichtige Voraussetzung für zukunftsorientiertes Handeln und die Entwicklung von Willensstärke und Gemütstiefe. Für Kinder mit unsicherer Bindung sind Rituale und gute Gewohnheiten eine wesentliche Bedingung, sich auf ein Spiel einzulassen. Sie wissen, was sie erwartet, und dies ermöglicht ihnen ein Maß an Gelassenheit, über das sie in anderen Situationen nicht verfügen, welches sie aber brauchen, um sich auf Neues einzulassen. Weil das Spielergebnis für das reale Leben folgenlos bleibt, erleichtert es dem Kind auch die Wiederholung und Variation. Noch-nicht-Können hat für das Leben außerhalb des Spiels keine Bedeutung. Deshalb ist Spiel für Kinder mit Enttäuschungserfahrungen, Bindungs- und Beziehungsstörungen, aber auch mit dissozialem Verhalten eine Hilfe. Das Kind schafft sich im Rahmen von Spielhandlungen so Voraussetzungen für die Verarbeitung bisher unverarbeiteter Erfahrungen.

Oerters Psychologie des Spiels verweist auf drei Kennzeichen des Handelns im Spiel (Oerter 1999, S. 1–18).

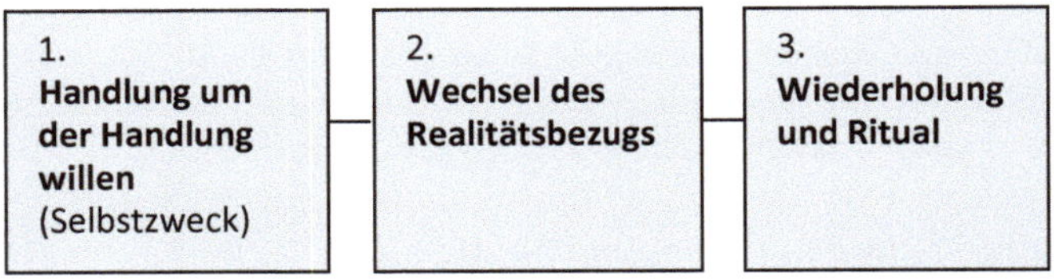

Abbildung 7: Kennzeichen des Handelns im Spiel

Der Gegenstandsbezug im Spiel

Gegenstände, also Gebrauchsgegenstände, ebenso wie Werte, Regeln, wissenschaftliche Begriffe und auch Gegenstände der Natur erhalten ihre Bestimmung erst durch soziale Vereinbarung. Der Umgang mit dem Gegenstand muss im Zusammenhang mit seiner kulturell bestimmten Verwendungsweise gelernt werden (vgl. Renner 2008, S. 85).

Handlungstheoretisch betrachtet wird der Gegenstand erst mit der Entwicklung der Begriffsbildung nicht nur dem Handeln, sondern auch dem Denken verfügbar. Ab diesem Entwicklungsabschnitt wird der (Spiel-)Gegenstand mehr und mehr dem Spielthema untergeordnet. Der Kochtopfdeckel dient beispielsweise der Erzeugung von Geräuschen, entwickelt sich aber mit der Zeit zum Lenkrad beim Autospielen. Zuerst wird der Umgang mit dem Gegenstand gelernt, dann wird der Gegenstand im Spiel nach eigenem Ermessen umgedeutet und verwendet. Mit der Sprachentwicklung wird Symbolspiel möglich. Im Symbolspiel kann ein nicht vorhandener Gegenstand auch durch Wortsymbole, Gesten und andere Zeichen oder Gegenstände ersetzt werden. Mit der Entwicklung der Sprache verliert der Umgang mit materiellen Gegenständen zunehmend an Bedeutung. Sie werden durch Rollen ersetzt. Schließlich führt die Entwicklung des Denkens zur Fähigkeit auf materielle Gegenstände und Tun-als-ob zu verzichten, zugunsten eines „inneren Handelns", dem Denken (vgl. Oerter 1999, S. 24 und Renner 2008, S. 101 f.). Der Umgang mit Gegenständen und die Als-ob-Handlungen sind sehr bedeutsam für die Entwicklung des Denkens. Es ist Aufgabe von Heilpädagog:innen, Kindern Handlungen mit dem Gegenstand zu ermöglichen. Dadurch können diese lernen, den Gegenstand durch ein Tun-als-ob und schließlich das Tun-als-ob durch Denken zu ersetzen. Hierzu müssen Bedingungen geschaffen werden, die selbsttätiges Spiel zulassen und fördern. Dies erscheint oft sinnvoller, als definierte Defizite durch isoliert betriebene (Spiel-)Förderung zu beseitigen. Durch die Konzentration auf das

Defizit muss das Kind dem folgen, was der Heilpädagoge schon weiß bzw. zu wissen glaubt, ohne dass die Erfahrung und das Wissen des Kindes anerkannt und berücksichtigt werden.

Zur Valenz (Wertigkeit) von Gegenständen

a) Subjektive Valenz

Kinder nehmen Gegenstände in ihren Besitz, die subjektive Wertigkeit für sie besitzen. Die Mutter hat z. B. für ein Kind hohe subjektive Valenz, ein Schmusetuch, das als Ersatzobjekt bei Abwesenheit der Mutter dient, ebenso. Dieses sog. Übergangsobjekt ist oft ständiger Begleiter des Kindes. Aber auch Gegenstände mit attraktiven Handlungsmöglichkeiten werden ergriffen und erfahren kurz oder länger das Interesse des Kindes. Gegenstände erhalten so subjektive Valenz. Die Anbindung subjektiver Valenzen an ein Objekt ist einerseits Grundbedingung des Handelns, andererseits Hindernis für einen gemeinsamen Gegenstandsbezug.

b) Objektive Valenz

Die objektive Valenz betrifft die Wertigkeit eines Gegenstandes hinsichtlich seiner objektiven Handlungsmöglichkeiten, unabhängig von subjektiven Deutungen und Wertigkeiten. Die objektive Valenz ist kulturell festgelegt. Gegenstände erhalten objektive Valenz, wenn ein Kind ihre Handlungsqualitäten durch Beobachtung, Erkundung und/oder Nachahmung erfasst hat (vgl. Oerter 1999, S. 31). Objektive Valenz erhält ein Gegenstand überdies, wenn ein Kind begreift, dass der Gegenstand auch von anderen benutzt werden kann. Diese objektive Valenz von Gegenständen muss im Zusammenhang mit der Spielentwicklung und der Verwendung von Spielformen betrachtet werden. Ein Bagger kann z. B. nicht zu zweit bespielt werden. Mit zwei Baggern ist dies jedoch im Parallelspiel möglich. Eine Rolle im Rollenspiel steht meistens auch nicht mehrfach zur Verfügung. Die objektive Valenz der möglichen Rollen in einem Spiel wird konstruiert. So können sich mehrere im Spiel auf einen Gegenstand beziehen (z. B. Rolle des Arztes wird erweitert durch eine Notärztin und einen, der operiert). Wie wichtig die Berücksichtigung des Gegenstandes für das Verständnis von Handlung ist, erweist sich bei der Analyse von Entwicklung in unserer Kultur. Im Gegensatz zu traditionellen Kulturen sind wir von einer unendlichen Vielzahl von Gegenständen in Form eines Warenangebotes überschwemmt. Das Kind, das in diese Warenflut hineinwächst und im Spiel mit Replika oder kindgemäßen realen Gegenständen konfrontiert wird, hat große Schwierigkeiten, sich von materiellen Objekten zu lösen und sich den wesentlichen Aspekten des Rollenhandelns zuzuwenden. Sein Handeln wird auf den Erwerb solcher Güter ausgerichtet sein. Und seine Fähigkeit, Gegenstände selbst zu schaffen oder vorhandene, nicht zu diesem Zweck geschaffene Gegenstände umzudeuten, wird so vernachlässigt, was sich möglicherweise auf seine kognitive Entwicklung auswirkt (vgl. Oerter 1999, S. 36). Manche Tagesstätten nehmen deshalb bestimmte Konzepte des „spielzeugfreien Kindergartens" in ihr Programm auf. Auch für die heilpädagogische Arbeit bedeutet das, dass Spiel anregende Umwelt Spielzeuge begrenzt und Spielmittel und Spieldinge, Räume und Zeit in angemessenem Umfang anbietet, damit problemlösendes Verhalten und Fantasie ausreichend gefordert werden. Aber auch hier ist das individualisierte dem generalisierten Konzept vorzuziehen.

c) Die abstrakte Valenz

Die abstrakte Valenz vereinigt in sich die objektiven Möglichkeiten subjektiver und objektiver Valenz. Ein Mensch hat in der gesellschaftlichen Position Kind eine objektive Valenz. Das Kind, das zugleich Bruder, Klassenkamerad, Torwart einer Mannschaft ist, hat als solches subjektive Valenz. Leistung ist hingegen ein Gegenstand abstrakter Valenz. Leistung bezieht sich auf verschiedene Gegenstände, wie z. B. auf eine Sportart, auf Schule, Ausbildung usw. Leistung bezieht alle Gegenstände ein und ist selbst Gegenstand, wenn Ziele erreicht und konkrete Ergebnisse erzielt werden, in denen sich Leistung als Gegenstand erweist. Abstrakte Valenz entsteht also dort, wo Gegenstände zu einem bestimmten Handlungstypus vereinigt werden.

Wettbewerb ist auch ein Gegenstand abstrakter Valenz. Kleinkinder bis zur Schulreife setzen sich mit der subjektiven und objektiven Valenz des Wettbewerbs auseinander. Sie deuten Gegenstände um, behaupten, etwas zu können, was nicht stimmt und bereiten dennoch das Verständnis von abstrakter Valenz vor. Im Vorschulalter können Kinder die abstrakte Valenz von Gegenständen erkennen. Die Regel hat abstrakte Valenz und erzeugt die abstrakte Valenz von Leistung. Im Regelspiel kann Leistung nach objektiven Kriterien gemessen werden.

Schulkinder mit anhaltenden Misserfolgserfahrungen und Leistungsstörungen können abstrakte Valenzen erkennen, aber häufig nicht anerkennen, weil sie Leistungskontrolle fürchten. Sie erkennen Regeln aus Angst vor neuen Misserfolgen nicht an, versuchen sie zu umgehen, ihre Anwendung zu behindern oder falsch zu spielen. Sie wollen ständig Regeln ändern usw. Spielangebote für solche Kinder sollten zunächst an Gegenständen (Spielthemen) orientiert sein, deren subjektive und objektive Valenz die Spielmotivation nicht beeinträchtigt.

In diesem Zusammenhang soll auch nochmals auf die Bedeutung der offenen (Lern-)Spielorte und die Lebensweltorientierung der heilpädagogischen Spielkonzepte hingewiesen werden, welche sich am Angesprochensein des jeweiligen Kindes von einem Gegenstand, der für dieses eine ganz spezifische Valenz hat, orientiert. Der Gegenstandsbezug ist im Gegenstand der Spielhandlung bzw. im Spielthema erkennbar.

Der gemeinsame Gegenstandsbezug im Spiel

Wiederholung und Ritual im Spiel regeln auch die Formen der Interaktion im Spiel. Im Bereich des sensomotorischen Spiels entwickelt sich z. B. beim Guck-Guck-Spiel oder auch beim Spiel mit Gegenständen (z. B. ein Auto zeigen und mit Geräuschen kombinieren) ein gemeinsamer Gegenstandsbezug.

Beim Symbolspiel einigen sich die Spielpartner:innen auf die Deutung eines Gegenstandes. Oft gelingt dies dem Kind im Spiel mit einem Erwachsenen leichter als mit Gleichaltrigen, weil dieser eher bereit ist, dem Gegenstand des Kindes zu folgen.

Im Parallelspiel fühlt sich z. B. ein Kind von einem Matchboxauto angesprochen (subjektive Valenz) und benutzt es allein zum Spiel. Ein anderes Kind erhebt auch Anspruch auf diesen Gegenstand, obwohl eine ganze Kiste mit weiteren Autos zur Verfügung steht. Es kommt zum Streit und eine Erwachsene weist das Kind, welches auch Anspruch auf das Auto erhebt, auf die Autokiste hin. Dieses wählt auch ein Auto aus, spielt auf demselben Tisch und beobachtet das andere Kind. Schließlich imitieren beide Kinder sich gegenseitig. Über die gegenseitige Imitation kommt es zum wechselseitigen Lernen. Die Kinder schauen sich gegenseitig ab, wie man mit dem Gegenstand umgehen kann und was man jeweils über den Gegenstand weiß.

Auf einem Jahrmarktskarussell fahren Straßenbahnen mit zwei Fahrerplätzen. Man kann beobachten, wie jedes der beiden Kinder denselben Fahrerplatz beansprucht. Die subjektive Valenz wird zum Hindernis im gemeinsamen Gegenstandsbezug. Manche Kinder finden selbst zu einer Lösung (Parallelspiel) und manche brauchen die Vermittlung von Dritten.

Grundsätzlich ist davon auszugehen, dass das Parallelspiel das Rollenspiel vorbereitet (vgl. Oerter 1999, S. 98).

„Im Rollenspiel verändert sich der Gegenstandsbezug selbst in mindestens zwei Richtungen. Nicht mehr einzelne Gegenstände sind das Ziel gemeinsamer Handlungen, sondern das Spielthema, die Spielidee (das Sujet). Damit ist der Gegenstand bereits recht komplex geworden, ein Handlungsmuster, in dem Rollen, Handlungen und Gegenstände als (meist hierarchische) Sequenz geordnet sind. Der gemeinsame Gegenstandsbezug ‚Einkaufen spielen' beinhaltet beispielsweise vorab mindestens zwei Rollen (Verkäuferin und Kunde) sowie zwei reziproke Handlungen (verkaufen – einkaufen). Meist handelt es sich aber um ein komplexes Skript (Begrüßung, Preise erfragen, Auskunft geben, kaufen, bezahlen, Wechselgeld herausgeben, Verabschiedung). Die einzelnen gegenstandsbezogenen Handlungen sind mindestens auf einer Zwei-Ebenen-Hierarchie angeordnet, dem Spielthema und der konkreten Handlung. Letztere wird durch das Spielthema bestimmt und ordnet sich unter" (vgl. Oerter 1999, S. 99 f.).

Im Regelspiel ist der Gegenstand nicht das eigentliche Spiel, sondern nur Bestandteil des Spiels. Kinder entscheiden sich z. B., Räuber und Gendarm zu spielen. Aber erst durch die vereinbarte Regel wird das Spiel zum Spiel. Sie ist wesentliches Spielelement. Ohne Regel entsteht keine Spannung. Die Regel regelt Sieg oder Niederlage. Sie regelt auch den Vergleich der Spieler:innen miteinander. Die Gegenspieler:innen werden an den eigenen Fähigkeiten gemessen. Ein Tischtennisspiel wird z. B. erst zum Spiel, wenn ungefähre Chancengleichheit festgestellt wurde. Deshalb beginnen zwei sich unbekannte Spieler:innen i. d. R. mit dem Hinweis „spielen wir zuerst einmal so …" Kommt es zum Spiel, fühlen sich die jeweiligen Spielpartner:innen verantwortlich für den eigenen Sieg. Allerdings versuchen Spieler:innen auch, je nach Spielstand, den Gegenstand (Schläger, Netz, Platte) oder die Spielregel für die Niederlage verantwortlich zu machen. Der gemeinsame Gegenstand Tischtennis ist also nicht unabhängig von Regeln und Spielmitteln zu betrachten. Der zufällig, d. h., nicht durch eigene Anstrengung erreichte Erfolg wird als „Glück" bezeichnet (Zufallskomponente im Spiel). Spieler:innen unterstellen anderen Spieler:innen, dass sie „von den Göttern bevorzugt" sind und die so Bevorzugten betrachten Glück als Merkmal ihrer Persönlichkeit.

Im Verlauf der Spielentwicklung verändert sich die Valenz des Spiels von der subjektiven Valenz im Parallelspiel zur objektiven Valenz im Rollenspiel und dem Aufbau abstrakter Valenz im Regelspiel.

Kommunikation ermöglicht, dass der gemeinsame Gegenstandsbezug sich von der Handhabung von Spielgegenständen zum gemeinsamen Gegenstand (gemeinsamen Spielthema) entwickelt. Die Funktion der Regel im gemeinsamen Gegenstandsbezug beschreibt Oerter wie folgt:

„Regel und Regelhaftigkeit sind Grundbedingungen des Spiels und bilden die entscheidende Rahmenbedingung für die Aufrechterhaltung des gemeinsamen Gegenstandsbezugs im Spiel. Die Regel wirkt als externe und später als interne Kontrollinstanz für das Spielhandeln und gewährleistet auf diese Weise die gegenseitige Abstimmung der Spielhandlungen bei den beteiligten Spielpartner:innen. Das Kind unterwirft sich offenkundig im Spiel gerne den Regeln, dort wirken sie Spannung steigernd, während Spiele ohne Regeln oder Regelhaftigkeit uninteressant werden" (Oerter 1999, S. 134–146; ergänzend hierzu Renner 2008, S. 101–144; Spielformen).

Der Übergeordnete Gegenstandsbezug (ÜG)

Der Handlungsbegriff im Kontext von Spiel wird von Oerter in Anlehnung an Leont'evs Tätigkeitsbegriff in drei Ebenen gegliedert.

Tätigkeiten	Motiv	Beinhalten Handlungssinn. Aktuelle Themen werden im Kontext bisheriger Lebenserfahrungen abgebildet. Die Tätigkeitsebene stellt den übergeordneten Rahmen für Handlungen und Operationen dar. Sie sind nicht oder kaum bewusst.
Handlungen	Ziel	Sind zielgerichtet, bewusst. Das Ziel ist bekannt. Die (Spiel-)Handlungen lassen sich nach Spielformen und Gegenstandsbezug (Themen) ordnen. Handlungen sind bewusst.
Operationen	Mittel	Sind Routinen, automatisierte Handlungen. Sie sind nicht bewusst, automatisiert, kaum kontrollierbar (z. B. Körpersprache).

Tabelle 7: Ebenen von Spielhandlungen (vgl. Oerter 1999, S. 181)

Nicht die sichtbaren Handlungen kennzeichnen das Spiel, sondern die dahinter liegende Tätigkeit und deren Handlungsmotiv.

Diese Tätigkeit bezeichnet Oerter als Übergeordneten Gegenstandsbezug (ÜG).

Beisptiel

Ein neunjähriger Junge (Paul) erschreckt seine Mutter immer wieder durch makabre Inszenierungen. Nachdem er die Mutter wieder in großen Schrecken versetzt hat, kommen beide zur Heilpädagogischen Ambulanz. Die Mutter erzählt, sie kommt vom Einkaufen nach Hause, ruft nach dem Jungen, erhält aber keine Antwort. Sie findet ihn schließlich „blutüberströmt" mit einem „Messer in der Brust" auf der Terrasse liegend. Wie sich herausstellt, besteht das Blut aus Ketchup und das Messer ist nur täuschend echt platziert. Pauls Freund, den er aufgefordert hatte, das Ketchup über ihm auszugießen, hat sich in Pauls Zimmer versteckt. Er erklärt nach der Entdeckung: „Wir haben doch nur gespielt!" Der Gegenstandsbezug des Spiels der beiden Jungen ist ein „Mordspiel".

Im Gespräch mit der Mutter stellt sich dann heraus, dass alle bisherigen Inszenierungen so angelegt waren, dass man sich um Paul Sorgen machen musste. Im Verlauf der Gespräche gibt es dann deutliche Hinweise, dass Paul im Schatten seiner großen Schwester steht und sich sehr benachteiligt fühlt. Die Mutter des Jungen widmet der Tochter viel Zeit und Aufmerksamkeit. Sie befürchtet, dass der Tochter „etwas passiert" (Missbrauch) und ihr eigenes Schicksal sich so wiederholt. Paul erlebt sich wohl als vernachlässigt bzw. benachteiligt, in manchen Szenen vielleicht auch „tödlich" verletzt. Er macht auf sich aufmerksam, provoziert Zuwendung und zeigt, dass es auch Gründe gibt, sich über ihn Sorgen zu machen, sich ihm zuzuwenden.

Der Sinn des ÜG ist unbewusst und kann deshalb nur aus dem Entwicklungskontext von Paul erschlossen werden. Der Junge hat also keinen Zugang zur Bedeutung seiner Spielthemen. Der ÜG gibt Hinweise auf die unbewusste Spielmotivation.

Der Mensch bildet im Laufe seiner Entwicklung ein internes Erfahrungsmodell, in dem sich die gemachten Selbst- und Umwelterfahrungen zu einem gesamten Handlungsmodell verbinden. So ordnen sich die Erfahrungen mit der Welt zu einem immer differenzierteren Modell des Selbst und der subjektiven Lebenswelt. Das Wissen von der Welt und dem eigenen Selbst ist nicht immer sofort verfügbar und ganz oder teilweise unbewusst.

Die Fähigkeit zur Symbolisierung im Spiel ist die Voraussetzung, dass ein ÜG eindeutig erkennbar wird. Der ÜG dient der Realitätsbewältigung und wird mit dem Auftreten des Selbstbewusstseins wirksam.

Er thematisiert die eigene Existenz, tritt aber nicht spontan auf, sondern wird wirksam, wenn das Kind Erfahrungen der Selbstwirksamkeit macht.

Durch Nachspielen und Nachgestalten seiner Realität versucht das Kind, im Spiel seine Erfahrungen zu bewältigen. Es kann seine Eindrücke oft nicht gleich verarbeiten, weil kognitive Schemata fehlen, durch die es seine Erfahrungen assimilieren kann. Deshalb werden Erfahrungen so lange durch nachvollziehende Handlungen im Spiel abgebildet, bis die Realität bewältigt ist. Dabei werden keineswegs nur reale Situationen abgebildet, sondern es wird häufig in fiktiven Situationen agiert, die die realen Gegebenheiten symbolisieren oder transformieren (vgl. Renner 2008, S. 96 f.). Eine weitere Form der Realitätsbewältigung ist der radikale Realitätswechsel. Dies ist bei Kindern zu beobachten, die ihre Alltagswelt nur schwer aushalten können (Demütigungen, Beschimpfungen, Lieblosigkeit, Mangel an Bejahung usw.). Sie versuchen, ihren belastenden Alltag hinter sich zu lassen und flüchten in eine Scheinwelt, eine Welt, die sie so konstruieren, wie sie sie aushalten können. Dort sind sie z. B. Riesen, Herrscherinnen, Zauberer, unbezähmbare wilde Tiere oder Ähnliches. Kindern, die Schutz in diesen Rollen und Spielthemen suchen, fällt es schwer, aus ihrer Scheinwelt herauszutreten, was vonseiten ihrer Umwelt häufig mit Affektausbrüchen und Sanktionen quittiert wird. Deshalb begeben sich diese Kinder verstärkt in ihre Gegenwelten, in denen die Eltern, Lehrkräfte und Erzieher:innen machtlos sind und zu welchen diesen auch der Zutritt verwehrt wird.

Zusammenfassend kann der Zusammenhang von ÜG und Spiel in Anlehnung an Oerter wie folgt dargestellt werden:

Der ÜG ist nicht oder teilweise bewusst, und erzeugt ein kognitivaffektives Ungleichgewicht. Er speichert Wissen im Gedächtnis und bildet Problemlagen ab, die auf Bearbeitung warten.

Spiel wird zum einen vom ÜG durch ein bestehendes unbewusstes Ungleichgewicht motiviert und reguliert, zum anderen wird der ÜG durch Reize in der Spielsituation aktiviert, wenn diese mit Gedächtnisspuren gekoppelt werden, die stark ausgeprägt sind (vgl. Oerter 1999, S. 273).

Die räumliche und erzählende (narrative) Darstellung ermöglicht die Verarbeitung des ÜG im Spiel. In der Verarbeitung wird das früh entwickelte Verständnis von psychosozialen Beziehungen, räumlicher Nähe und Distanz sowie von episodenhaften Erfahrungen genutzt. Das Spiel fasst so die unbewussten Inhalte des ÜG zu einer ausschnitthaften oder vollständigen Darstellung zusammen.

Die sprachliche Beschreibung des Themas (z. B. durch den Heilpädagogen) bewirkt eine Verdichtung und Abstraktion, welche so in der kognitiv-affektiven Struktur des Kindes nicht oder noch nicht existiert.

In diesem Zusammenhang soll auf zwei Formen des Spiels hingewiesen werden, die häufig vernachlässigt werden: das Spiel für Kinder und das Erzählen. Beides sind Spielformen (Rezeptionsspiel), die der Heilpädagogin einen Weg zum Kind und auch zum Gespräch öffnen können. Auch wenn das Kind in einer Rezipientenrolle ist und „nur" hört, erhält es dennoch durch eine Erzählung Impulse zur Verarbeitung ungelöster Konflikte. Manche Kinder, die Probleme haben, selbst zu spielen, sind über die Erzählung erreichbar und finden so den Weg zur Wiederaufnahme des eigenen Spiels, das z. B. durch traumatische Erfahrungen blockiert war.

Dasselbe gilt für das Spiel für Kinder. Heilpädagogische Begleitung zur Wiederherstellung der Spielfähigkeit kann auch dadurch geschehen, dass der Heilpädagoge dem Kind etwas vorspielt, mit ihm eine Vorstellung im Theater/Kino besucht oder einen Film betrachtet. Sofern die Darstellungen den Problembereich des Kindes symbolisieren, können sie eine Brücke zum eigenen Spiel des Kindes sein. Besonders geeignet sind gute Aufführungen eines Figurentheaters (vgl. Gauda 2007; Schenda 1993). Die Studierenden der Fachschule für Heilpädagogik spielen vor diesem Hintergrund immer wieder Theater für die Öffentlichkeit, zu der die Kinder aus der Praxis eingeladen werden. Dabei konnten wir feststellen, wie fasziniert Kinder – unabhängig von ihren Entwicklungserschwernissen – vom Theater sind, und dass das Erlebnis ihre eigenen Darstellungsbedürfnisse und die spielerische Bearbeitung ihrer unverarbeiteten Erfahrungen stark anregt.

Dasselbe gilt für das Erzählen, welches das Bedürfnis zu horchen, aber auch das Bedürfnis selbst zu erzählen, gehört zu werden und dazustellen anregt.

Das Spiel des Kindes, aber auch das Vorspielen von Erwachsenen erhält so eine Art Vermittlungsfunktion. Es dient einerseits dem agierenden, andererseits dem hörenden und beobachtenden Selbst als Aktionsfeld. Auf dieser Probebühne des Spiels, in dem der ÜG im Spiel vergegenständlicht und symbolisiert wird, variiert und formt das Kind sein Selbst vorübergehend oder dauerhaft.

Handlungstheoretische Grundlagen gelten nicht nur für das Verständnis von Spiel, sondern können auch das Verständnis von Enkulturationsprozessen und des Kulturschaffens erleichtern.

Dadurch wird Huizingas kulturanthropologische These vom Ursprung der Kultur im Spiel durch handlungstheoretische Erklärungsansätze präzisiert.

Für die heilpädagogische Begleitung von Kindern im Spiel ist Oerters handlungsorientierter Ansatz von Interesse. Die Unterscheidung des Gegenstandsbezuges und seiner Valenzen und des Übergeordneten Gegenstandsbezuges des jeweiligen Spiels bieten die Möglichkeit eines verstehenden Zugangs zu den Spielaktivitäten von Kindern.

Die Interaktion und Kommunikation mit dem Kind – auch in anderen Handlungskontexten, wie z. B. Bewegung, Musik, Werken, Hausaufgaben – und die Kommunikation und Interaktion mit Eltern helfen, den Gegenstandsbezug und den Übergeordneten Gegenstandsbezug des Spiels im Entwicklungskontext des Kindes zu verstehen.

Das heilpädagogische Handlungskonzept kann so individuell mit dem Kind abgestimmt werden. Dadurch kann es gelingen, Spielvoraussetzungen zu schaffen,

- die das Kind in Zusammenhängen ansprechen, in denen es für Erfahrungen des Angesprochenseins empfänglich ist;
- die geeignet sind, sein Interesse zu wecken;
- die dem Kind durch Selbsttätigkeit Flow-Erlebnisse bereiten, die seine Selbstwirksamkeitsüberzeugung unmittelbar stärken;
- die das Bedürfnis wecken, mehr zu können und mehr zu wissen;
- die das Kind ermutigen, Unterstützung zu suchen, wenn es sie braucht;
- die es befähigen, im gemeinsamen Gegenstandsbezug zu agieren;
- und ihm helfen, neue Erfahrungen und deren individuelle Bedeutung zu erschließen und so seiner Lebenswelt neue Horizonte zu eröffnen.

Darin liegt die Herausforderung für das Kind und die heilpädagogische Begleitung.

Für Heilpädagog:innen ist dieses Konzept immer wieder mit der Erfahrung verbunden, dass Kinder sich von (Spiel-)Dingen angesprochen fühlen, für die sie selbst zunächst keine Ressourcen verfügbar haben. Dann ist zu überlegen, ob es sinnvoll ist, sich diese Ressourcen anzueignen. Wenn für das Kind der Umgang mit dem Spielgegenstand wichtiger und Erfolg versprechender ist als die Beziehungsebene, dann ist es sinnvoll, Netzwerke zu erschließen, die dem Entwicklungsbedürfnis des Kindes gerecht werden. Kompetente Unterstützung und Anleitung schafft Vertrauen und unterstützt den Aufbau von Beziehung. Wer beispielsweise vom Fußballspiel Ahnung hat, kann eine Fußballmannschaft besser trainieren als jemand, der nie Fußball gespielt hat. Vor diesem Hintergrund hat der fußballkompetente Trainer auch bessere Voraussetzungen für eine positive Beziehungsgestaltung zu Einzelnen und zur gesamten Mannschaft als der ahnungslose.

Die Zone nächster Entwicklung

Um zu lernen, suchen Kinder Menschen, die etwas können, was sie selbst noch nicht können. Diese Menschen sind für sie besonders attraktiv, weil sie sich in der Zone nächster Entwicklung bewegen. Jedes Kind bringt jeweils andere lebensweltliche Erfahrungen mit. Deshalb können Kinder sich auf diese Weise gegenseitig anregen. Auch Heilpädagog:innen bringen andere Erfahrungen mit als Kinder. Sie müssen lernen, die Lebenswelt des Kindes mit ihrem Wissen nicht zu kolonialisieren, sondern Anregung so zu gestalten, dass sie dem Kind nicht aufgedrängt wird. Den Abstand in der Zone nächster Entwicklung so zu nutzen, dass das Kind seine Fragen selbstständig löst und zugleich das potenzielle Niveau der Pädagog:innen nutzbar wird, braucht gute Selbst- und Fremdbeobachtung. Besonders im Bereich des Fantasiespiels fällt es Erwachsenen oft schwer, sich am Spiel der Kinder zu beteiligen. Leichter geht das mit Alltagsthemen. Die Spiel- und Sozialkompetenz der Spielpartner:innen spielt hier also eine wichtige Rolle, unabhängig davon, ob es sich dabei um ältere Kinder oder Erwachsene handelt. Das Beachten der Zone nächster Entwicklung ist nicht nur im Zusammenhang mit der Interaktion im Spiel wichtig, sondern sollte auch in der Wahl der Spielorte und der Spielmittel berücksichtigt werden.

Gute entwicklungspsychologische Kenntnisse und diagnostische Kompetenz erleichtern Heilpädagog:innen, die Zone nächster Entwicklung eines Kindes zu erkennen und mit angemessenen Anregungen auszustatten. „Die Zone nächster Entwicklung umreißt […] den Leistungsbereich oberhalb des gegenwärtigen Entwicklungsniveaus, den das Kind sich als nächstes aneignen wird. Der Weg führt dabei von der Bewältigung einer Aufgabe durch Instruktion und andere Formen der Unterstützung seitens kompetenter Partner zu ihrer selbständigen Meisterung“ (Oerter 1999, S. 148).

Spielmittel:
Kinder assimilieren unterschiedlichste Spielzeuge, Gegenstände, Materialien und Spielmittel, um ihre Situation darzustellen bzw. zu symbolisieren und zu bearbeiten. Dazu gehören

- Spielzeuge: zum Zwecke des Spiels hergestellte Gegenstände, welche die Natur und Kultur abbilden (z. B. Tiere, Bäume, Autos, Sterne, Häuser, Maschinen, Technikbaukästen, aber auch Modellbausätze usw.);
- Spieldinge: nicht zum Zwecke des Spiels hergestellte Gegenstände, die aber im Spiel Verwendung finden, wie z. B. Werkzeug, Gegenstände aus Haus und Garten, Küchengerät, Kleidungsstücke von Erwachsenen. Kinder verwenden durchaus einen kleinen alten Fernseher als Monitor für ein Raumschiff, mit dem sie einen Science-Fiction Film nachspielen. Dabei sehen sie auf dem Bildschirm Dinge, die nur die Mitspieler:innen sehen. Ebenso gut kann aber auch eine Parkbank zum Piratenschiff werden oder eine alte Tortenspritze zur Laserkanone des Raumschiffs;
- Spielmaterialien wie z. B. Modelliermassen, Holzstöcke, Stoffe, Zweige, Pappe, Erde, Sand, Gips, Farben, Wasser, Schnee usw.

Es ist sinnvoll, sich in der Wahl der Spielmittel von den Kindern in ihre Lebenswelt einladen zu lassen, falls sie das wünschen.

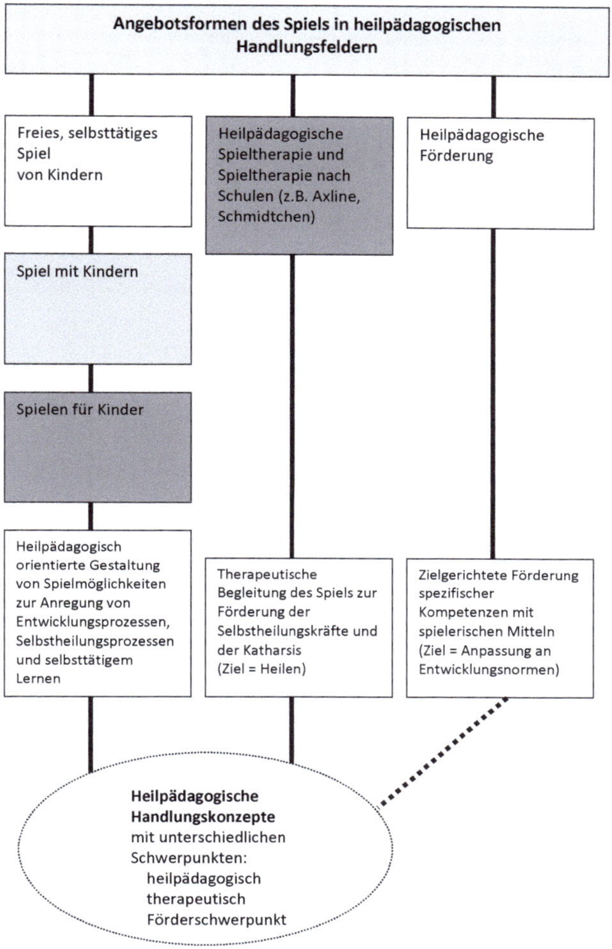

Abbildung 8: Angebotsformen des Spiels in heilpädagogischen Handlungsfeldern (eigene Darstellung)

In die heilpädagogische Arbeit außerhalb des Spielzimmers muss möglicherweise im begrenzten Umfang weiteres Material eingebracht werden. Je nachdem, in welchem Gegenstandsbereich ein Kind agiert und welche Welt sich das Kind im Spiel konstruieren will, können dies ein Taschenmesser und eine Rolle Blumendraht sein oder ein Seil, eine Schnur, eine Taschenlampe. Dem Spiel geht häufig die Herstellung von Spielzeug voraus. Im Wald z. B. wird von Kindern oft an einem Bach ein Rindenschiff gebaut. In der Bauphase, bevor mit dem Schiff gespielt wird, kann meist nur das Kind selbst definieren, ob es gerade ein funktionsfähiges Schiff konstruieren will oder in dieser Situation eher dem Gefühl nachspürt, ein Schiffsbaumeister zu sein. Über den Umgang mit Medien wird deutlich, dass wir es meist nicht mit reinen Spielsituationen zu tun haben, sondern das Spiel mit zielorientierten Arbeitsprozessen wechselt (oder gar „verschwimmt“).

Heilpädagogische Arbeit mit dem Medium Spiel verlangt von Heilpädagog:innen zunächst fundierte entwicklungspsychologische Kenntnisse, insbesondere Kenntnisse über die Spielentwicklung des Menschen sowie grundlegende Kenntnisse der Spieltheorie. Darüber hinaus sollte die Einstellung gegenüber Spielen mit Kindern von eigenen positiven Spielerfahrungen, Fantasie und Spielfreude getragen sein.

3.2.5 Praxisbeispiel: Wirkungen des Spiels im Kontext der Entwicklung von Mia

Ausgangsbedingungen für die heilpädagogische Begleitung

Mia (4;9) wird auf Anraten eines Kinderarztes in der Heilpädagogischen Ambulanz vorgestellt. Bei der Vorsorgeuntersuchung U8 wurden Entwicklungsrückstände im Zusammenhang mit Motorik, Feinmotorik, dem Konzentrations- und Wahrnehmungsvermögen und der Sprache festgestellt. Die Mutter, Frau Haas, berichtet, Mia spreche zu Hause wenig und lediglich in Zwei-Wort-Sätzen. Sie male gerne, dabei aber nur kritzeln. Oft sitze sie am Tisch und schneide Formen aus Papier aus. Eine Orientierung an Linien gelinge ihr aber nicht. Kontakt zu Gleichaltrigen nehme sie kaum auf. Von weiteren Spielaktivitäten des Kindes kann die Mutter nichts berichten.
Mia wurde bereits bei einem Augen- und einem Ohrenarzt vorgestellt. Organische Ursachen für die Entwicklungsstörung lassen sich ausschließen.
Mias Eltern sind geschieden. Das Kind lebt, zusammen mit einem etwas älteren Bruder, bei der Mutter. Diese berichtet, dass es aufgrund ihrer eigenen Erkrankung und den damit verbundenen stationären Aufenthalten immer wieder zur Trennung von Mutter und Kind kommt. In dieser Zeit versorgt der Vater die Kinder. Über ihre Erkrankung will die Mutter nicht sprechen.

Im weiteren Gesprächsverlauf sind zusätzliche Entwicklungsrisiken zu erkennen, z. B. niedriger Bildungsstand der Eltern, Arbeitslosigkeit, Armut, chronische Trennungskonflikte. Über soziale Netzwerke, Ressourcen, die in der Familie oder im Umfeld liegen, kann die Mutter nichts berichten.

Im Gespräch hat die Mutter Mühe, einen Zusammenhang zwischen der Entwicklungssituation des Kindes und ihrer eigenen Lebenssituation herzustellen. Auch unterstützende Fragestellungen helfen ihr nicht weiter. Es entsteht der Eindruck, dass es in diesem Zusammenhang Tabus gibt, und die Mutter darum besorgt ist, sich selbst zu schützen.

Mia wirkt im Erstkontakt scheu, zurückhaltend, aber freundlich. Wünsche und Bedürfnisse äußert sie nicht. Das Angebot zu spielen lehnt sie ab. Sie sitzt auf dem Schoß der Mutter. Die Möglichkeit, auf einem eigenen Stuhl zu sitzen, nimmt sie nicht wahr.

Der erste Eindruck legt eine große Differenz zwischen Mias Entwicklungsstand und der Altersnorm nahe. Die Ergebnisse der U8 Untersuchung werden, soweit erkennbar, bestätigt.

Die Mutter begegnet Mia im Erstgespräch freundlich und zugewandt. In der Kommunikation zwischen Kind und Mutter werden die sprachlichen Entwicklungsrückstände deutlich.

Die bisher vorliegenden Informationen legen einen starken Zusammenhang zwischen den risikoreichen familiären Bedingungen und Mias Entwicklungsbeeinträchtigungen nahe. Das Kind scheint zudem wenig Lern- und Bildungsanregungen zu bekommen.

Von einer Entwicklungsdiagnostik mit standardisiertem Testverfahren wollen wir im Moment noch absehen. Eine zu frühe „Etikettierung" des Kindes als „lernbehindert" oder „geistig behindert" soll vermieden werden. Die diagnostischen Möglichkeiten, die eine Spielbeobachtung bietet, reichen unserer Einschätzung nach vorerst aus, um Ansätze zur Anregung und Förderung von Mias weiterer Entwicklung zu finden.

Während es relativ einfach wäre, Mias Persönlichkeit auf der Basis entsprechender Entwicklungsnormen zu beschreiben, gibt es auf die Fragen „Wer ist eigentlich Mia?", „Was denkt sie?", „Was empfindet sie?", „Was bewegt oder blockiert sie?" keine schnellen Antworten. Mia kann sich sprachlich nicht mitteilen; auch ihr Spiel ermöglicht ihr nur begrenzt, sich so auszudrücken, dass bei der Heilpädagogin, die mit ihr arbeitet, ein wirklicher Eindruck von ihr entstehen kann. Was macht das Kind so sprachlos?

Es läge vielleicht nahe, ein Förderkonzept für Mia im Sinne einer heilpädagogischen Übungsbehandlung zu entwickeln. Ihr Förderbedarf scheint in allen Entwicklungsbereichen sehr groß. Allerdings macht es unserer Ansicht nach wenig Sinn, dem Kind Themen vorzugeben, solange die Ursachen für Mias Entwicklungsstörungen nicht klarer zu fassen sind.

Es scheint notwendig, Mias Spieltätigkeit zu unterstützen. Spiel ist das vermittelnde Medium zwischen dem Kind und seiner Welt. Wir vertrauen darauf, dass Mia selbst uns Hinweise gibt, durch den Einsatz welcher Medien und welcher Methoden sie sich am besten entwickeln kann.
Die erste zentrale Frage lautet deshalb: Wovon ist Mia angesprochen?
Deshalb wird ein vorläufiges Konzept entwickelt, welches Mia ermöglichen soll, im sicheren Rahmen des Spielzimmers zu forschen und zu begreifen, ihre Neugierde zu wecken und sich als wirksam zu erleben. Mia kann zum Ausprobieren angeregt werden, indem die Heilpädagogin Interesse an ihrem Handeln zeigt, dieses positiv benennt. Mia wird so bestätigt, dass das, was sie tut für sie selbst, aber auch für die Heilpädagogin Bedeutung hat. Inhalte der Stunde sollen die Themen sein, die Mia vorgibt. Wir gehen davon aus, dass Mia, unabhängig von den gewählten Spielinhalten, auf diese Weise ihre Wahrnehmung und ihr Denken differenzieren, Zusammenhänge und Gesetzmäßigkeiten erkennen und so ihre Sprache und ihr Handlungsrepertoire erweitern kann. Stößt Mia auf Hindernisse und Probleme, die sie selbst nicht lösen kann, erhält sie Unterstützung.

Phase 1

Im Spielzimmer zeigt Mia spontan großes Interesse an den Handpuppen, agiert aber nicht selbst mit ihnen, sondern gibt eine nach der anderen der Heilpädagogin in die Hand. Kasper, Seppl, Großmutter, Prinzessin, König, Räuber, Polizist, Hexe, Zauberer stellen sich dem Kind nacheinander vor. Mia ihrerseits begrüßt jede einzelne Figur. Die Heilpädagogin stellt Mia ihr eigenes Wissen zur Verfügung, indem sie die Figuren benennt und entsprechende Kontaktformen mit ins Spiel bringt („Guten Tag",
„Ich bin ...", „Schön, dass Du da bist ...", „Auf Wiedersehen"). Mia wird zum Sprechen angeregt. Die Handpuppen ermöglichen ihr in Kontakt zu treten, ohne sie durch zu komplexe Rollenerwartungen zu überfordern. Der gleich bleibende Ablauf beim so inszenierten Spiel vermittelt dem Kind Sicherheit. Es weiß, es wird nichts geschehen, was es selbst nicht beeinflussen kann.
Die Heilpädagogin spielt mit dem Kind im gemeinsamen Gegenstandsbezug. Im Bereich des Übergeordneten Gegenstandsbezugs ist das Thema bzw. das Motiv des Kindes noch nicht erkennbar. Es geht aber um Themen wie „sich begegnen",
„sich verabschieden", „als Person angesprochen sein", „sich vertraut machen". Inwieweit die Typisierung der Handpuppen für Mia eine Rolle spielt, ist zu diesem Zeitpunkt noch nicht zu fassen.
Dieses Spiel ist in den ersten Wochen Ritual jeder Stunde. Mia wählt, welche Handpuppen nacheinander zum Einsatz kommen. Sie selbst möchte aber nicht mit ihnen spielen.

Phase 2

Mia will, dass die Heilpädagogin mit unterschiedlichen Handpuppen spielt. Die Frage, was gespielt werden soll, kann sie nicht beantworten. Dazu fehlen ihr, neben der sprachlichen Kompetenz, auch entsprechende innere Bilder. Die Heilpädagogin inszeniert kleine Sequenzen „klassisches Kaspertheater". Eine dieser Szenen ist: Der Räuber stiehlt den Kuchen, den die Großmutter gebacken hat. Kasper sucht den Räuber, überlistet ihn und bringt ihn zur Polizei.
Mia hat die Möglichkeit, Handlungssequenzen zu hören und zu sehen. Wahrnehmung, seriales Denken, Sprache, um nur wenige Entwicklungsbereiche zu nennen, werden angesprochen. Hinzu kommt, dass Mia über die Figuren unterschiedliches Rollenhandeln erlebt, welches eventuell Modell für ihr eigenes Agieren sein kann.
Durch Nachspielen und Nachgestalten ihrer Realität versuchen Kinder im Spiel ihre Erfahrungen zu bewältigen. Das „Tun-als-ob" setzt jedoch voraus, dass Erfahrungen, Erinnerungen vorliegen, die die Konstruktion anderer, imaginärer Wirklichkeiten ermöglichen. Mia verfügt noch nicht über die entsprechenden Kompetenzen, um Emotionen und Gedanken zu symbolisieren und Lösungen zu finden. Stellvertretend für sie agiert die Heilpädagogin mit den Puppen und bietet dem Kind Symbole an, die zu inneren Bildern werden können. Die Themen beziehen sich auf Lebens- und Entwicklungsaufgaben, Herausforderungen und Gefährdungen, aber auch auf Möglichkeiten, diese zu bewältigen. In der Begegnung mit Mia wird deutlich, wie sehr das Kind, welches so schwer kommunizieren kann, auf den Dialog angewiesen ist, den die Heilpädagogin stellvertretend für sie führt. Es beeindruckt, wie konsequent Mia den Entwicklungsbereich Sprache von sich aus zum Thema macht. Würde man für sie einen differenzierten Förderplan aufstellen, ergäben sich ganz ähnliche Themen.

Phase 3

Mia fordert die Heilpädagogin nach wie vor auf, für sie zu spielen, jedoch soll diese, bevor das Spiel beginnen kann, den Polizisten wegsperren. Eine große Holztruhe mit schwerem Deckel ist für Mia der geeignete Platz. „Deckel auf, Polizist rein, Deckel zu" wird für einige Stunden zum inszenierten Ritual. Anschließend benennt Mia die agierenden Figuren und benennt die Spielinhalte, die sie sehen möchte. Mitspielen will sie nicht. Der von ihr gewünschte Spielverlauf orientiert sich zunächst an den Szenen, die sie aus den Vorführungen der Heilpädagogin bereits kennt.
Indem der Polizist weggesperrt werden muss, reagiert das Kind erstmals emotional auf eine der Figuren. Warum es gerade der Polizist ist, der sie zu ängstigen scheint, ist ein Rätsel. Hier werden erste Ansätze für einen Übergeordneten Gegenstandsbezug erkennbar. Der konkrete Inhalt bleibt uns vorläufig verschlossen.

Phase 4

Mia beschließt, dass der Polizist nicht mehr in die Holzkiste muss. Die Heilpädagogin soll mit ihm spielen. Sie selbst übernimmt die Rolle des Kaspers. Der Kasper symbolisiert im traditionellen Handpuppentheater für Kinder alles, was das Kind gerne wäre, aber aus unbestimmten Gründen nicht sein kann (angstfrei, schlau, schlagfertig, lustig). Als die Heilpädagogin die typischen Merkmale des Polizisten inszeniert und ihn nach Recht und Ordnung schauen lässt, bringt Mia den Kasper ins Spiel. Dieser beschimpft und schlägt den Polizisten. Die Heilpädagogin überlässt ihr bzw. dem Kasper die Rolle des Stärkeren. Der Polizist gibt sich geschlagen. In der folgenden Spielhandlung holt Mia eine Baby-Puppe aus ihrem Puppenbett, bezeichnet diese als „Polizist" und schreit und schlägt heftig auf sie ein.

Mia scheint mit ihrem inneren Erleben in Kontakt zu kommen und teilt sich auf einer symbolischen Ebene mit. Sie hat für sich eine Strategie entwickelt, durch die sie sich dem Polizisten gegenüber als handlungsfähig erlebt und so ihre Angst angeht.

Der übergeordnete Gegenstandsbezug in Mias Spiel und die Frage, warum gerade der Polizist bei ihr so viel Angst ausgelöst hat, wird in einem Gespräch mit dem Vater des Kindes klar: Bei der Krankheit, von der die Mutter, Frau Haas, im Erstgespräch berichtet hat, handelt es sich um Pyromanie. Immer wenn es irgendwo brennt, fällt der Verdacht auf Frau Haas. Mia musste in diesem Zusammenhang erleben, wie die Mutter vor ihren Augen von zwei Polizisten mit vorgehaltener Waffe verhaftet wurde.

Im Anschluss an diese Spielsequenzen hat Mia, auf ihren Wunsch, gemeinsam mit der Heilpädagogin einen Kasper hergestellt. Er wird als „Alter Ego" ihr Begleiter. Mit ihm versucht sie vermutlich, ihre Ängste in Grenzen zu halten.

Die hier dargestellte Spielsequenz macht deutlich, wie Spiel Kindern ermöglicht, erlebte Erfahrungen zu symbolisieren und so einen Zugang zu Lösungsmöglichkeiten zu finden. Mia war dabei auf heilpädagogische Begleitung angewiesen.

Zu Beginn der Arbeit war, aufgrund der Informationen über Mias Entwicklungsstand, die Versuchung groß, mit einer heilpädagogischen Übungsbehandlung zu antworten. Mias Chance lag aber darin, dass wir eben nicht davon ausgegangen sind, zu wissen was das Kind braucht. Vielmehr haben wir darauf vertraut, dass uns das Kind dies schon zeigen wird. Sicher war in diesem Zusammenhang hilfreich zu wissen, wie sich das gemeinsame Spiel auf alle Entwicklungsbereiche des Kindes positiv auswirken kann. Wahrscheinlich hätte keine Heilpädagogin einen besser passenden Förderplan für Mia entwickeln können als das Kind selbst.

Erst im Spiel stellt sich heraus, dass Mia innerhalb ihrer Lebenswelt Erfahrungen machen musste, die durchaus geeignet waren, ihre Entwicklung zu behindern. Es scheint nur konsequent, dass Mia im Anschluss an die Rollenspiele beschließt, einen Kasper zu modellieren. Mit entsprechender Hilfe wird sie auch

Kleider für diese Figur nähen. In diesem Tun liegen, wenn man so will, noch viele Möglichkeiten, konkrete Förderziele im Vorfeld ins Auge zu fassen und sie dann zielstrebig zu verfolgen.

Wir haben über ein Jahr lang wöchentlich eine Stunde mit Mia gearbeitet. Sie hat ihre Entwicklungsrückstände aufgeholt, sodass sie im Alter von 6;7 Jahren mit Erfolg in die Regelschule eingeschult werden konnte.

3.3 Das Medium Bewegung – theoretische Grundlagen und heilpädagogische Praxis

„Bewegung ist aller Entwicklung, aller Erziehung, aller Bildung Anfang" (Scheiblauer 1953, zit. n. Gröschke 1998, S. 207).

Bewegung ist ein Grundphänomen menschlicher Existenz. Sie macht den Menschen räumlich unabhängig, ermöglicht ihm die Auseinandersetzung mit seiner Umwelt und wird somit zu einem wichtigen Bestandteil der kindlichen Entwicklung.

Im 20. Jahrhundert findet im heilpädagogischen Kontext Bewegung als Medium traditionell Einsatz in der Arbeit mit Kindern und Jugendlichen. Verwiesen sei hier auf das Werk von Marianne Frostig „Bewegungserziehung – Neue Wege der Heilpädagogik" (1975) oder die Arbeit von Mimi Scheiblauer, welche in der ersten Hälfte des 20. Jahrhunderts die Idee der Rhythmik zu einem heilpädagogischen Arbeitsprinzip weiterentwickelt und auf den Zusammenhang zwischen motorischen und psychischen Prozessen hingewiesen hat.

„Die Bewegung ist gleichsam die Türe, durch welche man einen Einblick in die Verfassung des Menschen gewinnt. Sie wird dem, der sie zu lesen versteht, zum diagnostischen Mittel" (Scheiblauer 1965, zit. n. Brunner-Danuser 1993, S. 142).

Bewegung, Bewegtsein und Leiblichkeit sind Grundbedingung jeglicher Selbst- und Welterfahrung und der Daseinsgestaltung, was im Folgenden dargestellt werden soll.

3.3.1 Das Phänomen Leiblichkeit – das Eigenste, über das ich verfüge

Die phänomenologische Philosophie unterscheidet „zwischen dem Leib, der ich bin (corps phénoménal) und dem Körper, den ich in einer gewissen Weise haben kann (corps objektiv), dann nämlich, wenn ich mich von ihm gedanklich distanziere oder ihn verdingliche, etwa dann, wenn ich ihn wie eine Maschine missbrauche, mich von ihm entfremde, ihn abspalte“ (Petzold 1985, S. 357).

Der Körper wird als physikalische Seite des Leibes verstanden, als Verbund von Materialien, die man wiegen und messen kann. Nur im „toten Leib“, der „unbeseelt“ ist, ist der „reine Körper“ gegeben. Beim lebenden Menschen kann man somit nur von einem Körperaspekt seines Leibes sprechen; mit anderen Worten: der Leib *hat* einen Körper, *ist* aber sein Leib. Buytendijk drückt dieses innige Verhältnis zum Leib mit folgenden Worten aus: „Was nur mir selbst gehört, ist das Eigene, und das Eigenste ist der eigene Leib, über den ich verfüge“ (Bytendijk 1956, S. 28).

Der französische Philosoph Maurice Merleau-Ponty (1908–1961) versucht über den Begriff des Leibes die Dualität zwischen Verstand und Gefühl aufzulösen. Der Leib ist die Verbindung von Seelischem bzw. Geistigem und Körperlichem und die Grundbedingung jeglicher Selbst- und Welterfahrung. Merleau-Ponty sieht den Leib als Mittel unserer Orientierung in der Welt. „Der eigene Leib ist in der Welt, wie das Herz im Organismus“ (Merleau-Ponty 1966, zit. n. Gröschke 1997, S. 197). Der Leib als Träger unserer Sinnesorgane ist also das Medium, das uns ermöglicht, uns in der Welt wahrzunehmen, uns in ihr zu orientieren, das Leben in der Welt zu strukturieren und zu gestalten. In seiner Offenheit, hin auf die Wahrnehmung der Welt, ist der Leib, im phänomenologischen Sinne, ein einziges großes Sinnesorgan, ein totales Sensorium (vgl. Gröschke 1997, S. 207 f.).

Marianne Frostig weist auf den engen Zusammenhang von Körperbewusstsein und Selbstbewusstsein hin: Körperbewusstsein entsteht durch die Gesamtheit aller im Verlauf der Entwicklung erworbenen Erfahrungen mit dem eigenen Körper.

„Körperbewusstsein ist wesentlich für eine normale seelische und körperliche Entwicklung. Ohne dies kann ein Kind nicht realisieren, dass es ein ‚Ich' […] darstellt" (Frostig 1985, S. 17).

Bereits in der frühkindlichen Entwicklung werden elementare Körpererfahrungen mit intensiven emotionalen Empfindungen beim Stillen, Waschen, Tragen und Spielen gesammelt. Diese Erfahrungen sind die Grundlage für Körperbewusstsein, Selbstbewusstsein und für das Selbstvertrauen.

Hilarion Petzold beschreibt in seiner Persönlichkeitstheorie den Leib als Basis und somit „ältestes“ Element der Persönlichkeit. Der Säugling empfindet sein Selbst als Leib-Selbst, als leiblich gespürtes Erleben und Wahrnehmen seiner selbst. Im Lauf der Entwicklung, bedingt durch die wachsende Funktionsreife der sensorischen, perzeptuellen und motorischen Möglichkeiten und der zunehmenden Fähigkeit, die motorischen Handlungen bewusst zu steuern und den damit einhergehenden komplexen Lernprozessen auf der emotionalen, sozialen und kognitiven Ebene, bildet sich das Ich.

„Ich“ definiert Petzold als „das synergetische Zusammenwirken aller Ich-Funktionen (bewusstes Wahrnehmen, Handeln, Fühlen, Denken)“ (Petzold 1985, S. 361).

Das Ich kann auf das Leib-Selbst reflektieren. Es sieht sein Selbst auf körperliche Weise, gewinnt Bilder über das Selbst. Diese Bilder („Identifikationen“) bilden die eine Quelle für den Aufbau von Identität. Rollenzuschreibungen von außen („Identifizierungen“) sind die andere Quelle. Das Ich nimmt „Identifizierungen“ von außen wahr, belegt sie mit „Identifikationen von innen“ und integriert sie in das Selbst. Negative Rollenzuschreibungen („Feind von außen“) können auf diese Weise zum „Feind von innen“ werden und pathogen wirken.

Identität wird gewonnen, indem sich ein Mensch durch die Akte des Ich in leibhaftigem Wahrnehmen und Handeln und vor dem Hintergrund seiner Geschichte als der erkennt, der er ist (Identifikation) und indem er von Menschen seiner physikalischen und sozialen Lebenswelt vor dem Hintergrund gemeinsamer Geschichte als der erkannt wird, als den sie ihn sehen (Identifizierung).

Identität als eine Leistung des Ich entsteht demnach prozesshaft durch das Zusammenwirken von Leib und Lebenswelt im Zeitkontinuum (individuelle und kollektive Geschichte). Sie artikuliert sich im Schnittpunkt von Lebenswelt und Zeitkontinuum, „im Hier-und-Jetzt der Leiblichkeit und der Begegnung“ (ebd., S. 362).

3.3.2 Bewegung ist mehr als Motorik

Betrachtet man das Phänomen der menschlichen Bewegung, wird also offensichtlich, dass Bewegung mehr ist als die rein physiologisch-physikalische Seite des Geschehens. Ernst J. Kiphard, der als Begründer der deutschen Psychomotorik gilt, schreibt:

„Geistig seelische Inhalte und Prozesse sind an sich unsichtbar. Erst in unseren Handlungen und Bewegungsäußerungen (einschließlich der sprachlichen) drängt etwas von dem nach außen, was sich innerlich im Gefühlsbereich abspielt. Ohne die Motorik könnten wir einander nicht mitteilen, nicht miteinander kommunizieren. Diese Motorik ist aber keine rein mechanische, unbeseelte Bewegung, sondern eben Psycho-Motorik, weil sich Emotionen in all unseren ‚Außenbewegungen' niederschlagen" (Kiphard 1979, S. 30).

So ist auch das Zusammenspiel von Bewegung und Wahrnehmung und die daraus resultierenden Anforderungen an die Praxis (z. B. die Gestaltung von wahrnehmungsfreundlichen und barrierearmen Räumen) zu beachten (Lamers et al. 2021, S. 89).

3.3.2.1 Bewegung und Training exekutiver Funktionen

Aus dem Bereich der Medizin wird in den vergangenen Jahren immer öfters darauf hingewiesen, dass Bewegung und Sport wesentliche Mittel sind, um körperliche und psychische Gesundheit zu erhalten und zu steigern.

Gerade Menschen, die z. B. an Depressionen erkrankt sind, können von Bewegung und Sport profitieren. Bewegung führt zu einer Ausschüttung von Neurotransmittern im Gehirn, die nicht nur das Wohlbefinden verbessern: Eine Steigerung der Dopaminkonzentration bewirkt mehr körperliche Motivation, Noradrenalin sorgt für eine physische und mentale Aktivierung und Serotonin reduziert Angstzustände und erhöht das Selbstvertrauen. Darüber hinaus verbessert Sport die Sauerstoffversorgung des Gehirns und damit das Konzentrations- und Reaktionsvermögen.

Ein relativ junger neurowissenschaftlicher Forschungsbereich untersucht den Zusammenhang von körperlicher Aktivität und kognitiven Funktionen. Speziell geht es dabei um die Frage, ob und auf welche Weise Bewegung kognitive Prozesse, insbesondere Lernprozesse, unterstützt. Um Handeln zu planen und zu steuern, sind Menschen auf gut entwickelte exekutive Funktionen angewiesen.

„Exekutive Funktionen sind beispielsweise notwendig, um Handlungen zu planen, Lernprozesse zu organisieren und Aufmerksamkeitsmechanismen zu steuern. Dazu zählen die Fähigkeiten, die Aufmerksamkeit auf das Wesentliche zu fokussieren, Bedeutsames auszuwählen, irrelevante Stimuli zu ignorieren und die Aufmerksamkeit in schneller Folge zu wechseln " (Monsell/Driver 2000, zit. n. Kubesch 2005, S. 5).

Die Qualität und individuelle Ausprägung der exekutiven Funktionen hängt stark vom familiären Milieu ab. Empirische Studien, vor allem aus dem angloamerikanischen Raum, zeigen, dass Kinder die von spezifischen Formen der Benachteiligung, insbesondere von Armut und eingeschränkten Bildungschancen, betroffen sind, einen geringeren Status exekutiver Fähigkeiten haben als Kinder aus höheren sozialen Milieus. Mit jeder Klassenstufe nimmt dieser Unterschied zu, weshalb eine Förderung der exekutiven Fähigkeiten bereits im Kindergartenalter gefordert wird. Die exekutiven Funktionen werden vom Stirnhirn aus gesteuert. Stirnhirn und Frontallappen sind für die motorische Koordination wie auch für die exekutiven Funktionen verantwortlich. Nun wird angenommen, dass Koordinationsübungen das Stirnhirn aktivieren und die Entwicklung der exekutiven Funktionen positiv beeinflussen. Diese dauert bis ins Erwachsenenalter an. Dass bei Kindern exekutive Funktionen noch nicht bzw. noch nicht vollständig entwickelt sind, wird als ein Hauptunterschied im Verhalten zwischen Kindern und Erwachsenen angesehen (vgl. Rothbart/Posner 2001, zit. n. Kubesch 2005, S. 22).

Teilfähigkeiten der exekutiven Funktionen sind:

1. Die kognitive Kontrolle des Verhaltens und der Aufmerksamkeit (inhibitorische Kontrolle)

Sie führt zu einer verbesserten Selbstdisziplin beim kognitiven Arbeiten, zu besserem Sozialverhalten, insbesondere im Bereich der Konfliktlösung und Konfliktbewältigung.

2. Ein gut funktionierendes Arbeitsgedächtnis

Dieses ist notwendig, um Informationen vorübergehend zu speichern, z. B. wenn es darum geht, sich an Aufgaben und Instruktionen anderer zu erinnern oder Zwischenschritte einer Handlung, die man sich vorgenommen hat, im Gedächtnis zu behalten.

Im schulischen Kontext ist das Arbeitsgedächtnis wichtig, um sich z. B. das Zwischenergebnis von Rechnungen zu merken oder Vokabeln zu lernen. Auch wenn wir Sätze bilden, sowohl in der Muttersprache und erst recht in einer Fremdsprache, sind wir auf ein gut funktionierendes Arbeitsgedächtnis angewiesen. Denn bei längeren Sätzen muss der Satzanfang im Gedächtnis gespeichert werden, damit Satzanfang und -ende zusammenpassen.

3. Hohe kognitive Flexibilität

Kognitive Flexibilität geht einher mit der Fähigkeit, sich auf neue Anforderungen möglichst rasch einstellen zu können. Sie ist aber auch notwendig, um Situationen und Personen aus neuen, anderen Perspektiven zu betrachten und zwischen den verschiedenen Perspektiven zu wechseln – die grundlegende Voraussetzung für Empathie und sozial kompetentes Verhalten. Kognitive Flexibilität brauchen Menschen auch, um aus begangenen Fehlern zu lernen und sich auf neue Situationen und Herausforderungen einstellen zu können (vgl. ebd., S. 2 f.).

Einigkeit besteht im Rahmen der neurowissenschaftlichen Forschung darüber, dass die Verbesserung der exekutiven Fähigkeiten die Grundlage für die hier aufgezeigten Lernprozesse bildet. Das Kind kann:

- seine Aufmerksamkeit willentlich fokussieren und Störreize
- gezielt ausblenden,
- sein Handeln immer häufiger bewusst steuern (ist nicht nur von Triebimpulsen abhängig),
- Handlungsabläufe gedanklich planen,
- sich Ziele setzen,
- Prioritäten setzen,
- Handlungsverläufe reflektieren,
- sein soziales Verhalten reflektieren,
- und im Umgang mit anderen seine emotionalen Impulse kontrollieren" (vgl. ebd., S. 3).

Entsprechend der Erkenntnisse der Neurowissenschaften ist auch die Verbindung von Musik und Bewegung hervorragend für die Förderung der exekutiven Funktionen geeignet. Genannt werden Spielformen, bei denen auf musikalische Signale reagiert werden muss (z. B. das Spiel „Reise nach Jerusalem") oder bei denen das Kind seine Bewegungshandlungen einem wechselnden musikalischen Rhythmus anpassen soll (ebd., S. 8). Inhalte also, die seit Beginn des vergangenen Jahrhunderts aus dem Bereich der rhythmisch-musikalischen Erziehung bekannt sind und in der Praxis schon seit Jahrzehnten zu den Erfahrungswerten von Heilpädagoginnen und Heilpädagogen gehören.

Nun wird Bewegung sozusagen „neurowissenschaftlich empfohlen" oder verordnet. Wer jedoch im heilpädagogischen Kontext davon ausgeht, dass durch ein entsprechendes Training der exekutiven Funktionen schnelle Verhaltensänderungen erwirkt werden könnten, vernachlässigt die individuellen Lernvoraussetzungen, die jedes Kind, bedingt durch seine genetische Disposition und seine biografischen Erfahrungen, mitbringt. Auch wird gerade vonseiten der Neuropsychologie betont, dass chronischer Stress, Gefühle der Scham und der Angst das Lernen nachhaltig beeinträchtigen können.

Bei Kindern, deren Defizite der exekutiven Funktionen vor dem Hintergrund biografischer Erfahrungen entstanden sind, wird ein isoliertes Training wohl kaum zu nachhaltigen Erfolgen führen. Eine problematische Konsequenz ist aber, dass die Versprechungen schnell wirksamer Förder- oder Trainingsprogramme nicht selten dazu führen, dass eigentlich sinnvolle pädagogische Wege, die eingeschlagen wurden, zu schnell wieder verlassen werden, wenn sich die erhoffte Wirkung im Sinne einer Verhaltensänderung beim Kind nicht zeitnah einstellt. Bezugspunkt der heilpädagogischen Arbeit ist nicht das kindliche Gehirn, sondern das Kind und sein Bedürfnis, die Welt um sich herum zu verstehen, in ihr wirksam werden zu können und gemeinsam mit anderen in einen Sinn- und Bedeutungsraum eingebunden zu sein. Es soll „an einer sinnvoll, wertvoll und zweckmäßigen Daseinsgestaltung“ (Kobi) beteiligt sein.

Durch die neurowissenschaftlichen Zugänge zum Verhalten von Menschen ergeben sich, bei aller Kritik, dennoch neue Möglichkeiten, das kindliche Handeln zu beobachten und differenzierter wahrzunehmen. Dies hilft in der Praxis präziser zu beurteilen, mit welchen Teilaspekten des Handlungsvollzugs das Kind ein Problem hat, was dann zur unzureichenden Bewältigung der gesamten Aufgabe führt. Ob und wie es gelingen kann, dass das Kind sich auf das Üben gerade dieser Teilfunktionen einlässt, ist dann die eigentliche heilpädagogische Herausforderung.

3.3.2.2 Bewegung und Emotion

Ein charakteristischer Ausdruck von Lebendigkeit ist Bewegung und Bewegtsein. Auch wenn diese i. d. R. nicht bewusst registriert werden, ist der menschliche Leib immer ein bewegter Leib.

Bis heute ist es noch nicht gelungen, die kaum noch übersehbaren Einzelergebnisse verschiedener Wissenschaften zu einer einheitlichen Theorie der menschlichen Bewegung und Haltung zu integrieren. Zunächst beschränkte man sich auf die rein physiologisch-physikalische Seite des Geschehens und verstand Bewegung als rein mechanisches Problem.

Durch die Arbeiten von Straus (1935), v. Weizsäcker (1947) und Buytendijk (1956) wurden die Vorstellungen vom Bewegungsgeschehen zu einer anthropologisch begründeten Theorie der menschlichen Haltung und Bewegung ausgebaut. Straus formuliert den untrennbaren Zusammenhang von Empfindung und Sich-Bewegen:

„Ist das empfindende Subjekt ein Erkennendes, das die Welt sich gegenüber hat? Ist es vielmehr ein Wesen, das sich in der Welt, im Einigen und Trennen erlebt? Dann kann nicht die Empfindung für sich allein bestehen und davon verschieden die Bewegung, denn das Einigen und Trennen ist beides, Empfinden und Sich-Bewegen in einem inneren Zusammenhang" (Straus 1935, zit. n. Schilling 1973, S. 6).

V. Weizsäcker baute die Erkenntnis von der wechselseitigen Abhängigkeit und engen Verknüpfung von optischer, akustischer, kinästhetischer und vestibulärer Wahrnehmung mit der Bewegung weiter zu seiner „Gestaltkreistheorie" aus: Mensch und Umwelt sind miteinander verflochten, voneinander abhängig und bedingen sich gegenseitig, indem das eine ständig auf das andere einwirkt. Das Erkenntnis-Ich steht in Abhängigkeit von dem Gegenstand seiner Erkenntnis. Wahrnehmung und Sich-Bewegen bilden eine biologische Einheit. Wahrnehmen ist somit nicht maßstabgetreues Abbilden, sondern ändert sich unter der Bewegung.

Buytendijk versucht durch eine grundsätzliche, anthropologische Begründung das Wesen der menschlichen Bewegung zu erfassen und schreibt, dass es nicht ausreicht, den Bewegungsprozess als Abfolge von physikalischen und physiologischen Zustandsänderungen zu analysieren.

U. a. differenziert er Bewegung als Verhaltensweise nach zwei Richtungen, nach der *Handlung* und der *Ausdrucksbewegung*. Jede Bewegung wird als Äußerung einer Affektion verstanden.

„Jede Erregung ist auch eine Regung" (Klages 1950 zit. n. Buytendijk 1956, S. 78). Beides, die Regung – Buytendijk nennt sie Selbstbewegung – und die Erregung haben den gleichen Sinn. Buytendijk drückt dies so aus: „Die Erregung ist die Welt für das Selbst-Sein, die Bewegung das Selbst-Sein für die Welt." Beide Momente bleiben stets unzertrennlich verbunden. Fehlt die Selbstbewegung, gibt es auch keine Erregung; ohne diese wiederum gibt es keine Selbstbewegung.

Eine genaue Unterscheidung zwischen Handlung und Ausdrucksbewegung erweist sich meist als unmöglich und gelingt nie, wenn man nur einen Teil der Situation oder eine Phase des Verlaufs überblickt, denn der funktionelle Gehalt der Bewegung ergibt sich erst durch die Beziehung zwischen der Situation und ihrer Entwicklung. Buytendijk nennt als Beispiel für seine Erörterung das Gesicht eines Menschen, der etwas Hartes zerbeißt. Erst in der Annahme, dass der Mensch etwas tut, was auf ein Ziel ausgerichtet ist, kann die an sich fremde, asymmetrische Verziehung des Gesichtes als Handlung aufgefasst werden. Gibt es eine solche Annahme oder Erwartung nicht, können die mimischen Züge nur als Ausdrucksbild aufgefasst werden.

Da jede Handlung auf ein Ziel ausgerichtet ist und sich ihrer Vollendung immer mehr nähert, schreitet sie sukzessiv fort und ändert sich von Augenblick zu Augenblick. Die Ausdrucksbewegung dagegen trägt ihre Bedeutung in sich, ist ihrem Wesen nach nicht auf ein Ziel hingerichtet. Im Gegensatz zu der Handlung ist bei der reinen Ausdrucksbewegung die ganze Bedeutung in jeder Phase enthalten.

„Eine Handlung läuft ab, aber ein Ausdruck dauert“ (Buytendijk ebd., S. 81). Während es sich bei der Handlung um einen Verlauf innerhalb eines objektiv messbaren Zeitraums handelt, durchläuft die Ausdrucksbewegung mehrere Differenzierungsphasen: Sie stellt sich ein, schwillt an, klingt ab. Die Zeit ist als integriertes Moment in die Funktion des Ausdrucks miteinbezogen, hat Intensitäts- und Qualitätswert für die Ausdruckserscheinung. Die Dauer des Lachens oder Weinens z. B. ändert deren Ausdrucksgehalt.

Eine Handlung ist auf ihr Ende, auf ihr Ziel bezogen, der Ausdruck, der seinen Bedeutungsgehalt in sich selbst trägt, ist auf unser So-sein-in-der-Welt bezogen (vgl. Buytendijk 1956, S. 78 ff.).

In diesen Ausführungen wird deutlich, wie eng Selbst- und Welterleben miteinander verknüpft sind. Die Vorstellung von der eigenen Person und die Art und Weise, wie sie Beziehung zur Umwelt herstellt und sich handelnd mit ihr auseinandersetzt, ist an das Bild von der eigenen Körperlichkeit bzw. Leiblichkeit geknüpft.

So ist es nicht verwunderlich, dass „Psychomotorik“ im Bereich von Erziehung und Bildung zum pädagogischen „Allheilmittel“ stilisiert wird. Auch in der heilpädagogischen Praxis gilt die „Psychomotorische Entwicklungsförderung“ als zentrales Handlungskonzept. Nach Gröschke wird sie inzwischen, ohne strenge und fest umrissene Indikation, als universales Handlungskonzept in so gut wie allen heilpädagogischen Praxisfeldern angewandt. Wie alle Förderkonzepte steht sie im Dienste übergeordneter Bildungs- und Förderziele, wie Selbsterfahrung und Selbstfindung, Handlungsbefähigung, Persönlichkeitsentwicklung und soziales Lernen (vgl. Gröschke 1997, S. 285).

Es ist fraglich, ob diese übergeordneten Bildungs- und Förderziele ausreichen, um die konkreten Bewegungsangebote im Rahmen heilpädagogischer Handlungskonzepte zu begründen und in der Praxis Orientierung für das eigene Entscheiden und Handeln zu geben. Körpererfahrungen, Materialerfahrungen, Sozialerfahrungen wirken nicht automatisch – zumindest nicht automatisch so, dass sie das Kind bei der besseren Bewältigung seiner Lebensaufgaben unterstützen. Damit stellt sich ganz konkret die Frage: Welche „korrigierenden" Erfahrungen fehlen dem Kind; von welchen Erfahrungen hat es zu viele, von welchen zu wenig?

Eine häufig zitierte heilpädagogische Aufgabe lautet nach Paul Moor (1965): „Nicht gegen den Fehler, sondern für das Fehlende." Entscheidend ist demnach, mit welchen Erfahrungen, Erlebnissen und Weltausschnitten Kinder und Jugendliche in Berührung kommen. Buber sagt:

„Was wir Erziehung nennen, die gewusste und gewollte, bedeutet die Auslese der wirkenden Welt durch den Menschen; bedeutet, einer Auslese der Welt [...] die entscheidende Wirkungsmacht verleihen. Erziehung bedeutet, eine Auslese der Welt durch das Medium einer Person auf eine andere Person einwirken zu lassen. [...]. Diktieren, was im allgemeinen gut und böse ist, das ist seines Amtes nicht, aber antworten, auf eine konkrete Frage antworten, antworten was in einer bestimmten Situation richtig und was falsch ist, das ist seines Amtes" (Buber 1953, S. 25).

Dieser Verantwortung müssen sich Heilpädagoginnen und Heilpädagogen stellen.

Im Folgenden wird dargestellt, welche Erfahrungen Kinder nach den Erkenntnissen moderner Entwicklungswissenschaften grundsätzlich brauchen, um eine stabile Selbststruktur zu entwickeln. Anschließend wird geklärt, worin „das Fehlende" in der Entwicklungsgeschichte von Kindern gesehen werden kann, deren Kompetenzen im Zusammenhang mit Wahrnehmung, Körperbewusstsein, sozialem Handeln und anderem nicht altersentsprechend entwickelt sind. Auf der Basis dieses Verständnisses wird es möglich, dass Heilpädagog:innen in der Praxis eine Vorstellung davon entwickeln, in welcher Art das Bewegungsangebot Wirkungen erzeugen könnte und welche „Nebenwirkungen" im Auge behalten werden müssen.

Es ist ein Versuch, komplexe Zusammenhänge zu ordnen, im Wissen darum, dass es nicht um kausal-lineare Wirkungen des heilpädagogischen Angebots gehen kann, sondern lediglich darum, ein heilpädagogisches Angebot zu begründen, welches das Kind aller Voraussicht nach möglichst gut in sein eigenes Wahrnehmungs- und Handlungssystem integrieren kann.

3.3.3 Einfluss der Bewegung auf die Entwicklung

3.3.3.1 Entwicklungspsychologische Grundlagen

Die modernen Entwicklungswissenschaften gehen heute von einem komplexen Zusammenwirken biologischer, sozialer und innerpsychischer Faktoren bei der Entwicklung von Menschen aus. Auch Verhaltensauffälligkeiten werden in diesem Sinne „als eine mögliche Variante unterschiedlicher Entwicklungsverläufe betrachtet" (Fröhlich-Gildhoff 2018, S. 33).

Von Geburt an ist der Säugling mit Kompetenzen ausgestattet, die es ihm ermöglichen, mit seinen Bezugspersonen in Interaktion zu gehen und sich die Welt aktiv anzueignen. Diese Auseinandersetzung mit der Umwelt führt zu Erfahrungen, die wahrgenommen, emotional bewertet und zu Erinnerungen werden. Eine Vielzahl ähnlicher Erfahrungsmuster werden zu Schemata zusammengefasst, die innerpsychisch repräsentiert werden und sich zu einer innerpsychischen Struktur, der Selbststruktur, ausbilden. Diese Selbststruktur entwickelt sich mehr und mehr zur handlungsleitenden Instanz und bestimmt in hohem Maße, wie Menschen die Welt wahrnehmen, ihr begegnen und mit alterstypischen Entwicklungsaufgaben und/oder Stress- und Belastungssituationen umgehen.

In der frühen Entwicklungsphase des Kindes werden elementare Körpererfahrungen mit intensiven emotionalen Empfindungen verknüpft. Ein Säugling, der sich z. B. unwohl fühlt oder Hunger hat, erlebt im günstigen Fall, dass er vonseiten der Umwelt Unterstützung erfährt, diesen Zustand zu überwinden und sich wieder wohlzufühlen. Er entwickelt eine generelle internalisierte Vorstellung, dass immer dann, wenn er sich unwohl fühlt, jemand da ist, der ihm hilft, das Unwohlsein zu überwinden. Als übergeordnetes Schema entwickelt er ein grundsätzliches Vertrauen in andere Menschen.

Diese auf den eigenen Körper bezogenen „leibhaftigen" Erfahrungen sind die Grundlage für das sich entwickelnde Selbst, auch „Kern-Selbst" „Körper-Selbst" oder „Leib-Selbst" genannt: „Das Leib-Selbst aktualisiert sich laufend durch Empfindungen, Wahrnehmungen und Kognitionen, die unmittelbar aus dem „leiblichen Erleben innerhalb einer konkreten Umweltsituation entspringen und über Sinnesorgane, Propriozeptoren, kinästhetische Wahrnehmung und Vestibulärsystem ins Bewusstsein gelangen. Das Leib-Selbst ist ein Konstrukt, das sich im Dialog mit der Umwelt konstituiert" (Stelter 1996, zit. n. Zimmer 2006, S. 64). Einmal gebildete Strukturen, sofern sie gefestigt sind, werden aus Gründen der „mentalen Ökonomie“ (Stern 1995, zit. n. Fröhlich-Gildhoff 2018) relativ stabil und beständig. Sie beeinflussen die Auswahl und Verarbeitung von Sinnesreizen.

Eine der ersten Aufgaben im Säuglingsalter ist der Ausbau der physiologischen Regulationsfähigkeiten. Allerdings gibt es genetisch bedingte, individuelle Unterschiede im Hinblick auf die Frage, wie hoch die Schwelle für die Erregbarkeit eines Säuglings ist, wie intensiv Eindrücke von ihm erlebt werden und in welchem Maße das Kind physiologisch reagiert. Die Entwicklungspsychologie weist in diesem Zusammenhang darauf hin, dass es auf neurophysiologischer Ebene unterschiedliche Dispositionen zur Affektregulation gibt, die als „Temperamentsfaktoren“ bezeichnet werden. Darunter sind „konstitutionelle Unterschiede in Aktivität, Reaktivität und Selbstorganisation des Menschen zu verstehen“ (Resch 2004, zit. n. Fröhlich-Gildhoff 2018, S. 42). Sie sind zwar stark von der Anlage bedingt, aber durch Einflüsse aus der Umwelt in hohem Maße beeinflussbar. Temperamentsunterschiede wirken sich u. a. auf die Selbstregulation, die Aufmerksamkeitslenkung, die emotionale Reaktivität und motorische Aktivität des Kindes aus (vgl. Grob/Jaschinski 2003, S. 200).

Eine erhöhte physiologische Reaktivität eines Kindes, ein sog. „schwieriges Temperament“, wird als hoher Risikofaktor betrachtet. Die Kinder zeigen eine Unregelmäßigkeit in den biologischen Funktionen, Rückzugsverhalten gegenüber unbekannten Reizen und mangelnde Fähigkeiten zur Anpassung an neue Situationen. In außergewöhnlichen Belastungssituationen, Schwierigkeiten und Krisen sind sie deshalb in besonderem Maße vulnerabel und empfänglich für psychosoziale Stressoren. Allerdings sind für die weitere Entwicklung des Kindes nicht alleine die Temperamentsfaktoren ausschlaggebend. Wesentlich ist vielmehr, dass sich seine Bezugspersonen auf die Temperamentsfaktoren einstellen können, dass die „Passung“ zwischen Kind und Bezugspersonen gelingt. Eine gelungene Passung führt beim Kind zur konsistenten Befriedigung seiner Bindungs- und Kontrollbedürfnisse und bei den Eltern zu Vertrauen in die eigene Kompetenz und zur Stärkung der „intuitiven Elternschaft“ (Papousek 2004).

In den frühen Interaktionsprozessen kommen drei Faktoren besondere Bedeutung zu:

a) der Unterstützung kindlicher Emotionsregulation und Affektabstimmung,
b) dem Erleben einer sicheren Bindung und
c) dem Erleben von Kontrolle und Selbstwirksamkeit.

Neugeborene sind noch ganz auf die Regulation ihres emotionalen Erregungsniveaus durch ihre Bezugspersonen angewiesen. Doch bereits im ersten Lebensjahr tolerieren Säuglinge und Kleinkinder höhere Erregungszustände und entwickeln Distress-Erholungszyklen. Im zunehmenden Maße können sie geringe emotionale Belastungen selbst regulieren, sind jedoch beim Erleben negativer Gefühle auf Bewältigungshilfen vonseiten ihrer Bezugspersonen angewiesen. Von Bedeutung in diesem Zusammenhang ist, dass Eltern das affektive Erleben des Kindes erkennen, verstehen, mehr oder weniger akzeptieren und dem Kind entsprechend zurückspiegeln. Das ermöglicht dem Kind, „sekundäre Repräsentationen" seiner affektiven Zustände zu entwickeln (Fonagy 2004, zit. n. Fröhlich-Gildhoff 2018, S. 45). Fehlt diese Fähigkeit, führt dies zu einem „Defizit an Selbstwahrnehmung und Selbstkontrolle" (ebd.).

In gelungenen Prozessen der Emotionsregulation und Affektabstimmung liegen die Wurzeln für die Entwicklung von Empathie, die Fähigkeit zu Perspektivübernahme, emotionaler Kompetenz und prosozialem Verhalten.

Die Prozesse der Affektregulation und Affektabstimmung sind jedoch sehr störanfällig. Im ungünstigen Falle sind sie eine starke Quelle für das Entstehen von Entwicklungs- und Verhaltensauffälligkeiten. Bei nicht gelingender Regulation bleibt das Kind in einem permanenten Spannungszustand. Dieser wird durch Aktivitäten, wie z. B. Schreien oder motorische Unruhe aufrechterhalten, was wiederum zu Überforderung, Anspannung, Ablehnung und inadäquatem Handeln der Bezugsperson führen kann. Wird der kindliche Gefühlszustand verkannt, erfährt das Kind durch die Bezugsperson unangemessene Rückmeldungen über sich und „es entsteht eine Inkongruenz zwischen dem inneren Erleben und der reflexiven Interpretation" (Resch 2004; Biermann-Ratjen 2002, S. 49). Dem Kind fällt es schwer, die aktuelle Quelle seines Distress zu erfassen. Prinzipiell führt eine nicht gelingende emotionale Regulation und Affektabstimmung zu erlebter Diskrepanz von Anforderungen und verfügbaren Kompetenzen. Das Kind entwickelt nur unzureichendes Selbstwirksamkeits- und Kontrollerleben und gerät in einen Zustand von Dauerstress.

Größte Bedeutung für die Entwicklung einer stabilen, kohärenten Selbststruktur wird vonseiten der Bindungsforschung der elterlichen „Feinfühligkeit" (Ainsworth 1978) beigemessen. Feinfühlig agierende Eltern nehmen die Signale des Kindes wahr, interpretieren sie richtig und sind in der Lage, prompt und angemessen darauf zu reagieren. Kinder, die auf diese Weise vonseiten der Eltern ein regelmäßiges, klares, konsistentes Verhalten erleben, erfahren, dass deren emotionale Nähe die Befriedigung der eigenen Bedürfnisse, vor allem auch der Selbstwirksamkeits- und Kontrollbedürfnisse, sichert. Sie entwickeln eine entsprechende intrapsychische Repräsentation, ein „inneres Arbeitsmodell“ einer „sicheren Bindung“: Das Kind wagt sich von seiner Bindungsperson, der „sicheren Basis“, zu entfernen und sich der Welt zuzuwenden. Es zeigt Neugierde und Explorationsverhalten, eine wesentliche Grundlage für seine weitere Entwicklung und entwickelt nach und nach sein Handlungspotenzial, vor allem auch im Bereich der sozialen Kompetenzen.

3.3.3.2 Bewegung als Medium zur Bewältigung von Lebenserschwernissen

Stellt man die Frage, bei welcher Indikation das Medium Bewegung zur Bewältigung von Lebenserschwernissen wirksam sein kann, dann könnte eine generelle Antwort lauten: Aufgrund der Wechselwirkungen zwischen körperlichen, geistigen und psychischen Prozessen immer dann, wenn eine instabile Selbststruktur Auswirkungen hat

- auf Selbstwirksamkeits- und Kontrollerwartungen,
- auf die Möglichkeiten, Beziehungen aufzubauen,
- auf inadäquate Selektion und Verarbeitung von Wahrnehmungseindrücken,
- auf Selbststeuerung und Affektregulation,
- auf Motivation und Leistungsbereitschaft,
- auf die Entwicklung des Handlungspotenzials, besonders der sozialen Kompetenzen.

Ein bewusstes Wahrnehmen körperlicher, emotionaler und kognitiver Eindrücke im Hier und Jetzt bedeutet somit auch eine Hinwendung zum eigenen Selbst und eine Auseinandersetzung mit der eigenen Identität.

Dabei ist das Erleben der eigenen Leiblichkeit der eine Aspekt, die Frage nach der Gestaltung von Begegnung der andere. Je nachdem, zu welchem biografischen Zeitpunkt die Entfremdung vom eigenen Selbst begonnen hat, sind unterschiedliche heilpädagogische Begegnungsformen notwendig, um fehlende Erfahrungen nachzuholen oder belastende Lebensereignisse zu bewältigen.

Die vorangegangenen Ausführungen haben gezeigt, dass ein Kind, dem sehr früh existenzielle Erfahrungen vorenthalten werden, keine Vorstellung vom eigenen Selbst aufbauen kann. Ihm fehlen konsistente Erfahrungen, dass es in seinem Empfinden und Handeln wahrgenommen und bestätigt wird, dass seine Bezugsperson sein Interesse an der Umwelt erkennt und mit ihm teilt und dass es über Kompetenzen verfügt, die ihm ermöglichen, so mit der Umwelt in Kontakt zu treten, dass es sich selbst in dieser sicher und wohlfühlen kann. Das Kind steht permanent unter Anspannung und Stress und ist nicht in der Lage, altersentsprechende Entwicklungsaufgaben zu bewältigen, was das Gefühl von Kontrollverlust verstärkt. Es reagiert mit Ohnmacht und sozialem Rückzug oder versucht, mit aggressiv-abgrenzendem Verhalten Kontrolle zu gewinnen.

Das Bedürfnis des Kindes nach Zugewandtheit und Verbundenheit wird in der Folge nicht selten auf die „pädagogische Formel" reduziert „Das Kind sucht (nur) Grenzen!" Die Notwendigkeit konsistenter Rückmeldung und Spiegelung vonseiten der Bezugspersonen wird vereinfachend mit der Forderung nach mehr Konsequenz auf einen Nenner gebracht. Die Erklärung „Das Kind will nur Aufmerksamkeit" verkennt, dass empfangene Aufmerksamkeit eine existenzielle Voraussetzung für die kindliche Entwicklung ist. Das Kind hat ein Recht darauf, dass Erwachsene ihm mit Aufmerksamkeit begegnen, bevor sie selbst Aufmerksamkeit von ihm einfordern.

Erfahrungsbereiche und Zielvorstellungen

Auch wenn die Komplexität der menschlichen Selbststruktur linearkausale Modellvorstellungen hinsichtlich der kindlichen Symptomatik und deren Bewältigung durch Bewegungsangebote nicht zuzulassen scheint, ist eine Orientierung an theoretischen Modellen notwendig, damit die Auswahl der Übungen und das eigene Handeln, an den Bedürfnissen der Kinder orientiert, geplant, durchgeführt und überprüft werden können. Heilpädagoginnen entwickeln eine Vorstellung davon, welche Erfahrung jedes einzelne Kind braucht, damit es sich einerseits wohler fühlt und andererseits auch verantwortlicher und sozial kompetenter handeln kann. Dies ist eine Voraussetzung dafür, die Ideen der Kinder aufzugreifen und mit diesen kreativ umzugehen, ohne dass der Eindruck von Beliebigkeit entsteht. Auf diesem Wege erreicht man zwischen den Vorstellungen und Zielen der Kinder und denen der Erwachsenen ein relativ hohes Maß an Kompatibilität.

3.3.4 Bewegung aus gesundheitswissenschaftlicher Sicht

Die positiven Effekte körperlicher Aktivität auf die physische und psychische Gesundheit von Menschen aller Altersgruppen konnten in zahlreichen Studien nachgewiesen werden (im Überblick Fuchs/Schlicht 2012; Schlicht/Schott 2013; Brinkmann 2021). Speziell für die Altersgruppe der Kinder und Jugendlichen zeigt die Evidenzlage,

> „dass ein höheres Ausmaß an Bewegungszeit mit einer geringeren Adipositasprävalenz, weniger kardiometabolischen Risikofaktoren, höherer motorischer Leistungsfähigkeit, besserer Knochengesundheit, günstigen psychosozialen Anpassungen und einer besseren kognitiven Entwicklung verbunden ist" (Rütten/Pfeifer 2017, S. 24).

Die Verwendung des Begriffs „körperliche Aktivität“ hat den Vorteil, dass es sich dabei nicht nur um Sport oder Training handeln muss, die häufig mit negativen Erinnerungen oder Misserfolgserlebnissen verbunden sind, sondern um jede Form moderater Bewegung (z. B. gemütliches Spazierengehen, Beschäftigung mit Spielmaterial), die den Energieumsatz steigert (Schlicht/Brand 2007, S. 15).

Durch eine zielgruppenspezifische und lebensweltbezogene Bewegungsförderung durch Heilpädagog:innen können korrigierende, Selbstwert und Selbstwirksamkeit steigernde Erfahrungen ermöglicht werden. Dies erscheint umso dringlicher, wenn man die epidemiologischen Daten zum Bewegungsverhalten betrachtet. Laut Robert-Koch-Institut (2020) erreichen nur 26 % der Heranwachsenden die WHO-Bewegungsempfehlung (mindestens 60 Minuten körperliche Aktivität pro Tag). Insbesondere Menschen mit Assistenzbedarf, die in ihrem Lebensumfeld mit verschiedenen Barrieren konfrontiert sind, weisen einen deutlichen Bewegungsmangel auf (Bruland et al. 2023, S. 25).

Empfehlenswert sind zwei Bewegungsförderungsprogramme, die von Heilpädagog:innen übernommen oder an die eigene Praxissituation angepasst werden können. Das Programm „Mit Schwung und Energie durch den Tag“ (Brulandet al. 2023) wurde gemeinsam mit Menschen mit einer sog. geistigen Behinderung entwickelt. Mit Hilfe von Bewegungspat:innen, einem Handbuch für die Einrichtung und einer Broschüre in Leichter Sprache soll körperliche Aktivität in den Alltag der Klient:innen integriert werden. Das Programm „Animal Fun“ (McLaren 2021) zur Förderung der motorischen, sozialen und emotionalen Entwicklung richtet sich an Kinder im Alter von 3 bis 6 Jahren. Die motivationsfördernde Wirkung soll insbesondere durch die Nachahmung von Tierbewegungen erreicht werden.

Oben beschriebene Bewegungsprogramme zur Gesundheitsförderung können im Hinblick auf unterschiedliche Personengruppen mit ihren spezifischen Bedarfen modifiziert werden. Fehlende Erfahrungen können angeboten, nachgeholt; und so Handlungskompetenzen erweitert werden.

Eine sinnvolle Einteilung der Erfahrungsbereiche, die ermöglicht werden sollen, wären dann:

Erfahrungen zur Selbstwahrnehmung, z. B. durch die Erfahrung,

- von anderen gespiegelt zu werden,
- gemeinsam geteilter Aufmerksamkeit,

- zu führen und zu folgen.

Erfahrungen zum Erleben von Selbstwirksamkeit und Kontrolle, z. B.

- durch das Gestalten von in sich geschlossenen Handlungsbögen im Umgang mit Material und Aufgaben,
- durch das Benennen eigener Bedürfnisse und eigener Gren-
- zen im sozialen Kontext,
- durch das Nutzen der eigenen Entscheidungsräume,
- durch die Erfahrung von Körperbeherrschung.

Erfahrungen zum Erleben von Zielorientierung und Leistungsfähigkeit z. B.
in der Auseinandersetzung mit selbst gewählten Zielen und Aufgaben,

- in der Auseinandersetzung mit fremd gestellten Zielen und Aufgaben

Erfahrungen zum Erleben und Gestalten von Kooperation und Kommunikation, z. B.

- durch Erfahrungen im Spannungsfeld von Selbstbestimmung
- und Anpassung,
- durch Erfahrungen im Hinblick auf gemeinsame Problembewältigung,
- durch Erfahrungen im Hinblick auf das Erreichen gruppenbezogener Ziele.

3.3.5 Der Einsatz des Großtrampolins

Das emotionale Angesprochensein von Aufgaben ist wesentliche Voraussetzung dafür, dass deren Bewältigung kein einseitiger, unter Umständen sogar fremdbestimmter Willensakt bleibt. Intrinsische Motivation, Zielorientierung und Leistungsbereitschaft, die dem Aufbau der Selbststruktur dienen sollen, setzen das Angesprochensein des Kindes voraus. So gesehen ist das Großtrampolin ein Gerät, dessen Faszination sich kaum ein Kind entziehen kann. Eventuell braucht es aber Zeit, bis es seine Angst überwindet, Mut fasst und sich entscheidet, den sicheren Boden zu verlassen.

Kiphard schreibt, das Trampolin aktiviere die latente motorische Bereitschaft.

„Wenn der Übungsleiter hier die Kunst des Wartenkönnens beherrscht, verleitet dieses verlockende Gerät früher oder später auch das gehemmteste Kind zu ersten, zaghaften Versuchen" (Kiphard 1963, S. 28).

Das Trampolin ist ein Sportgerät, welches in seiner komplexen Wechselwirkung der Eigendynamik des Tuches und gleichzeitig der des Springers einzigartig ist. Dies scheint auch die eigentliche Ursache des Lusterlebnisses beim Trampolinspringen zu sein.

„In erster Linie wird vom Springenden die Leichtigkeit des Hochschwunges lustvoll erlebt, die darauf beruht, dass die eigene Sprungkraft und die Federkraft des Trampolins zusammenwirken. Das Hochgetragenwerden in die Luft, das Fliegen war schon immer ein Traum des Menschen" (Liebchen 1965, S. 365).

Beim Springen muss das Kind durch die dynamische Koordination des neuromuskulären Bewegungsapparates seines gesamten Körpers ein dynamisches Gleichgewicht herstellen. Dadurch wird vom Kind ein ständiger Anpassungsvorgang zwischen seinem Organismus und dem Tuch gefordert. Die Entwicklung der Koordinationsfähigkeit, der Gleichgewichtsfunktion und der motorischen Anpassungsfähigkeit wird dadurch positiv beeinflusst (vgl. Stäbler 1996, S. 13). Hierzu laufen neben motorischen auch perzeptive, kognitive und emotional-soziale Prozesse ab. Nicht angepasste Steuerung wird dem Springer durch das Trampolin zurückgemeldet, er erhält sofort Feedback über den Spannungsgrad der Muskulatur, die Position seines Körpers, über Krafteinsatz, Bewegungsrhythmus und anderes. Die Rückmeldungen, die durch das Trampolin selbst unmittelbar erfahren werden, führen zu einer Verbesserung der Körperwahrnehmung und haben – aufgrund der Wechselwirkungen zwischen körperlichen, geistigen und psychischen Prozessen – Auswirkung auf die Selbststruktur. Durch das sachliche, „beziehungsneutrale" Feedback des Trampolins ist der Springer oder die Springerin unmittelbar mit dem Ergebnis des eigenen motorischen Inputs konfrontiert. Letztendlich entscheidet nicht die Sprunghöhe oder die Komplexität der Bewegungsfolgen darüber, ob und in welchem Maße ein Kind das Gerät beherrscht. Von Bedeutung ist, ob es seine eigene Körperbeherrschung realistisch einschätzen und in Bezug zum Gerät bringen kann. Dies führt zu einer aktiven Auseinandersetzung mit dem eigenen Können und Wollen, mit Ideal- und Realselbst, und zwingt das Kind dazu, sich realistischen Zielen anzunähern. Zudem werden nicht selten Konfrontation und Grenzsetzung vonseiten der Übungsleiterin gefordert, welche nur in einer für das Kind angstfreien, selbstwertbestätigenden sowie sicherheits- und vertrauensvermittelnden Situation positive Wirkung entfalten kann.

Emotionales Erleben, innere Anspannung und Erregung finden in motorischen Handlungen ihren Ausdruck. Über das Trampolin ergibt sich auch die Möglichkeit, ungezielte und planlose Bewegungsunruhe aufzufangen. Emotionen und aufgestautes Bewegungsbedürfnis können abreagiert werden. Allerdings muss bzw. kann die ungeordnete und unkontrollierte Bewegung durch Übung auch abgebaut werden, zugunsten geplanter und gesteuerter Handlungsabläufe, die nicht mehr den Charakter der motorischen Unruhe aufweisen. Die Körperhaltung, die beim rhythmischen, harmonischen

Springen auf dem Trampolin eingenommen wird, lässt z. B. keine unkontrollierten Gefühle der Angst, der Wut oder des Ärgers zu. Sie verlangt vom Kind eine hohe Konzentration, welche fast spielerisch geleistet und trainiert wird.

Je nach Aufgabenstellung ist das Trampolin auch hervorragend geeignet, um exekutive Funktionen, Handlungsplanung und Steuerung, das Arbeitsgedächtnis und kognitive Flexibilität zu trainieren. Handlungsplanung und Steuerung sind z. B. immer dann gefordert, wenn das Kind eine zuvor abgesprochene, zusammenhängende Sprungfolge ausführt. Kognitive Flexibilität ist Voraussetzung dafür, dass das Kind auf Zuruf von außen unterschiedliche Sprünge ausführen kann.

Sprache ist eine wesentliche Voraussetzung zum Bewegungslernen und zur Bewegungswahrnehmung. Sprachliche Begleitung der Bewegungsaufgaben dient der Handlungssteuerung des Kindes. Die sprachliche Begleitung der Übungsleiterin unterstützt das Kind zunächst bei der Steuerung seiner Aufmerksamkeit und seiner motorischen Handlungsplanung und Steuerung. Später gewinnt das Kind selbst durch lautes oder verdecktes inneres Sprechen einen direkten Zugang zu seinen Aufmerksamkeitsprozessen, seinem motorischen Handeln und zur Selbstkontrolle.

Für das Verstehen der kindlichen Entwicklungssituation ist die Beobachtung, wie sich das Kind selbst- oder fremdbestimmten Aufgaben auf dem Trampolin annähert, von Interesse. Die dabei gemachten Beobachtungen geben wichtige Hinweise auf die Selbststruktur des Kindes und deren Berücksichtigung bei der Entwicklung eines Handlungskonzeptes.

3.3.6 Erfahrungsbereiche und praktische Übungen mit dem Medium Bewegung

3.3.6.1 Übungen zur Wahrnehmung

Übungen zur Wahrnehmung bzw. Selbstwahrnehmung haben eine doppelte Richtung: Einerseits lernt das Kind, seine Aufmerksamkeit auf bestimmte Informations- und Reizquellen zu fokussieren, seine Eindrücke zu benennen und zu reflektieren. Andererseits – und dies scheint die zunächst viel wesentlichere Erfahrung – lernt das Kind, dass es selbst durch sein Gegenüber wahrgenommen wird, indem es Rückmeldungen erhält, die es mit seinem eigenen Erleben in Übereinstimmung bringen kann.

„Ordnungsübungen" und „soziale Übungen" aus dem Bereich der Rhythmik sind sehr gut geeignet, um einem Kind die Erfahrung zu ermöglichen,

- dass es von den anderen wahrgenommen wird,
- dass es selbst verantwortlich führen kann und die anderen Kinder bereit sind, ihm zu folgen,
- dass alle gemeinsam ihre Aufmerksamkeit auf dieselbe Reizquelle richten.

Beispiele

- Ein Reifen wird gedreht. Alle Kinder bewegen sich, solange der Reifen „tanzt." Wenn der Reifen auf dem Boden liegt, setzen sich die Kinder auch auf den Boden.
- Jedes Kind hat einen Reifen und sucht sich mit diesem einen Platz im Raum. Alle Kinder bewegen sich im Raum um die Reifen herum. Sobald ein Kind sich in den Reifen setzt, setzen sich alle anderen auch in ihren Reifen.
- Zwei Kinder haben zusammen einen Reifen. Ein Kind steht im Reifen, das andere hält diesen von außen fest. Beide Kinder bewegen sich, wobei das Kind im Reifen ohne zu sprechen die Richtung angibt. Das Kind, das den Reifen hält, folgt und achtet darauf, dass das Kind im Reifen diesen nicht berührt.
- Die Kinder bewegen sich als „Schlange" durch den Raum. Das erste Kind, der „Kopf", gibt vor, wie sich alle anderen bewegen.

Interessante Erfahrungen machen Eltern[1] und Kinder auch gemeinsam bei Partnerübungen auf dem Trampolin bei folgender Aufgabe: Mutter und Kind stehen in der Mitte des Trampolin-Tuches und haben die Aufgabe, gemeinsam zu springen. Damit ein gemeinsamer Springrhythmus entstehen kann, ist es notwendig, dass beide sich aufeinander einstellen und das motorische Handeln aufeinander abstimmen. Auf einer sehr konkreten Ebene muss eine „Passung" von körperlichen (z. B. Haltung, Krafteinsatz, Atmung), emotionalen und kognitiven Prozessen zwischen Mutter und Kind hergestellt werden.

Beobachtet man beide bei der Bewältigung der Aufgabe, sieht man häufig ähnliche Lösungsstrategien: Das Kind beginnt unvermittelt, mit vorgebeugtem Oberkörper zu springen. Die „Sprünge" sind kurz, hastig und unregelmäßig. Die Mutter ihrerseits versucht „gegen" die Sprünge des Kindes, unter Einsatz von relativ viel Kraft, die Führung zu übernehmen. Allerdings gelingt es auch ihr nicht, mit dem Kind in einen harmonischen Sprungrhythmus zu kommen.

1 Der Einfachheit wegen, im weiteren Text „Mutter" genannt.

Mit dem Ziel, endlich vom Tuch abzuheben, verstärken beide zunehmend ihre eigentlich ineffektiven Strategien: Die Mutter verstärkt ihre Kraft und ihren Druck, der Springrhythmus des Kindes wird noch hastiger und unregelmäßiger. Dennoch verfolgen beide das gleiche Ziel.

Mutter und Kind machen jetzt die Erfahrung, dass dieses Ziel nur erreicht werden kann, wenn sich beide aufeinander einstellen, wenn die Rollen und die Verantwortung klar abgesprochen und eingehalten werden („Wer führt, wer folgt?“) und wenn es dem/der Führenden gelingt, bei kleineren Unsicherheiten im Rhythmus zu bleiben. Auch das Kind erfährt, in seiner Rolle als Führender, dass Führung übernehmen nicht ohne das Wahrnehmen des anderen realisiert werden kann. Diese Thematik ist häufig Thema im Elterngespräch.

3.3.6.2 Übungen zum Erleben von Selbstwirksamkeit und Kontrolle

Entwicklungspsychologisch machen Kinder die Erfahrung von Selbstwirksamkeit und Kontrolle dadurch, dass das Umfeld sich auf ihre Bedürfnisse und Signale einstellt. Viele Kinder, mit denen Heilpädagoginnen und Heilpädagogen arbeiten, haben einen Mangel an derartigen Erfahrungen. Übungssituationen können so gestaltet werden, dass die Kinder aufgefordert werden,

- zu benennen und sich festzulegen, was sie sich wünschen,
- ihre Erwartungen an die Gruppenmitglieder zu benennen,
- Rückmeldung zu geben, ob die Gruppenmitglieder ihrem Wunsch entsprechend gehandelt haben.

Wichtig sind auch Bewegungserfahrungen, bei denen das Kind seine Aufmerksamkeit auf den Zusammenhang zwischen seinem eigenen Tun und dem Ergebnis seines Handelns lenkt.

Beispiele

- „Autowaschstraße“, die von Kindern sehr geliebt und Erzieher:innen hinreichend bekannt ist. Jedes Kind („Auto“) benennt, wie schmutzig „das Auto“ ist, welche Intensität der Waschvorgang haben soll („Schonwaschgang“ oder „volles Programm“), wo das „Auto“ besonderer Pflege bedarf.
- „Rodeoreiten“: Eine Weichbodenmatte liegt auf einer Vielzahl von Medizinbällen. Ein Kind steht in der Mitte und versucht stehen zu bleiben. Die anderen bewegen die Matte (den „Stier“) mehr oder wenig heftig. Das Kind in der Mitte darf bestimmen, wie „wild“ der Stier ist.
- Übung mit dem Fallschirm: Der Fallschirm wird zu einem Dreieck gefaltet, dieses liegt auf einer Weichbodenmatte. Ein Kind liegt in der Mitte, die anderen bewegen den Fallschirm so, dass das Kind auf und ab bewegt wird,

eventuell sogar vom Tuch abhebt und wieder aufgefangen wird. Das Kind benennt im Vorfeld, ob und wie hoch es „fliegen" möchte und meldet dann zurück, ob der „Flug" seinen Vorstellungen entsprochen hat.

- Die Kinder bewegen sich als „Flugzeuge" durch den Raum, ohne aneinander anzustoßen. Wenn einem „Flugzeug" das Benzin ausgeht, macht es eine Notlandung auf der Weichbodenmatte. Wenn ein anderes „Flugzeug" dies sieht, landet es auch, und tankt das „Flugzeug" wieder auf.
- Beim Partnerspringen auf dem Trampolin benennt das Kind, ob es höher springen möchte, niedriger, vorwärts, rückwärts, im Kreis oder anderes.

3.3.6.3 Übungen zum Erleben von Zielorientierung und Leistungsfähigkeit

Die Frage, wozu sich ein Kind imstande fühlt und wie leistungsfähig es sich erlebt, ist stark von der subjektiven Einschätzung des Kindes selbst abhängig. Die Überwindung von Schwierigkeiten und Hindernissen erfordert eine aktive Auseinandersetzung mit der eigenen Leistungsfähigkeit und den eigenen Zielvorstellungen. Misserfolgsorientierte Kinder haben ein ganzes Spektrum an Vermeidungsstrategien erlernt, welche Erfolgserlebnisse und Ausbau von Frustrationstoleranz verhindern.

Häufig sind die Kinder zwar von vielen Angeboten angesprochen, verfügen aber nicht über entsprechende Kompetenzen, um mit Anstrengung an einer Sache zu bleiben. Sie haben den Zusammenhang zwischen der eigenen Anstrengung und der Erfahrung, emotional bereichert zu sein, wenig erlebt: Auf das Wagnis, sich anzustrengen ohne Garantie, dass „dies auch etwas bringt", lassen sie sich kaum ein.

„Korrigierende und erweiternde Beziehungserfahrungen zu Gerät und Person legen dann ein Fundament, auf dem unter dem Motto: Fördern durch situations- und personenspezifisches Fordern über die Methode ‚der kleinen Schritte' Erfolgserlebnisse aufgebaut werden" (Müller 2002, S. 38).

Beispiele

- Das Kind dreht einen Reifen an. Der Reifen rotiert langsam in Richtung Fußboden. Das Kind schätzt ab, wann es in den drehenden Reifen hinein- und herausspringen kann.
- Auf dem Trampolin ist das Trainieren und Beherrschen einfacher Sprünge Voraussetzung für das Erlernen komplexer Sprungfolgen.
- Das Kind benennt eine einfache Kombination aus Sprüngen, die es beherrscht. Es führt die Sprungfolge aus und vergleicht das Ergebnis mit dem ins Auge gefassten Ziel.

Im Zusammenhang mit Bewegungsaufgaben erleben Kinder den Zuwachs ihrer eigenen Leistungsfähigkeit, durch den Zuwachs an Kraft, Ausdauer, Gleichgewicht, Koordination/Geschicklichkeit, Schnelligkeit. Durch Bewegungserfahrungen wird die Kontrolle über den eigenen Körper trainiert. Wenn das übende Kind bemerkt, dass es seine Bewegungshandlungen besser steuern kann, kann sich dies auf seine allgemeine Leistungsbereitschaft auswirken.

3.3.6.4 Erfahrungen zum Erleben und Gestalten von sozialem Miteinander, Kooperation und Kommunikation

Heilpädagogische Arbeit mit Gruppen erfordert stets, dass sich die Teilnehmenden miteinander arrangieren. Dies gelingt umso besser, je mehr jede:r Einzelne Sicherheit hat und darauf vertrauen kann, dass die Befriedigung seiner bzw. ihrer individuellen Bedürfnisse nicht gefährdet ist.

Die Bandbreite der Lernerfahrungen geht von der Akzeptanz der Gruppenregeln bis hin zur aktiven Übernahme von Verantwortung füreinander und für das gemeinsame Ziel der Gruppe. Damit ein Kind seine eigenen Bedürfnisse zugunsten des Gruppenziels aufschieben und seine Kompetenzen zur Erreichung eines gemeinsamen Ziels einsetzen kann, sind Aufbau von Frustrationstoleranz und Selbstwertgefühl notwendig. Je unsicherer das Kind ist, desto stärker beharrt es auf seinen Vorstellungen. Mit zunehmender Sicherheit erweitert das Kind sein Rollenrepertoire, kann flexibel auf Aufgaben reagieren, die Anschauungen des anderen annehmen, sich selbst kritisch betrachten und sich gegebenenfalls korrigieren. Leben in Gruppen stellt Kinder vor komplexe Herausforderungen. Es wird von ihnen gefordert, sich in im Spannungsfeld von Selbstbestimmung und Anpassung sicher zu bewegen.

Kinder mit einer instabilen Selbststruktur bringen neben ihren Kompetenzen und Ressourcen auch ihre inadäquaten Wahrnehmungs-, Einstellungs- und Handlungsmuster in die Gruppe ein. Ihre Schwierigkeiten in Hinblick auf die Affektregulation, unrealistische Selbstwahrnehmung, die Tendenz zur Rivalisierung, motorische Unruhe und inadäquate Auseinandersetzungsstile machen die gemeinsame Bewältigung einer selbst gewählten Aufgabe häufig gar nicht möglich.

Damit gemeinsames Handeln dennoch gelingen kann, ist notwendig, dass die Leitung der Gruppe die Wirklichkeitskonstruktionen der einzelnen Kinder im Blick hat, sie bei der Herstellung von Viabilität unterstützt und Interventionsformen findet, die zur Affektregulation des Einzelnen und zur

Deeskalation im Rahmen der gruppendynamischen Prozesse beitragen. Dazu gehört, Strukturen aufzubauen und einzufordern, die die Kinder akzeptieren lernen, weil sie auch zur Befriedigung ihrer eigenen Sicherheitsbedürfnisse dienen. Die Kinder müssen darauf vertrauen können, dass die Gruppenleitung die gegenseitigen Rollenzuschreibungen im Blick hat und garantiert, dass der Selbstwert eines Kindes nicht durch andere infrage gestellt wird.

3.4 Das Medium Werken – theoretische Grundlagen und heilpädagogische Praxis

In den vergangenen Jahren scheint die Bedeutung handwerklicher Tätigkeiten für die Entwicklung von Kindern und Jugendlichen aus dem Bewusstsein vieler Pädagogen und Pädagoginnen zu verschwinden. Erziehungswissenschaftliche Veröffentlichungen zu diesem Thema gibt es nur sehr wenige. Die Wirkung künstlerischen Handelns und handwerklichen Tuns auf die Persönlichkeitsentwicklung wird eher im therapeutischen Kontext aufgegriffen. Wechselwirkungen zwischen kreativem bildnerischem Schaffen und seelischen Prozessen werden hier thematisiert (vgl. Spreti, Martius, Steger (Hg.), 2018)

Die Gründe für das schwindende Interesse der Heilpädagogik an der Bedeutung ästhetisch-technischer Bildung sind wohl vielschichtig.

Das Interesse von Kindern, selbst etwas herzustellen, was ihr Spiel bereichert, scheint noch vorhanden, wenn entsprechende Möglichkeiten sich auch anbieten. Parallel dazu besetzt die Spielzeugindustrie mit ihren Produkten Spielthemen für unterschiedliche Altersgruppen. Die hierbei möglichen Material- und Bearbeitungserfahrungen sind sehr begrenzt. Sie stehen jedoch auf der Wunschliste der Kinder oft ganz oben. Die Zeiträume zwischen Wunsch und Erfüllung werden bei manchen Kindern immer kürzer, sodass sie häufig keinen Anreiz mehr haben, bis zum Erhalt z. B. eines Lego-Raumschiffs eigene Raumschiffe zu konstruieren.

Ein weiterer Einzelaspekt sind zu wenige männliche Erzieher in vielen Erziehungseinrichtungen und die nach wie vor vorhandene Zurückhaltung vieler weiblicher Kolleginnen in Bezug auf handwerklich-technische Fragestellungen. Bedauerlicherweise werden auch in der Schule oder in der pädagogischen Ausbildung häufig nur sehr wenig Kompetenzen im handwerklich-technischen Bereich vermittelt, obwohl diese gerade in der Arbeit mit älteren

Kindern und Jugendlichen sinnvoll und hilfreich wären – und zwar nicht nur im Hinblick auf die allgemeine Persönlichkeitsentwicklung, sondern auch im Zusammenhang mit der Frage der Berufswahl von Mädchen und Jungen.

Auch im Fortbildungsbereich findet das Medium Werken kaum Aufmerksamkeit. Andererseits droht auch eine Überforderung für die Heilpädagoginnen und Heilpädagogen, die nicht in allen heilpädagogisch relevanten Medien kompetent sein können. Umso wichtiger scheint, dass die Studierenden während der Ausbildung und auch danach mindestens einen Kompetenzbereich ausbilden, in dem sie qualifizierter als ihre Umgebung sind und diese Fähigkeit auch zur Verfügung stellen. Dies befördert die Qualität des pädagogischen Handelns und erleichtert die Entwicklung einer individuellen fachlichen Position und Rolle in der Institution. Um solche Kompetenzen zu entwickeln, können individuelle Ressourcen genutzt werden. Bereits vorhandene Kompetenzen in Sport, Spiel, Musik, Kunst, Haushalt, in Gesundheit usw. sollten in der Ausbildung aufgegriffen und/oder individuell weiterentwickelt werden. Eine entsprechende Kompetenzverteilung bei den Mitarbeitenden einer pädagogischen Institution erhöht die Handlungsmöglichkeiten erheblich.

Für den Bereich der Kunst gibt es hervorragende Qualifizierungsmöglichkeiten. In diesem Kontext ist partiell auch handwerklich-technische Bildung enthalten und für Menschen, die im Bereich des Mediums Werken arbeiten wollen, zu empfehlen. Außerdem ist der Erwerb eines Maschinenscheines für Holzbearbeitungsmaschinen anzuraten. Kurse hierfür können bei den Handwerkskammern erfragt werden.

Im Rahmen des Kapitels soll keine umfassende Didaktik des Werkens dargestellt werden. Vielmehr wird der Einsatz des Mediums Werken in der heilpädagogischen Arbeit mit Kindern und Jugendlichen beschrieben. Mit dem Werken wird Kindern und manchmal auch Eltern ein Medium angeboten, über das sie sich ausdrücken und ihre Fragestellungen bearbeiten können.

„Werken" – eine Begriffsklärung

„Das Wort „werken" leitet sich von „wirken" ab und bedeutet „arbeiten", „machen", „herstellen" und „hervorbringen." Der Begriff steht in inhaltlichem Zusammenhang mit „bilden". Bevor der Begriff „Bildung" im pädagogischen Sinne verwendet wurde, bedeutete er nach seiner Abstammung von der indogermanischen Silbe „bil", „spalten", „behauen", sowie vom althochdeutschen „bildunga", „formen", gestalten", „hervorbringen", „Schöpfung", „Schaffung" (Vetter 2009, S. 32). „Schon von dieser wortgeschichtlichen

Gemeinsamkeit her kann geschlossen werden, dass Werken ein ‚wirksames Bildungsmittel' zur Förderung und Entwicklung der Gesamtpersönlichkeit eines Menschen und seiner Handlungskompetenz darstellt" (Liebchen 1966, S. 2, zit. n. Vetter 2009, S. 33).

Alle Erscheinungsformen des Mediums Werken haben mit der gestalteten Welt und der Reflexion über das Gestaltete durch den oder die Gestalter:in zu tun (vgl. Burkhardt 1985, S. 11).

Werken ist eine pädagogisch beabsichtigte Produktherstellung, welche sich problemlösend realisiert (vgl. Müller 1997, S. 27 ff.). Diese Aussage trifft für den Bereich des heilpädagogischen Werkens nur begrenzt zu. Auch im heilpädagogischen Kontext findet pädagogisch intendiertes Werken statt. Wenn Kinder und Jugendliche aber die Möglichkeit haben, selbstständig handwerklich tätig zu werden, muss keine pädagogisch beabsichtigte Produktherstellung vorliegen, allenfalls ein pädagogisch intendiertes Erfahrungsfeld. Wie an einigen Beispielen noch zu erkennen sein wird, kann unter bestimmten Voraussetzungen das Zurückstellen jeglicher pädagogischer Intention die Voraussetzung sein, dass ein Kind oder ein:e Jugendliche:r sich überhaupt unbekannten Erfahrungen annähert, an deren Ende die Herstellung eines eigenen Objekts realisiert wird. Werken bietet außerdem die Möglichkeit, seine Identität über das Geschaffene auszudrücken. Über die herzustellenden Objekte können auch belastende Lebensereignisse dargestellt, symbolisiert und so verarbeitet werden. Durch die erworbenen Kompetenzen und die im Herstellungsprozess gemachten Erfahrungen sowie durch das erfolgreich abgeschlossene Projekt können ein positives Selbstbild entwickelt und das Vertrauen in die eigene Handlungsfähigkeit wieder hergestellt werden.

Der Schwerpunkt der Inhalte zum Medium Werken im Kontext der Heilpädagogik beschäftigt sich hier mit dem Bereich des handwerklich-technischen Werkens, wie es in unterschiedlichen Handlungszonen heilpädagogische Anwendung findet.

3.4.1 Handlungszonen der Beschäftigung mit dem Medium Werken im außerschulischen Bereich

Über viele Jahre hinweg beobachten wir in der Arbeit der Heilpädagogischen Ambulanz Ravensburg, in welch hohem Maße viele Kinder und Jugendliche, unabhängig von ihren Behinderungserfahrungen, von handwerklichen Tätigkeiten angesprochen sind. Je nach individueller Ausgangssituation handeln Kinder dabei in unterschiedlichen Zonen, die manchmal für sich allein und manchmal auch parallel wahrgenommen werden können. Es zeigt sich, dass es im Wesentlichen drei Zonen sind, die für das Handeln im Rahmen eines heilpädagogischen Konzepts wichtig sind, welche sich im Blick auf die Handlungsziele aber nicht generell widersprechen.

Abbildung 9: Handlungszonen handwerklich-technischer Tätigkeiten

Im Gegensatz zur Schule, wo alle Kinder im Werkunterricht am Lehrplan orientierte Bildungsziele erreichen sollen, orientiert sich die heilpädagogische Arbeit mit dem Medium Werken meist nicht an der Vermittlung von vordefinierten Bildungsinhalten und Bildungszielen, sondern an den Entwicklungsaufgaben von Kindern und Jugendlichen, die in ihrer Entwicklung verzögert sind, gestört, behindert oder beeinträchtigt werden. Die betroffenen Kinder entscheiden sich vor dem Hintergrund angebotener Medien für eines, welches sie anspricht und ihren Ausdrucksbedürfnissen entgegenkommt.

Die Abbildung 12 „Handlungszonen“ spiegelt die Erfahrung, dass handwerklich tätige Kinder häufig in wechselnden oder auch in mehreren Zonen zugleich handeln.

Werken in der Zone des Spiels

Noah konstruiert und baut eine Laserkanone für sein Spiel.

Dazu braucht er keine Unterstützung. Er bewegt sich in einer Zone des Spiels, das weitgehend von selbsttätigem Lernen geprägt ist. Die Laserkanone soll das Spiel interessanter werden lassen. Sie kommt seinem Ausdrucks- und Darstellungsbedürfnis entgegen, ermöglicht Nachahmung von Filmen oder Geschichten und hilft, seine Rollenvorstellung zu veranschaulichen.

Eine weitere Zone bildet das Interesse eines Kindes an naturwissenschaftlich-technischen Fragestellungen, die handwerklich realisiert werden können.

Noah, der im Zusammenhang mit seinem Star-Wars-Spiel eine „Laser-Kanone“ gebaut hat, spielt einige Zeit mit ihr und bemerkt, dass sein Spielzeug zu langweilig ist. Es soll mehr „wie in echt“ aussehen, „irgendwie schöner“. Dazu will er eine Lichtquelle einbauen, deren Lichtkegel auf imaginären oder mitspielenden Gegner:innen zu erkennen ist. Weil er nicht weiß, wie das gehen könnte, bittet Noah um Hilfe, die ihm in einer Art gewährt wird, dass er weitgehend selbst tätig werden kann. Er verlässt also die Spielzone, um zu konstruieren und seine Laserkanone echter zu gestalten. In dieser Phase bewegt er sich in der Zone handwerklich-technischer Bildung. Er informiert sich über Materialien und deren Verwendung, mit denen er die Kanone „schöner“ gestalten kann, erkundigt sich über Leuchtmittel, Batterien, Stromkreis, Schalter, Kosten usw., um die Verbesserung seines Spielzeugs in Angriff zu nehmen. Dann untersucht Noah, ob das veränderte Spielzeug seinem Spielbedürfnis besser entspricht. Ein Wechsel von Spiel und Herstellung weiterer Requisiten entsteht, auf die auch andere Kinder aufmerksam werden, die mit ihm spielen und mitbauen wollen. Nachdem alle Laserkanonen haben, tritt der Bau der Kanonen in den Hintergrund und die Kinder überlegen sich, wie sie ein tolles Raumschiff bauen könnten, das länger stehen bleiben darf.

Über Beobachtung entwickelt das Kind sein Interesse an technischen Fragestellungen und handwerklichem Tun. Oft werden diese Beobachtungen in der Zone des Spiels zunächst als Handlung nachgeahmt, dann mit jedem Entwicklungsfortschritt der Realität angepasst und mit sinnhaften

Erfahrungen verknüpft. In diesen Lernprozessen kann das Kind so viel Selbstwirksamkeitsüberzeugung entwickeln, dass es Dinge herstellen lernt, die sich in seiner Lebenswelt als brauchbar und funktional erweisen.

In der Zone heilpädagogischer Entwicklungsverläufe entfalten sich in handwerklichen Tätigkeiten Selbstheilungskräfte. Diese entwickeln sich oft zugleich im handwerklichen Tun und im Spiel. So kann ein Kind z. B. Handwerker:in spielen und zugleich erfolgreich Werkstücke herstellen.

Nils (12 Jahre) kommt zur Heilpädagogischen Ambulanz, weil er Symptome einer Trichotillomanie (zwanghaftes Haare ausreißen; ICD 10 F.63.3) zeigt. Frau M. zieht ihm die Strickmütze vom Kopf und führt zwei ca. 5 cm große kreisrunde Flächen vor, auf denen Haare fehlen. Die Mutter hat viel an ihrem Jungen auszusetzen, lässt ihn nicht zu Wort kommen und handelt konsequent nach dem Motto: „Ich weiß, was am besten für Dich ist!" Sie schickt ihn zu unterschiedlichsten Vereinen, die sie für Nils für geeignet hält (Tennis, Golf, Volleyball, Handball, „auf keinen Fall Fußball" usw.). Nils geht jedoch immer nur kurze Zeit hin und stellt dann fest, dass ihm die jeweilige Sportart nicht gefällt. Auch in anderen Bereichen lässt Frau M. ihm kaum Entscheidungsmöglichkeiten. Sie weiß auch, welche Kleider für ihn die besten sind, „wie er den Mädchen am besten gefällt" usw. Zuletzt will sie Nils in einen Tischtennisverein schicken. Dazu ruft sie, ohne mit dem Jungen zu sprechen, beim Verein an, macht einen Termin aus und schickt Nils hin. Dort kommt Nils aber nicht an, sondern im direkt daneben liegenden Schützenverein, wo er „probeschießen" darf. Nils erklärt seiner Mutter, dass er ein Luftgewehr haben und dem Schützenverein beitreten will. Davor hat Frau M. große Angst. Nils kommt in die nächste Stunde zur Heilpädagogischen Ambulanz und will eine Armbrust bauen. Darauf äußert Frau M.: „Du willst mich umbringen, ich weiß es!" Im Elterngespräch wird deutlich, dass sie ihre Aussage wirklich ernst meint. Nils darf eine Armbrust bauen, Frau M. wird empfohlen zuzuschauen und im Elterngespräch anzusprechen, was sie dabei bewegt. Die Heilpädagogin und Nils planen, informieren sich, konstruieren, bauen und schießen mit der Armbrust auf Scheiben.

Der Wunsch, eine Armbrust zu bauen, symbolisiert Nils' Situation. Er muss „große Geschütze" auffahren, um autonom handeln zu dürfen. Frau M. versetzt Nils' Autonomiestreben in Angst. Sie befürchtet, tatsächlich erschossen zu werden. Es gelingt ihr aber, als Beobachterin an den Stunden teilzunehmen. Nils' Selbstheilungsversuch und der handwerkliche Herstellungsprozess der Armbrust verlaufen nahezu parallel. Die Werktätigkeit erlaubt einerseits Symbolisierung seiner Befreiungsfantasien, andererseits fördern der Fortschritt und das Gelingen seines Werkes seine Autonomie, sein Kohärenzgefühl und seine Selbstwirksamkeitsüberzeugungen. Parallel bespricht Frau M. ihre Erfahrungen im Elterngespräch und findet veränderte Einstellungen, die sie in Nils'Erziehung anwenden lernt. Mit der Fertigstellung und den ersten Schießversuchen trägt Nils keine Mütze mehr und die Haare sind wieder gewachsen.

Nach Fertigstellung der Armbrust beginnt Nils während des Schießens ein Gespräch mit der Heilpädagogin über die Bedeutung seiner Erfahrungen und auch darüber, was er handwerklich gelernt hat. Sein Schlusskommentar: „Am Anfang habe ich gedacht, Sie können da was machen, dass ich nicht mehr Haare reiße, – Pillen oder so …! Aber dann habe ich gemerkt, dass ich das selber machen muss. Jetzt weiß ich, dass ich's auch kann!" Insgesamt eine Stunde wurde geschossen, danach hängte der Junge die Armbrust in seinem Zimmer an die Wand.

Werken in der Zone der Förderung (im engeren Sinne) wird im Rahmen der Heilpädagogischen Ambulanz eher selten angewendet. Dennoch kann die Förderung einzelner defizitärer Bereiche sinnvollerweise nicht ausgeschlossen werden.

Manche Kinder und Jugendliche werden nicht nur von ihrer Umwelt als defizitär wahrgenommen, sondern empfinden sich selbst in einigen Bereichen als defizitär. Sie erleben sich motorisch, kognitiv, emotional oder in anderen Zusammenhängen gegenüber ihrer Altersgruppe unterlegen und wollen (noch) etwas gegen dieses selbst definierte Defizit unternehmen. Sie wollen üben, lernen und Förderungsvereinbarungen treffen, um selbst aktiv an der Verbesserung ihrer Situation zu arbeiten. Auch bei diesen Kindern begegnet man der Frage, welche Medien und Lernumgebungen sie ansprechen. Nicht nur Spiel, Bewegung, Musik oder künstlerische

Ausdrucksformen, sondern auch Angebote für handwerkliche Arbeit bieten differenzierte Möglichkeiten für die Entwicklung und Durchführung von Förderkonzepten, die im Kontext einer individuellen Ätiologie und Genese entwickelt und auch in systemischer Hinsicht begleitet werden. Das Förderkonzept folgt den Bedingungen individueller Entwicklungsaufgaben und ist nicht darauf angelegt, dass bestimmte Indikationen vorliegen, bei denen ein vorgefertigtes universales Konzept Anwendung findet. Im Rahmen heilpädagogischer Elternarbeit wird das Förderkonzept begleitet, um mit den Eltern ursächliche Faktoren zu erkennen und die Folgen der Förderung beim Kind im systemischen Kontext einzuordnen. Auch die Einbeziehung der Eltern als Co-Trainer:innen ist denkbar.

In diesem Zusammenhang wird deutlich, dass die prinzipielle Ablehnung defizitorientierter Konzepte den Entwicklungsbedürfnissen von Kindern nicht gerecht wird. Problematisch ist ein ausschließlich defizitorientierter Umgang mit Kindern dann, wenn dieser bei ihnen zu einem abweichenden Bewusstsein führt. Ein Mehr an Übung im defizitären Bereich ist meist kontraproduktiv, wenn das Defizit von der Umgebung nicht akzeptiert wird. Konzepte müssen so entwickelt werden, dass Kinder zunächst die Erfahrung machen, sich ihre Anerkennung nicht erleisten zu müssen. Dazu gehört die Erfahrung von Bejahung, die der kindlichen Leistungsbereitschaft vorausgeht. Die systemische Arbeit mit Familie und Schule oder Tagesstätte ist wichtig, um sozialen Stress infolge des Defizits zu vermeiden und die Verfestigung von Selbstzweifeln zu verhindern.

3.4.2 Modelle der Entwicklung von Werktätigkeiten

In den letzten Jahren gab es keine neueren Arbeiten zu entwicklungspsychologischen Grundlagen des Werkens bei Kindern und Jugendlichen. Das ist bedauerlich, denn über sinnliche Erfahrungen und das Gestalten mit den eigenen Händen erschließen sich Menschen einen wesentlichen Zugang zur Welt.

Alle vorliegenden Modelle zur Entwicklung der Werktätigkeit bei Kindern und Jugendlichen sind Stufenmodelle, wie beispielsweise die Modelle von Schenk-Danzinger, Lowenfeld und Bühler (vgl.Renner 2006, S. 135 f.). Sie gehen davon aus, dass sich Werktätigkeit in Stufen entwickelt und die nächste Entwicklungsstufe erst beginnt, wenn die vorausgehende abgeschlossen ist.

Auch Bodo Wessels' Stufenmodell ist so angelegt (vgl. Wessels 1969, S. 140 f.). Seine Erkenntnisse entstammen Untersuchungen aus der Zeit von 1926–1933. Er verwendet den Begriff „Stufen der Bildsamkeit", mit dem sich die Vorstellung verbindet, dass es Altersstufen gibt, in denen Kindern jeweils spezifische Bildungsinhalte vermittelt werden können. Wessels bedauert, dass keine breit angelegten Forschungsergebnisse vorliegen und bewertet sein Begriffssystem deshalb als Vorschlag (ebd., S. 143).

Auch heute verwendet die Entwicklungspsychologie teilweise noch Stufenmodelle, weist aber darauf hin, dass die mit einer bestimmten Entwicklung verbundene Altersangabe kein bedingter Faktor ist. Entwicklung ist biologisch, sozial, gesellschaftlich, kulturell determiniert. Das bedeutet, die einzelnen Entwicklungsfaktoren werden je nach lebensweltlich-ökologischen Bedingungen unterschiedlich wirksam. Der Einfluss der einzelnen Faktoren auf die Entwicklung verläuft folglich auch nicht chronologisch.

Wessels' Begriff der Bildsamkeit entspricht nicht der heutigen Vorstellung von Bildung. Wir wissen heute, dass Kinder in der Lage sind, sich Bildungsgehalte auch selbst anzueignen, dabei individuelle Lernwege beschreiten und die Bildungsgehalte in die entwicklungsentsprechende Konstruktion ihrer

Lebenswelt integrieren. Je nach Anregung und individueller Voraussetzung bewegt sich das Kind auf die Welt zu, eignet sich Welt an und macht Sinnerfahrungen.

In einem Projekt der Pädagogischen Hochschule Bern wurde unter dem Titel „Wann ist ein Schiff ein Schiff?" das dreidimensionale Gestalten von vier- bis achtjährigen Kindern untersucht. In diesem Zusammenhang gelangte man, in einer Auseinandersetzung mit Wessels' Entwicklungsübersicht, zu folgender Erkenntnis, die hier gekürzt wiedergegeben wird:

Einige inhaltliche Aspekte der schriftlichen Beschreibungen von Wessels (es liegt kein Bildmaterial vor) können in den Objekten der vier- bis achtjährigen Kinder wieder erkannt werden. Hingegen ist es nicht möglich, die im Gestaltungsprozess entstandenen Objekte den von ihm vorgeschlagenen Stadien (Gestaltstadium, Merkmalstadium, Stadium der Bildhaftigkeit, Stadium der Funktionstüchtigkeit) zuzuordnen.

Da die Stadien weder inhaltlich, noch von der Abfolge und der Alterszuordnung her bestätigt werden können, sind auch die Oberbegriffe Hantier-, Bastel- und Werkstufe hinfällig. Zwischen Wessels' Beschreibung der Entwicklung des kindlichen Gestaltungsprozesses und den Beobachtungen im Rahmen des Forschungsprojekts der Pädagogischen Hochschule Bern konnte keine Kongruenz festgestellt werden.

Schlussfolgerungen:
Die Fachexpertinnen und Fachexperten waren sich grundsätzlich einig bezüglich der Reifungs- und Lernprozesse der Kinder:
„Die allmähliche Transformation des Lustprinzips in das Realitätsprinzip, die Lösung des Denkens zunächst aus den unmittelbaren Wahrnehmungsgegebenheiten und dann von den konkreten Vorstellungsgehalten zu immer abstrakterer Erkenntnistätigkeit" (Müller 2004, S. 70).

Unter Einbezug von Wessels' Ausführungen lassen sich, bezogen auf das dreidimensionale funktionale Gestalten bei Vier- bis Achtjährigen, folgende Entwicklungstendenzen beschreiben:

- Die Entwicklung hin zu einem visuellen Realismus
  „Je älter Kinder sind, desto deutlicher kommt zum Ausdruck, dass das Kind bestrebt ist, sich durch die Darstellungsart in seinen Werken – oder auch Teilen davon – möglichst den realen Vorbildern der Umwelt anzunähern. Es erreicht dies durch die angepasste Umsetzung von Grundformen, Formelementen, Farben und Proportionen. Zudem löst sich das Kind von der flächigen Darstellung und nimmt Besitz von der dritten Dimension. Es entstehen dreidimensionale Raumgebilde in Abhängigkeit vom Werkstoff mit Grund- und

Seitenflächen oder vollplastische aufrechtstehende Körper. Ein visueller Realismus gelingt eher, wenn die darzustellenden Dinge einfach sind und die zur Verfügung gestellten Materialien Qualitäten dieser Dinge aufweisen, z. B. im haptisch/optischen Bereich (z. B. textile Materialien für die Darstellung eines Segels). Diese Entwicklungstendenz bestätigen auch die Untersuchungen von Becker (2002), der sich ausführlich mit den Entwicklungsprozessen im plastischen Gestalten befasst, und Gaus (2004), welche sich mit der Architektur von Vorschulkindern beschäftigt.

- Die Entwicklung hin zu einem funktionalen Realismus
  Analog der Entwicklung hin zum visuellen Realismus kann auch von einem steigenden Interesse an technischen und funktionalen Fragen gesprochen werden. Das richtige Funktionieren der Gegenstände wird tendenziell immer wichtiger. Wird die Aufgabe gestellt, ein Schiff zu bauen und die Schwimmtauglichkeit im Wasser zu überprüfen, haben ältere Kinder stärker das Bedürfnis, funktionstüchtige Modelle herzustellen. Dies zeigt sich auch beim Bau von technischen Details: Die Schiffe der älteren Kinder weisen ähnliche Qualitäten auf wie ihre Vorbilder in der Realität, beispielsweise eine Türe, die sich öffnen lässt. Die Eigenschaften von Materialien (z. B. Gewicht) werden umfassend wahrgenommen und physikalisch richtig genutzt.
  Bei komplexen Elementen werden i. d. R. nur einzelne Teile sachlich richtig gebaut. Parallel zu dieser realitätsnahen Erfassung und Darstellung der Wirklichkeit ist jedoch auch eine rege Fantasietätigkeit zu beobachten. Objekte werden während des Herstellungsprozesses und nach der Fertigstellung auch zum Spielen und als Symbolträger für Imaginationen eingesetzt.

- Die Entwicklung hin zu zielgerichtetem Konstruieren
  Das Spielen, das Tun-als-ob, ist für Kindergartenkinder elementar. Dieses Verhalten wirkt sich auch im Umgang mit Werkstoffen und Werkzeugen aus. Beim Lösen einer bestimmten Aufgabe im dreidimensionalen Gestalten hantieren jüngere Kinder ausgiebig mit den vorgegebenen Materialien. Es kann vorkommen, dass sie das Ziel aus den Augen verlieren und sich ganz dem Erforschen des Materials oder der Beschäftigung mit einem Gerät hingeben. Planvolles und zielgerichtetes Vorgehen ist sehr anspruchsvoll: Ein Gesamtproblem in Teilprobleme zu gliedern, die zu verrichtenden Arbeitsschritte in eine logische Reihenfolge zu bringen, sich eine bestimmte Funktion vorzustellen, setzt bestimmte kognitive Fähigkeiten voraus. Beispielsweise muss das räumliche Vorstellungsvermögen oder die Fertigkeit zu messen entsprechend entwickelt sein. Zielgerichtetes Bauen und Konstruieren ist tendenziell eher bei älteren Kindern zu beobachten" (Raschle 2010).

3.3.3 Einflüsse handwerklich-technischer Tätigkeiten auf die Persönlichkeitsentwicklung und Anforderungen an das heilpädagogische Handeln

Das folgende Kapitel beschreibt die Wirkungen handwerklich-technischer Tätigkeiten auf die Entwicklung der Persönlichkeit, schwerpunktmäßig im Zusammenhang mit der Frage nach der Entwicklung des Kohärenzgefühls und der Selbstwirksamkeitsüberzeugung. Die theoretischen Überlegungen werden mit Beispielen aus dem heilpädagogischen Handlungskontext veranschaulicht.

Handwerklich-technische Tätigkeiten können die Entwicklung eines Kohärenzgefühls *(sense of coherence, SOC)* von Kindern und Jugendlichen fördern und unterstützen (vgl. Antonovsky/Franke 1997; BzGA 2001).

Beim Kohärenzgefühl handelt es sich um

„eine grundlegende Lebenseinstellung, die ausdrückt, in welchem Ausmaß jemand ein alles durchdringendes, überdauerndes und zugleich dynamisches Gefühl der Zuversicht hat, dass seine innere und äußere Erfahrenswelt vorhersagbar ist und eine hohe Wahrscheinlichkeit besteht, dass sich die Angelegenheiten so gut entwickeln, wie man vernünftigerweise erwarten kann" (Übers. v. Bengel, J. u. A., BzGA 2001, S. 29).

Das Kohärenzgefühl kann nur entwickelt werden, wenn Ressourcen verfügbar sind und auch wahrgenommen werden. Außerdem müssen die Anforderungen und Herausforderungen Investitionen darstellen, die das Engagement auch verdienen (vgl. Antonovsky 1993, S. 3 ff.).

Ein stark ausgeprägtes Kohärenzgefühl führt dazu, dass ein Mensch flexibel auf Anforderungen reagieren und der Situation angemessene Ressourcen aktivieren kann. Menschen mit schwachem Kohärenzgefühl beantworten Anforderungen eher starr und rigide, weil sie aufgrund mangelnder Selbstwirksamkeitsüberzeugungen weniger Ressourcen zur Bewältigung erkennen.

Ein starkes Kohärenzgefühl entsteht im Verlauf des Lebens, wenn Menschen immer wieder erfahren können, dass ihr Leben nicht chaotisch, zufällig, willkürlich ist, sondern dass sie Einfluss nehmen können, dass es Sinn hat, dass sie ihm gewachsen sind. Hierbei sind vor allem drei Erfahrungen wichtig:

- Die Erfahrung der Konsistenz, d. h. die Erfahrung, dass Dinge sich wiederholen, dass Abläufe unter vergleichbaren Bedingungen ähnlich sind, dass Dinge, Abläufe, Beziehungen überdauern. Konsistente Lebenserfahrungen sind vor allem wichtig zur Ausbildung der Verstehbarkeitskomponente des Kohärenzgefühls.

- Die zweite wichtige Erfahrung ist die der Teilhabe an der Gestaltung von Ergebnissen, d. h. die Erfahrung, dass ich Einfluss nehmen kann auf die Welt um mich herum. Diese Erfahrung ist vor allem wichtig zur Ausbildung der Bedeutsamkeitskomponente.
- Und drittens die Erfahrung der Belastungsbalance: Ich darf weder chronisch überbelastet, überfordert sein, noch dürfen die Belastungen so gering sein, dass ich mich dauernd unterfordert fühle. Das Erleben einer Ausgeglichenheit zwischen Überlastung und Unterforderung ist notwendig zur Ausbildung eines starken Gefühls der Handhabbarkeit.

Als grundlegend für die Möglichkeit, derartige das Kohärenzgefühl steigernde Lebenserfahrungen machen zu können, betrachtet Antonovsky kulturelle Faktoren, Stabilität und Frieden in der politischen und sozialen Situation. Darüber hinaus spielen jedoch auch die individuellen Möglichkeiten, Konsistenz in der engeren sozialen Umgebung zu erfahren, an der Gestaltung des Familienlebens und Arbeitsplatzes teilhaben zu können und weder über- noch unterfordert zu sein, eine Rolle.

„Die Wahrscheinlichkeit für ein starkes Kohärenzgefühl ist gering, wenn Personen keine Lebensbereiche haben, die ihnen wichtig sind" (Franke 2005).

Das Kohärenzgefühl setzt sich aus drei Komponenten zusammen:

1. Das Gefühl der Verstehbarkeit (sense of comprehensibility) bezieht sich darauf, inwiefern ein Mensch von außen oder von innen kommende Reize als sinnvoll und geordnet wahrnimmt anstatt als chaotisch und unerklärlich. Es ermöglicht die Erfahrung, dass zukünftige Ereignisse vorhersagbar sind bzw. überraschend auftretende Anforderungen eingeordnet und erklärt werden können. Über das Medium Werken ist es möglich, die Fähigkeit zu verstehen anzuregen. Die Auseinandersetzung mit Fragestellungen, z. B. technisch-funktionaler Art, verlangt die Entwicklung der Fähigkeit, einen Kontext so zu ordnen und zu strukturieren, dass auch unbekannte Herausforderungen als konsistente, strukturierte Informationen verarbeitet werden können. Im Rahmen unseres Themas geht es also darum, bei Kindern kognitive Verarbeitungsmuster anzuregen, zu stützen und übend zu begleiten, die einen kognitiv verstehenden Zugang zur Kultur (Technik) und Natur ermöglichen. Konstruktion, Planung und Bau technischer Werke fordern diesen verstehenden Zugang heraus. Heilpädagogische Begleitung in diesem Prozess unterstützt die Entwicklung der Fähigkeit konsistenter strukturierter Informationsverarbeitung mit dem Ziel der Verstehbarkeit. Unterstützung erhalten Kinder auch, wenn es darum geht, ihre eigenen kontraproduktiven Gefühle wie z. B. Frustration, Misserfolgsangst zu verstehen und anders zu deuten.
2. Das Gefühl der Handhabbarkeit/Gestaltbarkeit (sense of manageability) betrifft die Entwicklung der Überzeugung, Situationen und Fragestellungen aktiv bewältigen zu können. Dazu müssen Kinder lernen, ihren Fähigkeiten zu vertrauen und die verfügbaren Ressour-

cen nicht nur wahrzunehmen, sondern auch zu nutzen. In diesem Zusammenhang besteht die Möglichkeit, Selbstwirksamkeitserwartungen durch Erfahrungen und Erfolg aufzubauen und sich der Hoffnungslosigkeit und Resignation zu entziehen. Das Vertrauen in die Handhabbarkeit und Gestaltbarkeit kann z. B. durch die Anregung und Unterstützung eines Dialoges über das innere Bild vom Gegenstand und dem tatsächlich werdenden Produkt entstehen. Voraussetzung ist, das Kind hat verstanden, was es tun will, und wird in seinem Handeln so angeregt, dass eine sinnvolle Balance von Unterstützung und Selbsttun gehalten und pädagogische Bedrängung und Überforderung, aber auch Unterforderung vermieden werden.

3. Das Gefühl der Sinnhaftigkeit und Bedeutsamkeit (sense of meaningfulness) „beschreibt das Ausmaß, in dem man das Leben als emotional sinnvoll empfindet: Dass wenigstens einige der vom Leben gestellten Probleme und Anforderungen es wert sind, dass man Energie in sie investiert, dass man sich für sie einsetzt und sich ihnen verpflichtet, dass sie eher willkommene Herausforderungen sind, als Lasten, die man gerne los wäre" (Franke 1997, S. 36 zit. n. BzGA 2001, S. 30). Die Erfahrung, durch die Herstellung eines Produkts Wertschätzung zu erlangen, ermöglicht Erfahrungen der Sinnhaftigkeit des eigenen Tuns. Kinder lernen ihre Kompetenzen in instrumenteller Hinsicht einzuschätzen und in das Kompetenzprofil einer Gruppe einzuordnen. Die Wahrnehmung ihrer Bemühungen und die positiven Rückmeldungen zu den Arbeitsergebnissen lassen ein Qualitätsbedürfnis wachsen und ermöglichen die Erfahrung, für andere positive Bedeutung zu haben. Das Gefühl der Sinnhaftigkeit ist wohl das zentrale Element des Kohärenzgefühls. Handwerkliche Tätigkeiten ermöglichen Kindern die Erfahrung, dass ihr Tun Bedeutung für sie selbst und für andere erlangt.

Die positive Entwicklung des Kohärenzgefühls bei Kindern hängt außerdem vom Einfluss von Stressoren und wirksam werdenden Widerstandsressourcen ab. Antonovsky spricht von generalisierten Widerstandsressourcen, die eine konstruktive Bewältigung von Stressoren ermöglichen. Diese Stressoren sind sowohl im Umfeld des Kindes als auch im gesellschaftlichen Kontext zu finden. Intakte Sozialstrukturen und familiäre, aber auch gesellschaftliche Netzwerke, individuelle kognitive Ressourcen, wie z. B. Wissen, Intelligenz und Problemlösefähigkeit, aber auch Selbstvertrauen, Ich-Identität und politische, ökonomische und materielle Sicherheit bedingen die Fähigkeit von Menschen, Dauerstressoren zu handhaben, sei es durch Vermeidung oder durch konstruktiven Umgang mit ihnen. Ausreichend vorhandene internale und externale Widerstandsressourcen können die Entwicklung beeinträchtigender Stressoren in ihrer Entfaltung verhindern. Sie ermöglichen für den Menschen die sich wiederholende Erfahrung, dass er sie konstruktiv bewältigen kann und ihnen nicht hilflos ausgeliefert ist. Je öfter diese Erfahrung gemacht wird, umso deutlicher entwickelt sich die Überzeugung, dass das Leben in der so wahrgenommenen individuellen

Lebenswelt sinnvoll, überschaubar und handhabbar ist (vgl. Franke 2005). Bei den meisten Kindern, mit welchen Heilpädagog:innen arbeiten, besteht eine Kluft zwischen Entwicklungsaufgaben und individuellen und systemischen Ressourcen. Mit zunehmendem sozialen Stress nimmt die Möglichkeit ab, Ressourcen wahrzunehmen, werden „Verhaltensstörungen" verfestigt. Im Extremfall kann massiver Stress das Gehirn irreversibel schädigen (vgl. Utz 2006, S. 3). Bei dauerhaftem Stress verändert sich die Zielrichtung des Handelns. Kinder in solchen Stresssituationen orientieren sich nicht mehr an ihren Aufgaben, sondern an deren Abwehr. Dazu entwickeln sie Überlebensstrategien, verwickeln ihre Umgebung in Positionskämpfe und in gegenseitiges „Wettrüsten". Schließlich reagieren die Erwachsenen resigniert, enttäuscht, verbittert und das Kind nimmt ein Bewusstsein der Unfähigkeit an (vgl. Betz/Breuninger 1987). Handwerkliche Tätigkeiten sind geeignet, ein Setting herzustellen, in dem Selbstwirksamkeitsüberzeugungen wieder wachsen können.

Im Folgenden sollen Erfahrungen aus der heilpädagogischen Arbeit dargestellt werden, anhand derer die Möglichkeit der Entwicklung eines Kohärenzgefühls unter entsprechenden Rahmenbedingungen nachvollzogen werden kann.

Werken ist eine Möglichkeit, die Welt, Natur und Kultur mit eigenen Händen zu begreifen und mit allen Sinnen zu erkunden. Handwerkliche Tätigkeiten fördern die Entwicklung sog. Basisfunktionen wie

Motorik
Wahrnehmung/Perzeption
    Sehen/visuelle
    Tasten/taktile
    Greifen/haptische
    Spüren/sensorische
    Hören/akustische
    Schmecken/gustatorische
    Riechen/olfaktorische
Denken/Kognition
Emotionalität/Soziabilität

Diese Förderung findet durch den Umgang mit einer gewählten Aufgabe, dem Material und dem zur Bearbeitung notwendigen Werkzeug statt. Hierbei spielt die Hand eine wichtige Rolle, wenn es darum geht, Welt zu erfassen. Andere Zugänge werden gesucht, wenn die Hand als „Entdeckungsorgan" fehlt oder nicht funktionstüchtig ist.

Schon im Alter von etwa einem Jahr entwickeln sich die Hände des Kindes rasch zu Manipulationsorganen mit Fingern, die schon bald unabhängig bewegt werden können. Die Welt der Gegenstände und das Wissen um das Verhalten dieser Gegenstände weiten sich rasch aus, wodurch sich auch die Fähigkeit verbessert, in der Hand befindliche Gegenstände auf unterschiedliche Weise zu handhaben. Mit anderen Worten, der Nexus Denken-Sprache wird zu einem Nexus Hand-Denken-Sprache.

Der in pädagogischen und philosophischen Veröffentlichungen oft apodiktisch behauptete Satz, dass die Hand ein Werkzeug des Begreifens sei, also das Greifen dem Begreifen (Denken) vorausgehe, muss allerdings bezweifelt werden. Menschen mit Behinderungen, die ihre Hände zum Greifen nicht gebrauchen können, benutzen andere Sinnesmodalitäten, um sich einen Begriff von etwas zu bilden und zu denken (vgl. Michaelis 2005, S. 209 f., zit. n. Wehr/Weinmann 2005). Dennoch kann unschwer durch Beobachtung erschlossen werden, dass durch die Verbindung von Hand und Gehirn, und umgekehrt, Denken und willensmäßiges Handeln Anregung erfährt.

„Selbsttätig hervorgerufene Bewegung ist die Grundlage von Denken und willensmäßigem Handeln, der fundamentale Mechanismus, dem die physischen und psychischen Koordinaten des Selbst zu verdanken sind" (Wilson 2002, S. 312).

Der Geist des Spiels und des freudigen, neugierigen Experimentierens und Entdeckens ist vergleichbar mit dem, was die Hand für uns darstellt, – ein Organisationsfaktor für Lernen und Entwicklung. Etwa ab dem zehnten Lebensjahr beginnen sich Kinder für technische Fragestellungen und naturwissenschaftliche Experimente besonders zu interessieren (Modellbau, Seifenkistenbau, Seilbahnen bauen, diverse kreative und technische Konstruktionen, Umgestaltung von Fahrrädern, Skateboard selbst bauen usw.).

Die Entwicklung dieser Interessen ist allerdings abhängig von Anregungen aus der Umwelt und der Bereitstellung entsprechender Ressourcen. Hierbei spielen nicht nur familiäre Anregungen, sondern auch solche außerhalb der Kernfamilie eine Rolle. Kieran Egan spricht in diesem Zusammenhang vom „romantischen" Erwachen bei Kindern, das eine besondere Vielfalt von Möglichkeiten eröffnet.

„Es handelt sich um eine Phase, die sich ideal als ‚Lehrzeit' eignet, besonders wenn eine besondere Erwachsenen-Kind-Beziehung – meist außerhalb der Kernfamilie – geknüpft wird, und die Vorstellungen des Kindes sich an reifen Zielen eines Mentors orientieren, dessen Interesse an Kind und Tätigkeit äußerst langfristige Konsequenzen haben kann" (ebd., S. 313).

Der Wunsch zu lernen wandelt sich laufend, während Gehirn und Hand (und weitere sensorische Erfahrungen, Anm. d. Verf.) einander wechselseitig fördern, die Lernfähigkeit zunimmt und wir uns unser eigenes Laboratory for Making Things, unser Labor zur Herstellung von Dingen einrichten (vgl. Wilson 2002, S. 315).

Die Gelegenheit, Erwachsene zu erleben, die sich aus eigenem Bedürfnis und Interesse mit handwerklich-technischen und naturwissenschaftlichen Aufgaben beschäftigen und in der Lage sind, die Situation von Kindern zu erfassen und sensibel auf sie einzugehen, erleichtert Kindern die Annäherung an Tätigkeiten. In dieser Situation spielt die Leistungserwartung an das Kind keine Rolle, was das Kind beim Handeln mit Eltern, Lehrern und auch Heilpädagog:innen nicht generell annehmen kann. Menschen, die etwas besonders gut können und sich damit nicht aus pädagogischen Gründen, sondern aus eigenem Interesse beschäftigen, wirken auf viele Kinder und Jugendliche in heilpädagogischen Handlungsfeldern sehr attraktiv. Kinder können sich diesen Personen annähern, sie bei ihrer Arbeit beobachten, fragen, sich von ihrem Können ansprechen lassen. Aus dieser Begegnung schöpfen manche Kinder, gerade auch solche mit Lern- und Leistungsstörungen, Hoffnung, es selbst auch tun zu können. Sie finden Gelegenheit, nicht in einer Beschulungs- und Trainingsform, sondern im „Nebenher-Tun“ selbst etwas herzustellen, was sie nicht überfordert, keiner Fremdbewertung ausgesetzt ist und was sie selbst als Erfolg empfinden. So entsteht ein Feld, das mit den Orten bisheriger Misserfolge und den dort selektierenden Personen nicht identisch ist. Mit schulischem Lernen nicht vergleichbare Situationen und Personen werden zum Auslöser neuer Hoffnung auf Selbstwirksamkeit. Kinder brauchen Menschen, die etwas können und darin authentisch sind. Sie sind nicht nur an der Person selbst, sondern auch an deren Können interessiert. Für viele Kinder und auch Jugendliche ist es ein Glück, am Können dieser Menschen zu partizipieren und eigene Werke zu schaffen. Die Bereitschaft zuzuhören und zu folgen, wird durch die Begegnung mit Menschen erleichtert, deren soziale Kompetenzen und fachspezifische Kenntnisse und Fertigkeiten für das Kind attraktiv sind. Kinder können erleben, dass der Mentor ihnen auf der Basis des Interesses an einem gemeinsamen Gegenstand begegnet und nicht wegen ihrer Störung, Beeinträchtigung, Behinderung. Das Kind kann sich davon ansprechen lassen und für sich Zonen der nächsten Entwicklung erkunden und auswählen. Der Mentor wird in diesem Zusammenhang zum Modell künftiger Entwicklungsmöglichkeiten.

Liegen erste fertiggestellte Objekte vor, werden sie von diesen Kindern oft wie eine Art „nebensächliches Geheimnis“ in der Nähe der Umgebung des Mentors aufbewahrt. Sie wollen ihre ersten Produkte oft nicht mit nach Hause nehmen, weil sie befürchten, dass man ihre Leistung nicht bemerkt, abwertet oder sie wieder einmal darauf hinweist, lieber etwas für die Schule zu tun.

Die heilpädagogische Antwort auf viele Lern- und Leistungsstörungen bei Kindern ist aber nicht ein Mehr an Beschulung oder ein Mehr an Training der defizitären Bereiche. Notwendig ist die Erfahrung, etwas zu können. Damit wird das Kind aus dem Kreislauf der Stigmatisierung durch Lehrkräfte, Eltern, die wegen mangelnder pädagogischer Erfolge enttäuscht und gekränkt reagieren und das Kind so immer mehr in ein Selbstkonzept der Leistungsunfähigkeit, Minderwertigkeit und Hoffnungslosigkeit treiben, befreit (vgl. Utz 2006; Betz/Breuninger 1987).

Dieser Kreislauf von Enttäuschung und Entmutigung ist auch bei Kindern mit Behinderungen zu beobachten, die vor dem Hintergrund der Erfahrung von Unterforderung bzw. „wohlwollender Vernachlässigung“, Überförderung oder Verwöhnung entmutigt, antriebsgeschwächt und resistent gegenüber eigenen Erfolgsmöglichkeiten werden.

Für Eltern bietet sich die Möglichkeit, im Elterngespräch Einsichten und andere Verhaltensmodi im Umgang mit diesen Fragen zu entwickeln, sich aus ihren Kränkungen, Enttäuschungen und ihrer Resignation zu lösen und Vertrauen in die Entwicklungskräfte des Kindes zu entwickeln. Wiederholt konnten wir erleben, dass Eltern weniger Bejahungsprobleme hinsichtlich der Behinderung ihrer Kinder entwickelt haben, wenn sie deren Produktivität im Kontext erfolgreicher handwerklicher Tätigkeiten erleben konnten.

Ein wesentlicher Punkt der Begegnung mit dem Heilpädagogen ist die Erfahrung, dass ein Fehler nicht ähnlich selbstwertmindernde Bedeutung hat wie eventuell zu Hause oder in der Schule. Der Heilpädagoge kann dem Kind glaubwürdig und auch an eigenem Tun vermitteln, dass der Fehler nicht sein Feind sei, vor dem es immer mehr Angst bekommt, sondern sein Freund sein kann. So erlebt das Kind eine Fehlerkultur, welche bisherige Erfahrungen korrigieren kann. Das Vertuschen von „Fehlern“, das Ignorieren und einfach Weitermachen, wird überflüssig, ebenso der Reflex, die Schuld am Fehler bei anderen zu suchen. Das Kind hat die Möglichkeit, sich angstfrei Leistung anzunähern und sich selbst etwas zuzumuten.

Am Modell des Heilpädagogen kann das Kind den Umgang mit Fehlern, Anstrengung, wiederholten Versuchen, aber auch das Genießen des Erfolgs erleben und erlernen. Es erfährt, dass Fehler den eigenen Erfahrungen positiv zugeordnet werden können. Die kompetente Anleitung hilft, Fehler konstruktiv zu vermeiden und so Erfolg zu sichern. Wichtig ist hierbei, dass die Anleitung das Selbsttun-Wollen des Kindes akzeptiert. Das Kind entwickelt während der Bauphase immer eine gewisse Ambivalenz gegenüber dem eigenen Objekt. In der Auseinandersetzung mit dem Material und dem Werkzeug, aber auch mit Konstruktionsideen wechseln seine Emotionen zwischen Frustration und Glücksgefühlen, Zweifel und Hoffnung. Das Kind muss eine Einstellung zu seinen Anstrengungen finden. Wenn Kinder die Erfahrung gemacht haben, dass sie, aus unterschiedlichen Gründen, nicht gut durchhalten können, wird schnelles Aufgeben zu ihrem Verhaltensmuster. Oft machen sie die Erfahrung, dass dieses Muster als „Faulheit“ bezeichnet oder mit anderen diskriminierenden Urteilen belegt wird, die den Selbstwert des Kindes infrage stellen. Das lässt sie gegenüber Angeboten und Herausforderungen übervorsichtig werden. Eigentlich wären sie zu entsprechenden Tätigkeiten motiviert, resignieren jedoch vor dem Hintergrund bisheriger Erfahrungen und können kein neues Wagnis mehr eingehen. Häufig suchen sie dann den unbeobachteten, kleinen Erfolg. Eltern und Erzieher:innen gehen mit diesen Wahrnehmungs- und Handlungsmustern häufig zu offensiv um. Einerseits loben sie Dinge, die für das Kind längst selbstverständlich geworden sind, andererseits beurteilen sie die Anstrengungsbereitschaft des Kindes gemessen an ihrer eigenen. Das erschwert dem Kind die Selbsteinschätzung seines Handelns und dessen Ergebnisse. Für heilpädagogische Arbeit bedeutet dies, dass die Angebote in einem ausgewogenen Verhältnis von Unterforderung und Überforderung liegen und die pädagogischen Interventionen das bereits vorhandene Können des Kindes berücksichtigen.

Erfolgsaussicht ist Ursache für Wiederholung und die Bereitschaft, bei einer Aufgabe zu verweilen. Sie erleichtert dem Kind, selbst tätig zu werden. Es kann lernen, einerseits Ressourcen der Unterstützung zu nutzen (Bauanleitungen, Unterstützung durch verbale Hinweise, Vormachen usw.), andererseits soll es auch Hilfe ablehnen können und damit verbundene Risiken im Blick auf mögliches Scheitern in Kauf nehmen.

Kinder mit Lern- und Leistungsstörungen neigen auch dazu, Erfolg zu vermeiden, weil sie fürchten, der Erfolg müsse nun immer gelingen, weil es die Umwelt so erwartet. Deshalb versuchen sie ihre Anfangserfolge zu verstecken, bis sie erfahren haben, dass ihr Erfolg wiederholbar ist. Die sukzessive Annäherung an die öffentliche Wahrnehmung seines Erfolgs kann vom Kind so selbst gesteuert werden.

Die Heilpädagogin bietet die Chance, aus den bisherigen Erfahrungen mit Erwachsenen und ihren Urteilen auszubrechen und sich vorsichtig auf neue Beziehungserfahrungen einzulassen. Die soziale und fachliche Kompetenz der Heilpädagogin kann beim Kind Vertrauen schaffen. Es erlebt, dass es zuverlässige Antworten erhält, die es seinem Erfolg näherbringen. Auch wenn es sich gegen die Empfehlung der Heilpädagogin entscheidet und dadurch seinen eigenen Erfolg gefährden sollte, macht es die Erfahrung, dass es den Empfehlungen der Heilpädagogin vertrauen kann. Vertuschte fachliche Hilflosigkeit der Anleitenden vermittelt dem Kind das Gefühl, dass es sich nicht auf den oder die Anleitende:n verlassen kann. Dies gefährdet den Erfolg, verursacht Frust und beeinträchtigt die Beziehung, was sich besonders bei Kindern mit Bindungsstörungen bemerkbar macht. Beziehungsfähigkeit und fachliche Kompetenz schaffen also Vertrauen, ermöglichen Identifikation und stabilisieren die Beziehung. Kinder erwarten von Erwachsenen, dass sie ihren Wissens- und Erfahrungsvorsprung zur Verfügung stellen. Das bedeutet aber auch, dass die Heilpädagogin das Kind warnt, wenn im Bau- und Gestaltungsprozess etwas schief zu gehen droht.

Die Anleitenden müssen jedoch der Versuchung widerstehen, ihr eigenes Können zu demonstrieren, um vom Kind bewundert zu werden. Ihre Interaktion und Kommunikation ist auf den Gegenstand bezogen. Hierbei müssen die individuellen Entwicklungsaufgaben des Kindes berücksichtigt werden. Es gilt herauszufinden, über welche individuellen und systemischen Ressourcen das Kind verfügt und wie viel Anregung notwendig ist, damit seine Not sich wendet und Erfolg selbsttätig möglich wird. Hilfen, die über das notwendige Maß hinausgehen, bewirken tendenziell Verwöhnung, Abhängigkeit, die Möglichkeit, andere für den eigenen Misserfolg verantwortlich zu machen und den Zusammenhang zwischen dem eigenen Handeln und dem eigenen Erfolg nicht zu sehen.

Es macht keinen Sinn, das Kind an den Misserfolg zu gewöhnen, damit es sich von seiner Misserfolgsempfindlichkeit befreit. Man muss die prinzipiellen Möglichkeiten des Kindes ins Auge fassen, es langsam wieder an den Erfolg heranführen, ihm Erfolg ermöglichen und diesen anerkennen. Kinder brauchen Flow-Erlebnisse. Auch kleine Flows ermöglichen die Entwicklung oder die Wiederherstellung eigener Selbstwirksamkeitsüberzeugungen, weil sie intrinsische Motivation befördern und so die Selbstheilungskräfte anregen und unterstützen. Kohärenzgefühl gibt Halt, der sich im Zusammenhang von handwerklich-technischen Aktivitäten entwickeln kann.

Die von Eltern und Lehrkräften immer wieder geäußerte Vermutung, „der kann schon, der will bloß nicht" erweist sich im Umgang mit Kindern mit heilpädagogischem Bedarf als unsinnig. Sie ignoriert die Frage, was Voraussetzung ist, damit Wollen entsteht bzw. gelingt. Was fehlt dem Kind, warum will es nicht? Diese Frage folgt Paul Moors heilpädagogischem Ansatz, nicht gegen den Fehler zu intervenieren, sondern für das Fehlende zu sorgen. Der Zusammenhang zu Paul Moors Halttheorie und ihren Überlegungen zur Entstehung der Willensstärke und Gemütstiefe gibt auch für handwerkliches Tun wertvolle Hinweise (vgl. Moor 1994).

Die Aussicht, etwas herzustellen was brauchbar und nützlich ist, was aktuellen eigenen Bedürfnissen entspricht, aktiviert seelische Regungen und Antriebe, sofern man bereit ist, dafür ein bestimmtes Maß an Anstrengung in Kauf zu nehmen. Um diese Bedürfnisse zu realisieren, muss das zu bauende Objekt funktional, planerisch und organisatorisch verstanden werden. Das Verständnis, das hier angestrebt wird, betrifft jedoch nicht nur die Konstruktion und Organisation, sondern auch die (sensorische) Materialerfahrung im Zusammenhang von Raum, der aufgewendeten Kraft, der verfügbaren Zeit und der sich daraus entwickelnden Form. Außer der Basisfunktion Denken (Kognition), werden weitere Basisfunktionen wie z. B. Wahrnehmung (Perzeption), Bewegung (Motorik), Gefühl (Emotionalität) und die Art der Beziehungsgestaltung dem Verstehen zugänglich. Bei der Bewältigung der selbst gestellten Aufgabe müssen auch die Sprache, die Aufmerksamkeit und Konzentration, die Merkfähigkeit, die Motivation und Willenskraft als ergänzende Funktionen für das Gelingen verstanden werden (vgl. Birri et al. 2010). Dies sind Voraussetzungen für die Entwicklung des Aufgabenverständnisses, das wiederum auch Voraussetzung für die notwendigen operatorischen Erfahrungen und zukunftsorientiertes Handeln ist. Über die Entwicklung der Gefühle der Verstehbarkeit, der Handhabbarkeit und der damit verbundenen Sinnhaftigkeit entsteht allmählich die Überzeugung, etwas zu können und in der Folge die Fähigkeit zu wollen. Wollen gelingt nur dort, wo sich die Empfänglichkeit für Aufgaben entwickelt hat, und die Überzeugung besteht, Anforderungen zu meistern. Damit sich das Wollen entwickeln kann, braucht das Kind nach Moor gute Gewohnheiten, was heute im neuropsychologischen Verständnis als Übung, Wiederholung, Ritual eingeordnet werden kann. In diesem Zusammenhang können Kinder lernen, ihre Antriebe zu regulieren, um Ziele zu verfolgen, also zukunftsorientiert zu handeln.

Ihr Bedürfnis, bei den positiven Gefühlen, die bei der Werktätigkeit entstehen können, längere Zeit zu verweilen, lässt innere Bilder entstehen, die bei Bedarf erinnert werden können. So werden Voraussetzungen zur Entwicklung von Fantasie und emotional-affektiver Stabilität geschaffen.

3.4.4 Handlungstheoretische Implikationen der heilpädagogischen Begleitung von Werktätigkeiten

Auch beim handwerklichen Tun sind handlungstheoretische Erkenntnisse hilfreich beim verstehenden und handelnden Zugang zum Medium und zum Kind (vgl. auch Kapitel 3.2.4 auf Seite 164 „Wirkungen des Spiels aus handlungstheoretischer Sicht").

Leontjew weist im Zusammenhang mit der Frage nach einem tätigkeitsorientierten Persönlichkeitsmodell darauf hin, dass der Mensch sich in der Tätigkeit realisiert und entwickelt. Damit wird er zum Subjekt seiner eigenen Entwicklung (vgl. Flender1992, S. 121).

Die beschriebenen Zonen des handwerklichen Tuns im heilpädagogischen Kontext und deren Verbindungen zeigen, dass dieses Tun zielgerichtet ist. An die Herstellung eines Objekts sind sachbezogene und unbewusste Ziele gekoppelt. Außerdem kann dieses zielgerichtete Handeln in einzelnen oder verschiedenen Handlungszonen zugleich stattfinden.

Werken hat, wie auch Spiel, einen Gegenstandsbezug. Dieser Gegenstandsbezug bezieht sich auf ein Thema oder ein bestimmtes Objekt, das hergestellt werden soll (z. B. Schiff, Auto usw.). Mit zunehmender Differenzierung des (fachdidaktischen) Wissens kann der Gegenstandsbezug aber auch Bildungsinhalte (Theorien) betreffen, die bei der Herstellung eines Werkobjekts gebraucht werden (z. B. Kenntnisse über Sicherheitsvorschriften, Werkzeugpflege, Materialkunde usw.).

Damit das intentionale Handeln erhalten bleibt, sollte für das Kind mit der Herstellung des Objekts ein subjektiv sinnvoller Anreiz verbunden sein. Das Angebot sollte so gestaltet sein, dass es das Kind anspricht und dieses über die handwerkliche Arbeit zu einer intrinsischen Motivation für sein Tun gelangt. Diese kann nicht a priori erwartet werden. Manche Kinder haben große Ansprüche und Erwartungen an den herzustellenden Gegenstand und drohen an den Ansprüchen zu scheitern. Deshalb sollte ein Ausgleich von Anspruch und Realisierbarkeit angestrebt werden, der Flow-Erlebnisse ermöglicht.

Die Handlungen müssen am Gegenstandsbezug orientiert sein. Dies verlangt von Heilpädagog:innen fachdidaktische Kenntnisse und Fertigkeiten im handwerklich-technischen Bereich, aber auch im Bereich des Spiels, weil der im Spiel stattfindende Wechsel des Realitätsbezugs an den Gegenstandsbezug geknüpft ist. In ihrer Werkarbeit schaffen die Kinder häufig Gegenstände, die diesen Wechsel des Realitätsbezugs im Spiel wesentlich erleichtern und ihre Fantasie unterstützen. Spiel und Werken können jeweils kompensatorisch z. B. auf Gefühle der Unterlegenheit wirken. Mit dem Erfolg seiner Werktätigkeit können andere Probleme kompensiert werden.

Außerdem stellt sich das Bedürfnis nach Wiederholung des Erfolgs und der Steigerung des damit verbundenen Flow-Erlebnisses ein. Die Integration des Erfolgs in das Selbstkonzept ist für Kinder und Jugendliche oft nicht einfach, werden sie doch vor die Frage gestellt, ob der Erfolg zu ihrem Selbstbild passt, wen sie daran teilhaben lassen möchten und wie die Umwelt auf ihren Erfolg reagiert.

Eine Jugendliche hat in einer ambulanten Jugendhilfeeinrichtung gelernt, wie man an einem Auto Zündkerzen wechselt und einen Ölwechsel ausführt. Sie hat schon ein paar Mal geübt und macht es nun zum ersten Mal ohne Aufsicht. Sie verrichtet die Arbeit korrekt und kommt etwas ölverschmiert, aber sichtlich stolz, unter dem Wagen hervor. Einer der Umstehenden sagt: „Perfekt, das hast Du sehr gut gemacht! Was sagt denn Dein Vater dazu, wenn er erfährt, dass Du selbstständig Kerzen wechseln und Ölwechsel machen kannst?" Das Mädchen entgegnet: „Das werd' ich dem zuletzt sagen, sonst kann ich das zu Hause auch noch machen ...!"

Im handwerklich-technischen Zusammenhang hergestellte Gegenstände haben für ihre Urheber:innen unterschiedliche Valenzen:

a) Eine subjektive Valenz, welche die subjektive Wertigkeit des Gegenstandes für seine:n Hersteller:in festlegt. Eine als Dekoration hergestellte Marionette hat möglicherweise für den oder die Hersteller:in eine hohe subjektive Valenz. Es handelt sich also um den subjektiven Wert, den der Gegenstand für den oder die Hersteller:in/Besitzer:in hat. Dieser subjektive Wert entsteht durch Deutung und Umdeutung.
b) Objektive Valenz (Wertigkeit) erhält eine selbst hergestellte Marionette durch ihre objektive Verwendbarkeit. Sie muss unabhängig von subjektiven Deutungen objektiv spielbar sein, ist funktional, folgt den Gesetzen der Schwerkraft, kann für Aufführungen verwendet werden. Objektive Valenz erhält die Marionette, wenn man erkennen kann, wozu und wie der Gegenstand benutzt wird und auch von anderen Personen zum selben Zwecke benutzt werden kann.
c) Die abstrakte Valenz ist mit dem Gegenstand verknüpft. Sie vereinigt in sich die subjektive und objektive Valenz dort, wo Gegenstände zu einem bestimmten Handlungstypus vereinigt werden. Die schauspielerische Leistung im

Umgang mit Marionetten hat eine abstrakte Valenz (Wertigkeit). Die abstrakte Valenz „schauspielerische Leistung" bezieht sich an unserem Beispiel auf verschiedene Gegenstände (Marionetten) und ist selbst Gegenstand.

Diese Unterscheidung ist wichtig, wenn es um die Beobachtung von Einstellungen von Kindern und Jugendlichen gegenüber ihrem Produkt (Gegenstand) geht. Bei der Frage nach der subjektiven Valenz steht der Leistungsgedanke noch nicht im Vordergrund. Der Gegenstand unterliegt der subjektiven Deutung und Umdeutung. Subjektive Valenz erhält ein Gegenstand in allen Zonen der Werktätigkeit, besonders jedoch in der Zone des Spiels und in der heilpädagogischen Zone. Objektive und abstrakte Valenz werden in der heilpädagogischen Zone und in der Zone des naturwissenschaftlich-technischen Interesses bedeutsam. In diesem Kontext müssen die Gegenstände im Aussehen und der Funktion verstärkt den realen Vorbildern und den damit verbundenen Vorstellungen der Kinder und Jugendlichen entsprechen.

In der heilpädagogischen Arbeit interessieren auch im Zusammenhang mit Werken nicht nur der Gegenstandsbezug der beobachtbaren Handlungen, also das Thema der Werktätigkeit (z. B. Bau einer Ritterburg) und die dazu notwendigen Aktivitäten. Hinter diesen Tätigkeiten liegt ein meist unbewusster Übergeordneter Gegenstandsbezug (vgl. Oerter 1999), das Hintergrundthema dieser Beschäftigung. Der Übergeordnete Gegenstandsbezug kann nur aus dem Entwicklungskontext des Kindes erschlossen werden.

Ein Junge baut eine Ritterburg nicht nur, weil er mit seinen Playmobilfiguren darin spielen will, sondern weil das Thema „Ritterburg" seinen Bedürfnissen nach Sicherheit, Abgrenzung und Verteidigungsbereitschaft entspricht, welche sich aus seinen lebensweltlich-systemischen Erfahrungen ergeben. Das Erkennen des Übergeordneten Gegenstandsbezugs einer handwerklich-technischen Arbeit des Kindes ermöglicht, die subjektive Valenz für das Kind besser einzuschätzen und Interaktionen und Kommunikation darauf abzustimmen. Hierbei ist manchmal wichtig zu entscheiden, welchem der beiden Gegenstandsbezüge mehr Aufmerksamkeit zu schenken ist.

David ringt verzweifelt um die Anerkennung seines sportlich sehr aktiven Vaters. Er erfährt von ihm immer wieder Signale der Zurückweisung und wird öffentlich von ihm lächerlich gemacht. David will ein Skateboard bauen, da er gerne eines hätte, aber keines bekommt, weil der Vater ihm nicht zutraut, damit fahren zu lernen (Gegenstandsbezug). David hofft aber auch, auf diese Weise die Anerkennung des Vaters zu erlangen (Übergeordneter Gegenstandsbezug). Während des Herstellungsprozesses fällt auf, dass er das Skateboard einerseits wirklich möchte und kurzfristig auch an einer guten Qualität seiner Arbeit interessiert ist. Andererseits wirkt er schnell resigniert, hört auf zu arbeiten und will ganz aufgeben. Immer wieder droht er gegen Ende der Stunde seine Arbeit mit dem Hammer zu zerschlagen oder wirft sie in die Abfallkiste. Der Heilpädagoge entscheidet sich in dieser Situation dazu, auf keinen Fall eine Zerstörung oder das Wegwerfen der begonnenen Arbeit zuzulassen. Er sieht die Gefahr, dass David, falls er die Arbeit zerstört, eine Bestätigung für die Vorwürfe seines Vaters erhalten und in seinem Selbstwertgefühl nachhaltig geschädigt würde. Er entwickelt mit David kleine erreichbare Handlungsziele für die jeweilige Stunde, was Davids Zerstörungsdrohungen aber nicht reduziert. Im Gegenteil, die Zerstörungsabsichten werden immer heftiger, der Heilpädagoge muss auch aktiv verhindern, dass der Junge sein begonnenes Werk nicht zerschlägt oder in einer schnellen Aktion auf der Bandsäge durchtrennt. Der Heilpädagoge kommentiert diesen Vorgang mit den Worten: „Ich lasse nicht zu, dass du deine gute Arbeit zerstörst. Dafür gibt es keinen Grund!" Regelmäßig wirft David am Ende der Stunde seine Arbeit zum Holzabfall, zerreißt den Plan und wirft ihn dazu. Der Heilpädagoge vermutet, dass an dieser Stelle die Aufforderung, das Stück wieder herauszuholen, nur zur Eskalation führen würde. Er beschließt, die begonnene Arbeit mit einem reparierten Plan auf der Werkbank bereitzulegen, wenn David wieder kommt. Die nächste Stunde eröffnet er ruhig und gelassen mit dem Hinweis: „Du hast so gut gearbeitet, dass ich nicht zulassen kann, dass Du Deine gute Arbeit einfach wegwirfst!"

Auffallend ist, dass es kurze Phasen gibt, in denen David am Skateboard arbeitet und in diesen Phasen nichts unternimmt, was sein Werk zerstören könnte. Das „Zerstörungsritual" geht jedoch weiter. Nach einiger Zeit beginnt David zu schweigen und kommuniziert nur noch schriftlich: „Ich mach's kaputt!" Der Heilpädagoge schreibt auf den Zettel, was er immer gesagt hat. David schreibt wieder: „Ich mach's kaputt." Der Heilpädagoge reagiert nun verbal: „Ich habe Dir gesagt, wie wichtig mir ist, dass Du Dinge, die Du gut kannst, nicht kaputt machst!" Darauf reagiert er auf weitere schriftliche Hinweise Davids nicht mehr.

Diese Szene wiederholt sich über insgesamt 21 Wochen, jeweils eine Stunde. In der 22. Stunde kommt David in guter Stimmung und sagt: „Heute mach ich das Ding fertig, ich will endlich fahren!" Der Heilpädagoge entgegnet ihm, dass er noch vier Stunden braucht, wenn er konsequent an der Arbeit bleibt. Das ist David egal. Nach vier Stunden ist er fertig. Dazwischen kümmert er sich um technische Fragen, wie z. B. welche Rollen er braucht, wie er sie bezahlen kann, usw.

Im Anschluss daran beginnt eine neue Phase. David beschäftigt sich mit der Frage, wie er das Board „geiler machen" kann. Am Ende zeigt er das Board seinem Vater, der ihm nicht glaubt, dass er es gemacht hat. Der Heilpädagoge muss es ihm bestätigen. Er reagiert dennoch ungläubig und sagt: „Euch (Pädagog:innen Anm. d. Verf.) kann man doch nicht trauen, ihr macht mit den Kindern doch immer nur gute Kumpel!" Für ein sachliches Gespräch kann er nicht gewonnen werden. David lernt nun Skateboard fahren. Im Elterngespräch erzählt die Mutter, dass ihr Mann versuche, mit Davids selbst gebauten Skateboard zu fahren und setzt triumphierend hinzu: „Aber der David kann's besser!"

In diesem zusammengefassten Verlauf heilpädagogischer Begleitung im Werken wird die Komplexität dieser Arbeit deutlich. Die Zonen, in denen Werken stattfindet (heilpädagogisch orientierte Zone und naturwissenschaftlich-technische bzw. handwerkliche Zone), sind deutlich zu erkennen. Ebenso deutlich ist zu erkennen, dass das Thema (der Gegenstandsbezug

= Skateboardbau) am Anfang und am Ende des Verlaufs im Vordergrund stehen und der Übergeordnete Gegenstandsbezug (= Davids Bejahung durch den Vater) den Schwerpunkt der heilpädagogischen Arbeit darstellt. Erfahrungsgemäß ist es kaum möglich, allgemeine Handlungsgrundsätze festzulegen, mit denen der Weg durch die Zonen und Gegenstandsbereiche und deren Valenzen sicher wird. Sicher ist jedoch, dass ein gutes Kohärenzgefühl der begleitenden Heilpädagog:innen diese Arbeit erleichtert. Das Verstehen wird deutlich unterstützt durch eine gute Eingangs- und Prozessdiagnostik und differenzierte Fachkenntnisse. Das Handeln wird unterstützt durch bereits erworbene Fertigkeiten und die Bereitschaft, sich Neues anzueignen. Persönlichkeitskompetenz und Sozialkompetenz, nicht zuletzt reflektierte Erfahrung und die Sinnhaftigkeit des Handelns sind im Wesentlichen eine begleitende übergeordnete Kategorie, die durch Reflexion des Handelns erschlossen und verstanden wird.

3.4.5 Bildungsbereiche bei der Konstruktion und Herstellung handwerklich-technischer Objekte

Lernprozesse werden in heilpädagogischen Situationen nicht technokratisch erzeugt. Aufgabe der Heilpädagogin ist nicht zu belehren, sondern zur „Selbsterschließung“ anzuregen. Es gibt jedoch auch Grenzbereiche. Im Umgang mit Werkzeugen und Maschinen kann man beispielsweise oft nicht warten, bis das Kind sich idealerweise die Auswirkungen und Vermeidung von Verletzungsrisiken selbst angeeignet hat.

Hier helfen nur didaktische Kompromisse, wie z. B. die Vorgabe von Regeln und/oder ein kleiner Werkzeugführerschein, den man (je nach Werkzeug, Maschine und individueller Entwicklung) erwerben kann, um selbstständig mit einer Maschine oder einem Handwerkszeug und dem damit verbundenen Verletzungsrisiko umgehen zu dürfen. Auch Materialkenntnisse bedürfen je nach Zielsetzung einer sinnvollen inhaltlichen und praktischen Vermittlung.

Werken im Rahmen heilpädagogischer Handlungskonzepte ist kein Werkunterricht. Es geht darum, dem Kind zu ermöglichen, über ein Medium, von dem es sich ansprechen lässt, erfolgreich an der Bewältigung seiner Beeinträchtigung, den Bedingungen seiner Behinderungen und deren lebensweltlich-ökologischen Abhängigkeiten zu arbeiten. Dementsprechend gibt es auch keinen Lehrplan im schulischen Sinne, der die Erreichung von Bildungszielen im Rahmen eines bestimmten Zeitfensters vorgibt.

Die Nutzung individueller und systemischer Ressourcen ist in diesem Prozess selbstverständlich. Diese Vorgehensweise dient auch der Gestaltung von Voraussetzungen für die Annäherung an Inklusion im Sinne einer idealtypischen Existenzform.

Dazu müssen Anregungsprozesse so arrangiert und begleitet werden, dass das Kind bereits vorhandene Erfahrungen integrieren und neue Handlungskompetenzen entfalten kann. Hierzu unterstützt die Heilpädagogin das Kind bei der Konstruktion, Rekonstruktion und Dekonstruktion seiner Werke und seiner Wirklichkeit. Das Kind braucht für sein Werken Anregungen, um selbst neue Lösungs- oder Informationswege zu erschließen. Dies kann aber nicht gelingen, wenn dem Kind grundlegende Informationen und auch Begriffe fehlen, die ihm das Fragen ermöglichen. In solchen Fällen kann ein Mangel an Information das Scheitern eines Bauprojekts zur Folge haben. Deshalb erscheint es aus heilpädagogischer Sicht sinnvoll, in dieser Situation entsprechende Informationen anzubieten und das Kind entscheiden zu lassen, ob es die Information will oder nicht. So hat es die Chance, selbstverantwortlich aus den Folgen zu lernen. Aus diesen Überlegungen heraus wird klar, dass in heilpädagogischen Handlungsansätzen Bildungsinhalte eine Rolle spielen, die dort, wo das Werken sich hauptsächlich im Bereich der Förderung im engeren Sinne bewegt, ein Arrangement voraussetzen, in dem ein ausgewogenes Verhältnis zwischen Ermittlung der Inhalte durch das Kind selbst und Vermittlung von Inhalten durch die Heilpädagogein besteht. Die Begleitung der Prozesse muss so erfolgen, dass Menschen, die unter erschwerten Bedingungen leben, Persönlichkeitskompetenzen ausbilden, erweitern und ihre kommunikativen Kompetenzen und Handlungskompetenzen weiterentwickeln können. Heilpädagog:innen brauchen im Zusammenhang mit handwerklichen Tätigkeiten ein weites Spektrum von Handlungsvariablen. Sie brauchen aber auch ein fachdidaktisches Wissen, das sie vorhalten müssen, um dem Kind nach Bedarf die richtigen Auskünfte und Anleitungen geben zu können. In diesen Handlungszusammenhängen ist im Sinne von Paul Moor „Pädagogische Zurückhaltung“ und produktive Gelassenheit angesagt, um den verstehenden, strukturierenden und beratenden Umgang mit dem Kind anregend und fördernd zu gestalten.

Welche generellen mediendidaktischen Inhalte, Kenntnisse und Fertigkeiten sollten von Heilpädagog:innen vorgehalten werden, um das Kind in seinen Zielen zu unterstützen?

1) Planungs-, Konstruktions- und Veranschaulichungskompetenz für handwerklich-technisches Werken;
2) technische Fertigkeiten im Sinne von Einblick in die Entstehung und die Funktionsweise der ausgewählten technischen Objekte und Systeme;
3) Materialkenntnisse, Kenntnisse über Materiallagerung;

4) Kenntnisse über Bezugsquellen von Materialien;
5) Kenntnisse und Fertigkeiten im Zusammenhang mit Verbindungsmöglichkeiten gleicher und verschiedener Materialien;
6) Werkzeugkenntnisse und Fertigkeiten im sachgerechten Umgang zur Bearbeitung unterschiedlicher Materialien mit Werkzeug und Werkzeugpflege;
7) Kenntnisse und Fertigkeiten im Umgang mit Maschinen für die Bearbeitung unterschiedlicher Materialien;
8) Kenntnisse der Unfallverhütungsvorschriften und der Vorschriften der Berufsgenossenschaften;
9) Kenntnisse und Fertigkeiten der Materialbearbeitung und -verarbeitung;
10) Arbeitsabläufe planen, auswerten und in anderen Zusammenhängen richtig anwenden;
11) ganzheitliches Erfassen der Aufgabe, Gestaltung anregen nach den Grundlagen der Gestaltungslehre, schöpferische Kräfte und persönliche Ausdrucksformen anregen;
12) Erfassen der Handlungszonen, Gegenstandsbereiche, Valenzen und der verschiedenen Ebenen des handwerklichen Prozesses. Erkennen und Erfassen der Gleichwertigkeit kognitiver, manueller und emotionaler Leistungen;
13) ergonomische Bedingungen der Bewegungsabläufe herstellen, koordinieren, kontrollieren. Zur Ausdauer anregen, zur Geschicklichkeit anleiten, Feinmotorik fördern;
14) Vermittlung der Elemente, die den Raum, die Fläche, die Hülle und die Bewegung des Objekts beeinflussen und im Herstellungsprozess berücksichtigen. Gestaltungsprozesse erleben, wahrnehmen, erfinden, erarbeiten, darstellen, reflektieren;
15) Bezug zur Lebenswelt des Kindes herstellen;
16) Perspektivenwechsel: Betrachtung des vom Kind gewählten Objekts unter kulturellen, gesellschaftlichen, ökologischen und wirtschaftlichen Aspekten;
17) Vorbild im wertschätzenden Umgang mit Material, Werkzeug und Geräten sein;
18) Qualitätsbewusstsein, Ausdauer und Sorgfalt modellhaft zeigen;
19) Rollen- und geschlechtsspezifische Bedürfnisse und Verhaltensweisen berücksichtigen;
20) Verantwortungsbewusstsein im gesellschaftlichen Kontext anregen (Konsum, Umwelt, Rohstoff, Materialien, Nachhaltigkeit, Entsorgung);
21) Differenzierung der eigenen Wahrnehmungs- und Beobachtungskompetenz in Bezug auf das Kind und seinen systemischen Kontext, seine Entwicklung, seine Kenntnisse und Fertigkeiten (Ressourcen). Entwicklung und Verfeinerung empathischer Fähigkeiten und kognitiver Strukturen;
22) Anregung des Kindes zum Transfer der erworbenen Kompetenzen in den Alltag (sein Können nicht verstecken, unterschiedliche Reaktionen aushalten, Transfer der Beschäftigung im Zusammenhang mit Freizeitverhalten, Spiel und auch Berufsvorbereitung, Berufswahl.

(Vgl. hierzu auch Birri et al. 2010.)

Die hier dargestellten Kompetenzen bedürfen einer gründlichen Differenzierung des vom Kind gewählten Gegenstandsbereichs (Thema) und Übergeordneten Gegenstandsbereichs (Grund des Themas, Motivation).

3.4.6 Praxisbeispiel: Zusammenfassende Beschreibung der Entwicklung eines Jugendlichen mit Trisomie 21 im Rahmen der heilpädagogischen Begleitung von Werktätigkeiten sowie seiner Eltern im Rahmen heilpädagogischer Elternarbeit

Im Folgenden wird die Wirkung des Mediums Werken und des Gesprächs in einer kurzen Zusammenfassung der heilpädagogischen Praxis beschrieben. Hierbei soll deutlich werden, wie sich Kohärenzgefühl und Selbstwirksamkeitsüberzeugung entwickeln und in der Wechselwirkung mit heilpädagogischer Elternarbeit zur Entwicklung des Kindes, der Eltern und der Heilpädagogin beitragen können.

Wir haben bewusst ein Praxisbeispiel gewählt, das einerseits sehr erfolgreich war, andererseits viele Fragen aufwirft. Wirkunsicherheiten gehören zum Berufsbild. An unserem Beispiel wird deutlich, dass sich lebensweltorientiertes heilpädagogisches Handeln zwischen dem Boden als Fraglosem und dem Horizont als Fragwürdigem bewegt. Ist es nicht typisch für (heil-)pädagogisches Handeln, dass man den Boden erweitern kann, der Horizont jedoch nicht kleiner wird? Man bewegt sich immer irgendwo dazwischen und muss lernen, der Ungewissheit standzuhalten und sie zu reflektieren.

Zur Vorgeschichte

Robert (14 Jahre alt) kommt mit seiner Mutter, Frau L., zur Heilpädagogischen Ambulanz. Sie hat dort angerufen, weil sie mit ihrem Jungen nicht mehr zurechtkommt und erzählt sofort, Robert sei tagsüber völlig antriebslos, „hänge nur rum". Fast jede Nacht zerreißt er seinen Schlafanzug oder beginnt, sein Bettzeug zu zerreißen.

Weitere Hinweise gibt es nicht. Frau L. kann das Verhalten des Jungen kaum differenzierter beschreiben. Sie verharrt in den Aussagen, „er tut halt nix" und „nachts zerreißt er seine Klamotten, sonst ist er ein ganz lieber Junge". Sie ist den Tränen nahe und sagt: „Ich halte das nicht mehr aus".

Der Vater ist Handwerker. Frau L. sagt, dass Vater und Sohn keine gemeinsame Begegnungsebene haben. Wenn der Vater zu Hause etwas repariere, setze sich Robert an den Tisch, lege den Kopf in die Arme und schaue zu. Auf die Aufforderung, etwas zu halten oder zu holen, reagiere er nicht. Der Vater versuche es deshalb schon gar nicht mehr.

Auffällige Erkrankungen in der bisherigen Entwicklung gibt es nicht.

Roberts Verhalten sei nach Aussagen von Frau L. „schon immer so."

Auch in der Schule reagiere Robert kaum. Frau L. sagt, die Lehrkräfte ließen ihn halt in Ruhe.

Bisherige ärztliche Beratungen und Therapien

- Ein Besuch beim Kinderarzt, der nach Aussagen der Mutter feststellt, Robert sei kerngesund. Trotzdem verschreibt er eine Ergotherapie (10 Stunden).
- Ein Besuch beim Kinder- und Jugendpsychiater endete mit der Aufforderung, mehr mit dem Jungen zu unternehmen, ihn zu aktivieren.

Frau L. erklärt unter Tränen, dass sie und ihr Mann auch nicht mehr wissen, was sie tun sollen, weil man mit dem Jungen „ja nichts anfangen" könne. Immer wieder kommt es zu heftigen Auseinandersetzungen wegen seiner Passivität, die im Geschrei enden. Robert habe sie auch schon wiederholt körperlich angegriffen. Sie sei einfach fertig ...

Vorläufiges Angebot eines heilpädagogischen Handlungskonzepts

Die Heilpädagogische Ambulanz bietet für Frau L. und Robert zunächst heilpädagogische Begleitung im Kontext des Mediums Bewegung an.
Mit Frau L. werden folgende vorläufige Ziele vereinbart:

- Aktivierung durch ein Medium, welches Robert anspricht,
- Robert entwickelt eigene Handlungsziele,
- er übernimmt Verantwortung im Rahmen seiner Entwicklung
- und der angestrebten Ziele,
- Abbau des nächtlichen Zerreißens der Nachtwäsche,
- Verbesserung der Affektkontrolle.

Aufgrund von Verhaltensbeobachtungen im Bewegungsbereich soll ein heilpädagogisches Handlungskonzept entwickelt werden. Die Eltern sind einverstanden, dass die Mutter einmal wöchentlich eine Stunde mit ihm zur Psychomotorikstunde in eine integrative Gruppe kommt und eine Stunde zum Elterngespräch. Frau L. wird gebeten, für sich und Robert Sportkleidung mitzubringen, um sich an den Aktivitäten beteiligen zu können. Frau L. ist einverstanden.

1. Phase: Robert hat einen „Durchhänger"

Beobachtungen im Bereich heilpädagogischer Bewegungsangebote
Robert liegt meistens apathisch auf dem Boden, legt den Kopf in den Arm und schaut zu, was geschieht. Aufforderungen, sich zu beteiligen, ignoriert er. Der Aufforderung, am Trampolin zu stehen, folgt er, hängt sich mit den Armen über den Rand, legt den Kopf auf die Arme und beobachtet.
Frau L. wird aufgefordert, unabhängig von Robert zu handeln und für sich selbst, nicht für Robert, zu springen. Das fällt ihr schwer. Sie ist immer versucht, Robert etwas vorzuspringen, ihn zum Mitmachen zu motivieren. Die Menschen, die um das Trampolin herumstehen, springen nacheinander. Als Robert aufgefordert wird, zu springen, reagiert er nicht. Niemand versucht ihn zu motivieren oder zu überreden. Die Heilpädagogin gibt ihm Zeit, ohne auf ihn einzureden. Ruhig und gelassen fordert sie das nächste Kind auf, wenn Robert

ihrer Aufforderung nicht folgt. In dieser Situation hebt Robert zum ersten Mal den Kopf hoch, um zu sehen, was jetzt passiert. Auffallend ist in der ersten Zeit, dass Frau L. immer vorausahnt, was Robert will oder braucht und entsprechend handelt. Sie erspart Robert so sogar, zu sprechen und führt ihn in Bereiche, wo dies gar nicht nötig ist. Nur wenn sie nicht tut, was er möchte, fängt er gleich lautstark an zu schimpfen. Frau L. versucht ihn mit Blicken, Kopfnicken und Flüstern zum Mitmachen zu bewegen. Reagiert er nicht, rollt sie mit den Augen und schaut weg. Diese Situation wird zum Gegenstand des Elterngesprächs. Dort erfährt Frau L. auch von anderen Eltern, wie wichtig es ist, sich zurückzuhalten, und wie schwer ihnen dies gefallen ist. Außerdem wird beschlossen zu schauen, worauf Robert aktiv reagiert, um ihm einen entsprechenden Rahmen anzubieten.
Die angestrebten Ziele werden durch die Mutter erweitert: Sie will ihre Betreuungsimpulse besser steuern und Robert zu Mitverantwortung im Haushalt durch Übertragung kleiner Aufgaben anleiten.

In der Werkstatt

Bei einem Rundgang durch die Räume setzt sich Robert in der Werkstatt auf einen Stuhl, sagt nichts, will aber nicht mehr aufstehen. Auf die Frage, was er hier tun möchte, reagiert er in gewohnter Weise nicht. Die Heilpädagogin macht ihm verschiedene Angebote, was er tun könnte, er reagiert darauf jedoch nicht. Alle Versuche, ihn anzuregen, schlagen fehl. Er schaut die Heilpädagogin teilnahmslos an.
Darauf beschließen die Heilpädagogin und die Mutter, das nächste Mal wieder mit ihm in die Werkstatt zu gehen. Auch diesmal will Robert da bleiben, ist jedoch wieder nicht zu aktivieren. Frau L. versucht wieder, heimlich auf Robert Einfluss zu nehmen und ihn zum Tun zu bewegen, vergeblich.

Elterngespräch

Die Schwierigkeit der Mutter, Robert loszulassen, wird nochmals angesprochen und Frau L. werden Situationen aufgezeigt, in denen ihr dies sehr gut gelungen ist. Sie ist einverstanden, sich künftig völlig zurückzuhalten und nur zu beobachten. Sie wird gebeten, mit Betreten der Heilpädagogischen Ambulanz ihre Erziehungsverantwortung an die Heilpädagogin zu delegieren, damit sie genügend Zeit hat, Robert und die Heilpädagogin zu beobachten.
Roberts Anleitung zur Übernahme von Aufgaben zu Hause ist bisher erfolglos. Frau L. erhält einige Tipps von den anderen Eltern.

In der Werkstatt

In den nächsten drei Stunden geschieht nichts, keine Motivation, keine Aufforderung zu einem bestimmten Handeln, gemeinsames Abwarten. Die Heilpädagogin bewältigt die Situation gelassen und ruhig. Robert liegt mit dem Oberkörper auf der Werkbank und dreht Holzklötzchen in der Hand. Frau L. sitzt ausgesprochen unruhig auf einem Stuhl und hält die Situation kaum aus. Ab und zu dreht Robert seinen Kopf gelangweilt zur Mutter. Frau L. rollt mit den Augen und Robert grinst sie an.

Elterngespräch

Frau L. hält dies kaum aus. Sie bekundet im Elterngespräch ihre Skepsis und zweifelt an der Kompetenz der Mitarbeitenden. Andere Eltern machen ihr Mut, weil sie ähnliche Situationen als sehr hilfreich erlebt haben. Sie beschreiben Frau L. ihre Erfahrungen und auch die Beobachtung, dass die Veränderung bei ihren Kindern erst in Gang kam, als sie in der Lage waren, sich zurückzunehmen. Die Zurücknahme eigener Impulse habe die Situation beruhigt. Manche Eltern sagen, sie seien so auch zum Nachdenken über sich selbst gekommen.

In der Werkstatt

In der nächsten Stunde blättert Robert in einem Prospekt, in dem er eine Hängematte erkennt. Er redet unverständlich. Frau L. erklärt, dass der Nachbar so eine habe und Robert sich da gerne reinlege. Robert hört nicht auf, zu zeigen, und auf die Heilpädagogin einzureden. Diese versteht ihn nicht und fragt: „Möchtest Du auch so eine Hängematte?" Robert nickt kräftig mit dem Kopf. Darauf die Heilpädagogin: „Ich kann Dir keine kaufen, aber wir können eine machen. Aber das geht nicht schnell, das dauert sehr lang!" Robert lacht, aber sagt nichts. „Möchtest Du?" fragt die Heilpädagogin. Robert nickt heftig mit dem Kopf. Bewegung ist aller Entwicklung Anfang.
Robert hat ein eigenes Ziel entwickelt, einen eigenen Gegenstandsbereich gewählt. Er baut eine Hängematte.
Ein Entwicklungsprozess im Blick auf die anfangs mit Frau L. vereinbarten Ziele ist in Gang gekommen.
In der nächsten Stunde geht die Heilpädagogin mit ihm Stoff und Zubehör einkaufen. Robert weiß offenkundig nicht so recht, was er mit ihr in der Stadt soll, obwohl die Heilpädagogin versucht hat, es ihm zu erklären. Im Geschäft sieht er Stoffe, die ihn anscheinend an die Hängematte des Nachbarn erinnern. Er darf sich einen Stoff aussuchen. Zurück in der Werkstatt versucht er gleich, sich irgendwie hineinzulegen.
Hier wird die assimilative Seite seines Tuns deutlich. Wahrscheinlich will er keine Hängematte bauen, sondern mit ihr spielen, darin liegen. Die Heilpädagogin lässt ihn Konstruktionen entwickeln, wie er sich hineinlegen könnte. Seine Idee, den Stoff auf dem Tisch auszubreiten und draufzuliegen, kommt

der Hängematte am nächsten, befriedigt ihn aber nicht. Die Heilpädagogin erklärt ihm, dass man die Hängematte nähen müsse. Robert kennt die Nähmaschine seiner Mutter, mit der er bisher nicht nähen durfte. Die Heilpädagogin verspricht, gemeinsam mit ihm in der nächsten Stunde auf der Maschine zu nähen.
Sie selbst klärt in der Zwischenzeit, wie sie vorgehen könnte. Sie entschließt sich, ihn mit der Nähmaschine arbeiten zu lassen. Sie befestigt einen Klotz am „Gaspedal", damit die Maschine nicht zu schnell werden kann und Roberts Koordination völlig überfordert wird.
Robert beginnt, auf Probestücken zu nähen, lässt sich aber überhaupt nicht anleiten und reagiert auf jeden Anleitungsversuch und jede Erklärung mit Beschimpfung. Er näht ca. fünf Minuten, hört auf und legt seinen Kopf wieder auf den Arm. Die Heilpädagogin fordert ihn zum Weitermachen auf. Aber Robert signalisiert deutlich, dass er möchte, dass die Heilpädagogin näht. Diese erklärt ihm, dass er seine Hängematte selbst herstellen müsse. Robert tut nichts. Den Rest der Stunde verbringen Robert, die Heilpädagogin und die Mutter ohne Ersatzbeschäftigungen. In der darauf folgenden Stunde setzt Robert zur Weiterarbeit an und näht wild drauflos, ohne sich an die vereinbarte Aufgabenstellung zu halten. Dies hat zur Folge, dass er falsche Nähte näht, die das Entstehen der Hängematte verhindern. Er muss sie wieder auftrennen, was ihn wütend macht. Er beginnt, die Heilpädagogin zu schubsen und zu schlagen, was diese nicht zulässt. Nun werden die Arbeitsschritte verfeinert, damit die Ziele für ihn überschaubarer werden. Allerdings versteht er noch nicht, dass alleine durch das Betätigen der Nähmaschine keine Hängematte entsteht. Robert wehrt sich weiter gegen jede Anleitung. Auf den Versuch, ihm durch Handführung zu zeigen, wie er den Stoff führen muss, reagiert er aggressiv und zieht die Heilpädagogin an den Haaren.
Im kollegialen Gespräch mit der Heilpädagogin ergeben sich Diskussionen, ob Robert nicht doch überfordert sei. Bei genauer Analyse der Arbeitsabläufe wird jedoch deutlich, dass nicht die Überforderung das Problem ist, sondern seine Antriebsschwäche und vermutlich seine Erfahrung, mit Gegenwehr in Ruhe gelassen zu werden und andere für sich arbeiten zu lassen. In dieser Phase entsteht eine Verunsicherung bei der Heilpädagogin, die sich in Form von Ungeduld, in Versuchen, die Herstellung zu beschleunigen oder einzelne Arbeitsschritte einfach für Robert zu übernehmen, aber auch im Bedürfnis nach Gegenaggression ausdrücken. Sie erkennt diese Risiken rechtzeitig. Sie versucht erfolgreich, gelassen zu bleiben, und Roberts Wechsel zwischen unbeherrschter Aktion und Hängepartie humorvoll auszuhalten. Dazwischen gibt es immer wieder kleine Sternstunden, wo der Eindruck entsteht, dass Robert lernen könnte, von einem rein assimilativen Umgang mit seinem Gegenstand zu einem sach- und zielorientierten Handeln zu gelangen, zu kooperieren und auf Aggression zu verzichten.

Zweifel am Handlungskonzept tauchen mit jeder schwierigen Situation erneut auf. Dass er aber immer wieder in die Werkstatt will und zum Beginn der Stunde in der Lage ist, kleine Ziele zu verfolgen und sich vom Hängemattenziel nicht entfernt, lässt das Kollegium die Heilpädagogin ermutigen, beim begonnenen Konzept zu bleiben. Eines Tages entdeckt Robert den Blockadeklotz am Gaspedal, der die Höchstgeschwindigkeit der Maschine verringern soll. Sofort baut er ihn ab und beginnt „mit Vollgas" zu nähen. Als er erfährt, dass er die Naht wieder aufmachen muss, wird er sehr wütend und versucht die Heilpädagogin an den Haaren zu reißen. Diese setzt ihm eindeutige Grenzen, die er jedoch immer wieder überschreitet, wenn ihn das „Rennfieber" packt. Verschiedene Änderungen des Konzepts, wie z. B. überschaubarere Arbeitsschritte mit für ihn überschaubaren Zielen, zeigen keine Wirkung. Dennoch wird erkennbar, dass sich die Hängematte parallel zu immer wieder aufgetrennten Nähten Stück um Stück ihrer Fertigstellung annähert. Insgesamt verläuft die Arbeit jetzt zielorientierter, wenn auch die Heilpädagogin viel Geduld benötigt und sich mit ihm öfter wegen des „Gaspedals" auseinandersetzt. Zwischendurch wird der Spielimpuls von Robert so stark, dass die Heilpädagogin mit ihm Arbeitsziele vereinbart, nach deren Erreichung sie die Nadel aus der Maschine nimmt und ihn „Auto fahren lässt", was ihm großes Vergnügen bereitet. Die Rückkehr zur Arbeit fällt dann schwer und braucht vonseiten der Heilpädagogin konsequente Führung und Grenzsetzung. Je deutlicher die Ähnlichkeit des Stoffes mit einer Hängematte zunimmt, desto länger bleibt Robert dran. Außerdem vereinbart sie mit ihm, dass er immer am Ende der Stunde „Auto fahren" darf. Eines Tages erkennt Robert, anhand der Erklärung der Heilpädagogin und dem Zustand der Hängematte, dass diese bald fertig ist. Inden nächsten Stunden nehmen seine aggressiven Handlungen ab und sein zielorientiertes Arbeiten deutlich zu. Robert braucht nur noch wenige Stunden zur Fertigstellung der Hängematte, der man die vielen Fehlversuche zwar ansieht, die aber voll funktionstüchtig ist. Sofort sucht er Befestigungsmöglichkeiten, um sie auszuprobieren. Sie trägt ihn. Robert zeigt sie an diesem Nachmittag stolz den anwesenden Eltern und Kindern und nimmt sie mit nach Hause.

Die Herstellung der Hängematte dauerte 36 Stunden, bzw. insgesamt ein Jahr heilpädagogischer Begleitung.

Elterngespräch

Roberts Mutter erzählt im Elterngespräch, dass es für sie sehr schwer sei, Roberts Reaktionen in der Werkstatt auszuhalten, weil sie diese sehr an seine Reaktionen zu Hause erinnern. Sie stellt aber auch fest, worin sich der Umgang der Heilpädagogin mit Robert von ihrem unterscheidet. Ihre Verzweiflung darüber, dass es ihr nicht gelingt, Robert zu aktivieren, arte häufig in Geschrei aus. Sie merke nun, dass er auf die Gelassenheit der Heilpädagogin eher besser reagiere. Sie erkennt, dass sie selbst lernen müsse, klare Grenzen zu setzen.

Aus ihren weiteren Erzählungen ist zu entnehmen, dass sie mit Robert immer wieder solche eskalierenden Konflikte hat, aber nicht die Ruhe, dieselben durchzuhalten. Am Ende gibt sie nach.
Gegen Ende des Herstellungsprozesses wirkt Frau L. deutlich befreit und ist ganz begeistert. Sie habe nicht geglaubt, dass die Hängematte fertig wird. Nun mache ihr das Arbeitsergebnis aber Mut und Hoffnung und sie traue sich selbst auch zu, neue Wege zu gehen.
Sie hat praktikable Ideen, wie sie ihr eigenes Verhalten ändern kann. Ihre Angst, es könne noch schwieriger werden, wird geringer. Im Elterngespräch ist es wichtig, Frau L.s Entwicklungsprozesse nicht beschleunigen zu wollen. Alle Versuche, Eltern zu einem veränderten Verhalten zu drängen, werden erfahrungsgemäß abgewehrt. Wenn Eltern sich darauf einlassen, wird das Ergebnis nicht als eigene Leistung und Entwicklung, sondern als etwas bewertet, worauf man selbst nicht gekommen ist.
Entwicklung kann nicht beschleunigt werden, nicht bei Eltern und nicht bei Kindern (auch nicht bei Heilpädagog:innen).
Im Gespräch werden die angestrebten Ziele resümiert und Frau L. will die Zielrichtung beibehalten. Das nächtliche Zerreißen des Schlafanzugs wird seltener. Das macht ihr Hoffnung.
Sie erzählt außerdem, dass ihr Mann „von den Socken" gewesen sei, als Robert mit der Hängematte nach Hause kam. Er habe sofort auf der Terrasse zwei Haken montiert und die Hängematte aufgehängt. Robert habe sich sofort reingelegt. Sein Vater habe ihm eine Sonnenbrille aufgesetzt und ein Glas Apfelsaft gebracht. So habe der Vater noch nie auf Robert reagiert. Frau L. habe sich sehr gefreut.

2. Phase: „Robert haut auf die Pauke"

In der Werkstatt

Robert kommt und begrüßt die Heilpädagogin freundlich. Er kommt inzwischen gerne, erzählt von zu Hause und spricht auch über seine Arbeit. Immer noch schimpft er heftig, wenn die Heilpädagogin ihn zu etwas auffordert, was er nicht einsehen kann oder will.
Auf die Frage, was er nun tun wolle, erklärt er „eine Trommel." Die Heilpädagogin erschrickt, da sie befürchtet, wieder ähnliche Probleme zu erleben, wie in der ersten Phase. Sie zeigt ihm eine dicke Transporttrommel aus Pappe und einen Blechkanister, die er als Trommel aber kategorisch ablehnt. Es stellt sich heraus, dass er die gleiche Trommel will, wie sie eine Trommlergruppe bei einem regionalen Heimatfest verwendet. Die Heilpädagogin erklärt ihm deshalb, dass die Herstellung einer solchen Trommel genauso lange dauere wie die der Hängematte und genauso schwer sei. Robert nickt. Sie fragt nochmals: „Willst Du das wirklich?" Robert nickt heftig.

Anscheinend war die Hängemattenphase für Robert weit weniger belastend als für die Heilpädagogin und die Mutter. Die Heilpädagogin hat den Eindruck, dass er in dieser Auseinandersetzung so viel Halt gefunden hat, dass er sich traut, sich nochmals auf einen langen Arbeitsprozess einzulassen. Beim Bau der Trommel zeigen sich am Anfang dieselben Schwierigkeiten wie bei der Hängematte. Er hat Probleme sich anleiten zu lassen, hat Schwierigkeiten, wenn wegen Unfallrisiken mit Maschinen und Werkzeug Handführung nötig ist. Zu Beginn des Trommelbaus reagiert er auch wieder aggressiv mit körperlichen Angriffen, was aber nach etwa acht Arbeitseinheiten abnimmt. Die Handlungsvariablen der Heilpädagogin sind dieselben.

Nach der achten Arbeitseinheit beginnt Robert zu kooperieren. Wenn er nicht weiß, wie es weitergeht, schaut er die Heilpädagogin fragend an. Erklärungen hält er aus und befolgt sie, solange er denkt, dass er Erfolg hat. Wenn er etwas nicht richtig versteht, kann er dies noch nicht mitteilen und reagiert deshalb anstatt mit Fragen mit Aggression. Die Heilpädagogin berücksichtigt diese Beobachtung bei ihren Anleitungen. Je mehr Erfolg Robert erkennen kann, desto mehr gehen seine aggressiven Äußerungen zurück.

Robert braucht insgesamt 16 Einheiten (ein knappes halbes Schuljahr) wöchentlich, um die Trommel fertigzustellen. Die fertige Trommel ist voll funktionsfähig. Robert trommelt das ganze Haus zusammen, um seine Trommel vorzuführen.

Elterngespräch

In den Elterngesprächen setzt sich Frau L. weiter mit Ideen auseinander, wie sie ihr Erziehungsverhalten ändern könnte. Sie habe begonnen, von Robert zu Hause die Übernahme kleiner Aufgaben zu fordern, was manchmal schon klappe. Sie habe bemerkt, wie die Heilpädagogin im Werkraum mit Robert klare Grenzen vereinbare und deren Einhaltung auch einfordere, und dass Konflikte immer seltener werden. Bei sich selbst hat sie beobachtet, dass sie in solchen Situationen stets nachgegeben und resigniert habe. Die Umgangsformen der Heilpädagogin mit Robert seien für sie sehr informativ und als Modell hilfreich.

Mit Frau L. werden für die Schulferien konkrete Vorgehensweisen in der Frage von Roberts Beteiligung an der Hausarbeit abgesprochen, die sie anwenden und über deren Erfahrungen sie nach den Ferien berichten will.

Im Laufe eines weiteren Gesprächs beklagt Frau L., dass sie nichts habe, was sie nur für sich selbst tut. Sie würde gerne malen und einen Kurs belegen. Sie wird ermuntert, diesen Weg zu verfolgen.

Frau L. berichtet, ihr Mann habe sich bisher geweigert, zu den „Psychofuzzis" regelmäßig zu einem Gespräch zu kommen. Er befürworte aber, dass seine Frau mit Robert zu uns kommt. Er leiste auch keinen nennenswerten Beitrag zur Veränderung der Situation.

Nach dem Hängemattenerfolg wird er zu einem Gespräch eingeladen, um zu klären, was er zur Entwicklung beitragen könnte. Herr L. hat zu diesem Punkt kaum Ideen. Er weist auf seinen Teil der Verantwortungsübernahme hin, dass er die Familie gut versorge. Nach Rückfragen fallen ihm dann plötzlich Dinge auf, die er früher übersehen hat. Z. B., dass sich Robert zu ihm aufs Sofa setze, wenn er Fußball im Fernsehen ansehe und die emotionalen Reaktionen des Vaters nachahme. Herr L. habe ihn in diesem Zusammenhang bisher nicht ernst genommen und nur gelacht, wenn Robert schaue, was sein Vater tue, wenn ein Tor falle und ihn dann nachahme. Der Vater möchte in Zukunft mehr und ernsthafter auf diese Dinge eingehen und versuchen ihm zu erklären, was er sieht. Dies scheint er auch umzusetzen. Nach ein paar Wochen kommt Robert mit Bayernschal als Fan.

Auch die Arbeitsteilung des Ehepaares wird thematisiert. Herr L. erklärt sich bereit, bei Robert zu bleiben, wenn Frau L. einen Malkurs belegt. Am Schluss des Gesprächs berichtet Frau L., dass Robert nicht mehr so oft Schlafanzüge zerreißt (ein- bis zweimal pro Woche).

3. Phase: Robert findet seinen Platz

In der Werkstatt

Im Rahmen des Trampolinspringens hat Robert seine passive Haltung aufgegeben und kann zwei verschiedene Sprünge auf Zuruf wechseln.

Im Bereich seiner handwerklichen Aktivitäten will Robert wieder in den Werkraum. Schon in der nächsten Stunde erklärt er, dass er einen richtigen Hocker bauen will. Diese Idee ist für ihn eigentlich ebenso überfordernd wie die Herstellung der Hängematte und der Trommel. Aus der Sicht von Roberts Entwicklung ist der Plan jedoch folgerichtig. Er baut in einer Phase, in der er sein Leben vorwiegend passiv verbringt, eine Hängematte. Diese ist geradezu ein Symbol für seine bisherige Wirklichkeitskonstruktion (Leben ist passiv, ist Nichtstun). Mit dem Bau seiner Trommel meldet er sich lautstark im Leben zurück. Indem er dies symbolisiert, entwickelt er zugleich Energie im Bereich Bewegung und im Bereich seiner handwerklichen Tätigkeit, mit der er begonnen hat, sich Welt anzueignen. Mit dem Plan, einen Hocker zu bauen, kommt er „dem aufrechten Gang" und einem selbst gestalteten Leben näher. Dies ist aus heilpädagogischer Sicht wünschenswert.

Erweiterung des Handlungskonzepts und Roberts Wahl eines neuen Gegenstandbereichs:

Die Heilpädagogin entscheidet sich, mit Robert den Hocker zu bauen. Wie es scheint, entwickelt er eine intrinsische Motivation für diese handwerklichen Tätigkeiten, was für seine weitere Entwicklung sehr wichtig ist. Weil die Heilpädagogin aber selbst nicht weiß, wie sie einen Holzhocker mit Robert bauen kann, erklärt ein Kollege sich bereit, mit ihr zwei Bausätze herzustellen, einen für Robert und einen für die Heilpädagogin, die immer ein paar Schritte im Voraus baut.

Robert beginnt den Hocker zu bauen. Die Heilpädagogin veranschaulicht am eigenen Modell die anstehenden Arbeitsschritte und ermutigt ihn, an ihrem Beispiel den nächsten Arbeitsschritt herauszufinden und möglichst selbständig auszuführen. Ihr ruhiger, sachlicher und gelassener Umgang ermöglicht Robert, ihr zu vertrauen und zu folgen. Seine Bereitschaft, Aufforderungen, Hinweise und Hilfestellungen anzunehmen, nimmt zu, ohne dass daraus eine Abhängigkeitstendenz erkennbar wäre. Er begegnet der Heilpädagogin nicht mehr nur freundlich, sondern nimmt sie zur Begrüßung herzlich in den Arm. Robert freut sich offensichtlich, mit ihr etwas zu tun.
Der Junge baut von Stunde zu Stunde mit weniger Unterbrechungen an seinem Hocker. Auffallend ist, dass kurze freundliche Aufforderungen genügen, um ihn zur Weiterarbeit zu bewegen. Er braucht in vielen Situationen noch Hilfestellungen und Unterstützung. Robert hat, neben konstruktiven und planerischen Problemen, Probleme mit der Koordination, der Dosierung von Kraft, dem richtigen Einsatz von Werkzeugen und Arbeitsmitteln. Manche Dinge müssen noch mit Handführung realisiert werden (z. B. saubere Sägeschnitte).

Zielmodifikation

Die genannten Problembereiche werden im Sinne von Übung und Förderung in die Zielstruktur integriert.
Robert lernt,

- Einsicht in für ihn begreifbare Konstruktionen zu entwickeln,
- selbständig nächste Arbeitsschritte zu planen,
- die richtigen Werkzeuge und Arbeitsmittel für einen Arbeitsgang auszuwählen und anzuwenden,
- im Umgang mit dem Werkzeug eigene Kraft angemessen einzusetzen,
- die Auge-Hand-Koordination zu verbessern.
- Robert erkennt, dass er nicht alles alleine machen kann, und sucht Unterstützung, ohne die eigene Initiative aufzugeben.

Diese Phase dauert 35 Stundeneinheiten.

Elterngespräch

In dieser Phase bearbeitet die Mutter im Elterngespräch weiter die Frage, wie Robert noch mehr in familiäre Aufgaben einbezogen und selbständiger werden kann.
Herr L. hat nach dem Vorbild einer anderen Familie aus der Elterngruppe ein Tandemrad angeschafft, mit dem ist er mit Robert unterwegs. Robert möchte mit ihm auch auf den Fußballplatz, was Herr L. bisher ablehnt.

Beiden Eltern macht die Frage, wie Robert lebt, wenn sie ihn nicht mehr versorgen können, große Sorgen. Hierüber hat ein Gespräch begonnen. Bei beiden entwickelt sich die Einsicht, dass Robert eine Gelegenheit braucht, erwachsen und selbständig zu werden. Aber den Weg von der Einsicht zum tatsächlichen Loslassen empfindet Frau L. als noch sehr weit.
Das Zerreißen der Nachtwäsche ist verschwunden.
Robert hat seinen Hocker fertiggestellt, mit nach Hause genommen und sitzt mit ihm zu Hause am Esstisch.
Frau L. erzählt, der Vater erzähle allen Freunden und Bekannten, was Robert alles kann.

Klärung des weiteren Handlungskonzepts

Die am Anfang vereinbarten Ziele sind nahezu erreicht. Die Eltern könnten ihre Fragen nun auch ohne Unterstützung von außen entwickeln und bearbeiten. Nun wäre es an der Zeit, die heilpädagogische Begleitung abzuschließen.
Frau L. möchte jedoch noch kommen, weil sie glaubt, dass für sie das Erreichte noch zu wenig stabil sei. Sie denkt, dass sie die erreichten Veränderungen ohne begleitende Gespräche noch nicht durchhalte. Außerdem macht sie sich Gedanken um Roberts Zukunft und in diesem Zusammenhang sagt sie, habe sie große Angst. Wir vereinbaren, mit Robert das Bewegungsangebot abzuschließen und empfehlen den Besuch einer integrativen Sportgruppe, wie sie verschiedene Sportvereine der Umgebung anbieten.
Roberts Begleitung in der Werkstatt soll fortgesetzt werden, weil die Vermutung besteht, dass er in der Werkstatt dasselbe Thema bearbeitet wie seine Eltern im Elterngespräch: Vorstellungen über seine Zukunft als Erwachsener. Der Übergeordnete Gegenstandsbezug seiner Tätigkeit wird deutlich erkennbar: Er zeigt, dass er erwachsen wird und Vorstellungen von einem eigenen Leben entwickelt. Was er in der Werkstatt tut, bewegt sich derzeit weniger in der Zone des Spiels und auch nicht in der Zone handwerklichen Interesses, sondern eindeutig in der Zone heilpädagogischer Arbeit.
Robert und seine Eltern suchen Lösungen für ungeklärte Zukunftsfragen, die sie glauben, alleine nicht bewältigen zu können. Robert bedient sich dazu des Mediums Werken und entwickelt einen eigenen „Hausstand". Die Eltern wollen das Elterngespräch weiter als Basis für die Klärung der Situation der Familie nutzen. Diese Begleitung wird der Familie angeboten.

Zielmodifikation

Die Eltern setzen sich folgendes Ziel: Sie entwickeln für sich und Robert sinntragende Zukunftsvorstellungen und wollen diese auch realisieren.

4. Phase: Robert sucht sein „Tischlein deck' Dich!"

In der Werkstatt

In der nächsten Werkstunde wird die Vermutung, dass Robert sein eigenes Leben einrichten will, bestätigt. Er will einen Tisch bauen. Die Herstellung des Tisches erfolgt unter ähnlichen konstruktiven und planerischen Bedingungen wie beim Hocker. Auch hier wird zuerst der Tischzargen hergestellt und dann die Platte. Robert erkennt jetzt teilweise die vergleichbare Vorgehensweise und erfasst zum Teil auch den nächsten Arbeitsschritt selbständig. Er erhält nur dort Hilfe, wo er nicht weiterkommt und fragt. Wenn etwas falsch zu werden droht, was nur mühsam korrigiert werden kann, wird er darauf aufmerksam gemacht und dazu angeregt, alternative Lösungen zu entwickeln, soweit er dazu in der Lage ist. Findet er keine Lösung, wird sein Tun angeleitet durch Erklären, Anleiten, Vormachen. Wenn er den Arbeitsschritt nicht selbst ausführen kann, wird dieser auch für ihn getan. Alle Gelegenheiten, ihn zu beteiligen, werden aber prinzipiell wahrgenommen. Die Arbeit verläuft harmonisch. Wenn etwas nicht gelingen will, schimpft Robert laut und heftig. Wesentlich häufiger findet er aber Gelegenheiten zum Lachen.
Der Tisch wird von ihm erfolgreich fertiggestellt. Die Arbeitsintervalle sind deutlich länger geworden. Er hat seinen Tisch geduldig geschliffen und geölt. Hierbei konnte die Heilpädagogin feststellen, wie sein Qualitätsbedürfnis wuchs. Seine feinmotorischen Fertigkeiten haben sich entwickelt. Er kann gezielter greifen und koordinieren. Robert hat aber noch große Mühe bei der Arbeit zu stehen, was sinnvoll wäre, weil er Werkzeuge in dieser Haltung viel effizienter einsetzen kann. Sein Bedürfnis, etwas selbst zu können, nimmt vor dem Hintergrund der bisherigen Flow-Erlebnisse zu. Die Spannungslosigkeit wechselt zusehends mit Anspannungsbereitschaft, die er bis zu vierzig Minuten ohne Unterbrechung halten kann. Die Erholungspausen werden kürzer.
Manchmal vergehen nur wenige Minuten, bis er ohne Hinweis der Heilpädagogin zu seiner Arbeit zurückkehrt.
Robert nimmt den fertigen Tisch mit nach Hause und stellt ihn samt Hocker in sein Zimmer.
Die Phase dauert 40 Stundeneinheiten (ein Schuljahr, ohne Ferien).

Elterngespräch

Robert hat inzwischen die Schule verlassen und noch keinen Arbeitsplatz gefunden.
Mutter und Vater sprechen im Elterngespräch in regelmäßigen Abständen über Roberts Zukunftsmöglichkeiten. Die Sorge um eine Arbeitsmöglichkeit wird thematisiert. Frau L. kann sich überhaupt nicht vorstellen, dass Robert außerhalb des Elternhauses auch nur wenige Tage bleiben würde. Schließlich kann sie sich dazu durchringen, ihn vorübergehend – zunächst für drei Tage und später für vierzehn Tage (Ferien) – in der Wohngruppe einer Einrichtung der

Behindertenhilfe unterzubringen. Dort gefällt es ihm sehr gut. Zu Hause spricht er immer wieder davon, dass er dort wohnen möchte, womit seine Mutter nicht gut umgehen kann. Sie versucht im Gespräch immer wieder Situationen zu konstruieren, die Roberts Aufenthalt nicht so erfolgreich erscheinen lassen. Sie erzählt jedoch auch, wie ungewohnt und gut es für sie und ihren Mann war, einige Tage für sich zu haben. Insgesamt hat die Heilpädagogin den Eindruck, dass die Sorge um Roberts Zukunft Frau L. sehr beschäftigt. Sie klagt darüber, dass diese Sorgen sie nachts auch nicht ruhen lassen. Die Elterngruppe besucht deshalb gemeinsam Werkstätten für Menschen mit Behinderungen, damit Frau L. konkretere Vorstellungen von zukünftigen Arbeits- und Lebensmöglichkeiten für Robert erkennen kann.

5. Phase: Robert gründet eine eigene „Niederlassung"

In der Werkstatt

Robert will wieder in die Werkstatt. Er sagt der Heilpädagogin, dass er nun ein Sofa bauen will. Die Heilpädagogin erklärt ihm, dass sie nicht wisse wie das geht, außerdem sei ein Sofa viel zu teuer. Darüber ist Robert ungehalten. Die Heilpädagogin macht ihm den Vorschlag, eine Bank zu bauen und zeigt ihm ein Beispiel aus einem Möbelprospekt. Nachdem Robert erkannt hat, dass er an der Grenzsetzung der Heilpädagogin nichts ändern kann, ist er mit dem Vorschlag einverstanden. Das Thema Bank ist in konstruktiver Hinsicht nochmals eine Wiederholung der Grundelemente von Hocker und Tisch. Gemeinsam wird Holz eingekauft. Der Bausatz wird für Robert vorbereitet. Er erkennt die notwendigen Arbeitsschritte jetzt schneller und verfolgt sie sachgerechter. Robert ist stolz, dass er weiß, wie es geht, und freut sich sehr, wenn keine Einwände der Heilpädagogin kommen (Kohärenzgefühl). Er fühlt sich als Fachmann. Als solcher erlebt er sich in der Herstellung sehr erfolgreich. Sein Umgang mit dem Material, dem Werkzeug wird gezielter. Informationen zur Bearbeitung des Holzes und der Herstellung von Holzverbindungen hat er aufgenommen. Er erinnert sich und wendet die entsprechenden Materialien und Mittel richtig an (z. B. Leim in sachgerechter Menge auftragen, schleifen in der Wachstumsrichtung des Holzes usw.). Über alle Bestätigungen seiner Arbeit freut er sich und ist sichtlich stolz, etwas zu können (Selbstwirksamkeitsüberzeugung). Auch in feinmotorischer Hinsicht hat er sich verbessert. Er ist in der Lage, Kraft materialgerechter einzusetzen als bisher, hat seine Feinmotorik verbessert, wenn es darum geht, Leimspuren in Ecken zu entfernen usw. Auch sein Rollenverhalten ändert sich. Seine Hilflosigkeit verwandelt sich gelegentlich in „Leitungsverhalten". Dann gibt er der Heilpädagogin Anweisungen, was sie tun solle und korrigiert, was nicht richtig sei. Er bezeichnet sich selbst in diesem Zusammenhang als „Lehrer". Dieses Verhalten wechselt ständig zwischen der Zone des Spiels (Rollenspiel/„Lehrer") und der Zone des Interesses an sachgerecht ausgeführter Handwerklichkeit. Auch in sprachlicher Hinsicht hat sich

einiges geändert. Er kann seine Fragen etwas präziser formulieren und zieht sich nicht in demonstrative Hilflosigkeit zurück, wenn er etwas nicht weiß. In diesem Sinne ist er nicht nur kommunikationsfähiger, sondern auch kooperationsfähiger geworden. Sein Durchhaltevermögen hat sich nochmals deutlich erhöht. Er kann nun bis zu fünfzig Minuten an einer Arbeit bleiben und diese von selbst nach kurzer Zeit fortsetzen.
Robert baut seine Bank erfolgreich fertig. Die Heilpädagogin und die Mutter müssen mit ihm immer wieder „Sitzproben" machen. Er sitzt dabei stolz mit verschränkten Armen in der Mitte und lacht. Sein Vater kommt, er bewundert die Bank, muss auch mit Robert drauf sitzen. Dann tragen die beiden das Werk mit Stolz zum Auto und fahren nach Hause. Dort findet die Bank, gemeinsam mit Hocker und Tisch, in Roberts Zimmer Platz.
Diese Phase dauert 30 Stundeneinheiten.

Elterngespräch

Im Elterngespräch berichtet die Mutter inzwischen von weiteren Aufenthalten in der Wohngruppe, die sie selbst als sehr schwierig erlebt hat: Robert will nach seinem letzten Aufenthalt gar nicht mehr nach Hause. Er erklärt der Mutter, dass er dort bleiben wolle. Für Frau L. ist dies eine verletzende Situation. Nach und nach lernt sie, auch mit Unterstützung der anderen Eltern im Elterngespräch, damit umzugehen, und kann ihr sogar positive Seiten abgewinnen. Sie nähert sich Stück um Stück der Vorstellung, Robert in der Gruppe wohnen zu lassen. Herrn L. scheint dieser Prozess manchmal nicht schnell genug zu gehen. Er meint, „man muss handeln, bevor Robert es sich anders überlegt". Die Mitarbeitenden der Einrichtung erklären den Eltern die Vorteile, die sich für Robert und sie ergeben. Auch Robert spricht zu Hause immer wieder davon, dass er in der Wohngruppe leben wolle. Für die Mutter ist es ein Trost, dass Robert zur Not einen Rückweg nach Hause offen hätte, zumal die Wohngruppe in der Stadtmitte liegt und Robert mit dem Bus nach Hause fahren könnte.

Robert zieht aus

Er fordert einen Umzugswagen an. Sein wichtigstes Umzugsgut sind Hocker, Tisch und Bank, die er selbst zum Kleinbus trägt und sozusagen einen eigenen Hausstand gründet.
Eine Begegnung mit Robert und einem Mitarbeiter der Wohngruppe nach zwei Jahren ergibt folgendes Bild:
Robert gefällt es in der Wohngemeinschaft mit vier weiteren jungen Erwachsenen sehr gut. Gemeinsam mit dem „Zivi" hat er im Garten ein Gartenhaus gebaut. Robert hat seine Selbstständigkeit weiterentwickelt. Er findet z.B. Wege, die er mit dem Bus fährt, nach kurzer Zeit auch zu Fuß. Auch seine

Selbstständigkeit im Hinblick auf die Gestaltung des Alltags und des Wohnens hat sich weiter entwickelt. Robert ist in einer Gärtnerei als Helfer beschäftigt und leistet dort gute Arbeit.
Nun wartet er auf ein Inklusionsangebot vonseiten der Gesellschaft – außerhalb der Werkstatt für Menschen mit Behinderung.
Regelmäßig besucht er seine Eltern und umgekehrt. Sie sind mit der Entwicklung und ihrer eigenen Lebenssituation sehr zufrieden.

KAPITEL 4

Bildungsprozesse im Kontext heilpädagogischer Elternarbeit

Im Rahmen der heilpädagogischen Elternarbeit[2] begegnen uns Menschen aus unterschiedlichsten Milieus mit ganz individuellen Erziehungs- und Lebensfragen. Grundsätzlich ist angesichts der großen Diversität von Lebenslagen und damit der Heterogenität von Elternschaft davon auszugehen, dass es *die* Eltern nicht gibt. Eine mangelnde lebenswelt- und lebenslagenbezogene Differenzierung wird sogar als eine der wichtigsten Ursachen für die teilweise beobachtete Erfolglosigkeit der Elternarbeit gesehen (vgl. Stange, 2013, S. 59). Die Wahrnehmung der Unterschiedlichkeit von Erziehungsberechtigten und ein sensibler und respektvoller Umgang mit der Diversität von Familien stellt deshalb eine der zentralen Aufgaben von Fachkräften dar. Erst auf dieser Basis können passgenaue Konzepte für die Kooperation mit Eltern entwickelt und angewendet werden. Professionalität ist gerade dadurch gekennzeichnet, dass die jeweiligen Interaktionen und die Angebote adressatenspezifisch adaptiert werden.

Die Eltern[3] unterscheiden sich in Bezug auf ihre Lebenslagen, Einstellungen, Erfahrungen, Sichtweisen und ihre Herkunft. Daraus resultieren unterschiedliche Bedarfe, Wünsche und Erwartungen an sich, ihr Gegenüber aber eben auch an die Zusammenarbeit mit den Fachkräften.

---

2 Der Begriff „Elternarbeit" wird hier konsequent verstanden als Kooperation mit den Eltern und im Sinne der folgenden Ausführungen gefüllt.

3 Im Text sind mit dem Begriff „Eltern" die verschiedenen Ausprägungen von Elternschaft gemeint wie z.B. Mütter, Väter, alleinerziehende Eltern, gleichgeschlechtliche Eltern, verheiratete und nicht verheiratete Eltern, Eltern von Adoptiv- oder Pflegekindern, andere Personen, die die Elternrolle einnehmen usw.

Bei aller Unterschiedlichkeit in den Lebenslagen kristallisiert sich aber immer wieder eine Aufgabe heraus, vor der alle Eltern stehen, die auf Beratung und Begleitung vertrauen: Es ist die Suche nach Wegen aus Erziehungs- und Sinnkrisen, die Suche nach neuen Lebensperspektiven – oft auch angesichts irreversibler Schädigungen, Beeinträchtigungen und Behinderungen.

Die Eltern bestätigen immer wieder, dass sie viel aus dieser Arbeit profitieren und sich „gut aufgehoben fühlen". Dies kann sicher auf die heilpädagogische Fachkompetenz und gelebte Grundhaltungen zurückgeführt werden. Diese sind beispielsweise voraussetzungslose Wertschätzung der Eltern und Kinder, Verzicht auf Schuldzuweisung, Offenheit und Zugewandtheit, die Gestaltung einer angstfreien Atmosphäre, Ressourcenorientierung – um nur einige zu nennen. Um das Konzept unserer heilpädagogischen Elternarbeit zu begründen und die Wirkung der Arbeit auf die Eltern zu verstehen, reicht dies allerdings nicht aus.

Es gibt vielfältige Literatur aus dem Bereich der Familientherapie, die einen Ansatz für die fachliche Reflexion der Elternarbeit bietet. Aber auch die Auseinandersetzung mit den Grundlagen didaktischen Handelns in der Erwachsenenbildung eröffnet neue Blickwinkel.

> „Im aktuellen bildungstheoretischen Diskurs ist mit Bildung die Hoffnung verbunden, das Leben nicht nur als Schicksal zu begreifen, sondern es selbst bestimmt zu gestalten und die dafür notwendigen Fähigkeiten zu erwerben" (Gieseke 2007, S. 30).

Was liegt da näher, als die heilpädagogische Arbeit mit den Eltern auch als Bildungsangebot zu verstehen und vor diesem theoretischen Hintergrund zu reflektieren?

Zunächst werden die Anforderungen, die mit Elternschaft in einer modernen Gesellschaft verbunden sind, dargestellt, um den Bildungsbedarf der Eltern auf dieser Basis zu begründen. Anschließend werden Ansätze von Elternarbeit in der Geschichte der heilpädagogischen Theoriebildung aufgezeigt. Schließlich werden die Inhalte der Praxis mit Eltern beschrieben, um sie unter Aspekten einer erwachsenenpädagogischen Didaktik, von Beratung und Training zu reflektieren und auszuwerten.

4.1 Erziehung in unserer Gesellschaft

4.1.1 Herausforderungen einer modernen Gesellschaft

Angesichts der aktuellen Krisen (Corona, Geflüchtete, Klimawandel, Krieg in der Ukraine etc.) resümiert der renommierte Risikoforscher Ortwin Renn: „Wir erleben in Deutschland aktuell ein in der Gesellschaft weit verbreitetes Gefühl der Verunsicherung, was stimmt und was nicht stimmt, was jetzt zu tun oder zu lassen ist und welche persönlichen oder kollektiv wirksamen Rückschlüsse man aus den gerade erlebten Verunsicherungen über Pandemien oder den drohenden Klimawandel für sich und die Gesellschaft als Ganzes ziehen kann“ (Renn 2023, S. 13). Diese Verunsicherung resultiert jedoch nicht allein aus den gegenwärtigen Krisen, sondern ist das Ergebnis langfristiger Modernisierungsprozesse. Zu den Kennzeichen der Modernisierung gehören nach Renn (2014, S. 434 f.): Differenzierung, Wissensorientierung, Beschleunigung, neue Arbeitsstrukturen, strukturelle Ungleichheit, zunehmende Mobilität, Ablösung traditioneller Familienstrukturen, Technisierung und Virtualisierung, Pluralisierung und Individualisierung, Kolonisierung der Lebenswelt.

Modernisierung kann als ambivalent bezeichnet werden, da die genannten Prozesse sowohl Chancen als auch Risiken bergen. So können technische Hilfsmittel, VR-Brillen oder KI-basierte Assistenzsysteme für mehr Teilhabe im Alltag und mehr kommunikative Reichweite sorgen (z. B. eigener Instagram-Account). Andererseits besteht die Gefahr der Diskriminierung in sozialen Medien oder der schlichten Überforderung mit der Technik.

Der Modernisierungsprozess in unserer Gesellschaft stellt Menschen vor die Aufgabe, mit dessen Folgen und Krisenerscheinungen umzugehen: Anforderungen und Erwartungen an den oder die Einzelne:n verändern sich kontinuierlich. Die einstigen ethischen Autoritäten, vor allem die Religionen, haben an allgemeiner Gültigkeit verloren. Bislang sicher geglaubte Werte wandeln sich. Die Lebensentwürfe von Eltern und Großeltern bieten nur noch wenig oder keine Orientierung für die eigene Lebensgestaltung. Vielmehr wird der oder die Einzelne bei Entscheidungen über sein bzw. ihr Leben in immer stärkerem Maße auf sich selbst verwiesen.

Um die ambivalenten Facetten der Modernisierung weiter zu vertiefen, liefert Wilhelm Maders Betrachtung der gesellschaftlichen Entwicklungen ein schärferes Bild der persönlichen Auswirkungen dieser Prozesse. Er benennt als konkrete Auswirkungen der gesellschaftlichen Entwicklung auf die Lebenslagen Erwachsener u. a. die Auflösung der sozialen Herkunftsorte eines Menschen als Orientierungsmuster für die Gestaltung des eigenen Lebenslaufes sowie die Notwendigkeit, seinen ureigenen und sehr eingegrenzten Lebensweg zwischen verschiedenen und teilweise widersprüchlichen sozialen Orientierungen zu finden (vgl. Mader 1993, zit. n. Arnold 2003, S. 51).

4.1.2 Wandel der Vorstellungen von Elternschaft

Der Prozess von Enttraditionalisierung, Individualisierung, Pluralisierung und der Einfluss der Medien haben in den letzten 40 Jahren auch das, was unter Erziehung verstanden wird, und damit die Rolle von Eltern und Kindern sowie die Aufgaben von Institutionen einschneidend verändert. Neue Leitbilder zu Elternschaft und Erziehung orientieren sich in hohem Maße an den Vorstellungen der sozial gehobenen Milieus. Familien, die diesem Bild nicht entsprechen, werden im Alltag nicht selten als „Problemfamilien" bezeichnet.

Über Jahrhunderte hinweg galt das, was die elterliche Rolle ausmacht, als unhinterfragbar und eindeutig. Eltern und Kinder sahen sich i. d. R. auf Gott hin bezogen und hatten sich vor ihm zu verantworten. Elternschaft war eine Institution, deren Funktionen ohne große Emotionen auszuführen waren. Ehrfurcht der Kinder vor ihren Eltern wurde genauso selbstverständlich erwartet, wie diese das Recht und die Pflicht in Anspruch nahmen, ihre Kinder zu züchtigen.

Die kulturellen Umbrüche und Prozesse des letzten Jahrhunderts haben all diese Bilder grundlegend verändert: Es entsteht eine Vorstellung von der Elternrolle, „die im Lauf der Zeit zunehmend psychologisiert, pädagogisiert und vor allem ‚therapeutisiert' wurde" (Omer/v. Schlippe 2016, S. 22). Die Elternzentrierung vergangener Zeitalter wurde von einer relativ starken Kindzentrierung abgelöst.

Kinder zu haben gilt heute als bewusste elterliche Entscheidung und führt zu entsprechendem Verantwortungsdruck, sich „gut" um sie zu kümmern und ihnen eine ausreichende materielle Grundlage zu bieten. Eltern sehen sich im Dienst an den Bedürfnissen, dem Wohlbehagen und dem Glück des Kindes. Das Kind selbst wird nicht selten zum Projektionsfeld für unerfüllte emotionale und existenzielle Bedürfnisse seiner Eltern. In ihm soll sich die Vision von Glück und Großartigkeit erfüllen. Gerade in Zeiten von Krisen und zunehmender Verunsicherung scheinen Kinder ihren Eltern auch Struktur, Sinn und Lebensinhalt zu geben (Jungbauer 2022, S. 16).

Elternschaft wird dadurch aber zur andauernden Herausforderung, es richtig und gut oder sogar perfekt machen zu müssen. Insgesamt geschieht Erziehung weniger beiläufig, sondern steht unter starker Beobachtung durch die Umwelt und durch die Eltern selbst. Elternschaft wird zum Wetteifern. Kinder stehen permanent auf dem Prüfstand. Das Wunschkind wird zum Vorzeigeobjekt. Jedes Misslingen kann schnell zur persönlichen Kränkung werden.

Nicht zuletzt diese veränderte Einstellung gegenüber Kindern sowie der hohe Anspruch an eine „gelingende" Erziehung tragen dazu bei, dass Elternschaft als zunehmend schwieriger zu bewältigende Gestaltungsaufgabe wahrgenommen wird. Elternschaft wird zunehmend zu einem eigenen „Projekt" (vgl. Jurczyk 2017, S. 9). Eltern stehen heute unter enormem Druck – sowohl hinsichtlich ihrer subjektiven Befindlichkeit als auch hinsichtlich der objektiv gestiegenen Anforderungen. Sie haben einen permanenten Spagat zwischen den Anforderungen der Gesellschaft und der Arbeitswelt einerseits und der Familienwelt andererseits zu leisten. Zeit-, Organisations- und Leistungsdruck bestimmen den Alltag.

Eltern aus sog. gehobenen Milieus haben diese Herausforderungen angenommen und versuchen ihre Kinder zu fördern und ihnen optimale Startchancen für ihr Leben zu geben. Von diesen Eltern setzt sich etwas über ein Fünftel ab, die aus bildungsbenachteiligten Milieus am unteren Rand der Gesellschaft stammen und die Entwicklung ihrer Kinder scheinbar weitgehend „laufen lassen". Oftmals ist deren Familienrealität zusätzlich geprägt durch benachteiligte Lebenslagen, erschwerte Lebenssituationen und Entwicklungsrisiken für die Kinder wie Armut, Krankheit, Arbeitslosigkeit, Migrationshintergrund und andere Belastungen (vgl. ebd., S. 7 f.). Diese Familien erleben einen existenziellen Druck, der sich dann auch zeigt in Erziehungsproblemen und Überforderung der Eltern.

4.1.3 Erwartungen an Familien und Elternschaft

Eltern müssen ihre Erziehungsarbeit nicht nur unter erschwerten gesellschaftlichen Bedingungen leisten. Auch die mit Elternschaft verbundenen Aufgaben und die Erwartungen an die pädagogischen Kompetenzen der Eltern werden zunehmend komplexer: Die Familie der Gegenwart zieht ihren Wert aus der Bewältigung historisch gesehen recht neuartiger Herausforderungen,

„nämlich der Schaffung einer sicheren Bindung, einer intimen emotionalen Basis zwischen Liebespartnern sowie zwischen Eltern und Kindern, der Vermittlung von positiven Selbstwertgefühlen bei allen Beteiligten, der Förderung der Leistungsmotivation und der Unterstützung bei der Bewältigung sozialer Anforderungen, um nur einige von zahlreichen aktuellen Erwartungen an Familienleben zu nennen" (Omer/v. Schlippe 2016, S. 4).

Viele Eltern – auch aus sog. „Kern- oder Normalfamilien" – sehen sich jedoch häufig hilflos der impulsiven Zügellosigkeit, der reduzierten sozialen Sensibilität, den unersättlichen Wünschen und Forderungen, dem Dominanz- und Machtstreben ihrer Kinder ausgesetzt. Auch ohne nachweisbare hirnorganische Funktionsstörung geraten immer mehr Kinder regelrecht „aus dem Tritt." „Der kleine Tyrann" von Jirina Prekop hatte über viele Jahre einen festen Platz in der pädagogischen Literatur. Haim Omer und Arist v. Schlippe diagnostizieren angesichts dieser Phänomene einen Verlust der elterlichen Präsenz (nicht der Macht!) in der Beziehung zwischen Eltern und Kindern, welcher einhergeht mit einem Dominanzstreben des Kindes (vgl. Omer/v. Schlippe 2016, S. 20).

Die „glückliche Familie" als Lebensraum für frohe, gesunde und gebildete Kinder ist die propagierte gesellschaftliche Leitidee. Dabei wird ein Bild von Familie konstruiert, welches von dem Mythos lebt, „normale Familien" seien problemfrei. Die Lebenswirklichkeiten von Familien seien hingegen voller „Freuden, Dramen und Träumen" (Franziskus 2016, S. 57). Eltern durchleben z. B. gesundheitliche oder berufliche Krisen und/oder Beziehungskonflikte oder kommen durch die Erziehung eines Kindes mit besonderen Bedürfnissen an ihre körperlichen und psychischen Grenzen. Es gibt vielfältigste Gründe, warum Väter und Mütter aus allen gesellschaftlichen Milieus im Hinblick auf die Erziehung ihres Kindes orientierungslos und mit ihrer Aufgabe überfordert sind. Häufig ist aber gerade der Versuch, einem allgemeinen Modell von Familie zu entsprechen, eine „normale Familie" zu sein, die Ursache für weitere Schwierigkeiten und Nöte, mit denen Eltern und Kinder zu kämpfen haben.

Zusätzlich zur alltäglichen Gestaltung des Familienlebens stehen Familien mit Migrationshintergrund vor der Aufgabe, ihr Verhaltensspektrum zu erweitern und zu verändern. In dem Maße jedoch, indem eine Veränderung kulturbezogener Einstellungen, Werte und Verhaltensweisen erfolgt, findet i. d. R. auch eine Entfernung von den Werten des Herkunftslandes und der Herkunftskultur statt. Dieser Widerspruch, sich einerseits in die Mehrheitsgesellschaft zu integrieren, andererseits aber auch kulturelle Wurzeln nicht ganz aufzugeben, gestaltet sich insbesondere im erzieherischen Kontext als spannungsgeladen (vgl. Uslucan 2021, S. 6).

Besonders Eltern aus migrantischen oder benachteiligten Kontexten erleben sich oft als „die Unwissenden", denen das Wissen um die (deutschen) Verhältnisse in Kindestageseinrichtungen und Familien sowie um die

„richtige“ Förderung und Erziehung ihrer Kinder fehlt. Sie sehen sich mit klaren Vorstellungen und Appellen konfrontiert, wie „gute“ Eltern agieren sollen (vgl. ebd.)

Erziehungsschwierigkeiten von Eltern dürfen nie isoliert, sondern müssen immer vor dem Hintergrund sozialräumlicher, allgemeingesellschaftlicher und institutioneller Rahmenbedingungen betrachtet werden. Dennoch neigt die Gesellschaft dazu, betroffenen Eltern Schuld zuzuweisen und sie zumindest moralisch zu verurteilen. Familien, die dem Idealbild von „Normalfamilie“ nicht entsprechen, werden nicht selten stigmatisiert und pathologisiert. Die Angst vor Stigmatisierung und Pathologisierung wiederum hält Mütter und vor allem Väter davon ab, frühzeitig nach Unterstützung zu suchen. Dabei ist häufig gerade der Versuch, dem allgemeinen Modell von Familie zu entsprechen, die Ursache für viele Schwierigkeiten und Nöte, mit denen Eltern und Kinder zu kämpfen haben.

Die Familie, vor allem die Eltern, werden in allen psychologischen Entwicklungstheorien als der wichtigste Einflussfaktor auf die psychische, soziale und physische Entwicklung des Kindes anerkannt.

Das Sozialgesetzbuch (SGB VIII) trägt dem Rechnung und hat den Rechtsanspruch für Eltern auf kurative und präventive Hilfe in §§16, 27 SGB VIII festgelegt. Eltern- und Familienbildung sollen die Erziehungskompetenz der Eltern verbessern und dadurch die gesunde Entwicklung von Kindern unterstützen.

4.2 Geschichtliche Entwicklung von Elternarbeit im heilpädagogischen Kontext

Ob Menschen, die begleitet werden, intentional nach den Entwürfen von Expert:innen geformt werden sollen – oder ob Fachkräfte darauf vertrauen, dass Personen durch offene und wertschätzende Begegnung gestärkt und ermutigt werden, ihre Ressourcen und Fähigkeiten entdecken und selbstverantwortlich ihre eigenen Antworten finden können, ist eine grundsätzliche Entscheidung. Die Art und Weise, wie Fachkräfte Familien begleiten, ist somit zuerst die Frage nach deren eigener Wahrnehmung, dem Menschenbild, den Einstellungen, Werten und Normen, die selbstreflexiv und wissenschaftlich fundiert beantwortet werden muss, um das berufliche Handeln zu legitimieren.

Paul Moor weist in seinen Veröffentlichungen bereits 1960 auf die Notwendigkeit der Elternarbeit im heilpädagogischen Kontext hin:
„Wir haben nie nur das entwicklungsgehemmte Kind als solches zu erziehen, sondern immer auch seine Umgebung“ (Moor 1960, zit. n. Haeberlin 1988, S. 23). Der Sinn der Elternarbeit wird zunächst primär darin gesehen, professionelles Wissen und Können soweit als möglich auf die Eltern zu transferieren, um sie in die Lage zu versetzen, förderlich für ihr Kind handeln zu können.

Im Laufe der letzten 40 Jahre haben sich unterschiedliche Konzepte von Elternarbeit entwickelt. Otto Speck bezeichnet diese als „Laienmodell“, „Ko-Therapeuten-Modell“ und „Kooperations-Modell“. In diesen Kennzeichnungen spiegelt sich das Verhältnis von Eltern und pädagogischen Spezialisten wider. Beim Laienmodell handelt es sich um einen naiven Belehrungsansatz; Grundlage für das Ko-Therapeuten-Modell liefert das Theoriesystem der Verhaltensmodifikation.

Bei beiden Ansätzen stehen objektive gesellschaftliche Qualifikationsansprüche im Vordergrund. Die Frage, wie weit die Eltern aufgrund ihrer eigenen Situation überhaupt in der Lage sind, professionelles Wissen und Können einfach zu übernehmen, wird noch zu wenig gestellt.

Auch war noch nicht so stark im Bewusstsein, dass Eltern eigentlich eine ureigene und uneinholbare Schlüsselrolle für die Entwicklung ihres Kindes zukommt. Aus einer erwachsenenpädagogischen Perspektive betrachtet entsprechen beide Modelle erzeugungsdidaktischen Ansätzen mit der Vorstellung, Lehre (bzw. Beratung) erzeuge automatisch Lernen und ein verändertes elterliches Verhalten. Wenn dem nicht so ist, wird allzu schnell vom „Desinteresse“ der Eltern oder sogar von deren „Therapieresistenz“ gesprochen.

Nicht zuletzt wegen des Protests der Eltern gegen diese Bevormundung vonseiten der Fachkräfte bildete sich vor allem im Bereich der Frühförderung der Ansatz einer partnerschaftlichen Zusammenarbeit mit den Eltern (Kooperations-Modell) aus. Dieser versteht sich

„als eine gegenseitige Ergänzung zweier aufeinander angewiesener Größen, also als ein komplementäres Verhältnis autonomer Instanzen und Personen mit unterschiedlichen Kompetenzen unter gegenseitiger Respektierung der Eigenbedeutung jeder Seite“ (Speck/Warnke 1989, zit. n. Speck 2003, S. 91).

Heute existiert auf dem Bildungsmarkt ein vielfältiges Angebot an Elternkursen und Elterntrainings zur Förderung der elterlichen Erziehungskompetenz. Jungbauer (2022) stellt aus familienpsychologischer Sicht exemplarisch vier Elternbildungsprogramme vor (PEKiP; PET; Triple P; Starke Eltern – starke Kinder) und listet für einen ersten Überblick eine Reihe weiterer Trainingsprogramme auf, die entweder für alle Eltern oder für bestimmte Elterngruppen geeignet sein sollen. Diese Programme stoßen vornehmlich bei Eltern mit höheren Bildungsabschlüssen auf Resonanz. Zeitlich begrenzte, didaktisch vorgefertigte Kurssettings sind in ihrer Auswirkung auf die Einstellungen und das elterliche Verhalten jedoch eher begrenzt, wie frühere Untersuchungen gezeigt haben (vgl. Tschöpe-Scheffler 2003). Je formaler Lernangebote gestaltet sind, umso mehr können sie, vor allem bei Eltern aus sog. bildungsbenachteiligten Familien, Erinnerung an Leistungsdruck, Stress, Versagensängste oder tatsächliches Versagen und Beschämung wachrufen (vgl. Brodowski 2012, S. 441, zit. n. Tschöpe-Scheffler 2014, S. 21). Gut gestaltete Begegnungen und Kontakte zwischen Fachkräften und Eltern sind in allen Settings die Basis, die Bildungs- und Erfahrungsräume schafft, in welchen neues Denken, Handeln und neue Problemlösestrategien erprobt werden können. Dies geht mit spezifischen Aufgaben für die pädagogischen Fachkräfte einher.

Heute gibt es unterschiedliche praktische Ansätze in der Zusammenarbeit mit Eltern. Nach wie vor gibt es eine Elternarbeit mit einer stärkeren Gewichtung der Fachkompetenz, „Compliance" (übersetzt: „Befolgung", „Einhaltung", „Nachgiebigkeit") genannt, und Elterntrainings. Otto Speck beurteilt derartige einseitige Vorstellungen von Elternarbeit unter fachlichem Aspekt als unzulänglich und kritisiert:

> „Wenn Fachkräfte versuchen, bestimmte Eigenschaften und Verhaltensweisen der Eltern transitiv zu verändern und ihren fachlichen Intentionen anzupassen, stellt sich die Frage, ob derartige Interventionen, die viel mit Instrumentalisierung zu tun haben, tatsächlich den Kern des Problems bei den Eltern erreichen, handelt es sich doch dabei im Allgemeinen um ganze Komplexe von Bedingtheiten, wie emotionale Stabilität, Belastbarkeit oder Leidensfähigkeit und um verschiedenst bedingte Motivationen, persönliche Interessen und Grundeinstellungen zum Leben und zur eigenen Situation u.ä. mehr" (Speck 2003, S. 92).

Auch Rolf Arnold weist darauf hin, dass einzelne Erziehungsmaßnahmen der inneren Logik der Erziehenden entspringen. Dass Eltern gerade so und nicht anders denken, wahrnehmen, fühlen und handeln, hängt wesentlich mit für sie typischen, häufig nicht bewussten Deutungs- und Emotionsmustern zusammen. So ist es notwendig, dass Eltern ihre eigenen Kindheitsprägungen erkennen, um nicht die eigenen (begrenzten) „seelischen Möglichkeiten" an ihre Kinder weiterzugeben (vgl. Arnold 2006, S. 16).

Die didaktischen Grundlagen der Erwachsenenpädagogik sind deshalb gut dafür geeignet, einen Schwerpunkt heilpädagogischer Elternarbeit als Bildungsangebot konzeptionell zu begründen und zu reflektieren. Geht es doch in der Zusammenarbeit mit Eltern i. d. R. um die Gestaltung und Ermöglichung von Lehr- und Lernprozessen mit dem Ziel der Erweiterung der pädagogischen Handlungskompetenz und nicht in erster Linie um therapeutische Prozesse.

Im Folgenden wird die praktische Elternarbeit in der Heilpädagogischen Ambulanz der Fachschule für Heilpädagogik in Ravensburg vorgestellt und dann vor dem Hintergrund verschiedener Aspekte erwachsenenpädagogischer Didaktik reflektiert.

4.3 Praxis der heilpädagogischen Elternarbeit

4.3.1 Beschreibung der Rahmenbedingungen

Das Konzept umfasst neben der heilpädagogischen Begleitung des Kindes auch Beratung für die Eltern. Ein Elternteil ist i. d. R. an allen Angeboten für das Kind beteiligt, hat dabei aber die Rolle des Beobachters. Im Anschluss an die Arbeit mit den Kindern findet ein Gruppengespräch statt. Daran beteiligt sind etwa fünf Eltern, die Studierenden, die jeweils mit einem Kind arbeiten und ein:e für die Ausbildung verantwortliche:r Heilpädagoge oder Heilpädagogin als Gesprächsleitung. In das Gespräch bringen die Eltern ihre Themen ein, die moderiert und weiter entwickelt werden. Das Themenspektrum erstreckt sich über Fragen, die im Zusammenhang mit der heilpädagogischen Arbeit mit dem Kind entstanden sind, über aktuelle Alltagsprobleme bis hin zu Lebensängsten und Sinnkrisen.

Die Teilnahme am Gruppengespräch ist für die Eltern freiwillig. Die Eltern bestimmen selbst den Zeitpunkt, ab dem sie sich die Bewältigung ihrer Erziehungsaufgabe ohne Unterstützung wieder zutrauen. Die durchschnittliche Verweildauer in der Gruppe beträgt etwa 18 Monate. Als Schwerpunkte der Arbeit mit den Eltern können Bildung, Beratung und Training benannt werden. In der Praxis gehen diese ineinander über und können nicht scharf voneinander getrennt werden. Sie schaffen Lernanlässe und regen Lernprozesse an.

Im Folgenden wird beschreiben, wie sich die Situation der Eltern in Erziehungskrisen, unabhängig von sozialem Milieu, Lebensstandard und Bildung, immer wieder darstellt. Viele dieser Erfahrungen werden auch in der Fachliteratur so bestätigt. Bei aller Gemeinsamkeit im Erleben und Empfinden der Eltern ist es jedoch wichtig, darauf hinzuweisen, dass sich jede erzieherische Wirklichkeit gleichzeitig einzigartig und unvergleichlich darstellt und sehr personal – manchmal auch einsam - erlebt, ertragen und bewältigt werden muss.

4.3.2 Erziehungskrisen sind Sinnkrisen

Eltern wollen i. d. R. gute Eltern sein. Sie haben Vorstellungen, Hoffnungen und Wünsche bezüglich der Zukunft ihres Kindes. Sie wollen, dass es zu einer glücklichen, selbständigen, einfühlsamen und erfolgreichen Persönlichkeit heranwächst, die mit sich selbst und dem Leben zurechtkommt. Oft wären sie selbst gerne Ursache des Erfolgs, um durch ihre Erziehungsleistungen ihren eigenen Lebenssinn sicherzustellen. Die basale Bezogenheit zwischen Eltern und Kind kann jedoch durch unterschiedlichste individuelle und systemische Bedingungen schon früh nachhaltig beeinträchtigt werden.

Gerade Eltern, die „alles besser machen wollten“, scheitern nicht selten an der Vision eines konfliktfreien erzieherischen Idylls und an ihren hohen Ansprüchen und Erwartungen an die eigene elterliche Kompetenz.

„Erziehung wirkt, aber man kann sie nicht bewirken“ (Arnold 2007, S. 16). Diese Aussage von Rolf Arnold wird für viele Eltern, die sich mit ihrer Erziehungsaufgabe überfordert fühlen, in zweifacher Hinsicht zur leidvollen Realität: Einerseits sind Väter und Mütter konfrontiert mit dem Gefühl der Ohnmacht, bei der Erziehung des eigenen Kindes nichts oder nur wenig – vielleicht sogar Unbeabsichtigtes – bewirken zu können, andererseits entfalten die eigenen, oft unbewussten Kindheits- und Emotionsmuster gerade in Krisensituationen wieder ihre volle Wirkung.

Eine schwache Selbststruktur, die Notwendigkeit von anderen bestätigt zu werden, tief verwurzelte Verlust- und Versagensängste und mangelnde Selbstwirksamkeitsüberzeugung führen häufig zu dem Bedürfnis nach absoluter Kontrolle der erzieherischen Situation. Das elterliche Zutrauen in die eigenen Möglichkeiten und die Möglichkeiten des Kindes weichen einer ängstlichen

Besorgtheit im Hinblick auf dessen Entwicklung und Zukunftschancen sowie der Zukunft der Familie. Häufig herrscht in der Familie eine entmutigende Grundstimmung, welche es Eltern wie Kindern schwer macht, sich mit Herausforderungen und Problemen konstruktiv auseinanderzusetzen und diese zu lösen. Beck et al. (1987) benennen drei Aspekte in Familien, die eine konstruktive Problembewältigung erschweren. Diese sind:

1. Das Unterschätzen der Stärken,
2. das Überbetonen der Fehler,
3. die Entwicklung einer Katastrophenstimmung (vgl. Beck et al. 1987, zit. n. Conen 2006, S. 31).

Eltern erleben sich als gescheitert. Oft haben sie das Gefühl, nur das Beste für das Kind gewollt, ihm alles gegeben und doch versagt zu haben. Die Wahrnehmung engt sich immer mehr ein und richtet ihren Fokus auf die Schwächen des jeweils anderen. Die positiven Seiten der Eltern-Kind-Beziehung geraten aus dem Blick. Kinder und Eltern stehen einander mit Gefühlen der Hilflosigkeit und Verzweiflung, der Trauer, Wut und manchmal auch der Verachtung gegenüber. Enttäuschte Erwartungen und gegenseitige Schuldzuweisungen sind die Folge. Nicht selten kommt es aufseiten der Eltern zu einem Wechselspiel zwischen einem extrem nachsichtig und gewährenden und extrem fordernden, mitunter sogar gewalttätigen Erziehungsverhalten. Eltern fühlen sich schuldig, weil sie keine guten Eltern sind. Kinder fühlen sich schuldig, weil sie den elterlichen Erwartungen nicht entsprechen. Eltern fragen sich „warum sie sich das nur angetan haben“. Worin sollen sie auch einen Sinn sehen, wenn sie Angst haben, sich zu verlieren in der Last und Mühe der Erziehung? Fragen nach dem Sinn des künftigen Lebens drängen sich in den Vordergrund. Die weitere Lebensgestaltung erscheint als hoch belastet und schwierig.

Dennoch neigen Eltern, die in extrem schwierigen Erziehungssituationen stehen, häufig dazu, die momentane Situation zu belassen. Veränderungen werden aus Angst, die Kontrolle über das eigene Leben noch mehr zu verlieren, nicht zugelassen. Der Hirnforscher Gerhard Roth verweist darauf, dass das Festhalten am Gewohnten eine starke Belohnung in sich trägt, auch wenn eine Veränderung des Verhaltens durchaus Vorteile mit sich bringen würde:

„Das Gehirn trachtet immer danach, Dinge zu automatisieren, Gewohnheiten auszubilden, und es besetzt dies mit deutlichen Lustgefühlen. Am Bewährten festzuhalten, vermittelt das Gefühl der Sicherheit, Geborgenheit und Kompetenz und reduziert die Furcht vor der Zukunft und vor dem Versagen“ (Roth 2007, S. 258).

Häufig können die Betroffenen nur im Vertrauen auf Halt und Orientierung gebende Begleitung alte Gewohnheiten und Sicherheiten aufgeben und neue Sichtweisen und neue Wege wagen. Damit sie sich auf einen Veränderungsprozess einlassen, brauchen sie den Raum, ihre Gedanken äußern zu können, die Hoffnung, erneut mit ihren eigenen Ideen und (Lebens-)Zielen in Verbindung zu kommen, damit sie ihre Erziehungsaufgabe wieder zufriedenstellender bewältigen können.

4.3.3 Ziele und Inhalte heilpädagogischer Elternarbeit

Heilpädagogische Elternarbeit ist ein prozesshaftes Geschehen, welches mit jedem tieferen Verstehen der Erziehungssituation und der an ihr beteiligten Personen neue Zielfragen aufwirft. Dieser andauernde Wechsel in der Indikation, Zielsetzung und Auswahl von adäquaten Inhalten bringt mit sich, dass Elternarbeit ständiger Reflexion und gegebenenfalls neuer Gestaltung bedarf.

Die Sicherung bzw. Herstellung günstiger Entwicklungsbedingungen für das Kind ist zentrales Ziel unserer Arbeit. Ein wesentliches Thema in diesem Zusammenhang ist die Selbstannahme der Eltern und die Annahme der Elternschaft. Der Erziehungsprozess kann erschwert, wenn nicht gar blockiert werden, wenn die Frage der Bejahung der Elternschaft nicht geklärt ist. Der Aufbau einer sicheren Eltern-Kind-Beziehung scheint nicht möglich, solange ein Elternteil nicht bejahen kann, dass er/sie dieses Kind, welches als „behindert“ oder „gestört“ gilt, gezeugt bzw. geboren hat. Mit der Bejahung der Elternschaft geht einher, dass Eltern ihre Rolle als Vater und Mutter, die damit verbundene Verantwortung und letztlich auch das Kind bejahen lernen.

Eltern suchen sich zunächst nicht Unterstützung in der Erwartung, ihre Lebenserfahrungen und Lebensentwürfe zu reflektieren. Sie erwarten sich vielmehr Hilfe im Umgang mit dem Kind; tendenziell auch Unterstützung im „Kampf“ gegen das Kind – gegen seine Widerspenstigkeit, gegen seine Aggressivität, gegen seine Antriebslosigkeit und vieles mehr.

Die zermürbenden, alltäglichen Konflikte lassen Eltern häufig übersehen, dass nicht nur sie ein Problem mit ihrem Kind haben, sondern dass wahrscheinlich auch das Kind ein Problem mit ihnen hat. Bereits im Verlauf des Erstkontakts ist es deshalb notwendig, Eltern darauf hinzuweisen, dass eine Lösung der erzieherischen Fragestellung voraussetzt, dass die Faktoren und Einflüsse, die zur Entstehung und Aufrechterhaltung der jetzigen Situation geführt haben, erkannt werden und dass es notwendig sein wird, die Welt auch aus der Perspektive des Kindes zu betrachten.

„Aufklärung, verantwortete Schuld und die Wiederentdeckung der Freude am Kind“ (Figdor 1999, S. 32) – so überschreibt Helmut Figdor einen Artikel über die Grundprinzipien psychoanalytisch-pädagogischer Erziehungsberatung – eine Zielorientierung, welche vergleichbar ist mit unseren Vorstellungen für die Praxis, die aber auch unter erwachsenenpädagogischen Gesichtspunkten von Bedeutung sein kann.

Verglichen mit dem Deutungsmusteransatz von Arnold (vgl. Arnold 2003, S. 65), gehen „Aufklärung“ und „verantwortete Schuld“ einher mit dem Erkennen und der Erweiterung von elterlichen Deutungsmustern. Die „(Wieder)Entdeckung der Freude am Kind“ ist Folge von erweiterten Sichtweisen und Sinndeutungen. Diese können schließlich auch zu einer veränderten elterlichen Identität, zur Bejahung der Elternschaft und zu einem konstruktiveren Verhalten gegenüber dem Kind führen.

4.3.3.1 Erkennen und Erweitern von Deutungsmustern

Der Deutungsmusteransatz basiert auf der kognitionstheoretischen Annahme, dass die soziale Wirklichkeit erst durch individuelle Deutung bzw. Sinnzuschreibung entsteht. Das individuelle Bewusstsein von Menschen, die Wahrnehmung der Realität und die Möglichkeiten der Problemlösung sind nach bestimmten „Mustern“ strukturiert. Diese Deutungsmuster sind biografisch und sozial verankert, sind Bestandteil der menschlichen Identität und bieten Orientierungshilfe für unser Alltagshandeln (vgl. Siebert 2006, S. 113).

Arnold unterscheidet zwischen „übergreifenden Basisdeutungen“, die eher latent wirksam sind und sich am nachhaltigsten Veränderungen widersetzen, und „Deutungen mit Oberflächencharakter“. Diese werden wesentlich bereitwilliger in Lernprozessen „aufgegeben“, weiterentwickelt und angepasst (vgl. Arnold 2003, S. 62).

Deutungen mit Oberflächencharakter können relativ schnell erweitert werden, wenn z. B. das Fehlen gesicherter psychologischer oder pädagogischer Erklärungen die Ursache für die Verunsicherung der Eltern und das daraus resultierende erzieheische Handeln ist. Sobald Eltern mit anderen als den gewohnten Sichtweisen vertraut werden, ihnen alternative plausible und glaubhafte Erklärungen zur Verfügung stehen, können diese Deutungen aufgegeben, weiterentwickelt und angepasst werden. Der Weg des erweiterten Deutungslernens führt in unseren Elterngruppen über methodische Schritte wie

- das Erzählen des Alltags der Familie oder der Geschichte des Kindes/der Familie;
- Perspektivenwechsel („Stellen Sie sich die Situation aus der Sicht des Kindes vor");
- Umdeutungen: dem Erlebten einen anderen, positiven Rahmen geben;
- Information über Entwicklungsaufgaben und grundlegende Bedürfnisse von Kindern und Jugendlichen;
- Fantasien und Hypothesen über Motive und Absichten des Kindes und anderes.

Weitaus komplexer und schwieriger gestaltet sich die Aufklärung der „übergreifenden Basisdeutungen". Gerade weil die Wahrnehmungsmodi und Einstellungen eher latent wirksam sind, üben sie eine enorme Macht über die erzieherische Praxis aus.

Figdor spricht in diesem Zusammenhang von der „Aufklärung der pädagogischen Geister" (Figdor 1999, S. 43). Diese decken sich weitgehend mit den Befürchtungen und Ängsten, die in unseren Elterngruppen thematisiert werden. Er benennt

- die „Schuld- und Schamgeister" („Wenn mein Kind Probleme hat, dann heißt das, dass ich als Vater oder Mutter versagthabe.");
- die Triebversagungs-Geister („Wenn es meinem Kind schlecht geht, muss ich Beruf und Karriere vergessen und darf nur noch Mutter sein.");
- die Desillusionierungs-Geister („Wenn sich mein Kind schon mit sieben Jahren so verhält, landet es einmal im Gefängnis.");
- die Spott-Geister, die diagnostische Befunde zu einer Frage von Sieg und Niederlage machen („Hat also meine Mutter doch recht gehabt ...!");
- die Indikations-Geister („Erziehungsberatung brauchen nur unfähige Eltern ...!"), (vgl. ebd., S. 43 f.).

Vor dem Hintergrund unserer praktischen Erfahrungen können diese „Geister" noch ergänzt werden durch die „Erblast-Geister" („Mein Kind wird einmal genauso wie mein Vater!" oder „… wie sein Vater!").

Die Annäherung an diese „pädagogischen Geister" kann geschehen, wenn die emotionalen elterlichen Reaktionen und das Handeln im Hinblick auf das kindliche Verhalten zur Sprache gebracht werden. Dies umfasst die Frage nach der eigenen Geschichte, wie auch die Thematisierung von Einstellungen, Ängsten, Zukunftsvorstellungen und vieles mehr. Die Auseinandersetzung mit der eigenen Biografie erscheint vielen Eltern zunächst als eine unangenehme Konfrontation mit erlittenen Kränkungen. Erinnern ist in diesem Zusammenhang häufig ein schmerzlicher Prozess, jedoch auch

Voraussetzung dafür, dass Eltern zu veränderten Gefühlen gegenüber ihrem Kind bzw. seinem Handeln und zu einem veränderten, authentischen und selbstbestimmten Verhalten kommen können.

4.3.3.2 Übernahme von verantworteter Schuld

Die Klärung von Interessenkonflikten zwischen Eltern und Kind, Konflikte um Grenzen und Verpflichtungen, das Einfordern von Bedürfnisaufschub und anderes sind zentrale erzieherische Aufgaben und keine Nebenschauplätze des pädagogischen Alltags. Dennoch haben viele Eltern angesichts der augenblicklichen Enttäuschung, dem Protest und dem Widerstand, den sie beim Kind auslösen, mit Schuldgefühlen zu kämpfen, weil sie meinen, in ihrer Rolle als Eltern versagt zu haben. Unzufriedenheit und Grenzverletzungen des Kindes werden in der Folge als gegen sie persönlich gerichtete Aggression erlebt, auf die sie ihrerseits wieder mit Fassungslosigkeit, Wut oder Ähnlichem reagieren.

Helmut Figdor beschreibt, dass Mütter (sicher auch Väter), um ihre eigenen Schuldgefühle abzuwehren, diese auf das Kind projizieren, welches dann für das Scheitern der pädagogischen Idee vom konfliktfreien Zusammenleben verantwortlich gemacht wird. Allerdings sind diese Abwehrleistungen relativ schwach, sodass die Schuldgefühle immer wieder auf die Mutter zurückfallen.

Bei Müttern, die ihr Kind prinzipiell lieben können, ist für die Entlastung von Schuldgefühlen kein „kompliziertes (therapeutisch-) psychoanalytisches Setting“ (Figdor 1999, S. 47) notwendig. Vielmehr geht es um die Auseinandersetzung mit den eigenen Deutungsmustern und deren Erweiterung in dem Sinne, dass Erziehung ohne Triebeinschränkung und Frustration nicht auskommen kann und „dass eine Mutter also niemals perfekt, sondern bestenfalls ‚good enough‘ (Winnicott) zu sein vermag“ (ebd.). Die Fähigkeit, die mit dieser Haltung einhergeht, benennt Figdor die Übernahme von „verantworteter Schuld“. Sie ermöglicht Eltern, sich gegen die Bedürfnisse des Kindes, welches man liebt, auch einmal „grausam“ zu verhalten, ohne Angst zu haben, die Liebe des Kindes zu verlieren.

Durch die Haltung der verantworteten Schuld können Eltern sich mit ihrem Kind identifizieren und Verständnis für seine Emotionen, Verhaltensweisen und Reaktionen entwickeln – auch in Konfliktsituationen. Interessenkonflikte eskalieren vor diesem Hintergrund nicht zu Beziehungskonflikten in der Art, dass die Erfüllung der kindlichen Bedürfnisse nun zum Indiz für die Liebe der Mutter bzw. des Vaters gehalten wird (vgl. Figdor 1999, S. 48 ff.). Eltern lernen die erzieherische Situation anders einzuschätzen, die freigesetzten Gefühle und Affekte schneller zu erfassen und demzufolge auch sachbezogener zu handeln. Letztlich ist die Haltung der verantworteten Schuld Voraussetzung für die Entdeckung der Freude am Kind.

4.3.3.3 Wiederentdeckung der Freude am Kind

Verena Kast beschreibt Freude als Gefühl eines selbstverständlichen Selbstvertrauens. Man fühlt sich kompetent im Umgang mit Schwierigkeiten und dem Leben gewachsen. Wir freuen uns oder sind zur Freude fähig, wenn unser Leben stimmig ist (vgl. Kast 1996).

„Freude und Erinnerung haben viel miteinander zu tun. Aber die aktuelle Wahrnehmung der Situation ist das Entscheidende, um glückliche Situationen als solche zu erkennen und in der Erinnerung zu platzieren" (Gieseke 2007, S. 61).

Insofern ist es von Bedeutung, dass die Wahrnehmung der Eltern auf die gelungenen erzieherischen Situationen gerichtet werden kann. Dies verlangt eine Orientierung an den Ressourcen und Stärken von Eltern und Kind und nicht ein Verweilen in Problembeschreibungen. Der Einsatz einer Videokamera ist eine hervorragende Möglichkeit, den Eltern gelungene Kontakte zwischen ihnen und dem Kind buchstäblich vor Augen zu führen.

Freude ist eine Emotion, die den Menschen für Kontakte öffnet, für die Wechselseitigkeit von Beziehungen – vielleicht auch für die Einmaligkeit und Individualität des eigenen Kindes mit all seinen typischen Verhaltens- und Reaktionsweisen. Freude kann sich einstellen, sie ist aber nicht machbar. Der Zuwachs an Wissen, das Wahrnehmen der positiven kindlichen Initiativen, die Erfahrung, das Kind besser zu verstehen, mit ihm wieder in Beziehung zu stehen und sich selbst als kompetent handelnd zu erleben – Bildungsprozesse also – ermöglichen jedoch, die Wirklichkeit differenzierter und vielleicht auch neu zu sehen und sich besser in ihr zu fühlen.

4.4 Didaktische Aspekte der heilpädagogischen Elternbildung

4.1.1 Der Bildungsbegriff in der Erwachsenenbildung

Bildung in der Tradition der Aufklärung erfordert die Bereitschaft, „sich seines eigenen Verstandes zu bedienen" (Kant). Sie erfolgt „mit dem Kopf", erfordert also Denken, Wissen, kritische Urteilsfähigkeit etc. (vgl. Siebert 2006, S. 144).

Der Deutsche Ausschuss für Erwachsenenbildung definiert 1960 einen Bildungsbegriff, der dieser Tradition verpflichtet ist und zugleich den Anforderungen einer modernen Industriegesellschaft gerecht werden soll:

„Gebildet im Sinne der Erwachsenenbildung wird jeder, der in einem ständigen Bemühen lebt, sich selbst, die Gesellschaft und die Welt zu verstehen und diesem Verständnis gemäß zu handeln" (Dt. Ausschuss 1960, zit. n. Siebert 2006, S. 76).

Bildung erschien lange Zeit als Synonym für Rationalität und Wissen sowie die Bekämpfung der Irrationalität. Emotionen waren ein gesellschaftlich abgewerteter Aspekt, sie wurden als Ausdruck fehl gelaufener Sozialisation oder als Aspekt von Krankheit gesehen und dem Bereich der Therapie zugewiesen.

Durch die Ergebnisse der neurobiologischen Forschung und die Rezeption konstruktivistischer Erkenntnistheorien in die Erwachsenenbildungswissenschaft geraten Emotionen als Bedingungsfaktor für das Lernen und für Bildungsprozesse ins allgemeine Bewusstsein (vgl. Gieseke 2007, S. 47).

„Erst mit dem Bedürfnis, die anderen zu verstehen, die anderen zu lieben – übrigens der einzige Weg sich zu lieben und zu verstehen – beginnt Bildung" (Gieseke 2007, S. 54).

Darüber hinaus werden Emotionen selbst zum Bildungsinhalt. Emotionales Lernen soll den Menschen befähigen, seine eigenen Deutungs- und Gefühlsmuster reflexiv zu erkennen, um emotional gewandt zu werden (vgl. Arnold 2003, S. 102).

Diese Vorstellung von Bildung trifft einen wesentlichen Kern heilpädagogischer Elternarbeit, wenn Heilpädagog:innen nicht ausschließlich das Kind zentral in den Mittelpunkt stellen und von da aus überlegen, welche Ressourcen Eltern noch zur Verfügung haben, um die kindliche Entwicklung besser zu unterstützen. Wie kommen Eltern zu sich selbst? Wie können sie sich selbst verstehen? Wie können sie Einblick gewinnen in ihre Wahrnehmungsmuster, Deutungsmuster und emotionalen Grundmuster? All das sind Fragen, die auch im Kontext heilpädagogischer Elternarbeit nicht nur gestellt werden dürfen, ohne sich verdächtig zu machen, den eigenen pädagogischen Zuständigkeitsbereich zu überschreiten. Es sind Fragen, die gestellt werden müssen!

Allerdings darf es in der heilpädagogischen Elternarbeit nicht nur um die Deutungen und Wirklichkeitskonstruktionen der Eltern gehen, sondern auch um die des Kindes. Gemäß einer weiteren heilpädagogischen

Aufgabenstellung von Paul Moor „Wir müssen das Kind verstehen, bevor wir es erziehen ...!" (Moor 1960, zit. n. Haeberlin 1988, S. 23) muss der „Eigen-Sinn" des kindlichen Handelns erkannt werden, bevor versucht wird, dieses an allgemeingültige Erwartungen anzupassen.

Grundsätzlich muss davon ausgegangen werden, dass jedes Kind mit seinem Verhalten ein für sich selbst positives Ziel erreichen will, auch wenn Erwachsene dies nicht immer positiv bewerten, erkennen und anerkennen. Da diese Ziele aber i. d. R. nicht über verbale Kommunikation vermittelt werden können, sind Erziehungsprobleme häufig eine Folge kumulierender Missverständnisse. Generelle Informationen über die Entwicklung von Kindern oder die Auswirkungen funktionaler Beeinträchtigungen eröffnen Eltern die Chance, das kindliche Handeln differenzierter zu betrachten und die Erziehungssituation anders zu erleben. Um den Sinn des kindlichen Handelns nachvollziehen zu können, sind Interpretationen und Annahmen im Sinne einer „stellvertretenden Deutung" (Schmitz 2003, zit. n. Arnold 2003, S. 30) ein guter Weg. Dies erfordert von Heilpädagog:innen eine kritische Selbstreflexion, welche verhindert, dass die eigenen Deutungsmuster den Eltern aufgedrängt werden. Entwicklungs- und sozialpsychologisches, heilpädagogisches oder medizinisches Wissen ermöglichen, dass die aktuellen Schwierigkeiten und biografischen Erfahrungen der Eltern und des Kindes nicht nur zur Sprache gebracht werden, sondern dass Eltern durch den Zuwachs an Erklärungsmöglichkeiten ihr Kind auch besser verstehen können. Das Gefühl, das eigene Kind nicht verstehen zu können, weckt bei Eltern (und Kindern) nicht nur Ängste und Verunsicherung, sondern wird auch als sehr leidvoll erlebt. Erst über das Verstehen lassen sich neue Erfahrungs- und alternative Handlungsmöglichkeiten erschließen.

Allerdings können diese Lernprozesse Eltern nur ermöglicht, nicht aber technokratisch erzeugt werden.

4.4.2 Grundlagen einer Ermöglichungsdidaktik

Arnold und Schüßler beschreiben in ihrem Konzept der Ermöglichungsdidaktik (2020) ein systemisches Bild vom Lernen. Sie integrieren darin konstruktivistische Sichtweisen und rücken die Ermöglichungsstruktur von Lehr-Lernprozessen in den Blick:

„Lernen stellt sich nach dieser Sichtweise nicht als lineares Ergebnis von Lehre, Unterweisung oder Training dar, sondern als ein Aneignungsprozess, der mehr von den subjektiven Wirklichkeitskonstruktionen der Beteiligten, dem situativen Kontext und dem sozialen Umfeld beeinflusst wird. Mit dem Begriff der Ermöglichungsdidaktik wird ein Verständnis des Lehr-Lernprozesses charakterisiert, das um die Konstruktivität und Eigendynamik sowie die begrenzte Machbarkeit von Lernergebnissen weiß" (Arnold/Schüßler 2020, S. 2).

Bezogen auf die heilpädagogische Praxis heißt das: Die Wirklichkeit der Elternarbeit geschieht und gestaltet sich immer wieder einzigartig im Austausch zwischen Heilpädagog:innen und Eltern. Dieser Gestaltungsprozess ist vielmehr durch die Möglichkeiten, Motive, Ziele und Bedeutungszuschreibung aller Beteiligten bedingt, als durch den Input, der vonseiten der Fachkraft geleistet wird. Die Wirkung heilpädagogischer Elternarbeit ist demzufolge prinzipiell nicht sicher, sondern davon abhängig, ob das Angebot und die Erfahrungen, die Eltern in diesem Rahmen machen, an deren Lebenswelt anschlussfähig sind. Erst unter dieser Voraussetzung ist es möglich, dass die Familie selbst Antworten und Lösungen für ihre Fragen und Probleme findet oder aufgezeigte Handlungsprinzipien umsetzen kann.

Sich an ermöglichungsdidaktischen Prinzipien zu orientieren, erfordert von Fachkräften, dass sie sich vorurteilsfrei auf die Lebenswelt der Familie einlassen, ressourcenorientiert wahrnehmen, denken und handeln und der Entwicklungsfähigkeit der Familie vertrauen können. Die ungewissen Wirkungen des eigenen Handelns auszuhalten, stellt nicht nur Eltern, sondern auch Pädagog:innen immer wieder vor Herausforderungen – vor allem dann, wenn eine schnelle Veränderung der erzieherischen Situation herbeigesehnt wird.

4.4.3 Das Prinzip der Teilnehmerorientierung

Der Begriff der Teilnehmerorientierung als Leitprinzip der Erwachsenenbildung hat eine lange Tradition. Prinzipiell geht es darum, eine Passung zwischen den Voraussetzungen, Erwartungen und Bildungsbedürfnissen der Teilnehmenden und dem erwachsenenpädagogischen Angebot herzustellen.

Teilnehmerorientierung als Prinzip didaktischen Handelns erfordert, dass Lehrende sich ihre Bilder und Vorstellungen von den Teilnehmenden bewusst machen. Diese Bilder haben immer den Charakter von Konstruktionen. „Der/die Teilnehmer:in" ist eine „fiktive Person", die es „in Wirklichkeit" nicht gibt. Wilhelm Mader unterscheidet vier mögliche Konstruktionen, welche die inhaltliche Arbeit prägen:

- Der/die Teilnehmende als Lernende:r,
- der Teilnehmer, der sich seiner selbst und seiner psychosozialen Situation bewusst ist,
- die Teilnehmerin als Person, die in personaler Subjektivität ihr Leben und ihre Geschichte gestaltet,

- und der Teilnehmer, der sich in der Interaktion und Kommunikation mit seiner Umwelt konkretisiert und Teil eines komplexen Systems ist (vgl. Siebert 2006, S. 99 f.).

Wie beschrieben, wird im heilpädagogischen Selbstverständnis vor allem der Begriff der Person zur Leitidee, die Motiv, Anspruch und Sinn heilpädagogischer Bemühungen in sich fassen kann.

Erwachsenenbildung, die den oder die Teilnehmer:in in diesem Sinne als Person versteht, definiert auch gleichzeitig die Grenzen der Teilnehmerorientierung: Der Mensch kann und soll niemals, in keinem Lebenszustand, restlos erklärt werden. Teilnehmerorientierung im heilpädagogischen Kontext muss über das, was gemeinhin als „Verstehen" bezeichnet wird, hinausgehen. Teilnehmerorientierung schließt alles Nichtverstehbare, welches in der Arbeit mit Menschen in schwierigen Lebenssituationen häufig so große Mühe macht, mit ein. Teilnehmerorientierung heißt letztlich aber auch, angesichts ungelöster Probleme und Fehler der Eltern auf Schuldzuweisungen zu verzichten.

4.4.4 Die Notwendigkeit des reflexiven Lernens

Erwachsenenbildung hat biografische und identitätsfördernde Funktion. Es geht u. a. um Krisenbewältigung und um das Ermöglichen von neuen Sinndeutungen. Dies sind Aufgaben und Ziele, die im Rahmen heilpädagogischer Elternarbeit von großer Bedeutung sind.

Die Auseinandersetzung mit den eigenen biografisch verankerten Emotions- und Deutungsmustern, welche die Konstruktion von „viableren" – passenderen Sichtweisen zum Ziel hat, ist notwendiger Inhalt einer heilpädagogischen Elternarbeit bzw. Elternbildung, die für sich die Unterstützung von Eltern bei der Bewältigung von Erziehungs- und Sinnkrisen beansprucht. Dies erfordert tiefgreifende Lernprozesse und ist nicht allein durch Belehrung oder Training zu erreichen.

Die Didaktik der Erwachsenenbildung bietet vielfältige Orientierungspunkte, um Lehr-Lernsituationen im heilpädagogischen Kontext zu arrangieren und zu reflektieren. Dazu gehören z. B. folgende Aspekte:

- Vorerfahrungen und Vorwissen von Eltern werden eingebunden
- Eltern haben Raum für Neugier und eigene Entdeckungsarbeit
- Eltern nehmen unterschiedliche Perspektiven ein
- Sie erhalten die Möglichkeit, eigene Sichtweisen zu hinterfragen, und erfahren konstruktive Formen der Kommunikation

- Eltern wird ermöglicht, Lösungswege selbst zu planen, durchzuführen und zu überprüfen (vgl. Arnold 2012, S. 79)Ein erwachsenenpädagogischer Zugang reduziert die Gefahr einer vorschnellen Pathologisierung und Etikettierung der begleiteten Menschen. Allerdings müssen Heilpädagog:innen in der Lage sein, zu unterscheiden, ob Eltern aktuell Schwierigkeiten bei der Bewältigung von Erziehungs- und Lebensaufgaben haben oder ob sich hinter diesen Schwierigkeiten ein umfassenderer innerpsychischer Konflikt verbirgt, der eine therapeutische Behandlung erforderlich macht.

Durch einen erwachsenenpädagogischen Zugang zur heilpädagogischen Elternarbeit lassen sich viele Perspektiven erschließen und gleichzeitig werden weitere Fragen aufgetan: Wiltrud Gieseke verweist auf Modellversuche, die „eine hohe Deutungsresistenz bei Erwachsenen" (Gieseke 2007, S. 113) belegen. Ebenso macht sie die hohen Anforderungen an die Erwachsenenpädagogik deutlich, die durch lebenslange Bildung und Qualifizierung keine Infantilisierung oder Selbstwertbeschädigungen bei den Individuen bewirken will (ebd., S. 43). Gerhard Roth beschreibt, dass und warum sich früh erworbene Emotionsschemata nur sehr schwer umorientieren lassen und Menschen „wider besseren Wissens" immer wieder zu „unvernünftigen" Handlungen verleiten (vgl. Roth 2007).

4.4.5 Training

Training zielt darauf ab, Verhalten, das Eltern gerne zeigen möchten, aber noch nicht eingeübt haben, durch Vormachen, Nachmachen, Üben und Reflektieren zu sichern. Manfred Spitzer hat für die Veränderung beim Lernen das Bild der Entstehung und langsamen Verfestigung von Spuren im verschneiten Park gewählt. Sind einmal „Spuren im Schnee" entstanden, sorgt das Gehirn dafür, dass sie sich verfestigen, denn das Gehirn lernt das, womit es sich gerade beschäftigt. Bei Berücksichtigung der Gedächtnisspurenbildung ist wesentlich, dass sich jede einzelne Erfahrung nur geringfügig niederschlägt, während nach vielen Erfahrungen, Wahrnehmungs-, Denk- und Gefühlsakten die Regeln, welche hinter den einzelnen Erfahrungen erkennbar sind, in Form von festen Spuren im Gehirn festgelegt werden (vgl. Spitzer 2008, S. 29 f.). Um dysfunktionales Verhalten durch passenderes zu ersetzen, muss das Gehirn neue Verbindungen knüpfen. Dies kann nur durch Wiederholung und Übung geschehen. Interesse, Neugierde, die Anknüpfung an eigene Erfahrungen und positive Gefühle sind wesentliche Voraussetzungen und stellen eine wertvolle Basis für effizientes Lernen dar.

Videobasierte Trainings und Beratung (z. B. Marte Meo oder VVideo Home Training) unterstützen Eltern dabei, einen guten Kontakt zu ihren Kindern aufzubauen, gelungene Kommunikation wahrzunehmen und sich selbst in der Gestaltung dieser Kommunikation als wirksam und erfolgreich zu erleben. In der Heilpädagogischen Ambulanz werden Lernsituationen gestaltet, in welchen Eltern und Kind gemeinsam aktiv sind und dabei unterstützt werden, funktionales, zielführendes Verhalten durch Wiederholung und Übung aufzubauen. Dies stärkt das Vertrauen in die eigenen Kompetenzen und ermöglicht eine sich gegenseitig entwickelnde positive Haltung von Eltern und Kind.

Gelungene Interaktionen werden wiederholt, die „Spuren im Schnee" somit verstärkt und nachhaltige Veränderungen des Verhaltens möglich. Dies verlangt eine Orientierung an den Ressourcen und Stärken von Eltern und Kind. Es findet ein Lösungsorientiertes Handeln statt, wobei der Fokus auf der Lösung liegt und das Problem in den Hintergrund gerät.

Aktuelle Auseinandersetzung mit den Bedingungen, unter denen Lernen geschieht, zeigen nicht nur die Möglichkeiten von institutionalisierter Bildung, sondern auch die Grenzen des erwachsenenpädagogischen Wirkens.

Mitunter verlangen dann die Interessen des Kindes, dass eine Fremdunterbringung ins Auge gefasst werden muss. Elternarbeit hat gegebenenfalls die Aufgabe, Eltern darin zu unterstützen, ihre Gefühlssituation zu ordnen, die Motive für oder gegen eine Fremdunterbringung klarer zu sehen, um letztlich eine Entscheidung zu treffen, mit der sie vertraut werden und mit der sie leben können, weil sie für sie sinnvoll ist.

KAPITEL 5

Resümee und Ausblick

Zusammenarbeit mit Eltern ist Beziehungsarbeit. In dieser Beziehungsform begegnen sich Fachkräfte und Eltern in ihrer jeweiligen Andersheit, mit ihren Biografien, Lebensentwürfen, Zielen und Kompetenzen sowie mit ihren Fragen, ihren Unsicherheiten, ihren Erfahrungen des Scheiterns und ihrer Verletzlichkeit. Keine Situation gleicht der anderen und die Zusammenarbeit mit Eltern ist eine höchst anspruchsvolle Aufgabe. Bildung, Beratung und Training wurden als mögliche Schwerpunkte für Planung, prozesshafte Gestaltung und Reflexion der Kooperation mit Eltern und Kindern aufgezeigt. Eine respektvolle und wertschätzende Haltung sowie eine vorurteilsbewusste, ressourcenorientierte und dialogische Haltung gehen dabei einher mit der Kompetenz zur Selbstreflexion und der Bereitschaft von Fachkräften, sich selbst auch als Lernende zu begreifen.

Darüber hinaus bieten auch Konzepte wie die „persönliche Zukunftsplanung" (Doose 2020), die Heilpädagogische Familienhilfe (Leginovic 2014)oder der „Familienrat (Früchtel/Roth 2017) Ansatzpunkte, um mit Eltern und Familien die Zukunft in den Blick zu nehmen, die Stärken von (Familien-)Gruppen zu bündeln und so ein wohlwollendes Umfeld und Unterstützung durch ein Netzwerk zu etablieren. Sie sind in entsprechenden Veröffentlichungen beschrieben und können die aufgezeigten Handlungsansätze sehr gut ergänzen. Differenzierte Handlungskonzeptionen und gute Kooperation mit Eltern setzen aber auch voraus, dass angemessene Zeit, Raum und entsprechende fachliche Ressourcen zur Verfügung stehen, die genutzt werden.

Bildung ist ein Weg zu mehr Empowerment von Einzelnen und von Gruppen. Sie ist Voraussetzung, dass Menschen ihre Ohnmacht überwinden, sich ihrer Stärken bewusst zu werden und sich zutrauen, mit Herausforderungen umzugehen (vgl. Fischer 2021, S. 84).

Abschließend berichtet eine Mutter im folgenden Brief über ihre Erfahrungen und Einsichten, die sie im Rahmen der heilpädagogischen Begleitung gewonnen hat.

Ich musste lernen, mit seinen Augen und seinem Herzen zu sehen.

„In den ersten Lebensjahren meines Sohnes wurde ich immer hin und her gerissen zwischen dem Gefühl, ständig etwas Besonderes für ihn tun zu müssen und der Angst, etwas Wichtiges zu versäumen. Verunsichert haben mich dann auch sehr die unterschiedlichen Auffassungen, Ratschläge und Unsicherheiten der Ärzte und Fachleute:

„Das ist noch zu früh, er ist noch zu klein, das kommt schon noch."

„Warum kommen Sie erst jetzt?"

„Das ist nun mal so bei diesen Kindern (gemeint sind Kinder mit Down-Syndrom), das können sie eben nicht."

Auch in der Literatur fand ich diese Meinungen. Andererseits wurden gerade hier einzelne Behinderte herausgestellt oder als Beispiel hingestellt: „All dies kann ein Behinderter also leisten, man muss ihn nur richtig schulen und erziehen."

Also, was mache ich alles falsch, warum kann mein Sohn dieses und jenes nicht? So kam ich ins heilpädagogische Seminar in die Eltern-Kind-Gruppe. Mit großen Erwartungen machte ich mich bereit für die vielen „Rezepte und Ratschläge", die ich nun geliefert bekommen würde. Sehr schnell bemerkte ich, wie ich wieder falsch lag.

Ich musste lernen abzulegen, was ich mit oder von meinem Sohn wollte. Ich musste lernen abzulegen, was man (Familie, Nachbarn, Gesellschaft) von mir und meinem Sohn wollte. Ich musste lernen, meinen Sohn zu sehen, wie er ist und zu erkennen, welche Signale er mir gab, was er wollte, welche Hilfen er von mir brauchte – und welche er nicht brauchte. Ich musste lernen, mit seinen Augen und seinem Herzen zu sehen. Ich musste lernen zu sehen, was er alles konnte und nicht, was er alles nicht konnte.

Das alles war ein sehr schmerzlicher Prozess – für uns beide.

Ich habe gelernt, ihn zu sehen, wie er als Persönlichkeit ist. Ich habe gelernt, ihm Gelegenheit zu geben, sich selbst zu entwickeln. Er selbst zeigte mir seine Grenzen. Ich habe vor allem gelernt, gelassener auf meine Umwelt zu reagieren, dadurch meinem Sohn (und natürlich auch mir selbst!) Sicherheit zu vermitteln. Die Regelmäßigkeit unserer Teilnahme und vor allem die „unberenzte Zeit" des Teilnehmen könnens haben dieses Miteinander so fruchtbar gemacht. Heute weiß ich, dass es für meinen Sohn und ganz besonders für mich ein großes Glück war (und ist), dass ich an der Eltern-Kind-Gruppe teilnehmen konnte. Die Arbeit in diesen Gruppen gibt nicht nur uns Eltern und Kindern sehr viel, sondern auch den Studierenden ein hohes Maß an praktischer Erfahrung. Und sicher sind wir Eltern und unsere Kinder nicht nur die Nehmenden: Ich glaube, dass wir durch unser Mittun auch etwas zu neuen praktischen Erkenntnissen in der Pädagogik, in der Heilpädagogik und in der Behindertenarbeit beitragen konnten."

ANHANG

Abbildungsverzeichnis

Tabellenverzeichnis

Literatur

Antonovsky, A./Franke, A. (Hg.) (1997): Salutogenese. Zur Entmystifizierung der Gesundheit. Tübingen.

Antonovsky, A. (1993): Gesundheitsforschung versus Krankheitsforschung. In: Franke, A./Broda, M. (Hg.): Psychosomatische Gesundheit. Versuch einer Abkehr vom Pathogenese-Konzept. Tübingen.

Assmann, A. (2018). Menschenrechte und Menschenpflichten: Schlüsselbegriffe für eine humane Gesellschaft. Wien.

Arnold, R. (2003): Vorbereitung auf didaktisches Handeln. Unveröffentlichter Studienbrief des Fernstudiengangs Erwachsenenbildung. Kaiserslautern.

Arnold, R. (2005): Die emotionale Konstruktion der Wirklichkeit. Beiträge zur emotionspädagogischen Erwachsenenbildung. Baltmannsweiler.

Arnold, R./Siebert, H. (2006): Die Verschränkung der Blicke. Konstruktivistische Erwachsenenbildung im Dialog. Baltmannsweiler.

Arnold, R./Tutor C. (2007): Grundlinien einer Ermöglichungsdidaktik. Bildung ermöglichen – Vielfalt gestalten. Augsburg.

Arnold, R. (2007): Ich lerne, also bin ich. Eine systemisch-konstruktivistische Didaktik. Heidelberg.

Arnold R./Schüßler, I. (2020): Ermöglichungsdidaktik. Erwachsenenpädagogische Grundlagen und Erfahrungen. Hohengehren.

Bauer, J. (2005): Warum ich fühle, was du fühlst. Intuitive Kommunikation und das Geheimnis der Spiegelneurone. Hamburg.

Becker, St. (2003): Plastisches Gestalten von Kindern und Jugendlichen. Entwicklungsprozesse im Formen und Modellieren. Donauwörth.

Bengel, J./Strittmatter, R./Willmann, H. (2001): Was erhält Menschen gesund? Antonovskys Modell der Salutogenese – Diskussionsstand und Stellenwert. Eine Expertise im Auftrag der BzGA. In: Forschung und Praxis der Gesundheitsförderung, Band 6. https://shop.bzga.de/pdf/60606000.pdf (Abruf 02.02.2024)

Betz, T./Bischoff-Pabst, St./Eunicke, N./Menzel, B. (2019): Kinder zwischen Chancen und Barrieren. Zusammenarbeit zwischen Kita und Familien: Perspektiven und Herausforderungen. Gütersloh.

Betz, D./Breuninger, H. (1987): Teufelskreis Lernstörungen. Weinheim.

Berufsverband der Heilpädagoginnen und Heilpädagogen. Fachverband für Heilpädagogik (BHP) e. V Hg.), Berlin 2023

Birri, Ch./Rieder, Ch./Oberli, M. (2010): Fachdidaktik Technisches Gestalten/Werken. www.fdtg.ch/01erz_wissenschaften/erz00.html (Abruf 02.02.2024).

Bleidick, U. (2004): Zukunftsperspektive. In: Vierteljahresschrift für Heilpädagogik und ihre Nachbargebiete, VHN 73, S. 305–306.

Bollnow, O. (1982): Studien zur Hermeneutik. Bd. 1: Zur Philosophie der Geisteswissenschaften. Freiburg.

Brinkmann, R. (2021). Angewandte Gesundheitspsychologie. München.Bröckling, U. (2007) Das unternehmerische Selbst: Soziologie einer Subjektivierungsform, Frankfurt/M.

Bruland, D./Latteck, Ä-D./Mauro, A. (2023): Praxisbuch Förderung von Alltagsbewegungen von Menschen mit geistiger Behinderung. Mit Schwung und Energie durch den Tag. Weinheim.

Brunner-Danuser, F (1993): Mimi Scheiblauer. Musik und Bewegung. Mainz

Buber, M. (1986): Reden über Erziehung, Rede über das Erzieherische. Bildung und Weltanschauung. Über Charaktererziehung. 7. Aufl. Heidelberg.

Bunk, U. (2004): Spiel und spieltherapeutische Methoden. In: Greving, H./Niehoff, D. (Hg.): Methoden in der Heilpädagogik und Heilerziehungspflege. Troisdorf.

Burkhardt, H. (1985): Sozialpädagogik und Werken mit Praxisbeispielen aus dem Materialbereich Holz. Dortmund.

Buytendijk, F. J. J. (1972): Allgemeine Theorie der menschlichen Haltung und Bewegung. Berlin.

BzgA (Hg.) (2001): Was erhält Menschen gesund? Antonovskys Diskussionsstand und Stellenwert. Köln

Conen, M.-L. (Hg.) (2006): Wo keine Hoffnung ist, muss man sie erfinden. Aufsuchende Familientherapie. 3. Aufl. Heidelberg.

Cross, J. (2006): Informal learning: Rediscovering the Natural Pathways That Inspire Innovation and Performance. In: Oerter, 2012): Diskurs Kindheits- und Jugendforschung, Heft 4, 2012, 513, Leverkusen.

Csikszentmihalyi, M. (1985): Das Flow-Erlebnis. Stuttgart.

Danz, S. (2023). Ent-hinderung. Ein Leitfaden. Weinheim, Basel.

Deutscher Bundestag (Hg.) (2008): Gesetzentwurf, Drucksache 16/10808. https://dserver.bundestag.de/btd/16/108/1610808.pdf (Abruf 02.02.2024).

Doose, Stefan (2020): I want my dream: Persönliche Zukunftsplanung – Neue Perspektiven und Methoden einer personenorientierten Planung mit Menschen mit und ohne Beeinträchtigungen, Neu Ulm: AG SPAK.

Dosen, A. (2018). Psychische Störungen und Verhaltensauffälligkeiten bei Menschen mit intellektueller Beeinträchtigung. Ein integrativer Ansatz für Kinder und Erwachsene. Göttingen.

Einsiedler, W. (1994): Das Spiel der Kinder – Zur Pädagogik und Psychologie des Kinderspiels. 2. Aufl. Bad Heilbrunn.

El'konin, D. (1980): Psychologie des Spiels. Köln.

Faltermaier, Toni (2023): Salutogenese. In: Bundeszentrale für gesundheitliche Aufklärung (BZgA) (Hg.): *Leitbegriffe der Gesundheitsförderung und Prävention. Glossar zu Konzepten, Strategien und Methoden*. DOI: 10.17623/BZGA:Q4-i104-3.0.

Feuser, G. (2010): Integration und Inklusion als Möglichkeitsräume. In: Stein, A./Krach, S./Niediek, I. (Hg.): Integration und Inklusion auf dem Weg ins Gemeinwesen. Möglichkeitsräume und Perspektiven. Bad Heilbrunn.

Feuser, G. (1996): Geistigbehinderte gibt es nicht! Zum Verhältnis von Menschenbild und Integration. https://bidok.uibk.ac.at/library/feuser-geistigbehinderte.html (Abruf 02.02.2024).

Figdor, H. (1999): Aufklärung, verantwortete Schuld und die Wiederentdeckung der Freude am Kind. Grundprinzipien des Wiener Konzeptes psychoanalytisch-pädagogischer Erziehungsberatung. In: Datler, W./Figdor, H./Gstach, J. (Hg.): Die Wiederentdeckung der Freude am Kind. Psychoanalytisch-pädagogische Erziehungsberatung heute. Gießen.

Fischer, D. (2000): … und trotzdem: Lernen. Eine heilpädagogische Aufgabe. Würzburg.

Fischer, H./Schmid, S. (2023). Auf dem Weg zu einer digitalen Lernkultur. In: Kluger, F./Fischer, H. (Hg.): Mit Menschen arbeiten. Freiburg i. Br., S. 280–297.

Fischer, H. (2021): Nicht alle Eltern brauchen das Gleiche. Kooperation mit Eltern aus einer heilpädagogischen Perspektive. In: Berufs- und Fachverbands GmbH (Hg.), Heilpädagogik in der Kita. Inklusive Konzepte zu Diagnostik, Methoden und Beratung im Elementarbereich. Berlin, S. 67–88.

Fischer, K. (22004): Einführung in die Psychomotorik. 2. Aufl. Stuttgart.

Flender, M. (1992): Das tätigkeitsorientierte Persönlichkeitsmodell Leontjew's. In: Borsi, G. M. (Hg.): Arbeitswelt und Arbeitshandeln in der Psychiatrie. Göttingen.

Flitner, A. (2002): Spielen – Lernen. Praxis und Deutung des Kinderspiels. München.

Flosdorf, P. (2009): Heilpädagogische Beziehungsgestaltung. Freiburg i. Br.

Franke, A. Das Modell der Salutogenese. https://docplayer.org/45241255-Alexa-franke-das-modell-der-salutogenese.html (Abruf: 03.04.2024)

Franziskus (2016): Amoris laetitia. Freude der Liebe. Freiburg.

Fritz, J. (2004): Das Spiel verstehen: Eine Einführung in Theorie und Bedeutung, Weinheim.

Früchtel, F./Roth, E. (2017): Familienrat und inklusive versammelte Methoden des Helfens, Heidelberg.

Fröhlich, V./Stenger, U. (Hg.) (2003): Das Unsichtbare sichtbar machen. Bildungsprozesse und Subjektgenese durch Geschichten. Beiträge zur pädagogischen Grundlagenforschung. Hg. von Leonhard, H.-W./Liebau, E./Winkler, M. Weinheim, München.

Fröhlich, A. (1985): Ganzheitliche Schwerstbehindertenförderung. Bewegen. Erleben, Lernen. In: Zeitschrift f. Heilpädagogik, 12, S. 7–13.

Fröhlich-Gildhoff, K. (2018): Verhaltensauffälligkeiten bei Kindern und Jugendlichen: Ursachen, Erscheinungsformen und Antworten. 3. Auflage. Stuttgart.

Frostig, M. (1992): Bewegungserziehung. Neue Wege der Heilpädgogik. 5. Aufl. München, Basel.

Fuchs, R./Schlicht, W. (2012). Sportliche Aktivität und seelische Gesundheit. Göttingen.

Gergen, Kenneth J. (2002): Konstruierte Wirklichkeiten. Eine Hinführung zum sozialen Konstruktivismus. Stuttgart.

Gieseke, W. (2007): Lebenslanges Lernen und Emotionen. Wirkungen von Emotionen auf Bildungsprozesse aus beziehungstheoretischer Perspektive. Bielefeld.

Goetze, H. (2002): Handbuch der personenzentrierten Spieltherapie. Göttingen, Bern, Toronto, Seattle.

Göppel, R. (1997): Ursprünge der seelischen Gesundheit. Risiko- und Schutzfaktoren in der kindlichen Entwicklung. Würzburg.

Greving, H./Ondracek, P. (2005): Handbuch Heilpädagogik. Troisdorf. Greving, H. (Hg.) (2007): Kompendium der Heilpädagogik. Bd. 2, Troisdorf.

Greving, H./Ondracek, P. (2009): Heilpädagogisches Denken und Handeln. Stuttgart.

Grob, A./Jaschinski, U. (2003): Erwachsen werden. Entwicklungspsychologie des Jugendalters. Weinheim.

Gröschke, D. (1997): Praxiskonzepte der Heilpädagogik: anthropologische, ethische und pragmatische Dimensionen. 2. Aufl. München, Basel.

Gröschke, D. (2009): Homo oeconomicus und Co. Die Ökonomisierung des Menschenbildes in der Spätmoderne. In: Dederich/Greving, H./Mürner C./Rödler, P (Hg.): Heilpädagogik als Kulturwissenschaft. Menschen zwischen Medizin und Ökonomie. Gießen.

Grundmann, M. (Hg.) (1999): Konstruktivistische Sozialisationsforschung: Lebensweltliche Erfahrungskontexte, Individuelle Handlungskompetenzen und die Konstruktion sozialer Strukturen. Frankfurt/M.

Grunwald, K./Thiersch, H. (Hg.) (2008): Praxis lebensweltorientierter Sozialer Arbeit. Handlungszugänge und Methoden in unterschiedlichen Arbeitsfeldern. 2. Aufl. Weinheim, München.

Habermas, J. ([2]1977): Stichworte zu einer Theorie der Sozialisation (1968). In: Ders.: Kultur und Kritik: Verstreute Aufsätze. Frankfurt/M.

Habermas, J. (1981): Theorie des kommunikativen Handelns. Bd. 1 und 2, Frankfurt/M.

Haeberlin, U. (1988): Allgemeine Heilpädagogik. Bern, Stuttgart. Haeberlin, U. (1996): Heilpädagogik als wertgeleitete Wissenschaft. Bern, Stuttgart, Wien.

Haeberlin, U. (2002): Allgemeine Heilpädagogik. Mit Erg. von Lambert, J.L. Beiträge zur Heil- und Sonderpädagogik, Bd. 1. 6. Aufl. Bern, Stuttgart, Wien.

Haeberlin, U. (2005): Grundlagen der Heilpädagogik. Einführung in eine wertgeleitete erziehungswissenschaftliche Disziplin. Bern.

Haeberlin, U. (Hg.) (2000): Paul Moor als Herausforderung. Anfragen an die Aktualität seiner Schriften zur Heilpädagogik und Erinnerungen von Zeitzeugen an seine Person. Bern, Stuttgart, Wien.

Häcker H. O./Stapf K.-H. (Hg) (2009): Dorsch, Psychologisches Wörterbuch. 15. Aufl. Bern.

Hagmann, T./Simmen, R. (Hg.) (1994): Systemisches Denken und die Heilpädagogik. Edition SZH/SPC, Schriftenreihe des Heilpädagogischen Seminars (HPS). 2. Aufl. Zürich.

Holzkamp, K. (1995): Lernen. Subjektwissenschaftliche Grundlegung. Frankfurt/M., New York.

Huizinga, J. (1972): Homo Ludens. Vom Ursprung der Kultur im Spiel. Hamburg.

Husserl, E. (1986): Phänomenologie der Lebenswelt. Ausgewählte Texte II. Stuttgart.

Husserl, E. (1962): Die Krisis der europäischen Wissenschaften und die transzendentale Phänomenologie. Eine Einleitung in die phänomenologische Philosophie, Husserliana VI. Den Haag.

Joswig, K. D. (2007): Der systemisch-ökologische Orientierungsansatz Otto Specks in der Heilpädagogik. Zur Rezeption des Systembiologischen Konstruktivismus und der soziologischen Systemtheorie in der speziellen Pädagogik. Hg. v. K.-H. Menzen und D.h. Wolf. Berlin.

Jungbauer, J. (2022): Familienpsychologie kompakt. Weinheim, Basel.

Jurczyk, K. (2017): Elternschaftliches Neuland. In: Deutsches Jugendinstitut (Hg.) Mehr als Vater, Mutter, Kind. DJI Impulse 4.2017, www.dji.de/themen/eltern/formen-von-elternschaft.html (Abruf 15.04.2024).

Kast, V. (1996): Freude, Inspiration, Hoffnung. Düsseldorf.

Kastl, J.M. (2017): Einführung in die Soziologie der Behinderung. Wiesbaden.

Kastl, J.M. (2017): Rechtliche Grenzen von Menschenrechten – was war und was ist von der UN-Behindertenrechtskonvention zu erwarten? www.reha-recht.de/fachbeitraege/beitrag/artikel/beitrag-d25-2017/ (Abruf 02.02.2024).

Kastl, J.M./Metzler, H. (2015): Dezentralisierung und Inklusion. Expertise zu den Strukturen der Wohn- und Beschäftigungsangebote für Menschen mit Behinderungen in Baden-Württemberg im Vergleich zu anderen Ländern sowie zu dem Begriff der Inklusion im Kontext wohnbezogener Konzepte. Forschungsbericht: Universität Tübingen.

Kiphard, E. (1963): Die bewegungstherapeutische und psychotherapeutische Bedeutung des Trampolins für die Heilpädagogik. In: Praxis der Psychotherapie. München.

Kiphard, E. (1979): Psychomotorik als Prävention und Rehabilitation. Gütersloh.

Kobi, E. E. (1977): Grundfragen der Heilpädagogik und der Heilerziehung. 3. Aufl. Bern, Stuttgart.

Kobi, E. E. (1993): Grundfragen der Heilpädagogik. Eine Einführung in heilpädagogisches Denken. 5. Aufl. Bern, Stuttgart, Wien.

Kobi, E. (2003): Diagnostik in der heilpädagogischen Arbeit. Edition SZH/CSPS, Schweizerische Zentralstelle für Heilpädagogik. Schriftenreihe des Heilpädagogischen Seminars Zürich. Hg. v. Th. Hagmann. Bern.

Kobi, E. E. (2010): Grenzgänge. Heilpädagogik als Politik, Wissenschaft und Kunst. Bern, Stuttgart, Wien.

Köhn, W. (2001): Heilpädagogische Erziehungshilfe und Entwicklungsförderung. Ein Handlungskonzept. Heidelberg.

Köhn, W. (2001): Heilpädagogische Begleitung im Spiel. 12. Aufl. Heidelberg.

Kolb, B., Wishaw, I.Q. Fundamentales of Human Neuropsychologie, Beginn Chapter 29, Learning Disorders. www.kinderaerzte-im-netz.de/aerzte/willimsky/eine-fabel.html (Abruf 21.03.2024)

Krizanits, J. (2012): Ablauf von Beratung. Studienbrief Nr. SB0210 des Master Fernstudiengangs Systemische Beratung der TU Kaiserslautern. Unveröffentlichtes Manuskript, Kaiserslautern.

Kubesch, S. (2005): Das bewegte Gehirn. Exekutive Funktionen und körperliche Aktivität. Dissertation zur Erlangung des Doktorgrades der Humanbiologie der Medizinischen Fakultät der Universität Ulm.

Lamers, Wolfgang/Musenberg, Oliver/Sansour, Teresa (Hg.) (2021): Qualitätsoffensive – Teilhabe von erwachsenen Menschen mit schwerer Behinderung. Grundlagen für die Arbeit in Praxis, Aus- und Weiterbildung. Bielefeld.

Lanwer, W. (2006): Diagnostik. In: Greving, H./Niehoff, D. (Hg.): Methoden in der Heilpädagogik und Heilerziehungspflege. Troisdorf.

Leginovic, S. (2014): Heilpädagogische Familienhilfe – Ein neues Konzept für die ambulante Jugendhilfe. Berlin

Leontjew, A. N. (1977): Tätigkeit, Bewusstsein, Persönlichkeit. Stuttgart.

Lévinas, E. (1983): Die Spur des Anderen. Untersuchungen zur Phänomenologie und Sozialpsychologie. Freiburg i. Br.

Liebchen, J. (1966): Heilpädagogisches Werken I. Werken in Stein. Villingen.

Liebchen, J. (1965): Das Trampolin in der Leibeserziehung der Sonderschule für Lernbehinderte. In: Zeitschrift für Heilpädagogik. 16. Jahrgang. Heft 7, S. 361–374.

Lindemann, H. (2006): Konstruktivismus und Pädagogik. Grundlagen, Modelle, Wege zur Praxis. München.

Lockhart, R. S./Craik, F. I. M. (1990) Levels of processing. A retrospective commentary on a framework for memory search. Canadian Journal of Psychology/Revue canadienne de psychologie, 44, pp 87–112. In: Oerter, R. (2012): Diskurs Kindheits- und Jugendforschung, 4/2012, S. 513, Leverkusen.

Lübeck, Dietrun (2022): Psychologie für die Arbeit mit Erwachsenen mit psychischen Problemen. Weinheim, Basel.

Luhman, N. (1987): Soziale Systeme, Grundriss einer allgemeinen Theorie. Frankfurt/M.

Marshall, Thomas Humphrey (1965): Class, Citizenship and Social Development. New York.

McLaren, S. (2021). Animal Fun. Ein Bewegungsprogramm zur Förderung von physischer Aktivität und psychischer Gesundheit. Hogrefe.

Maturana, H./Varela, F. (1987): Der Baum der Erkenntnis. Die biologischen Wurzeln des menschlichen Erkennens. München.

Mead, G.H. (1978): Geist, Identität und Gesellschaft. Frankfurt/M. Michaelis, R./ Niemann, G (2004): Entwicklungsneurologie und

Neuropädiatrie. Grundlagen und diagnostische Strategien. 3. Aufl. Stuttgart.

Michaelis, R. (2006): Die ersten Jahre im Leben eines Kindes. München.

Moor, P. (1960): Heilpädagogische Psychologie. 2. Aufl. Bern.

Moor, P. (1994): Heilpädagogik. Ein pädagogisches Lehrbuch. Studienausgabe. Hg. v. Th. Hagmann. Schriftenreihe des Heilpädagogischen Seminars Zürich. Bd. 7. Edition. SZH/SPC. Bern.

Moor, P. (1965): Heilpädagogik. Ein pädagogisches Lehrbuch. Bern, Stuttgart.

Müller, A. (2002): Therapeutisches Trampolinspringen. Dortmund. Müller, D. (1997): Werkunterricht. Die wissenschaftliche Betrachtung eines handlungsorientierten Unterrichtsfaches. In: Schweizerischer Werklehrerinnen- und Werklehrerverein (Hg.): Werkunterricht. Praxis und Theorie. SWV: Werkspuren, Heft 3, Nr. 67. Zürich, S. 27–52.

Oelschlägel, D. (1990): Ambulante soziale Dienste. In: Handbuch der Sonderpädagogik Bd. 10. Hg. v. Bach, H. Berlin.

Oerter, R. (1999): Psychologie des Spiels. Weinheim.

Oerter, R. (2012) Lernen en passant: Wie und warum Kinder spielend lernen. Diskurs Kindheits- und Jugendforschung, Heft 4/2012, S. 389–403.

Omer, H./v. Schlippe, A. (2016): Autorität durch Beziehung. Die Praxis des gewaltlosen Widerstands in der Erziehung. Göttingen.

Ondracek, P./Störmer, N. (2007): Diagnostik und Planung. Berlin. Papousek, M. (2004): Regulationsstörungen der frühen Kindheit. Klinische Evidenz für ein neues diagnostisches Konzept. In: Papousek/Schieche, M./Wurmser, H. (Hg.): Regulationsstörungen der frühen Kindheit, Bern.

Oy, C. M. von/Sagi, A. (1994): Lehrbuch der heilpädagogischen Übungsbehandlung: Hilfe für das behinderte und entwicklungsgestörte Kind. Heidelberg.

Petzold, H. (1986): Leiblichkeit. Philosophische, gesellschaftliche und therapeutische Perspektiven. 2. Aufl. Paderborn.

Petillon, H. (Hg.) (2002): Individuelles und soziales Lernen in der Grundschule – Kinderperspektive und pädagogische Konzepte. Opladen.

Piaget, J. (1969): Nachahmung, Spiel und Traum. Die Entwicklung der Symbolfunktion beim Kinde. Stuttgart.

Pörksen, B. (2002): Die Gewissheit der Ungewissheit. Gespräche zum Konstruktivismus. Heidelberg.

Pretis, M. (2001): Frühförderung planen, durchführen, evaluieren. München.

Raschle, I. (2010): Wann ist ein Schiff ein Schiff? Dreidimensionales funktionales Gestalten mit vier- bis achtjährigen Kindern https://phrepo.phbern.ch/1798/ (Abruf: 05.04.2024)

Redl, F./Wineman, D. (1978): Kinder, die hassen. München. Rehbein, J. (1986): Spracherwerb: Perspektive Muttersprache. In: Kapalka, A./Räthszel, N. (Hg.): Die Schwierigkeit, nicht rassistisch zu sein. Berlin.

Reich, K. (2006): Konstruktivistische Didaktik. Lehr- und Studienbuch mit Methodenpool. Weinheim, Basel.

Reischmann, J. (2004): Evaluation von Bildungsprozessen. Teil I. Studienbrief EB0061, TU Kaiserslautern.

Renn, O. (2014): Das Risikoparadox. Warum wir uns vor dem Falschen fürchten. Frankfurt/M.

Renn, O. (2023): Gefühlte Wahrheiten: Orientierung in Zeiten postfaktischer Verunsicherung. Opladen, Berlin, Toronto.

Renner, M. (2008): Spieltheorie und Spielpraxis. Ein Lehrbuch für pädagogische Berufe. 3. Aufl. Freiburg i. Br.

Robert Koch-Institut (RKI) (2020): AdiMon-Themenblatt: Körperliche Aktivität (Stand: 1. Juli 2020). www.rki.de/DE/Content/Gesundheitsmonitoring/Studien/Adipositas_Monitoring/Verhalten/PDF_Themenblatt_Koerperliche_Aktivitaet.pdf?__blob=publicationFile (Abruf 02.02.2024).

Roesler, M. (1981): Befunde beim neurotischen Mutismus der Kinder – Eine Untersuchung an 32 mutistischen Kindern. Praxis der Kinderpsychologie und Kinderpsychiatrie 30, 6, 187–194. Göttingen.

Röhrs, H. (1981): Spiel und Sportspiel – Ein Wechselverhältnis. Hannover.

Roth, G. (2007): Persönlichkeit, Entscheidung und Verhalten. Warum es so schwierig ist, sich und andere zu ändern. 2. Aufl. Stuttgart.

Rückriem, G. (2004): *Pädagogik + Medien = Medienpädagogik.* Die Erziehungswissenschaft und der Kongress der Pferdekutscher. Vortrag vom 15.12.2024. In: www.bdwi.de/forum/archiv/ archiv/97743.html (Abruf 02.02.2024).

Sappok, T./Zepperitz, S. (2019): Das Alter der Gefühle. Über die Bedeutung der emotionalen Entwicklung bei geistiger Behinderung. Bern.

Saigh, P. A. (1990): The development of posttraumatic stress disorder following four different types of traumatization. In: Behaviour research and Therapy, 29, S. 163–18.

Scheithauer, H./Hess, M./Niebank, K. (2022): Risiko- und Schutzfaktoren, Resilienz und entwicklungsorientierte Prävention. In: Scheithauer, H./Niebank, K. (Hg.): Entwicklungspsychologie – Entwicklungswissenschaft des Kindes- und Jugendalters. Neuropsychologische, genetische und psychosoziale Aspekte der Entwicklung. München, S. 493–519.

Schenda, R. (1993): Von Mund zu Ohr. Bausteine zu einer Kulturgeschichte volkstümlichen Erzählens in Europa. Göttingen.

Scheuerl, H. (1977): Das Spiel. Untersuchungen über sein Wesen, seine pädagogischen Möglichkeiten und Grenzen. 10. Aufl. Weinheim, Basel.

Schilling, F. (1973): Motodiagnostik des Kindesalters. Berlin.

Schlicht, W./Brand, R. (2007): Körperliche Aktivität, Sport und Gesundheit. Eine interdisziplinäre Einführung. Weinheim.

Schlippe, A./Schweitzer, J. (2014): Methoden der Intervention in sozialen Systemen. Studienbrief Nr. SB0420 des Master Fernstudiengangs Systemische Beratung der TU Kaiserslautern. Unveröffentlichtes Manuskript, 3. Aufl. Kaiserslautern.

Schriber, S. (1990): Scheitern an der Ganzheitlichkeit. In: Hagmann, Th./Simmen, R. (Hg.): Systemisches Denken und die Heilpädagogik. Bd. 2, Schriftenreihe des Heilpädagogischen Seminars Zürich (HPS) – Edition SZH, SPC. Bern.

Schüßler, I. (2020): Ermöglichungsdidaktik – eine didaktische Theorie. In: Arnold, R./ Schüssler, I. (Hg.): Ermöglichungsdidaktik. 4. Aufl. Baltmannsweiler.

Schütz, A./Luckmann, Th. (1991): Strukturen der Lebenswelt, Bd. I u. II. 4. Aufl. Frankfurt/M.

Schuldt. C. (2012): Systemtheorie. Hamburg.

Sennett, R. (2006): Der flexible Mensch: Die Kultur des neuen Kapitalismus, Berlin.

Siebert, H. (2006): Nachgefragt: die Konstruktion lebenslangen Lernens. In: Voß, R. (Hg.): LernLust und EigenSinn. Systemisch-konstruktivistische Lernwelten. Heidelberg.

Siebert, H. (2006): Didaktisches Handeln in der Erwachsenenbildung. Didaktik aus konstruktivistischer Sicht. 5. Aufl. Augsburg.

Siebert, H. (2008): Konstruktivistisch Lehren und Lernen. Augsburg.

Siegler, R. S. (2001): Das Denken von Kindern. 3. Aufl. München, Wien.

Siegenthaler, H. (1993): Menschenbild und Heilpädagogik. Beiträge zu einer heilpädagogischen Anthropologie. Luzern.

Simon, F. B. (2007): Einführung in Systemtheorie und Konstruktivismus. Heidelberg.

Simon, T./Weiss, G. (Hg.) (2008): Heilpädagogische Spieltherapie. Konzepte – Methoden – Anwendungen. Stuttgart.

Speck, O. (1998): System Heilpädagogik. Eine ökologisch reflexive Grundlegung. 4. Aufl. München, Basel.

Speck, O. (2008): Hirnforschung und Erziehung. Eine pädagogische Auseinandersetzung mit neurobiologischen Erkenntnissen. München.

Spitzer, M. (2008): Lernen: Gehirnforschung und die Schule des Lebens, Heidelberg.

Spreti, F., Martius, P., Steger, F. (Hg.) (2018): KunstTherapie. Künstlerisches Handeln - Wirkung – Handwerk. Stuttgart.

Spröber-Kolb, N. (2022): Psychologie für die Arbeit mit Kindern und Jugendlichen in Gefährdungssituationen. Weinheim, Basel.

Stäbler, M. (1996): Bewegung, Spaß und Spiel auf dem Trampolin. Schondorf.

Stern, E. (2002): Wie abstrakt lernt das Grundschulkind? Neuere Ergebnisse der entwicklungspsychologischen Forschung. In: Petillon, H. (Hg.): Individuelles und soziales Lernen in der Grundschule – Kinderperspektive und pädagogische Konzepte. Opladen.

StK, Ständige Konferenz von Ausbildungsstätten für Heilpädagogik in Deutschland (Hg.) (2012): Inklusion und Heilpädagogik. Position der STK zur Umsetzung der UN-Konvention über die Rechte von Menschen mit Behinderung. Ravensburg.

Tamm, J. (2015): Ambulant Betreutes Wohnen aus der Perspektive Psychiatrieerfahrener. Abschlussbericht eines Kooperationsprojektes der Universität Siegen, der Arbeitsgemeinschaft Gemeindepsychiatrie Rheinland e. V. (AGpR e. V.), dem Landschaftsverband Rheinland (LVR) und der Eckhard-Busch-Stiftung. Siegen.

Tenorth, H.-E. (1999): Revolution der Medien, Tradition des Lernens, Versuch über die Ungleichzeitigkeiten. In: Hannuschek, S./Ort, N./Steffen, K./Triyandafilidis, R. (Hg.): Die Struktur der Revolutionen, Festschrift für Georg Jäger. Frankfurt/M., S. 118–127.

Theunissen, G./Plaute, W. (2002): Empowerment: Neue Handlungskompetenzen in der psychosozialen Praxis. Freiburg.

Thomae, H. (1968): Das Individuum und seine Welt. Eine Persönlichkeitstheorie. Göttingen.

Tippelt, R. (Hg.) (2005): Handbuch Erwachsenenbildung/Weiterbildung. 5. Aufl. Wiesbaden.

Treibel, A. (2006): Einführung in soziologische Theorien der Gegenwart, Bd. 3, Einführungskurse Soziologie. Hg. v. Korte, H./Schäfers, B. 7. Aufl. Wiesbaden.

Troy, Allison S./Willroth, Emily C./Shallcross, Amanda J./Giuliani, Nicole R./Gross, James J./Mauss, Iris B. (2023): Psychological Resilience: An Affect-Regulation Framework. In: Annual review of psychology 74, S. 547–576. DOI: 10.1146/annurev-psych-020122-041854.

Tschöpe-Scheffler, S. (2003): Elternkurse auf dem Prüfstand: Wie Erziehung wieder Freude macht. Opladen.

Tschöpe-Scheffler, S. (Hg.) (2014): Gute Zusammenarbeit mit den Eltern in Kitas, Familienzentren und Jugendhilfe. Qualitätsfragen, pädagogische Haltung und Umsetzung, Opladen.

Uslucan, H.: Erziehungsstile und Integrationsorientierungen türkischer Familien. www.mannheim.de/sites/default/files/page/2600/uslucan_erziehung-stile-integration.pdf (Abruf 02.02.2024).

Utz, H. (³2006): Zur Aktualität der Neurowissenschaften: Zwischen Machbarkeitsglauben, gediegener Aufklärung und der Fundierung bewährter heilpädagogischer Prinzipien. In: Berufs- und Fachverband Heilpädagogik (Hg.): Heilpaedagogik.de, Heft 4, S. 3–9.

Van de Veer, G. (1992): Counseling and therapy with refugees and victims of trauma. Psychological problems of victims of war, torture and repression. Chichester, New York.

Vetter, C. (2009): Die Entwicklung der Schulleistungsschwäche eines Jungen mit Migrationshintergrund und die Wirkung der heilpädagogischen Begleitung mit dem Thema Marionettenbau im Hinblick auf die Problemdefinition. Unveröffentlichte Abschlussarbeit an der Fachschule für Heilpädagogik am Institut für Soziale Berufe in Ravensburg.

Wehr, M./Weinmann, M. (Hg.) (2005): Die Hand. Werkzeug des Geistes. Heidelberg.

Weizsäcker, V. v. (1973): Der Gestaltkreis, Theorie der Einheit von Wahrnehmen und Bewegen. Frankfurt/M.

Wessels, B. (21969): Die Werkerziehung. Bad Heilbrunn/Obb.

Werner, Emmy E. (1993): Risk, resilience, and recovery: Perspectives from the Kauai Longitudinal Study. In: Dev Psychopathol 5 (4), S. 503–515. DOI: 10.1017/S095457940000612X.

Willimsky, S./Willimsky, U./ Lück, B. (o.J.): www.kinderaerzte-im-netz.de/aerzte/willimsky/eine-fabel.html (Abruf 21.03.2024).

Wilson, F. R. (2002): Die Hand – Geniestreich der Evolution. Ihr Einfluss auf Gehirn, Sprache und Kultur des Menschen. Hamburg.

Zepperitz, Sabine (Hg.) (2022): Was braucht der Mensch? Entwicklungsgerechtes Arbeiten in Pädagogik und Therapie bei Menschen mit intellektuellen Beeinträchtigungen. Göttingen.

Zimmer, R. (2006): Handbuch der Psychomotorik. Theorie und Praxis der psychomotorischen Förderung von Kindern. Freiburg i. Br.

Zulliger, H. (1967): Heilende Kräfte im kindlichen Spiel. 5. Aufl. Stuttgart.

Die Autor:innen

Heidi Fischer, Dipl. Sozialpädagogin (FH), Heilpädagogin, M. A. (Erwachsenenbildung).

Berufliche Erfahrungen im Bereich Heim- und Internatserziehung, Wohngruppen für Menschen mit geistiger Behinderung. Konzeptionelle Entwicklung und Leitung der Heilpädagogischen Gruppe für Kinder mit Entwicklungsstörungen und Verhaltensauffälligkeiten im Vorschulalter in Friedrichshafen, Spielpädagogin, Puppenspielerin.

Seit 1992 Dozentin am Institut für Soziale Berufe, Fachschule für Heilpädagogik, Ravensburg. Schwerpunkte der Lehrtätigkeit: Heilpädagogik, Didaktik heilpädagogischer Handlungskonzepte und Medien, Praxisanleitung und Fachpraxis an der Heilpädagogischen Ambulanz des Seminars. In diesem Zusammenhang heilpädagogische Arbeit mit Kindern, Jugendlichen bzw. deren Familien mit unterschiedlichsten Entwicklungsrisiken.

Michael Renner, Michael Renner, Sozialarbeiter, Heilpädagoge, Diplompädagoge.

Berufspraxis im Bereich stationärer Jugendhilfe, Stadtteilarbeit, Beratung von Einrichtungen und Mitarbeitenden, Tätigkeit im Bereich der Erwachsenenbildung und als Spielpädagoge, Puppenspieler und Werklehrer.

Seit 1978 Dozent am Institut für Soziale Berufe in Ravensburg mit den Schwerpunktfächern Pädagogik, Soziologie, Heilpädagogik, Spiel und Werken, Praxisanleitung und Fachpraxis an der heilpädagogischen Ambulanz des Seminars und in diesem Zusammenhang heilpädagogische Arbeit mit Kindern, Jugendlichen bzw. deren Familien mit unterschiedlichsten Entwicklungsrisiken.

Stellvertretender Leiter des Instituts für Soziale Berufe in Ravensburg und dort zuständig für die Ausbildung an der Fachschule für Sozialwesen, Fachrichtung Heilpädagogik.

Von 2010 bis 2023 Honorarkraft an der Fachschule für Heilpädagogik für die Themen Spiel und Biographiearbeit.

Sascha Schmid, Psychologe (M.Sc.) mit Schwerpunkt Rechtspsychologe, Gesundheitsförderung und Soziologie (M.A.). Seine Studien führten in an die Universitäten Stuttgart, Hagen, Ulm und Bonn.

Er verfügt über Praxiserfahrungen in Gesundheitsprojekten, in der forensischen Psychiatrie und ist ehrenamtlicher Betreuer in der Justizvollzugsanstalt Ravensburg. Darüber hinaus ist er Honorardozent am Studienzentrum MEU der Diploma Hochschule und lehrt dort das Mastermodul Verhaltensänderung.

Seit 2011 Dozent und Praxisberater am Institut für Soziale Berufe in Ravensburg, Fachbereich Heilerziehungspflege und Heilpädagogik. Er leitet die Stabsstelle Digitales Lernen.

INKLUSION
Ellen Notbohm | Veronica Zysk
1001 Ideen
für den Alltag mit autistischen Kindern und Jugendlichen
Praxistipps für Eltern, pädagogische und therapeutische Fachkräfte
Mit einem Vorwort von Temple Grandin
eBook
inklusive
LAMBERTUS